Cüneyd Güneş

Smail Balić · Ruf vom Minarett

20.3.87

مولد النبي على
لسان البنوی

بسم الله الرحمن الرحيم

سپرو وازدی سپومنات سووغ بوغا
او پوسلوه توبه وجب نا روبا

بوغادر غوغ قو پوما نا صدقیله
الله نا مو او لا قشا که پوسلوه

دو قسه نا کا بوژ ایمه نا پیریه
نا که روژان ایزاك پوسونا پیوتله

نا سوقی چاس الله الله و بقاتی
بوغ که نا می وازدی پوسو قشا لاتی

خالص سر چوم قو اللها پومانو
اودماه کناه سوقی نا مو اود پا نز

بوژ ایمه قو پومنات نا اوحی
اون قود بوغه سوقی مرد دو قوح

هو دی سلا تقو سو دا الله وچامو
اود زالوستی می داعشقوم پلا چامو

بوغ یه یدان زا تو شبهه نا امامو
زا وازدیه نا توا ایمان ایمامو

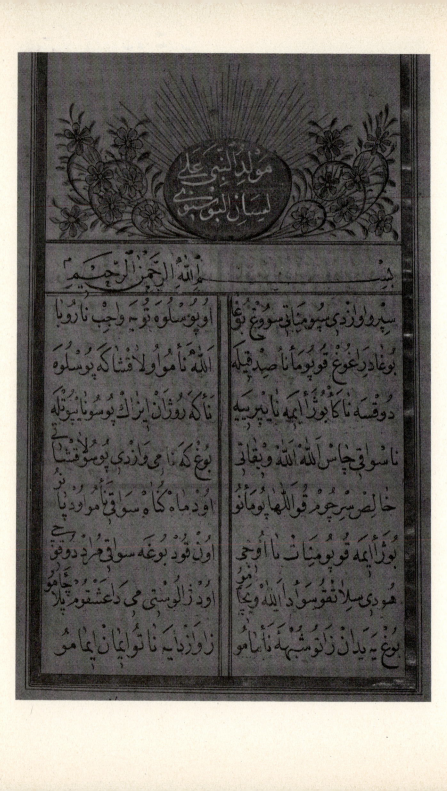

Smail Balić

Ruf vom Minarett

Weltislam heute – Renaissance oder Rückfall?
Eine Selbstdarstellung

3. überarbeitete Auflage

Iserbarg 1, 2000 Hamburg 56

Graphische Gestaltung: *Emin Balić.*
Auf der hinteren Umschlagseite: Haupteingangstor der *Ġāzī Ḫusrewbeg Moschee* in Sarajewo, Bosnien.
Der Verlag dankt der Stiftung *„Oratio Dominica"*, *Herder-Verlag* in Freiburg und dem *Auer-Verlag* in Donauwörth für die Erlaubnis des Nachdrucks der beiden in diesem Buch als Kapitel VI. und X. veröffentlichten Beiträge.

Satz und Druck: SOAK GmbH, Pablo-Neruda-Haus, Am Taubenfelde 30, 3000 Hannover 1

ISBN 3-923002-15-7

Ġāzī Ḫusrewbeg (1480-1541),
dem großen Wohltäter und Kulturmäzen von Bosinien,
in Dankbarkeit gewidmet

Inhalt

Vorwort ... 11
Zur Umschrift ... 14

ALLGEMEINER TEIL

Was ist der Islam? ... 17

I. Glaubensbekenntnis ... 18
1. Der Glaube an einen Gott ... 19
2. Der Glaube an die Engel ... 24
3. Der Glaube an die Offenbarung ... 25
4. Der Glaube an die Gottgesandten ... 28
5. Der Glaube an den Letzten Tag ... 30
6. Der Glaube an die göttliche Vorherbestimmung ... 34

II. Religiöse Pflichten ... 37
Voraussetzungen des Islam ... 37
1. Das Zeugnis des bekennenden Glaubens ... 37
2. Die fünf täglichen Gebete ... 40
   Reinlichkeit ... 41
   Waschen vor dem Gebet ... 41
   Baden ... 42
   Symbolische Reinigung ... 42
   Bekleidung ... 43
   Gebetszeiten ... 43
   Gebetsruf ... 43
   Gebet ... 44
   Stehen beim Gebet ... 45
   Lesen von Qur'ān-Auszügen beim Gebet ... 45
   Verbeugung ... 45
   Zweimaliges Verbeugen bis zum Boden ... 45
   Sitzen bcim Gcbct ... 46
   Die Pflichtgebete und solche, die auf die Tradition zurückgehen ... 46
   Gebetstexte ... 47
   Was wird bei einzelnen Gebetsteilen gesprochen? ... 48
   Ankündigung des Gebetes in der Moschee ... 49
   Wie wird das Morgengebet verrichtet? ... 49
   Wie wird das Abendgebet verrichtet? ... 50
   Wie wird das Mittagsgebet verrichtet? ... 50
   Wie wird das Nachmittagsgebet verrichtet? ... 50
   Wie wird das Nachtgebet verrichtet? ... 50
   Rezitieren nach dem Gebet ... 51

Gemeinsames Gebet ... 52
Freitagsgebet ... 53
Einige Betrachtungen über das Gebet ... 53
Gelegenheitsgebete
Totengebet ... 55
Zusätzliches Nachtgebet zur Fastenzeit ... 56
Festgebete ... 56
Freie Gebete aus der islamischen Tradition ... 57
3. Das Fasten ... 65
4. Jährliche Sozialabgabe und andere gesellschaftliche Pflichten ... 66
5. Pilgerfahrt nach Mekka ... 68
Einige Betrachtungen über die religiösen Pflichten ... 69
Der Ğihād ... 73

III. Islamisches Verhalten
Allgemeine Grundsätze ... 75
Vorschriften des Qur'ān über das Verhalten ... 75
Muhammeds Anleitung über das Verhalten ... 77
Das Verhältnis des Islam zu den anderen Religionen ... 79
Das Verhalten des Muslims der Heimat, dem Staate und den Behörden gegenüber ... 81
Der Islam über Arbeit und Wissenschaft ... 82
Das Verhalten des Muslims Frauen und Kinden gegenüber ... 83
Der Islam über den Lebenskampf, Krieg und Frieden ... 83
Menschlichkeit und Demokratie ... 85

IV. Über die Ehe und das Familienleben
Wünschenswerte Eigenschaften der Braut ... 87
Wünschenswerte Eigenschaften des Bräutigams ... 87
Das eheliche Zusammenleben ... 88
Der Islam über die Familie ... 88
Die Frau – Die Partnerin des Mannes ... 90
Die muslimische Frau wie sie leibt und lebt ... 93

SPEZIELLER TEIL

V. Christentum und Islam ... 101

VI. Das Jesusbild in der islamischen Theologie ... 111

VII. Die Muslime im Westem – ihre menschlichen und religiösen Probleme ... 117

VIII. Der Islam vor der Herausforderung durch die Industriegesellschaft ... 128

IX. Zeugnis vor Gott im säkularen Europa 133
X. Der Weltislam heute 140
XI. Europa und der Islam 157
XII. Islamische Erziehung heute 160
XIII. Ebū Ḥanīfa 169
XIV. Die Suche nach einem neuen Sinn 172
XV. Im Spannungsfeld zwischen Tradition und Wissenschaft 175
XVI. Islam und der Fortschritt. Zur Bedeutung des Miʿrāǧ 181
XVII. Das islamische Recht 184
XVIII. Besondere Disziplinvorschriften 193
XIX. Vorschriften zum Schutze der Gesundheit 196
XX. Sünden und Reue 197
XXI. Der Islam und die moderne Zeit 199
XXII. Islam kurzgefaßt 215
XXIII. Das Offenbarungsverständnis 218
XXIV. Der Qur'ān 223
XXV. Muhammed 229
XXVI. Die Gerechtigkeit 241
XXVII. Schlußwort 245
XXVIII. Anmerkungen 251
XXIX. Erklärung der Fachausdrücke 259
XXX. Literaturnachweis 265
XXXI. Personen-, Sach- und Ortsregister 267

Vorwort

Dieses Buch verdankt sein Entstehen der Anregung einiger muslimischer Eltern europäischer Abstammung, die sich kurz nach dem zweiten Weltkrieg mit ihren Frauen und Kindern im deutschsprachigen Raum eingefunden hatten. Ihre schulpflichtigen Kinder brauchten damals einen Lehrbehelf, um sich in die Glaubenslehre des Islam einführen zu lassen. So entstand die erste Fassung dieser Schrift. Sie erschien in bescheidenem Umfang im Jahre 1963 in Wien. Bald danach wurde sie ins Italienische übersetzt und vom Islamischen Zentrum in Rom herausgegeben. Diese Übersetzung ist inzwischen noch zweimal aufgelegt worden.

Das wachsende Interesse am Islam, das sich Ende der siebziger Jahre in der Welt eingestellt hatte, veranlaßte den Verfasser zu einer Neubearbeitung des Buches und dessen zweiter Herausgabe. Die erste Fassung war inzwischen vergriffen, die Nachfrage blieb aber — besonders nach den Ereignissen im Iran 1978/79 — weiterbestehen.

Fünf Jahre nach dem Erscheinen der zweiten, erweiterten und verbesserten, Auflage, nachdem auch diese vergriffen war, wage ich nun, mit einer dritten, stark überarbeiteten Fassung des Werkes vor die interessierte Leserschaft zu treten. Die bevorstehende Einführung des islamischen Religionsunterrichtes in den Schulen einiger Bundesländer — so jenen von Hessen, wie dies von Kultusminister *Hans Krollmann* Ende des Schuljahres 1983/84 angekündigt worden ist — verstärkt den Bedarf nach einer Orientierungshilfe. Das könnte dieses Buch einigermaßen sein.

Der geplante Religionsunterricht muß freilich mit dem bundesdeutschen Grundgesetz und mit der internationalen Konvention über die Menschenrechte im Einklang stehen. Das ist für einen vergeistigten Islam kein Problem; es ist vielmehr fast sein Anliegen. Die vorliegende Selbstdarstellung des Islam stützt sich auf die besten islamischen Traditionen. Ein freiheitlicher und demokratischer Staat, wie die Bundesrepublik Deutschland, ist der denkbar günstigste Boden, sie frei vom Druck in die Zukunft zu tragen.

Das ursprüngliche Ziel dieser Arbeit war es, kurzgefaßt, jedoch für die religiöse Unterweisung erschöpfend genug, die Lehre des Islam darzulegen. Sie war in erster Linie für die in deutschsprachigen Ländern geborenen oder aufwachsenden Söhne und Töchter muslimischer Einwanderer bestimmt. Der älteren Generation, die von klein auf in einer muslimischen Umgebung herangewachsen ist, sollte dieses Buch als Stütze zur Auffrischung der alten, inzwischen meist verblaßten religiösen Kenntnisse verhelfen. Auch den islamkundlich interessierten nichtmuslimischen Leser hat der Verfasser im Auge; diesem sollten hier Zeugnisse und Inhalte vorgeführt werden, die zu einem besseren Verständnis der islamischen Gedankenwelt verhelfen können.

Das hier dargelegte Lehrkonzept ist in der hanefitischen Interpretationsschule des Islam beheimatet. Das ist jene Schule, deren Glaubensverständnis dem österreichisch-ungarischen Gesetzgeber bei der Verfassung des Islam-Gesetzes Nr. 159 vom 15. Juli 1912 zur Arbeitsgrundlage diente. Durch dieses Gesetz ist der Islam hanefitischer Richtung in der Österreichisch-Ungarischen Monarchie als Religionsgesellschaft im Sinne des Gesetzes anerkannt worden, um infolge einer unglücklichen politischen Entwicklung allerdings erst im Mai 1959 in der Republik Österreich in Kraft zu treten.

Nach dem allgemeinen islamischen Verständnis sind die Unterschiede, die die eine Interpretationsschule von der anderen trennen, theologisch nicht so erheblich, daß sie nicht hingenommen werden könnten. Eine betonte Toleranz kennzeichnet das Verhältnis der Schulen zueinander: im sunnitischen Islam der hanefitischen, der malikitischen, der schafiitischen und der hanbelitischen. Die Zwölfer-Schia ist ebenfalls rechtgläubig: auch ihr gilt diese Toleranz.

Das Ziel der vorliegenden Fassung ist weiter gesteckt als jenes der beiden vorausgegangenen Auflagen; sie will den in einer säkularen Umwelt lebenden Muslimen Hilfestellungen bieten, die vielfachen Krisen und Schwierigkeiten, denen sie sich tagtäglich gegenübergestellt sehen, möglichst schadlos zu überwinden und die bedrohte religiöse Identität unter den erschwerten Bedingungen einer hochindustrialisierten Gesellschaft zu wahren. Besonderer Überlegung wert schien dem Autor darüber hinaus die Minderheitssituation, in der die Muslime leben, für die dieses Buch geschrieben ist.

Der Verfasser hofft, die unabänderlichen Realitäten der säkularen Zeit mit richtigem Augenmaß eingeschätzt und mit diesem Buch einen brauchbaren Beitrag zur Erhaltung der islamischen Identität in einer veränderten Welt geboten zu haben. Das Anliegen dieses Buches sind nicht allein die innerweltlichen Dimensionen dieser Identität — etwa die Rituale, die sozialen Verpflichtungen und die Kulturmanifestationen; ganz besonders und vorrangig gehört dazu auch das Gebiet der Eschatologie. Deshalb geht es hier primär darum, die Frage nach dem Sinn, soweit möglich, theologisch anzugehen, den Lehrkern frei von der geschichtlichen Verkrustung herauszuheben und die in den behandelten religiösen Aussagen angesprochenen allgemeinmenschlichen Anliegen klarer als sonst ins Glaubensbewußtsein zu rücken.

Der Leser wird hier einem theologisch reflektierten Islam begegnen, der sich vorrangig nach dem Qur'an als unzweifelhafter Quelle *(Ḏālike'l-Kitābu lā reybe fīh: 1:2)* orientiert. So besteht die berechtigte Hoffnung, daß auf dieser theologischen Grundlage die gemeinsamen jüdisch-christlich-islamischen Wurzeln der abendländischen Kultur leichter erkannt und der Stigmatisierung der Muslime, die sich in dem inzwischen säkularisierten Rahmen dieser Kultur eingefunden haben, ein Ende gesetzt wird. Die islamische Lehre läßt sich problemlos lebensnah und grundgesetzkonform entwickeln. Ich glaube, daß das vorliegende Buch einleuchtende Beweise dafür liefert. So hat man weder in Deutschland noch anderswo im Westen zu befürchten, durch die Anerkennung des Islam als gleichberechtigtem Partner der Kirchen etwa einen Bruch mit der Geschichte zu riskieren.

Die religiöse Duldsamkeit des Islam ist bekanntlich auf die Begegnung mit monotheistischen Religionen ausgerichtet. An den mittelalterlichen Verhältnissen gemessen, war sie in ihrer Art einmalig. Als Bereitschaft aber, Andersartigkeit zu dulden, ist sie im Islam genauso sehr oder genauso wenig gefragt, wie im Judentum und Christentum. Sie ist heute weitgehend Gegenstand persönlicher Entscheidung jedes einzelnen Gläubigen.

Der Islam ist seit jeher mißverstanden worden. Schuld daran waren ebenso jene, die sich zu ihm bekannten, wie jene, die — aus welchen Gründen auch immer — ihn verzerrt oder mißdeutet haben. Ein Zugang zum Islam über sein eigenes Selbstverständnis eignet sich wohl am besten dazu, Vorurteile abzubauen und ein gesundes Verhältnis zum Studiengegenstand herzustellen.

Der beste Lohn für die aufgewendete Mühe wird es für den Verfasser sein, wenn dieses Buch der lebenden wie der nachrückenden Generation der Muslime in Europa helfen sollte, in der neuen Umwelt bei aller Wahrung ihrer religiösen Identität einen gleichberechtigten und würdigen Platz einzunehmen.

Daß dieses Buch in der vorliegenden, technisch ansprechbaren Art erscheinen darf, ist das Verdienst des rührigen Verlagsleiters *Dr. Hans-Jürgen Brandt.* Er hat, unterstützt von seiner Frau, durch das Mitlesen von Korrekturbogen und durch wertvolle sprachliche Hinweise die redaktionelle Arbeit kräftig gefördert. Dafür gebührt den beiden mein herzlichster Dank.

Der Dank des Verfassers gilt auch der Druckerei, die sich viel Mühe gegeben hat, die vielen diakritischen Zeichen zu formen und richtig aufzusetzen.

Der Verfasser

Zur Umschrift

Die in diesem Buch verwendete Umschrift der arabischen Schriftzeichen entspricht jener der Deutschen Morgenländischen Gesellschaft.

Da die voraussichtlichen Benutzer dieser Arbeit dem osmanischen Kulturkreis angehören, wurde die Vokalisierung gemäß den Regeln der Istanbuler Qur'ān-Rezitationsschule durchgeführt. Ihr Einfluß ist in der altansässigen muslimischen Bevölkerung Europas seit altersher vorherrschend. Niemand, ob Alt oder Jung, liest dort den Qur'ān anders, als es die Regeln der Istanbuler Schule erfordern. Ihre Beachtung ist ein Teil der europäisch-muslimischen Identität. Der Autor dieses Buches lehnt ferner die in Mode geratene „Verwestlichung" islamischer religiöser Termini ab, weil sie zu einer geistigen Überfremdung führt. Daher erscheinen hier die Namen der biblischen Persönlichkeiten in jener Form, die im islamischen Gebrauch geläufig ist. Die folgende Tabelle zeigt die genaue Aussprache der einzelnen arabischen Konsonanten und ihrer Transkriptionswerte an:

ḏ (arabisch: ذ) entspricht dem stimmhaften englischen th wie in *this.*
ḍ (ض) wiedergibt ein emphatisches *d.*
ǧ (ج) entspricht dem deutschen Lautkomplex *dsch* wie in Dschungel.
ġ (غ) tönender Reibelaut des weichen Gaumens, gutturales *g.*
h (ه) deutsches h (niemals stumm).
ḥ (ح) starkes *h* mit Reibungsgeräusch (sehr aspiriert).
ḫ (خ) entspricht dem deutschen ch wie in: *Bach, Dach.*
q (ق) emphatisches k.
s (س) hartes ß des Deutschen, wie in *Maß.*
ṣ (ص) emphatisches ß. Der Buchstabe s darf im Rahmen dieser Transkription niemals weich oder stimmhaft ausgesprochen werden.
t (ت) wie im Deutschen.
ṯ (ث) hartes *th* des Englischen, wie in *thing.*
ṭ (ط) emphatisches hartes t.
w (و) englisches w.
y (ى) entspricht dem deutschen j.
z (ز) weiches *s* des Deutschen, wie in Hase.
ẓ (ظ) emphatisches z.
ʻ (ع) dient zur Wiedergabe eines eigentümlichen Lautes, der durch kräftiges Zusammendrücken der Stimmritze entsteht und eine Art Stimmabsatz zustandebringt (arabischer Name des Buchstaben: *ʻayn*).
(ˉ) bezeichnet die Länge.

Die Aussprache der übrigen Buchstaben entspricht jener des Deutschen. Bei der Wiedergabe des Namens Muḥammed ist hier auf die Einhaltung der Transkriptionsregel verzichtet worden. Da der *spezielle Teil* dieses Buches im besonderen auch den nichtmuslimischen Leser anspricht, ist dort die im Abendland geläufige theologische Terminologie beibehalten worden.

Allgemeiner Teil

Was ist der Islam?

Der Islam ist der Glaube, den Gott auserwählten Männern beginnend mit Ādem ('a. s.)[1] als erstem Träger der menschlichen Verantwortung eingegeben hat. Im engeren Sinne ist der Islam jener Glaube, der sich auf die *Muhammed* ('a. s.) eingegebene Offenbarung gründet. Sich zum Islam zu bekennen heißt, das Leben im Zeichen einer völligen Hingabe an Gott zu meistern. In der Praxis kommt der Islam einer Selbstverwirklichung des Menschen gleich, die sich im Frieden mit Gott, mit sich selbst und mit den übrigen Menschen vollzieht. Das arabische Wort *islām* bedeutet: *Hingabe, Rettung* und *Friedenssuche* zugleich.

Jeder Anhänger des Islam — Muslim oder Muslimin — glaubt und legt durch Taten Zeugnis dafür ab, daß es nur einen Gott gibt, und wahr ist, was Er durch die oben erwähnten auserkorenen Männer — Seine Gesandten — verkünden ließ. Das Wort *Muslim* (vielmehr: *el-muslim*) heißt: der *Gottergebene*, „der den Frieden der Gottergebenen nicht stört".[2]

Die Offenbarung ist eine auf übernatürliche Weise, etwa durch Erleuchtung oder die Einsage des Erzengels Ǧebrā'īl erlangte Erkenntnis göttlichen Ursprungs, die zur Verkündung und zum Handeln verpflichtet. Sie ist die Grundlage des Lehrauftrags des jeweiligen Religionsverkünders und somit bestimmend für die Entstehung der Religion.

Der Islam umfaßt drei Teile:

I. *das Glaubensbekenntnis* — verbunden mit steter Bereitschaft, als Zeuge Gottes aufzutreten,

II. *den Vollzug von religiösen Übungen*, durch die vor allem die Selbstdisziplin, die Entsagung und die gegenseitige Solidarität der Gläubigen gestärkt werden sollen, und

III. *das vorbildliche Verhalten* — verbunden mit steter Bereitschaft, für eine bessere Gesellschaft einzutreten.

Der Muslim bzw. die Muslimin:

1. kennt das islamische Glaubensbekenntnis und hält dieses für seine höchste Verpflichtung;
2. nimmt in maximal möglichem Umfang die religiösen Übungen auf sich, weil sie eine Art Schule oder Fortbildungskurs des Humanismus sind;
3. kennt die moralischen und gesellschaftlichen Vorschriften des Islam, lebt nach ihnen und kämpft für eine bessere Welt. Das ist ein Aspekt des sogenannten *ǧihād.*

Der Islam ist ein Glaube für die ganze Menschheit und für alle Zeiten. Sämtliche Gottesgesandten predigten dieselbe Lehre. Es gibt also nur einen gottgefälligen Glauben. Dieser kann nichts anderes sein, als die Ergebung in Gott und der Friede mit Ihm, mit sich selbst und mit den übrigen Menschen. Der *gelebte Glaube* heißt Loyalität zu Gott als Schöpfer und Erhalter, die Solidarität mit Mensch und Tier und die Brüderlichkeit mit den übrigen Gläubigen.

Der Name *islām* - dem Qur'ān entnommen - gibt den Grundgehalt jener einheitlichen Offenbarungsreligion wieder, die durch die Geschichte geht. Von Menschen nicht erfunden, schließt er in keinerlei Weise die Verehrung des Menschen in den Bereich des Glaubens ein. Die Grundsätze des Islam stützen sich auf den gesunden Verstand. Vernunftwidriges wird daher von ihm abgelehnt.

Wer sich ganz Gott hingibt und Gutes tut, dem gebührt ein Lohn bei seinem Herrn. Keine Furcht soll solche verfolgen, noch sollen sie trauern! (Sure 2: 113).

Der Islam darf nicht als Geschichte verstanden werden. Er ist vielmehr eine immer wieder aufs Neue unter Beweis zu stellende lebendige Gottverbundenheit. Gott ist aber unabhängig von der Welt.

Der Islam ist nicht der *Gegenstand*, sondern *die Form des Glaubens.* Daher kann man nicht *„an den Islam glauben"*: der Glaube gilt Gott und den Glaubensartikeln. Geschieht dies in richtiger Weise, so ist das der *Islam.* Unter diesem Namen versteht man zuweilen die Lehre, die Muhammed gepredigt hat.

Als Religion setzt der Islam ein bewußtes Handeln voraus. Der Gläubige hat bei der Bezeugung seiner Hingabe an Gott alle seine schöpferischen Möglichkeiten zu entfalten. Die entscheidenden Fragen des Lebens können mit menschlicher Kraft, jedoch unter Anleitung Gottes und dank seiner Gaben gelöst werden. *We en leyse li'l-insāni illā mā se'ā.* („Der Gewinn des Menschen geht nicht über den Rahmen seines Einsatzes hinaus". Sure 13:39). *Lehā mā kesebet we 'aleyhā ma'ktesebet* („Der Seele zugute, was sie sich erworben hat; der Seele zum Nachteil, was sie sich verwirkt hat". Sure 2:286). „Ich erlebe Stunden göttlicher Kreativität", beschrieb Muhammed ('a. s.) seine eigene Lebensdynamik.

Der Islam ist also kein fertiges Lebensmodell, das gedankenlos anzuwenden ist, sondern eine ständige Aufgabe. In dieser Aufgabe liegt der eigentliche Sinn des *ğihād,* einer Verpflichtung, die schwerer wiegt als die Andachtsübungen aus dem Disziplinarbereich. Diese sind dem *ğihād* untergeordnet oder bilden lediglich eine Vorbereitungsstufe. Folglich müßten Eigeninitiative, Zivilcourage, Freiheitsdrang und Absage jeglicher Unterwerfung unter irdische Größen unentbehrliche Eigenschaften eines echten Muslims sein.

I. Islamisches Glaubensbekenntnis

Das islamische Glaubensbekenntnis besteht aus sechs Grundartikeln und lautet:

Ich glaube (1) an Gott, (2) an Seine Engel, (3) an Seine Bücher, (4) an Seine Gesandten, (5) an die Wiederauferstehung nach dem Tode und den Jüngsten Tag und (6) an die göttliche Vorherbestimmung.

Die Bedeutung des Ausdruckes *„göttliche Vorherbestimmung"* ist, daß alles, was im Weltall geschieht — sei es gut oder böse — von Gott erschaffen ist. Die Geschehnisse, die in den Bahnen der gottgegebenen Ordnung verlaufen, sind an sich gut. Das echte Leid und das Verhängnis des Menschen beginnen bei Mißbrauch der göttlichen Gesetze oder bei bewußtem Widerstreben gegen Sein Wohlgefallen. Im Glaubensartikel 6 ist das islamische Konzept eines wichtigen Glaubensanliegens enthalten. Die Christen beten im *„Vaterunser"*: „Dein Wille *geschehe* wie im Himmel also auch auf Erden!" Die Muslime antworten darauf: „Dein Wille *geschieht* im Himmel wie auf Erden".

1. Der Glaube an einen Gott

Es ist ein Gott, der allmächtige Schöpfer und Erhalter der Welten. Weder gezeugt noch sterblich, regiert Er von Ewigkeit zu Ewigkeit und läßt vergehen und von neuem entstehen. Er ist unendlich vollkommen, weil Er alle guten Eigenschaften in höchstem Maße besitzt. Er ist unveränderlich, weise, gerecht, gütig, allgegenwärtig, allwissend, allmächtig und höchst wahrhaft. Er ist das einzige untrügliche Ideal, das keinem Menschen Enttäuschung und Seelenpein einbringt.

Gott ähnelt weder der toten noch der lebenden Natur. Niemand und nichts ist Ihm ebenbürtig. Es erfaßt ihn weder das Auge noch der Sinn. Dennoch ist er uns *„näher als die Schlagader" (Qur'an 50:15).*

Das islamische Gottesverständnis kann kurz folgenderweise skizziert werden:

1) Gott ist immer anders,
2) Gott ist immer größer (*„Deus semper major"*),
3) In Gott ist Friede;
   daher der *Islam* = Friedenssuche durch Hingabe an Gott.

Der traditionelle Gruß lautet: *Es-Selāmu 'aleykum* oder Selāmun *'aleykum; zu Deutsch: Friede sei mit euch!*
Im Mittelalter war diese Grundformel auch in Europa geläufig. Sie lautete lateinisch: *Pax vobiscum!*

Eine überspannte, auf die antike Philosophie gestützte Intellektualisierung, führt dazu, daß die Wesensschau Gottes allein als das Ziel des frommen Strebens angesehen wird. Der einfache Gläubige kann mit dieser Vorstellung aber kaum etwas anfangen. Der Beduine käme sich betrogen vor, fände er im jenseitigen Leben nicht das, wonach er sich in der Glut der arabischen Wüste sein Lebtag lang sehnt: üppige Gärten mit dichtem Schatten, Bäche und kristallklares Wasser, bequeme Wohnstätten, Begegnung mit liebreichen, unschuldigen Wesen, Lebensfreude und Unbekümmertheit. Diese Vision vermitteln ihm eben manche qur'ānischen Schilderungen der *ğennet,* des Paradieses.

Die Gottesschau ist das Ziel der Mystiker.
Das Verhältnis Gott – Mensch ist im Islam durch drei Axiome gekennzeichnet:

1) Gott ist nur einer.
2) Er ist dir näher als die Schlagader.
3) Gott ist nicht in die Geschichte eingebunden.

Im evangelischen Christentum ist die Gotteslehre eng mit der Heilslehre verknüpft.

Der Islam kennt hingegen keine Heilslehre, schon deswegen nicht, weil die Lehre von der Erbschuld von ihm nicht vertreten wird.
Im Christentum wird vielfach Gott „grundsätzlich als begriffliches Festhalten an einer menschlichen Grunderfahrung" verstanden.
Für Kant ist diese Erfahrung „die sittliche Weltordnung", für Schleiermacher ist sie ein Gefühl „schlechthinniger Abhängigkeit".
Nach der islamischen Lehre ist Gott der „entscheidungsmächtige Urheber von Wirklichkeit", der nicht von der menschlichen Erfahrung abhängt.
Die Religion ist im muslimischen Verständnis nicht eine Folge der menschlichen Erfahrung, sondern eine von Gott eingegebene Anleitung zum Leben und ein Geschenk Seiner Gnade, deren Wert am besten jene erkennen, die sich nach ihr orientieren.
Calvin hat, vielleicht unter islamischem Einfluß, die Verehrung der Schöpfung als Abgötterei und als die eigentliche Ursünde angesehen.

Verehrung anderer Götter, anders gesagt: Anbetung von Götzen, ist eine der größten Sünden. Gottes Macht und Gottes Liebe decken sich grundsätzlich miteinander.
Das Verständnis Gottes als in menschlicher Erfahrung gegeben, bildet Gegenstand der „natürlichen Theologie".
Das Christentum ist christozentrisch; der Islam ist theozentrisch. Der große islamische Denker *Ibn Sīnā* (980-1037) hat die Ansicht vertreten, daß allem, was existiert, eine Liebe zur eigenen Vollkommenheit angeboren sei. „Das Erreichen des Zieles der eigenen Vollkommenheit bedeutet nämlich zugleich auch *Verähnlichung* mit Gott, der ersten Ursache, dem absolut Guten und Vollkommenen"[3]?
Der Gläubige, der der Lehre und dem Gesetz verpflichtet ist, rechnet auf das Erbarmen Gottes, auch wenn er Übertretungen begeht. Außerhalb des Gesetzes stellt sich, wer die Verpflichtung leugnet.

„Der im Herzen getragene und mit der Zunge bezeugte Glaube besagt, daß Allāh der eine Gott ist". So beschreibt Ibn Ebī Zeyd el-Qayrewānī den ersten islamischen Glaubensartikel. „Es gibt keinen anderen, keinen ähnlichen, keinen gleichen, keinen Sohn und keinen Vater, keinen Gefährten und keinen Teilhaber. Er hat weder Anfang noch Ende. Sein Wesen entzieht sich jeder Beschreibung. Menschengeist vermag ihn nicht zu erfassen.

Wer nachdenkt, zieht die Lehre aus den Zeichen, die die Natur bietet. Er dringt aber nicht tiefer in Gottes Wesen ein und erfaßt nicht mehr von seiner Weisheit, als Er zuläßt. Sein Thron breitet sich über Himmel und Erde, und mühelos bewahrt Er ihn, denn Er ist der Höchste und Unendliche, der Allwissende und Allerkenner, der Allmächtige und der Beherrscher der glaubenden Herzen, der Erhabene und der Große".

Es rächt sich am Menschen, wenn Götzen oder Menschen als Götter verehrt werden. Schon darin zeigt sich, daß Gott eine Beigesellung nicht vergibt.

Wir erkennen Gott an der Gesetzmäßigkeit, die dem Weltall innewohnt und an jener geheimnisvollen Stimme in unserem Inneren, die uns sagt, was Gut und was Böse ist, nämlich an der Stimme des Gewissens. Alle Völker glaubten in dieser oder jener Form an Gott. Richtig glaubten aber nur jene, deren Vorstellung von Gott dem höchsten Ideal des Guten entsprach. Die Ergebenheit zu Ihm bewirkt Mäßigung und Zähmung in den guten und Trost und Hoffnung in den bösen Stunden. Demnach ist der Glaube an Gott eine Gnade.

Gott ist über alle bildlichen Darstellungen und menschliches Machwerk erhaben:

„Sprich: Er, Gott, ist Einer,
Ein ewig Seiender,
Nicht zeugend, noch erzeugt,
Dem unter allen Wesen niemand gleicht!“(112)

Gott hat viele unübertreffliche Eigenschaften: Allmacht, Güte, Schöpferkraft, grenzenloses Erbarmen, Anfanglosigkeit, Endlosigkeit usw. Der Qur'an führt 99 *„schöne Name Gottes“* an, die eigentlich Seine Eigenschaften sind. Man kann Gott nicht in einen Namen pressen, denn der Name ist eine Art Gefängnis. Dieses widerspräche der Freiheit Gottes. Jemand forderte den frommen *D̠u'nnūn* auf: „Zeige mir den größten Namen Gottes!“ Er sprach: „Zeige mir den kleinsten!“ und warf ihn hinaus.
„Stattet euch mit göttlichen Eigenschaften aus!“, lehrte Muhammed ('a. s.), um den Weg zum „vollkommenen Menschen“ zu zeigen.

Der Mensch ist von Gott zu Seinem Stellvertreter auf Erden bestellt worden. (*„Ich werde auf der Erde einen Nachfolger einsetzen“*. Sure 2:30). Als solcher vermag er die Erde und ihre Umgebung zu verändern. Er ist im Besitz der Handlungsfreiheit, für die er verantwortlich ist.

Das Leben ist eine *verdankte*, nicht aber eine verdiente Existenz. Folglich soll der Mensch jede Selbstgefälligkeit ablegen. Die Naturgesetze schalten ihn ohnchin bei Schritt und Tritt in das gewaltige Dienstnetz der Natur ein. Dadurch erfährt seine Freiheit eine dauernde Einschränkung. Dieses ist der Gegenstand des 6. Artikels des islamischen Glaubens. Hier, bei diesem menschlichen Dilemma, setzt die islamische Art der Lebensbewältigung ein. Eines ihrer Elemente ist das sogenannte *'ibādet* (arab.: *'ibāda*, hebr.: *'awūda*), das ungefähr dem Begriff „Gottesdienst“ entspricht. Doch dieser Gottesdienst ist in seiner Vollendung die Menschlichkeit schlechthin. Das *'ibādet* ist das Ziel der religiösen Erziehung. In diesem Sinne sprach Muhammed ('a. s.): *El-Islāmu ya'lū we la yu'lā 'aleyh* (zu Deutsch etwa: „Der Islam ist ein unüberbietbarer Wert und ein denkbar hohes Prinzip“). Der Qur'an bringt Gott dem Menschen mehr als Herrn des Weltalls und weniger als Gestalter der menschlichen Geschichte ins Bewußtsein. Stark betont ist auch Gottes Rolle als Herr der ausgleichenden Gerechtigkeit. Dieser geht aber Sein Erbarmen voran: „Wenn es den Bösen gut geht, so will Gott damit ihre guten Werke belohnen, damit sie die ganze Strafe im Jenseits treffe“. Jedes Leid hat ein Ende. Auch während der Dauer des Leidens kehrt für Momente der Normalzustand zurück. Dies wird dann als Gnade empfunden. Manchmal nimmt sich das kleinere Übel wie ein Geschenk des Himmels aus, so etwa das Kratzen, wenn der Körper vom Aussatz befallen wird.[4]

Vergöttlichung oder Anbetung des Menschen ist eine schwere Sünde, weil sie zum Verlust des wahren Lebenskompasses führt und Unheil heraufbeschwört. Ebenso schwere Sünden sind aber auch Erniedrigung oder Verknechtung des Menschen oder gar seine Vernichtung. *„Der Mensch ist das vollkommenste Geschöpf Gottes. Wehe demjenigen, der es vernichtet!“*, sprach Muhammed.[5]

Der Glaube an Gott oder (arabisch) *Allāh* ist der erste Grundartikel des islamischen Glaubensbekenntnisses. Wir müssen Gott ehren und in Freude und Leid unser Herz und unsere Gedanken auf Ihn richten. Er ist der sicherste Wegweiser für das Leben im Diesseits und Jenseits. Er ist Kompaß im Sturm und Leuchtturm in Dunkelheit. Man soll zu Gott beten, damit man Lebenskraft und Trost findet.

Das betont monotheistische Glaubensbekenntnis der Islam entbindet den Gläubigen von allen fragwürdigen Verbindlichkeiten.

Das islamische *„Gebet des Herrn“*, die erste Sure des Qur'an (*„Fātiḥa“*), lautet:

Preis sei Allah, dem die Welten untertan!
Dem König des Gerichtes, dem gnadenvollen Raḥmān[6]!
Dich beten wir an, Dich rufen wir an:
Leite uns auf die gerade Bahn,
Zu wandeln als solche, denen Du wohl getan,
Die Dein Zorn verschont, und die frei sind von Wahn!
Āmīn!

Der arabische Text dieses Gebetes ist:

El-ḥamdu li'llāhi, rabbi'l-'ālemīn. Er-raḥmāni'r-raḥīm. Māliki yewmi'd-dīn. Iyyāke na'budu we iyyāke neste'īn. Ihdine'ṣ-ṣirāṭa'l-musteqīm! Sirāṭa'l-leḏīne en'amte 'aleyhim. Ġayri'l-maġḍūbi 'aleyhim we le'ḍ-ḍāllīn! Āmīn!

Die wahrnehmbare Wirklichkeit ist nach dem ewigen Plan Gottes entstanden. Die Entwicklungsstufen der Schöpfung werden jeweils als gesonderte Schöpfungsakte verstanden. Das ist nämlich der Begriff der Schöpfung in den Augen der spekulativen Theologie: *'ilm ul-kelām.*

Das ist ein „Brauch“ (*sunnet*), den sich Gott selbst zurechtgelegt hat und bei dem keine Änderungen eintreten. Der qur'ānische Hinweis auf die Unabänderlichkeit der göttlichen Gesetze läßt die Annahme der Entwicklungstheorie zu. Dennoch ist Gott durch kein Gesetz und keine Pflicht gebunden.

Während, nach dem Qur'an, *„der göttliche Brauch"* (*sunnetu'allāh*) oder das Naturgesetz unveränderlich ist, fehlt eine ähnliche Aussage über den *„menschlichen Brauch"*. Dieser unterliegt freilich Schwankungen und Veränderungen, an denen die Religion als solche wohl nichts auszusetzen hat.

Häufig wird die Meinung geäußert, Gott sei im Islam ein absolut ferner Gott. In Wirklichkeit fühlt sich der fromme Muslim in jedem Augenblick seines Lebens unmittelbar vor Gott gestellt. Er gibt den Gläubigen Halt vor der Ungewißheit der Zukunft und hilft ihnen, existenzielle Ängste zu überwinden.

Gott ist das denkbar höchste Ideal. Mit den erwähnten *„schönen Namen Gottes"* versucht die Theologie, Gott den Menschen näherzubringen. Die hohen Qualitäten und Tugenden, die mit diesen Namen begrifflich gedeckt werden, sind für den Gläubigen erstrebenswert und anspornend.

Doch Gott werden von manchen orthodoxen Schulen des Islam auch Züge zugeschrieben, die Anlaß zur Kritik, ja zu heftigen Auseinandersetzungen unter den Schriftgelehrten, bieten. Hier wurzelt die Vorstellung, daß Gott in seiner Allmacht keinerlei Ordnungsprinzip — auch nicht einem sittlichen — Rechenschaft schuldig ist. So entwerfen einzelne traditionalistische Lehrmeister von Gott ein Bild, das Ihn als einen launischen Tyrannen erscheinen läßt. Im Qur'ān gibt es — wohlbemerkt — ein paar Aussagen, die zu einem solchen Bild führen könnten. Allerdings ist eine solche Vorstellung von Gott eher der Denkweise der altorientalischen Sklavenhaltergesellschaft entwachsen. Sie widerspiegelt unreflektiertes Glaubensverständnis. Bekanntlich wurden im Orient einst die Herrscher in der Regel als eigenwillige Despoten widerspruchslos hingenommen. Sie bestimmten die Moral der Gesellschaft und legten ihre Maßstäbe fest.

Die Gottesfurcht ist im Islam ein wichtiges Motiv sittlichen Verhaltens. Daß der Qur'ān auf ihr besteht, liegt nicht etwa daran, daß Gott das menschliche Handeln vorherbestimmt hat, denn dann wäre auch die Gottesfurcht überflüssig. Es liegt vielmehr daran, daß Gott in all seiner schenkenden und vergebenden Gnade ein strenger Richter ist. Deshalb ist die Gottesfurcht als Motiv des Handelns notwendig und sinnvoll. Durch Gottesfurcht wird das Verantwortungsbewußtsein der Gläubigen wachgehalten.

Gott wirkt nicht allein durch die Naturgesetze; Sein in der Offenbarung wirksam gewordenes Wort verschafft seinem Willen weitere Wirkungsbereiche.

Gott ist nicht allein der geheimnisvolle Urgrund allen Geschehens, sondern auch der Inbegriff jener Eigenschaften, deren innerer Wert dem Menschen nicht gleichgültig sein kann: der Güte, der Gerechtigkeit, der Schönheit, der Harmonie, der Liebe. Gott ist der Inbegriff aller menschlichen Vorstellungen vom „Ganz Anderen", von Ewigkeit und von Allmacht.

2. Der Glaube an die Engel

Die Engel (arab.: *melā'ike;* Einzahl: *melek*) sind unsichtbare Kräfte oder Wesen, die – im Dienste der Natur stehend – Menschen gute, beglückende Gedanken und den Tieren rettende Vorahnungen eingeben. Die Kräfte, die in entgegengesetzter Richtung wirken, heißen Teufel (arab.: *šeyāṭīn,* Einzahl: *šeyṭān*). Im Alltagsleben werden sie als niedere Triebe wahrgenommen. Sie zeigen sich vielfach als Neigungen zum Zerstören und zur Bosheit.

Die Engel sind gewissermassen Dienstboten Gottes. Diese Bedeutung steckt übrigens im Wort *melek.* Sie begleiten alle Lebensäußerungen der Geschöpfe. So haben sie in geheimnisvoller oder in erkennbarer Weise – etwa als „seelische Kräfte" – an der Gestaltung des Lebens einen Anteil. Willenlos, ohne eigenen Verstand und von göttlicher Vorsehung vorprogrammiert, wirken sie treffsicher und ohne Fehler.

Es gibt viele Engel. *Beim Namen* sind bekannt vor allem die Erzengel *Ğebrā'īl, Isrāfīl, 'Azrā'īl, Mikā'īl* und die beiden Grabesbefragungsengel *Munker* und *Nekīr.* Einer der Engel wird *Heiliger Geist* genannt (Qur'ān 16:104). Möglicherweise ist er mit Ğebrā'īl identisch.

Es gibt eine Art von Engeln, die sich „in gänzlicher Abkehr von allem Geschöpflichen nur der Versenkung in Gottes Wesen hingeben": Sie preisen Ihn bei Nacht und Tag und werden des Preisens nicht müde" (21:20).

Zwei Engel, *Hārūt* und *Mārūt,* lehren die Menschen die Kunst der psychischen Beeinflussung, ohne jedoch bei ihrer Ausführung mitzuwirken.

Aus der Natur der Engel erklärt sich ihre Nähe zu menschenlichen Idealbildern. Deshalb wird ein äußerst guter, schöner und makelloser Mensch als Engel beschrieben. In theologischen Schriften werden folgende Vorzüge der Engel von den Menschen gepriesen: die Erhabenheit über die Materie, die Freiheit von Leidenschaften, mit Ausnahme der Liebe zu Gott, die Geistigkeit und die „völlige Offenheit zum Licht, von dem sie kein Vorhang trennt". Mit diesem letzten Ausdruck wird die Nähe zu Gott umschrieben.

Unter den Engeln besteht kein Geschlechtsunterschied. Sie existieren außerhalb von Zeit und Raum. Ihre Aufgabe ist es, die Ordnung im Weltall aufrechtzuerhalten. Die Wissenschaft hat für diese Kräfte andere Namen.

Niemand, außer Gott, kennt die Zahl der Engel.

Für eine Gruppe weiterer, zunächst rätselhafter Kräfte, die auf das Weltgeschehen Einfluß nehmen, hat der Qur'ān den Namen *ğinn* (Genien).

Die vorislamischen Araber sahen ihre heidnischen Gottheiten zuweilen als Engel an. Der Qur'ān warnt vor der Fehlvorstellung, die Engel seien Kinder Gottes – eine Vorstellung, die dem Islam anfänglich zu schaffen machte.

Einer der Engel, Ğibrīl oder Ğebrāīl, wird vom Qur'ān mit dem Geist gleichgestellt. So könnte man meinen, die Engel seien das, was der moderne Mensch mit „guten Geistern" bezeichnet.

Einer der Teufel, *Iblīs* oder *Diabolos,* hat sich geweigert, den Menschen nach dessen Erschaffung Reverenz zu erweisen, wozu ihn Gott aufgefordert hatte. Das hat ihm die ewige Verdammnis eingebracht. Seither ist er unentwegt bemüht, dem Menschen zu schaden. Iblīs ist Meister der Ränke und Inbegriff des Bösen.

Der Glaube an die Engel war für die Araber eine Neuigkeit. Obwohl ein Erbteil der biblischen Vorstellungswelt, hatte er vor dem Islam die arabische Welt nicht erreicht. Diese kannte aber eine andere Art von geistigen Kräften: die sogenannten *ǧinn* (Einzahl: *ǧinnī*). Der Ausdruck weckt Assoziationen mit dem Wort *Genie* (= überragende schöpferische Geisteskraft), obwohl etymologisch ein Zusammenhang zwischen den beiden Begriffen nicht besteht.

Die *ǧinn* sind von der menschlichen Existenz nicht trennbar. Sie sind *anthropozentrisch* (auf den Menschen hingeordnet), während die Engel *theozentrisch* (auf Gott hingeordnet) sind. Unter den *ǧinn* gibt es einen, der namentlich bekannt ist: ʻIfrīt. Der Begriff gehört nicht zum Glaubensbekenntnis. In der eigentlichen Glaubenslehre werden diese Kräfte nicht erwähnt. Sie berühren also nicht das transzendente Gebiet des Islam, sondern lediglich die allgemein menschlichen Alltagsangelegenheiten.

Die *ǧinn* sind, modern gesprochen, lokalisierte Naturkräfte, Ideen oder Erscheinungen: *Fixideen, Obsessionen, Halluzinationen, Wahnvorstellungen.* Diese Vorstellungen können gute, attraktive, fromme, böse, abscheuliche, frevelhafte usw. sein.

Die *ǧinn als geistige Triebkräfte oder seelische Störungen gehören zum Interessenbereich von Psychiatrie, Psychologie und Psychoanalyse.*

3. Der Glaube an die Offenbarung oder an die heiligen Schriften

Gottes Bücher sind schriftlich niedergelegte Offenbarungen, die durch Eingebung, Erleuchtung oder Vision einzelnen auserwählten Menschen ins Herz gelegt wurden, damit sie weitergegeben werden. Diese Bücher enthalten Grundwahrheiten über Leben und Tod, Mahnungen, Verheißungen, erzieherische Anleitungen, weise Sprüche, Gesetze, Gleichnisse und lehrreiche Erzählungen. Ihr Ziel ist es, die Menschen in leichtfaßlicher Form religiös zu erziehen. Sie zeigen, wie man vernünftig leben soll, um Glück und Frieden zu erlangen.

Alle Offenbarungen enthalten ein und dieselbe Grundlehre über Gott, das Leben und die letzten Dinge. Die in ihnen gelegentlich vorkommenden gegenseitigen Abweichungen sind, soweit sie echt sind, darauf zurückzuführen, daß die geistige Entwicklung der Menschheit verschiedene methodische Darlegungsarten der religiösen Aussagen erforderte. Die durch den Wortlaut der heiligen Bücher gestifteten Gesetze sind nicht einheitlich. Denn jedes Gesetz muß den jeweiligen Lebensbedingungen und dem Kulturgrad des Volkes, für das es bestimmt ist, angepaßt sein. Durch grundlegende Änderungen der gesellschaftlichen Struktur entstehen Bedürfnisse nach neuen Gesetzen. Ein gutes Beispiel hierfür bietet die Geschichte des Alkoholverbotes im Islam. Ursprünglich verlangte der Islam die Unterlassung des Alkoholtrinkens nur vor dem Gebet, damit der Gläubige nüchtern vor Gottes Antlitz trete und die Würde der Andacht bewahrt bleibe. Später jedoch, nach dem erfolgreich durchgeführten geistigen und gesellschaftlichen Umbruch, wurde ein allgemeines Verbot des Genusses von berauschenden Getränken erlassen.

Nach der islamischen Lehre ist die Offenbarung die Grundlage des Glaubens. In der Offenbarung begegnen sich Gott und Mensch. Das ist die einzige Möglichkeit ihrer Begegnung in der diesseitigen Welt.

Der Fachausdruck für die Offenbarung lautet in der islamischen Religionslehre *el-waḥy*. Das ist ein arabisches Wort in der ursprünglichen Bedeutung: Eingebung, Instuition, Instinkt, Vision.

Die von Muhammed empfangene Offenbarung heißt in ihrer Gesamtheit *Qur'ān* (genauer: *el-Qur'ān*), zu Deutsch: das Nachgesagte, das Nachgesprochene, der Vortrag.

Der Qur'ān enthält das göttliche Wissen. Dieses wurde durch Worte, Verhaltensweisen und stillschweigende Billigungen Muhammeds für die Gläubigen verständlich gemacht.

Es gibt auch ein anderes — profanes oder weltliches — Wissen, für das weder der Qur'ān noch sein Übermittler zuständig sind. So sprach Muhammed ('a. s.): „Ihr seid in den Dingen dieser euch gehörenden Welt besser beschlagen als ich".

Das Verhältnis des Gottgesandten zu der Offenbarung war das eines Boten zu der von ihm getragenen Botschaft. Der Autor dieser Botschaft war in Muhammeds Fall Gott. Da sie sein geistiges Gut ist, wird jeglicher respektlose Zutritt zu ihr mißbilligt. Die Kritik der göttlichen Botschaft wird als ungebührlich abgelehnt.

Der Qur'ān ist kein Buch im gewöhnlichen Sinne des Wortes. Wenn auch von einer „himmlischen Tafel" als seiner Vorlage gesprochen wird, wenn er auch schon in der zweiten Sure als ein „Buch, das keine Zweifel aufkommen läßt", bezeichnet wird, so meinen diese Ausdrücke lediglich eine mündliche Botschaft, beziehungsweise einen mündlich vorgetragenen Reflex der göttlichen Weisheit.

Der Qur'ān enthält zweierlei Arten von Aussagen: festumrissene oder fixierte (*el-muḥkemāt*) und solche, die als Gleichnisse oder bildliche Äußerungen zu verstehen sind (*el-mutešābihāt*).
Der qur'ānische Inhalt umfaßt unter anderem:

1) Predigten, Mahnungen, aufrüttelnde Worte, dramatische Schilderungen des nahenden Weltunterganges usw.

2) Religiöse Anweisungen zum Glaubensbekenntnis, zum Gebet, zum Fasten usw.
3) Ethische Anweisungen, wie „Sei gütig zu Deinen Eltern", „Wer auch einen einzigen Menschen rechtlos tötet, so ist es, als ob er die ganze Menschheit getötet hätte" u. a. m.
4) Soziale Anweisungen: Tätige Fürsorge für die Nächsten, für Waisenkinder und Witwen, Ablieferung einer jährlich fällig werdenden Sozialsteuer u. a. m.
5) Medizinische Anweisungen, wie *„Esset und trinket, doch haltet das Maß ein!", „Meidet den Wein, denn hinter ihm steckt ein Ränkespiel des Unwürdigen"* usw.
6) Meditationen über den Sinn des Lebens, über die Vergänglichkeit alles Irdischen, über die Auferstehung und die letzten Dinge.
7) Gedanken, die der Zeit vorauseilen, wie die Sprüche *„Und alles im Weltall schwimmt", „Alles haben Wir in Paaren erschaffen"* und *„Alles Lebende kommt vom Wasser"*.

Der Qur'ān enthält ferner Betrachtungen über Leben und Tod, Geschichten mit biblischen Motiven, religiöse und soziale Vorschriften, Mahnungen, Warnungen u. a. m.[7]

In der Theologie begegnet man häufig dem umstrittenen Gedanken von der Präexistenz der heiligen Bücher. In diesem Sinne gibt es auch im Islam Lehrmeinungen, nach denen der Qur'ān bestand, „ehe ihn Muhammed empfing und verkündete". Zum Verständnis der Offenbarungstexte ist der Gläubige häufig auf einen Kommentar (*tefsīr*) angewiesen. Der Kommentar behebt zwar Verständnisschwierigkeiten und Lücken im Gesamtlehrsystem; er erschwert aber auch den Zugang zu der Quelle. Zuweilen zementiert er gar ihr Verständnis in einem historisch begrenzten, vorbestimmten Rahmen und macht sie für spätere Generationen schwer annehmbar. Die früheren Botschaften sind in der qur'ānischen Offenbarung neu bestätigt. Sie können also aus dieser erschlossen werden.

Die erste Offenbarung hat Muhammed nach dem Qur'ān im Monat Ramaḍān erhalten. Sie geschah in einer Vision, in der sich ein geheimnisvoller Bote im Gesichtskreis Muhammeds, nämlich der Erzengel Gabriel oder (arab.) *Ğebrā'īl* zeigte. Der Ort dieser Vision war eine Höhle des Berges Ḥirā bei Mekka. Die erste Offenbarung hatte folgenden Wortlaut:

Sprich nach im Namen deines Herrn, der alles erschaffen und den Menschen aus geronnenem Blut ins Leben gerufen hat. Sprich nach, bei deinem Herrn, dem glorreichsten, der den Gebrauch der Feder gelehrt hat und dem Menschen beigebracht, was er nicht gewußt. (Sure 96, Anfang).

Nach einer anderen Interpretation ist das erste Wort mit *„Lies!"* zu übersetzen. Daran knüpft sich die Überlieferung, daß der Gesandte Gottes darauf gesagt haben soll: „Ich kann nicht lesen". „Lies!", sagte der Engel, und in diesem Augenblick spürte Muhammed einen Druck im Hals, als ob er gewürgt werde. „Was soll ich lesen?" „Lies im Namen deines Herrn!", lautete zum zweiten Mal der geheimnisvolle Befehl.

4. Der Glaube an die Gottesgesandten

Die Offenbarung ist das einzige Ereignis, bei dem sich Gott und Mensch begegnen. Ihr Inhalt ist jene Botschaft, die sich durch die ganze Geschichte zieht und vom Sinn des Lebens und von Gott und den letzten Dingen berichtet.

Die Empfänger und Vermittler der Offenbarung sind die Gesandten Gottes.

Die Gesandten Gottes sind beauftragt, durch ihr Wort und ihre Taten Gottes Willen kundzutun. Eine besondere Begabung (Charisma) befähigt sie, geheime Stimmen wahrzunehmen oder Visionen zu erleben, denen sie Erkenntnisse, Anregungen oder Anweisungen abgewinnen. Das Charisma bedeutet auch die Fähigkeit zur Mitteilung und Verkündung der Offenbarungen an das Volk oder an die Einzelnen.

Ursprünglich ist die **nubuwwet** (das „Prophetentum") keine dauernde Offenbarungsquelle. Erst im 7. Jahrhundert v. Chr. ist im Deuteronomium erstmalig die These von der nubuwwet als einer Dauerfunktion feststellbar. Die lebendige Prophetie verliert sich dann. Sie lebt zum Teil in der Form einer „heiligen Schriftstellerei" oder im „Berufsprophetentum" weiter. Es hat „exstatische Propheten-Scharen" gegeben, die den Derwischen ähnelten, und solche, die vorgaben, besonderes Wissen zu besitzen und „wirkungsmächtige Worte" (Segen, Fluch) sprechen zu können. Sie hießen **kāhin (cohen).**

Im Qur'ān wird Muhammed als **neḏīr** (Ermahner), **bešīr** (Überbringer einer frohen Botschaft), **mubeššir** (Erfreuer), **resūl** (Bote) und **nebiyy** (Verkünder) bezeichnet. Der letzterwähnte Titel wird hauptsächlich in den medinensischen Suren, also bei verdichteten Kontakten mit Juden, verwendet.

Seit altersher sprechen die Muslime von Muhammed als **resūlullāh** („der Gesandte Gottes") und nicht als Propheten.

Was im Qur'ān an Zukunftsaussagen enthalten ist, sind Elemente einer Zukunftsvision, die sich aus dem Glauben ergibt. Muhammed betrat aber nicht die Geschichtsbühne, um Prophezeihungen zu machen, sondern um eine viel wichtigere Mission zu erfüllen. Er wurde mit einer göttlichen Botschaft zu den Menschen geschickt. Die Bezeichnung **Prophet** ist weder seinem Auftrag noch seiner historischen Größe angemessen. **Osman Nuri Hadžić,** gest. 1937, ein Gelehrter aus Mostar, hat gegen die Anwendung dieser Bezeichnung (im Bosnischen:prorok) auf Muhammed jahrelang einen Kampf geführt.

Die glaubensbewußten Muslime empfinden eine solche Qualifizierung ihres Glaubensverkünders als inadäquat, ja als beleidigend. Sie sehen in

Muhammed den **resūllu'llāh** (Gottesgesandten mit eigener, später in Buchform fixierter Botschaft) oder den letzten **nebiyy** beziehungsweise (pers.) **peygamber.**

Hier Ibn *Ḫaldūn's* (gest. 1406) Ansicht über Prophezeiungen und Propheten:

„Die Prophezeiung ist ein Wesenszug des Menschen, der dauernd bereit ist, sich von der eigenen Natur loszureißen, um über sich selbst hinaus eine geistige Welt zu erreichen. Ist er tatsächlich fähig, in die Regionen dieser Welt vorzudringen, und ist seine Fähigkeit dazu vollständig, dann ist das die *nubuwwet,* d. h. der Stand eines Glaubensverkünders im biblischen Sinne. Läßt diese Fähigkeit aber an der erforderlichen Komplexität ermangeln, dann handelt es sich um ein Magiertum oder um ein Prophetentum banaler Art". „Einer, der prophezeit und Magie betreibt, ist nicht imstande, seine inneren Kräfte soweit zu vervollständigen, daß er mit deren Hilfe alle möglichen Dinge und Erscheinungen begrifflich erfassen kann". (Zitiert nach der „Islamska misao", Sarajewo 1984, 69, S. 38.)

Durch den Glauben, daß Muhammed der letzte Gesandte Gottes ist, wird indirekt bezeugt, daß auch alle biblischen Religionsverkünder (Gesandten oder auch Propheten) Verkünder des Islam sind. Die von ihnen verkündeten Religionen — das Judentum und das Christentum — beruhen demnach auf der wahren Offenbarung.

Das Prophezeihen ist in der Tradition der monotheistischen Religionen nur eine Teilaufgabe der Verkündung der Gottesbotschaft. In Muhammeds Fall war sie — soweit vorhanden — nur von zweitrangiger Bedeutung. Heißt es doch im Qur'ān, daß nur Gott der Kenner des Verborgenen (*'ālim al-ġayb*) ist, was darauf hindeutet, daß Muhammed sich nicht als Weissager verstanden hat.

Die Muslime sehen in der Botschaft Muhammeds ('a. s.) den Gipfel aller Offenbarungen. In der Offenbarungsgeschichte hat also das Gesetz der Evolution mitgewirkt. Daß sich Muhammed der Gültigkeit dieses Gesetzes bewußt war, beweist unter anderem sein Spruch: „Gelehrte sind die legitimen Nachfolger der Gesandten Gottes". Die Zeit der Propheten kommt einmal zum Abschluß.

Alle Gottesgesandten waren klug und moralisch einwandfrei. Sie sündigten kaum jemals und hatten keine geistigen und körperlichen Fehler. Sie sprachen stets die Wahrheit und verkündigten getreu die von ihnen empfangenen göttlichen Offenbarungen. Ihr Erscheinen auf der geschichtlichen Bühne entsprach in der Regel ganz konkreten gesellschaftlichen Notwendigkeiten. Aus diesem Grunde war die Wirksamkeit der verschiedenen Gottesgesandten jeweils verschieden und trug eigene, zeit- und milieubedingte Akzente. So traten *Mūsā* als Vermittler von Gesetzen, *'Īsā* als Lehrer der Nächstenliebe, *Muhammed* als Bekämpfer der Barbarei (ǧāhiliyya) hervor. Muhammed trat besonders für Gerechtigkeit und Brüderlichkeit ein. Alle Menschen, die sich um die Lehre scharen, sind seiner Vorstellung nach wie ein Bienenvolk, das seine „Mutter" in der Mitte hält. Dieser Vorstellung verdankt die Bezeichnung *ummet* oder *umma* (von arab. *umm* = Mutter) für die Weltgemeinschaft des Islam ihr Entstehen.

Alle Gottesboten lebten im Einklang mit den von ihnen empfangenen und weitergegebenen Offenbarungsinhalten. Zeigten sich in ihrem Verhalten dennoch kleinere Schwächen oder Abweichungen, so erhielten sie ein göttliches Korrektiv. Für *Ibn Sinā* ist ein Gesandter Gottes sowohl ein von Gott für „einen bestimmten Auftrag auserwählter und mit den dazu erforderlichen Qualitäten ausgestatteter Mensch", als auch der vollkommenste Typ, „den die menschliche Natur wesenhaft hervorzubringen imstande ist, ein Typ, der prinzipiell auch vom Weisen oder Heiligen erreicht werden kann. Der auf dieser höchsten Stufe stehende Mensch kann mit dem *Universalintellekt* in Verbindung treten, d. h. — orthodox gesprochen — Offenbarungen empfangen"[8]. ʿĪsā (ʿa. s.) war vielleicht das treueste Spiegelbild des Offenbarungsinhalts. Begreiflich ist daher die Versuchung, in die einige seiner Bewunderer verfielen: Sie sahen in ihm etwas Göttliches. „Menschen als Götter" — das war eine Zeiterscheinung in der römischen Antike. „Eher wirst du einem Gott begegnen, als einem Menschen", hieß es im alten Rom.

In Ägypten saß auf dem Herrscherthron ein „Gott" — der Pharao. ʿĪsā hat gezeigt, daß auch ein einfacher, mittelloser Mensch in der Lage ist, die „göttliche Freiheit" zu erlangen: Durch Selbstbezwingung, durch Entsagung.

Der Qur'ān ist, wie aus ihm selbst hervorgeht, hinreichende Quelle der Offenbarung. Nach der Lehre der meisten islamischen Interpretationsschulen lassen sich die Offenbarung und die Tradition nicht voneinander trennen. Ein extremer Standpunkt, jener der hanbalitischen Schule, stellt die Überlieferung auf die Stufe der Offenbarung.

Die bekanntesten Religionsverkünder (Gottesboten) sind:
Ādem (Adam), Idrīs (Henoch?), Nūḥ (Noah), Hūd, Ṣāliḥ, Ibrāhīm (Abraham), Isḥāq (Isaak), Ismāʿīl (Ismael), Lūṭ (Lot), Yaʿqūb (Jakob), Yūsuf (Josef), Mūsā (Moses), Hārūn (Aaron), Dāwūd (David), Suleymān (Solomo), Ilyās (Elias), Elyesaʿ (Elisa), Yūnus (Jonas), Eyyūb (Hiob), Zekeriyyā (Zacharias), Yaḥyā (Johannes), ʿĪsā (Jesus) und Muḥammed (ʿa. s.) Im Qur'ān werden noch die in der biblischen Geschichte nicht bekannten Šuʿayb und Ḏuʿlkifl erwähnt.

5. Der Glaube an den Letzten Tag und an die Auferstehung

Des Menschen Anfang und Ende sind bei Gott. Die ewige Rückkehr des erlöschenden Lebens zu seinem Ursprung ist erfahrbar. Ebenso wie die verdorrende Pflanze langsam wieder in das Naturreich eingeht, genauso kehrt der Mensch — langsam oder schnell — zu Gott zurück.

Im Lichte des Glaubens an einen allmächtigen und weisen Schöpfer muß der ewige Lauf der Natur einen Sinn haben oder ist auf ein Ziel gerichtet. In bezug auf den Menschen ist das der Natur eingegebene Ziel seine höchste Vollkommenheit, soweit diese im Rahmen der dem Geschöpf gesetzten Grenzen möglich ist. Sie bringt den Menschen unaufhörlich Gott näher.

Diese Ausrichtung des Menschen auf Gott hin bedeutet aber nicht, daß — wie man häufig zu hören bekommt — Gott, der Schöpfer, lediglich „Herr der Geschichte" sei. Nein, Er ist vielmehr Herr des gesamten Geschehens im Weltall, somit auch der Vor- und der Nachgeschichte.

Gott vornehmlich als Herrn der Geschichte zu verstehen, führt zu einem verhängnisvollen Anthropozentrismus, der die Einheit der Harmonie der Gesamtschöpfung zerstört. Der Mensch eignet sich dann ein pervertiertes Selbstverständnis an, das ihn nach und nach von der Natur, das heißt von der gottgewollten Ordnung, abbringt. So legt er sich Lebensweisen zurecht, die Hand in Hand mit seiner Selbstentfremdung einhergehen: Die Ehe wird durch die Ehelosigkeit, die Naturfrucht durch den Alkohol, der normale Geschlechtstrieb durch perverses Verhalten ersetzt, so daß z. B. „Ehen" zwischen Gleichgeschlechtlichen und ähnliche Abnormitäten als selbstverständliche Ausdrücke der kulturellen Pluralität von der Gesellschaft hingenommen werden.

Wie sinnvoll erscheinen in Anbetracht dieser Entwicklung die Verse eines alten Dichters:

Behüte mich vor einem Triebe,
der Dir nicht lebt!
Behüte mich vor einem Leibe,
der Dir nicht bebt!
Behüte mich vor einem Sinn,
der nicht Dich bezeugt!
Behüte mich vor einem Knie,
das nicht Dir sich beugt![9]

Unter dem Begriff *„der Jüngste Tag"* wird die Endzeit mit einem Gericht Gottes verstanden. Die islamische Glaubenslehre benutzt für dieses Abschlußereignis des irdischen Daseins den Ausdruck *„el-yewm el-āḥir"* (der Letzte Tag). An diesem Tag wird die entscheidende Trennlinie zwischen der irdischen und der überirdischen (transzendenten) Existenz gezogen. Im Qur'ān wird auch von einer einzigen Stunde als der Zeitspanne der Endabrechnung gesprochen. Auf Grund dieser Ausdrucksweise könnte man annehmen, daß das Jüngste Gericht schon in dieser Welt wirksam wird. Dafür spricht auch die in den Standard-Lehrbüchern des Islam gebräuchliche Reihenfolge der Glaubensartikel. Die Anführung der Auferstehung folgt gewöhnlich zum Schluß dieser Reihenfolge. Der Qur'ān bedient sich sinnbildlicher Sprache, wenn er den Ablauf des Jüngsten Gerichts schildert. Da wird von einem Buch gesprochen, das den Gerechten in die rechte Hand gegeben wird: Dieses ist ein Zeichen, daß sie ins Paradies eingehen dürfen. Die Sünder erhalten das Buch in die linke Hand: Ein Zeichen, daß es mit ihnen nicht gut bestellt ist.

Zum sinnbildlichen Szenarium des „Letzten Tages“ gehört eine Waage. Durch sie soll das Verhältnis der guten zu den bösen Taten festgestellt werden. Freilich sind das nur bildliche Darstellungen eines geistigen Vorgangs. Sehr schön hat sich dazu ein spiritueller Lehrer und Dichter des türkischen Islam, Yunus Emre (gest. 1321), geäußert:

Schufst die Waage, Übeltat zu wägen:
So willst Du mich in das Feuer legen!
Waage für den Krämer passend ist,
Goldschmied braucht sie, Händler und Drogist.
Du bist wissend, Du kennst meine Lage —
Mich zu prüfen, brauchst Du denn die Waage?

Ähnlich spricht Junus Emre über die mythologische Brücke, die beim Letzten Gericht errichtet werden soll, die dünner als ein Haar und schärfer als ein Säbel sei:
„Eine Brücke baut man, damit die Leute darüber gehen können, nicht damit sie herunterfallen.“

Wie ausgeführt, sind diese Vorstellungen, die zum größeren Teil der Überlieferung — nicht dem Qur'ān — entstammen, symbolischen Charakters. Es sind bildliche Aussagen über den spannungsgeladenen Bruch zwischen zwei Welten, dem Diesseits und dem Jenseits. „Der letzte Tag“ wird, vorausgesetzt, daß er ein Ereignis nach dem Tode ist, nach Gesetzen erfolgen, die sich nicht mit unseren irdischen Gesetzen und Vorstellungen decken.

Nach dem Tode wird der Mensch auf seinen Glauben geprüft. Diese Aufgabe wird, wie die Überlieferung besagt, von zwei Engeln, Munker und Nekīr, ausgeführt. Der eine tritt gewissermaßen in der Rolle des Anklägers, der andere in der Rolle des Verteidigers auf. Zu den Zeichen des bevorstehenden „Jüngsten Gerichts“ zählt das Erscheinen des *Deǧǧāl,* des Antichrists, und eines nicht näher bestimmbaren Monstrums (*dābbet ul-erḍ*), das von der Erde aus die Weltordnung bedrohen wird. Der Volksglaube, daß ʿĪsā die Welt unmittelbar vor ihrem Untergang noch einmal retten werde, ist nicht qur'ānisch.[10]

Die Auferstehung ist die Voraussetzung eines so verstandenen „Jüngsten Tages“. Ob sie körperlich und seelich oder nur seelisch sein wird, darüber sind sich die Gelehrten nicht einig. Beide Verständnisvarianten wären vom Qur'ān abzuleiten. Ein prominenter Gelehrter aus Pakistan, *Muhammed Zafrullah Khan,* der sich allerdings zu der Gemeinschaft der religiös bedenklichen Ahmediyya bekennt, vertritt entschieden den Standpunkt, daß die Auferstehung nur die Seele erfassen wird. „Der Körper ist ein maßgebender Teil für die Zwecke des Lebens in dieser Welt“, schreibt er in seiner Darstellung des Islam.[11] „Bis zu einem gewissen Zeitpunkt bilden die Seele und der Körper eine Einheit und sind untrennbar. Dann kommt die Trennung, und sie ist das Ende des Lebens auf Erden, aber nicht das Ende des Lebens überhaupt. Mit dem Tode enden die Funktionen des Körpers." Die Seele werde wiedergeboren und erhalte einen neuen Körper.

Die Annahme des pakistanischen Gelehrten, daß die Auferstehung sich lediglich im Bereiche der Seele vollziehen wird, dürfte aber mit dem qur'ānischen Konzept nicht ganz übereinstimmen. So ist im Qur'ān (36:78-82) nachzulesen:

„Wer kann die Gebeine beleben, wenn sie vermodert sind?", spricht der (fragende) Mensch. Sage: „Beleben wird sie jener, der sie das erste Mal erschuf, jener, der alle Spielarten der Schöpfung kennt. Jener, der für euch Feuer hervorbringt aus dem grünen Baum; und siehe, dann zündet ihr damit. Ist nicht Er, der Himmel und Erde erschuf, imstande, ihresgleichen zu schaffen?"

Andererseits weist der Qur'ān auf ein Leben hin, das sich, während der Körper im Schlaf ruht, entfaltet. Es ist das Leben der Seele in der bunten Welt der Träume. Der Schlaf ist eine Art Tod. Und doch kann in diesem Zustand die Seele sehr lebendig sein. Der Mensch empfängt im Traum Anregungen, erlebt die Umwelt, wird schockiert oder ergötzt, angespornt oder verwarnt, mit Hoffnung erfüllt oder entmutigt usw. Manche Traumerlebnisse hinterlassen Eindrücke, die sich persönlichkeitsbildend auswirken.

Der Glaube an die Auferstehung nach dem Tode ist ein unverzichtbarer Bestandteil des Islam. Er ist mit dem Glauben an die Existenz Gottes eng verbunden. Gäbe es keine Auferstehung, so würden die religiösen, ethischen und sozialen Forderungen des Islam ihre Verbindlichkeit verlieren. Die erzieherische Rolle des Glaubens an die Auferstehung und an den letzten Abrechnungstag ist nicht hoch genug einzuschätzen. Nicht die Strafandrohung, die an diese Ereignisse knüpft, sondern der Glaube, daß das Leben und Wirken auf der Erde nicht umsonst gewesen sind, ist für die Einschätzung des Wertes dieser Ereignisse entscheidend. Der Qur'ān sagt darüber: „Für die, die Gutes tun, ist Gutes in dieser Welt; die Wohnstatt im Jenseits ist aber besser. Herrlich fürwahr ist die Wohnstatt der Rechtschaffenen ... Sie, die die Engel in Reinheit sterben lassen — sie sprechen: *„Friede sei mit euch! Tretet ein in den Himmel — als Lohn für das, was ihr getan habt"* (16:31-33).

Dic Gewährung des göttlichen Wohlwollens wird als Paradies oder Himmel bezeichnet; der Entzug dieses Wohlwollens hingegen wird als Hölle verstanden.

Der Glaube an die Auferstehung hilft schließlich, die Todesangst zu überwinden. Die Trauer über ein jäh abgebrochenes Leben kann kaum anders überwunden werden, als durch den Glauben an eine sinnvolle Rückkehr zum Ursprung.

Die Vorstellung von dem bevorstehenden „Letzten Tag" und der Wiederauferstehung nach dem Tode ermahnt uns, ans Ende zu denken und beizeiten — nämlich auf dieser Erde — gute Taten zu setzen. Denn das Diesseits ist, wie Muhammed ('a. s.) gesagt hat, „der Boden, auf dem gesät wird, was im Jenseits geerntet werden soll". Hier eine schöne Anekdote dazu: „Einer sieht einen

verstorbenen frommen Imam im Traum. Er grüßt ihn mit einem *Selām,* erhält aber keine Antwort." Er sagt:
„Warum erwiderst du den Gruß nicht? Die Erwiderung des Selām ist doch religiöse Pflicht!" Der Tote antwortet: „Das weiß ich wohl! Aber für uns ist das Tor der Gehorsamstaten — der Frömmigkeit — zugeschlagen. Wenn ich noch in der irdischen Welt wäre, würde ich nicht ablassen, gute Werke zu tun."

Der Glaube an den Jüngsten Tag und die Auferweckung sind auch Mahnungen hier und heute, die eigene Menschlichkeit unter Beweis zu stellen.

6. Der Glaube an die göttliche Vorherbestimmung

Alles im Weltall unterliegt ewigen, unveränderlichen Gesetzen. Ihre Wirkungen sind gewiß und unumstößlich. In ihnen bekundet sich der immerwährende göttliche Wille. Durch zwei Eigenschaften, die Ihm innewohnen — die Allmacht und das Allwissen — beherrscht Gott das ganze Weltgeschehen. Gott gab den Menschen Verstand und Entschlußkraft, damit sie sich für gute oder schlechte Taten entscheiden können. Demnach ist der Mensch Träger eines begrenzt freien Willens (*el-irāde el-ğuz'iyye*). Dieses bedeutet laut *Muḥammed Ebū Zehre* (gest. 1974), daß Gott „dem Geschöpf die Kraft zum Handeln gibt und die Handlungen zu seinen eigenen macht. Dadurch gehören die Taten dem Menschen, ohne daß sie aus Gottes Herrschaft herausfallen". Selbst dieses Teilvermögen des Menschen ist durch die Vielfalt bekannter und unbekannter Naturgesetze vorherbestimmt. In noch größerem Maße sind die Erscheinungen, die außerhalb der menschlichen Willensfreiheit liegen, der Vorherbestimmung unterworfen. Alle Fäden der Verwaltung des Weltalls, d. h. alle Naturgesetze, laufen bei Gott zusammen.

Alles Bestehende, sei es gut oder schlecht, von *Nutzen* oder *Schaden,* hängt vom Willen Gottes ab. So besteht kein Unterschied zwischen Erhaltung und Untergang, zwischen Leben und Tod, denn Gott ist unabhängig von der Schöpfung. Manches von Gott Zugelassene, z. B. gute Handlungen, sind ihm jedoch erwünscht, manches, wie Unglaube und Schlechtigkeit, Sünde und Verderbnis, dagegen unerwünscht. Der Muslim muß das Wohlgefallen Gottes suchen. Erst im Jenseits wird eine Ordnung entstehen, die Seinem Wohlgefallen ganz und gar entspricht. In dieser Ordnung werden die guten Menschen ihre Errettung von jeglichem Unheil finden.

Daß die göttliche Allmacht sich in diesem Rahmen bewegt, scheint leicht verständlich. Die dargelegten Gedanken werden auch von den meisten Menschen widerspruchslos geteilt. Dennoch verbirgt sich hinter der Lehre von der Vorherbestimmung eine der schwierigsten Fragen der Theologie, ja der gesamten geistigen Erfahrungswelt. Diese Frage schließt den Gegensatz zwischen der göttlichen Allmacht und Freiheit einerseits und der Gerechtigkeit andererseits ein. Kann der Mensch, wenn in allem letzten Endes Gott schaltet und waltet, für seine Taten zur Verantwortung gezogen werden? Andererseits muß auch Gott sich nicht an gewisse Regeln halten, soll der Gerechtigkeit Genüge getan werden? Das würde aber bedeuten, daß Gott nicht völlig frei ist. Gegen diesen Gedanken erhebt sich automatisch die Stimme des religiösen Gewissens. Dieses kann nicht zulassen, daß eine unwürdige Vorstellung Gott zugeschrieben wird. Gott ist ja über alles erhaben!

Wird unter der Vorherbestimmung lediglich die Bestimmung des einzelnen Menschen zur Seeligkeit oder zur Verdammnis durch Gottes Gnadenwahl verstanden, so ist sie noch einigermaßen erklärbar. Der Logik und dem sittlichen Empfinden widerspräche hingegen die Annahme, daß ein Gott, der den Menschen von vornherein zur völligen Unfreiheit verurteilt hätte, noch gerecht sein könnte. Dennoch hat es in der Frühgeschichte des Islam Gläubige — die sogenannten *Ǧabarīten* — gegeben, die eine solche völlige Abhängigkeit des Menschen vom Willen des Schöpfers voraussetzten. Freilich erheben sich religiöse Zweifel, sobald behauptet wird, das Geschöpf könne die in der Natur des Schöpfungsaktes liegenden Grenzen überschreiten und somit gewissermaßen über Gott hinauswachsen. Aber der Mensch ist nach der Lehre ein „Stellvertreter Gottes auf Erden". Er ist in die Freiheit entlassen worden. In diesem besonderen Verhältnis zwischen ihm und Gott liegt der Sinn seines Lebens verborgen. Daher kann der Mensch in seinem Denken und Handeln nicht vorherbestimmt sein. Nach diesem heute weithin gängigen Verständnis des Menschen gibt es keinen Platz für den Fatalismus. Den Menschen als Produkt der sozialen Umstände zu sehen, spricht eher der Fatalismus das Wort als der Islam.

Die erschaffene Welt zerfällt in zwei scharf voneinander abgegrenzte Teile: Die wahrnehmbare Welt, in der wir leben, und eine Wirklichkeit, die den Menschen nach seinem Tode erwartet. Der Anfangspunkt der Lebenslinie ist die Geburt. Der vorausschaubare Untergang, der Tod, ist ein Wagnis, weil man nicht weiß, was danach kommt. Aber dieses Wagnis muß jedes lebende Geschöpf auf sich nehmen. Trotz der Gewißheit des Todes versucht der Mensch, ihm zu entgehen. Der Gedanke an Gott als Quelle der Gnade und Hoffnung vermag dem Menschen zu helfen, den Tod zu überwinden. Auch der Schlaf ist ein Wagnis. Als man einen mittelalterlichen Gelehrten fragte, warum er so gut schlafen könne, antwortete er: „Es geht so, daß ich mich hergebe, wie in mütterliche Arme gebe ich mich her. All mein Widerstand fällt im Nu ab, und ich gebe mich her." Eben diese Einstellung zum Leben wird vom Islam in einem größeren Zusammenhang als der Weg des „Heils" geboten. Das Wesen des Islam ist die Hingabe an Gott. Der Gläubige gestaltet sein Leben in dem Gedanken, daß er in ein großes Ganzes hineingestellt ist. Gott ist überall zugegen. Der Mensch kann sich Ihm jederzeit ganz hingeben, ohne dabei seine Persönlichkeit, seine Freiheit zu verlieren. Die Hingabe in den Willen, der in der Schöpfung schaltet und waltet, ist kein Fatalismus. Sie ist eine konkrete Bezeugung des Glaubensbekenntnisses: *„Es gibt keinen Gott außer Allah.“*

In der Schlüsselfrage des menschlichen wie des außermenschlichen Daseins gibt es sicher eine Vorherbestimmung, nämlich in der Sinnfrage. *„Wir erschufen den Himmel und die Erde“*, läßt uns Gott durch den Qur'ān wissen, *„nicht zum Spiel.“* (21:17). Alle Eigenschaften Gottes sprechen dafür, daß Er nichts sinnlos und ohne tiefere Weisheit schafft. (Vgl. Qur'ān 15:86, 39:6; 46:4).

Der Katalog dieser Eigenschaften gilt als der oberste moralische Kodex des „vollkommenen Menschen“. Muhammed (‘a. s.) hat das mit Worten angedeutet: „Stattet euch mit göttlichen Eigenschaften aus.“ Das ist eben der Weg zu jener vollen Entfaltung der edlen Züge der menschlichen Natur, in der er den Sinn seiner Botschaft gesehen hat.

Die Offenbarung ist die beste Anleitung, wie diese Eigenschaften zu erlangen sind, ohne daß man sich der Gefahr ausgesetzt sieht, einem Mißbrauch der eigenen Fähigkeiten zu erliegen.

Im Unterschied zur hanefitischen Interpretationsschule des Islam, die nur eine beschränkte Willensfreiheit lehrt, stand die freidenkerische theologische Schule der *Mu‘tezile* (8. bis 10. Jahrhundert) auf dem Standpunkt, daß der Mensch in seinen Entscheidungen und Taten völlig frei wäre. Sie betrachtete die Gerechtigkeit als ein unveräußerliches Element des Gottesbegriffes. Im Qur'ān ist Gott unzweideutig als gerecht (‘ādil) beschrieben worden. „Es können, so lehrt sie (die Mu‘tazile), von Gott keine Willensakte gedacht werden, die dem Postulat der Gerechtigkeit zuwiderlaufen. Der gerechte Gott muß und wird die Guten belohnen und die Übeltäter bestrafen.“[12] Diesen Zwang hat sich Gott selbst auferlegt, weil er eben gerecht ist. Andererseits ist Er auch gnädig (*raḥmān* = „der aus Gnade schenkt“) und mitleidig (*raḥīm* = „der aus Mitleid verzeiht“).

Im Qur'ān und in der Überlieferung wird der Mensch häufig als *‘abd,* d. h. als Sklave, Knecht oder Diener bezeichnet. Die Sklavenhaltergesellschaft der Altvorderen neigte verständlicherweise dazu, auch darin ein Zeichen der völligen Abhängigkeit des Menschen vom göttlichen Willen zu sehen. Denn der Sklave war in ihren Augen keine Rechtspersönlichkeit. Alles, was er besaß oder verdiente, gehörte dem Herrn. Ja, die oft unter dem Knüppel eines Despoten lebenden Altvorderen meinten sogar gelegentlich, daß es gar nicht *a priori* feststehe, was Gerechtigkeit wäre.

Als Recht bezw. Unrecht galt damals vielfach das, „was von einem höheren Befehlshaber als solches dekretiert und gesetzt“ worden war. Diese Denkweise hat auch auf die damalige Theologie abgefärbt. In diesem Zusammenhang ist es interessant, daß die bereits genannten Ǧabarīten, — die die Unfreiheit des menschlichen Handelns und die Vorherbestimmung im Jenseits behaupteten — die geistige Schutzmacht der selbstherrlich regierenden Omayyaden waren.

Die Gerechtigkeit Gottes ist für den frommen Muslim, dessen gute Taten noch so zahlreich sein mögen, noch immer kein Anlaß, nicht um die Gnade Gottes zu bangen. Das Ende liegt ja doch in Gottes Hand. Manche gute Absicht wirkt sich bekanntlich als ein Fehlschlag aus, so daß man sie nicht im Saldo der guten Taten vorfinden muß.

Die Weisen haben gut gesagt: „Der Weg zur Hölle ist mit guten Absichten gepflastert". Es kommt letzten Ende immer auf die Früchte des Glaubens an. Nach diesen wird der Gläubige erkannt. Diese Früchte — von Gott für sich selbst nicht beansprucht — können aber nicht ohne einen verantwortungsvollen eigenen Einsatz erwartet werden. Somit wird auch das Verständnis der Vorherbestimmung in das rechte Licht gerückt.

II. Islamische religiöse Pflichten

Voraussetzungen des Islam

Die im Vorhergehenden besprochenen Lehrinhalte des Islam betreffen den Glaubensbereich. Von wenigen, unwesentlichen Abweichungen abgesehen, liegen die dargelegten sechs Glaubensvoraussetzungen allen Offenbarungsreligionen zugrunde. Ein Unterschied ergibt sich lediglich durch die Einbeziehung Muhammeds in die Kette der Religionsboten.

Die eigentliche Profilierung des Islam als selbständige Religion zeichnet sich im zweiten großen Lehrbereich ab, nämlich in der Lehre von den Voraussetzungen des faßbaren, geschichtswirksamen Islam: in den *šurūṭ-* oder *erkān ul-islām.*[13]

Es gibt fünf Voraussetzungen des faßbaren, gelebten Islam:

1. das Zeugnis des bekennenden Glaubens (*šehādet*),
2. die Verrichtung von Gebeten,
3. das Fasten im Monat Ramaḍān,
4. die Entrichtung der vorgeschriebenen jährlichen Sozialsteuer, und
5. die Pilgerfahrt nach Mekka, falls die persönlichen, familiären, dienstlichen und finanziellen Verhältnisse des Gläubigen, ob Mann oder Frau, diese erlauben.

1. Das Zeugnis des bekennenden Glaubens

Genauso wie der Glaube an Gott der wichtigste in der Reihe der Glaubensartikel ist, ebenso ist das sichtbare Zeugnis für Gott (*šehādet*) die erste in der Reihe der Voraussetzungen des gelebten Islam. Dieses Zeugnis besteht in der steten Bereitschaft, durch Wort, Tat und Verhalten für Gott Zeugnis abzulegen.

Diese Voraussetzung des gelebten Islam lehnt sich an die sechs Glaubensartikel (*šurūṭ ul-īmān*) eng an. Auch sie wird in der Ich-Form eines fiktiven bekennenden Gläubigen mnemotechnisch gelehrt. Arabisch formuliert lautet sie vollständig:

Ešhedu en lā ilāhe illa'llāh we ešhedu enne Muhammeden 'abduhū we resūluh. („Ich bezeuge, daß es nur einen Gott gibt; ich bezeuge, daß Muhammed Sein Diener und Sein Gesandter ist.")

Diese Formel heißt *kelime-i šehādet* oder (arab.) *kelimet uš-šehāde.*

Durch das bewußte und aufrichtige Sprechen dieser Bekenntnisformel wird der Eintritt in den Islam vollzogen. Keine weiteren Formalitäten und Riten sind dazu notwendig. Diese Willensäußerung ist in Gegenwart von zwei volljährigen, im Besitz ihrer geistigen Kräfte befindlichen Zeugen, vorzunehmen. Eine schriftliche Bestätigung durch Imām oder Amt ist nur eine Formsache.

Der erste Teil des islamischen Leitspruches oder der Bekenntnisformel ist viel wichtiger als der zweite. Muhammed akzeptierte ehemals heidnische arabische Stämme als Muslime, sobald sie sich zu Allah als alleinigem Gott bekannten. Es genügte, daß sie das Grundbekenntnis zum Islam ablegten. Der zweite Teil der Bekenntnisformel enthielt im Laufe der Offenbarungsgeschichte Namen verschiedener Gottesboten, je nach der Aktualität der jeweiligen Offenbarung.

Wir wissen und glauben daran, daß es einen ewigen, gütigen und unsichtbaren Gott gibt. Muhammed ist Sein Diener, weil er ein Mensch war und Ihm diente. Alle Menschen sind Geschöpfe und Knechte Gottes. Muhammed ('a. s.) ist darüber hinaus Sein Gesandter, weil er Seinen Auftrag erhielt, den Menschen den islamischen Glauben von neuem zu verkünden.

Die muslimischen Mystiker richten ihr Bekenntnis von einem anderen Hintergrund aus auf Gott allein: Bei ihnen wird der *Resūlullāh* zum Objekt der *unio mystica,* d. h. er verliert — ebenso wie die ganze uns umgebende Wirklichkeit — seine Relevanz in der alles absorbierenden Liebe zu Gott. Denn Gott ist dem Mystiker nicht nur größer als alles (*Allāhu ekber*), sondern auch allgegenwärtig und allumfassend. In diesem Sinn sprach der fromme Ebu Bekr eš-Šiblī aus Bagdad (gest. 945):

„Wenn du es nicht geboten hättest, o Gott, würde ich neben dir (im *kelime-i šehādet*) keinen zweiten erwähnen."

Der erste Teil der Bekenntnisformel gründet sich auf den Qur'ān 37:35. Er wurde in der Predigt der Erstgemeinde immer wieder verwendet. Im Qur'ān kommt dreißigmal eine zweite Variante der Bekenntnisformel vor, nämlich *lā ilāhe illā Hū* (Es gibt keine Gottheit außer Ihm). Die Bekenntnisformel (*kelime-i šehādet*) hat in der Geschichte der Verbreitung des Islam eine große Rolle gespielt. Auf ihren Inhalt wurde das Leben des einzelnen Muslims wie der ganzen Gemeinschaft gebaut. Ihre Beherzigung genügt, um die islamische Identität zu begründen. Durch sie wird der Rahmen des zukünftigen Wirkens im Sinne des Islam jeweils abgesteckt. „Wenn ein Volk einmal den Islam —

auch nur in geringem Umfang —", meint ein Islamkenner „akzeptiert hatte, dann wandte es sich nur sehr selten davon wieder ab."[14]

Mit dem Zeugnis der Existenz Gottes und der Wahrhaftigkeit der Botschaft Muhammeds durch das gesamte Verhalten des glaubenden Menschen wird der erste der fünf Pfeiler oder Stützen des Islam (*erkān ul-islām*) errichtet.

Ebenso wie die übrigen vier Voraussetzungen eines gelebten Islam, wird auch das Zeugnis nur von erwachsenen, geistig gesunden und im Besitz der verantwortlichen Freiheit befindlichen Gläubigen, ob Männern oder Frauen, erwartet.

Es ist erforderlich, sich die Bekenntnisformel gut einzuprägen. Sie dient zunächst als erster „handgreiflicher" Ausweis über die Zugehörigkeit zum Islam. Weiter hat sie in den Gebetstexten, die bei der Verrichtung von Pflichtgebeten gesprochen werden, ihren festen Platz. Wir treffen sie auch in den freien Gebeten (*du'ā*), die etwa bei der Hochzeit feierlich rezitiert oder als Sterbehilfe im Rahmen der *ars moriendi* dem Sterbenden vorgetragen und von diesem nach Möglichkeit nachgesprochen werden. Der theologische Sinn der *kelime-i šehādet* liegt aber nicht etwa nur in deren Deklamierung, sondern vielmehr in deren Beherzigung. Im Volk hält sich die irrige Auffassung, daß das verbale Zeugnis allein genüge, um sich des göttlichen Wohlwollens sicher zu sein. „Die Überzeugung von der Rechtfertigung aus dem Bekenntnis", bemerkt dazu ein Beobachter, „entspricht allerdings gewissen Tendenzen des Urislam. Schon zu Muhammeds Lebzeiten spielte das Aussprechen des Glaubensbekenntnisses, die Anerkennung Allāh's als des alleinigen Gottes, und die des Propheten eine so zentrale Rolle, daß alle anderen Forderungen dahinter stark zurücktraten. Der Übertritt zum Islam ist der eigentlich wesentliche Glaubensakt."[15]

Es ist tatsächlich so, daß jeder, der sich im Sinne der *kelime-i šehādet* im Leben orientiert, als Muslim anerkannt wird. Inwieweit er bei Gott als aufrichtig oder fromm eingestuft ist, das entzieht sich der menschlichen Beurteilung. Der Edelste bei Gott ist auf alle Fälle jener, der sich von jeder Art von Schlechtigkeit am sorgsamsten fernhält. („Der Edelste unter euch ist bei Gott der Enthaltsamste oder der Frömmste in der Gemeinschaft.") Die Wurzel dieses Edelmuts ist das Bekenntnis zu Gott. Dieses muß nicht einmal besonders ausgesprochen werden: Entscheidend ist, was im Herzen getragen wird. Selbst eine ungeschickte, ja eine falsche Formulierung dieses Bekenntnisses gilt. Sie ist bei Gott *maqbūl* (angenommen). Lehrreich ist hierfür eine in Versen von *Mewlānā Ǧelāluddīn Rūmī* (gest. 1273) vorgetragene Geschichte eines Beduinen, der in ungewöhnlicher, ja in lästernder Weise auf dem Berge Sinai Gott anbetet. Der sich allein wähnende Ziegenhirt vom Sinai spricht, gen Himmel gerichtet: „Wo bist Du, daß ich Dein Diener werde, Deinen Rock Dir flick', Dein Haar Dir kämme, wasch' Dein Kleid und töte Deine Läuse, Milch Dir bringe, o Du Hocherhabener!"

Der unerwartet auftauchende *Mūsā* hört dieses sonderbare Gebet, das sich in ähnlicher Weise zu einer ausgedehnten Litanei ausweitet. Er packt den Beduinen am Kragen und erteilt ihm eine ordentliche Lektion wegen dieses blasphemischen Redens mit Gott.

Noch in der nachfolgenden Nacht wird Mūsā von Gott belehrt, daß Ihm ein solch herzlich-kindliches Gestammel lieber sei, als hochmütige Theologenworte.[16] Und dann ein Verweis an Mūsā:

„Du bist gesandt worden, um die Menschen Mir näher zu bringen, nicht gesandt bist du aber, um sie von Mir zu trennen."

Mit der Bekenntnisformel wird eben die erste bewußte Verbindung mit Gott hergestellt.

Der Muslim glaubt und bezeugt, daß es einen ewigen und umsichtbaren Gott gibt. Muhammed ist Sein Diener, weil er ein Mensch war und Ihm diente. Alle Menschen sind Geschöpfe und Knechte Gottes. Muhammed ('a. s.) ist darüber hinaus Sein Gesandter, weil er Seinen Auftrag erhielt, den Menschen den islamischen Glauben von neuem zu verkünden.

Die von Muhammed empfangene Offenbarung, der Qur'ān, wurde getreu und vollständig den Muslimen vermittelt. Das Leben und Wirken Muhammeds soll den Gläubigen als Beispiel dienen.

Die Gesamtheit der überlieferten oder schriftlich niedergelegten Worte, Taten oder stillschweigenden Billigungen Muhammads heißt *Ḥadīṯ*, d. h. Tradition. Diese ist, nach dem Qur'ān, die zweite Quelle der islamischen Lehre.

2. Die fünf täglichen Gebete

„Lobpreise deinen Herrn vor Aufgang der Sonne und vor ihrem Untergang und verherrliche Ihn in den Stunden der Nacht und an den Enden des Tages, auf daß du wahre Glückseligkeit finden mögest". (20:130) „Rezitiere, was dir vom Buch offenbart ward und verrichte das Gebet. Wahrlich, das Gebet hält von Schändlichkeit und Unrecht ab" (29:45).

Der Islam schreibt fünf tägliche Gebete vor, und zwar: am Morgen, zum Mittag, zum Nachmittag, am Abend und vor dem Schlafengehen. Das Bestreben des Islam, den Gläubigen ganz dem Wohlgefallen Gottes nahe zu bringen, bekundet sich auch in der Zusammensetzung des Gebetes. Die Andacht hat daher nicht nur mit dem Herzen und der Zunge zu erfolgen; ihr sollen auch die Gedanken und der Leib dienen. Charakteristische Teile des Gebetes sind die Verbeugung und Berührung des Bodens mit der Stirn und der Nasenspitze. Auf die Stärkung des Glaubens und des Willens nach dem Guten abgestimmt, trägt dieses Gebet auch zur körperlichen Kultur bei. Zusammen mit der ihm vorausgehenden Reinigung weckt und festigt es den Sinn für die persönliche und gesellschaftliche Disziplin.

Außer den fünf täglichen Gebeten besteht noch ein feierliches gemeinsames Wochengebet, das am Freitag jeder Woche stattfindet. Es gibt ferner noch Gelegenheitsgebete, wie das Toten- und Bayramgebet.

Um das Gebet verrichten zu können, muß der Gläubige
a) sich von der Reinlichkeit des Körpers, der Kleidung und des Ortes, an dem das Gebet stattfinden soll, vergewissern;
b) vor dem Gebet in vorgeschriebener Weise das Gesicht und die äußerlichen Körperteile waschen. In gewissen Fällen ist sogar das Baden erforderlich. Fehlt das reine Wasser für diese Waschung, z. B. in der Wüste, so kann eine symbolische Reinigung vorgenommen werden;
c) anständig gekleidet sein. Die Frauen dürfen mit einem zu tief ausgeschnittenen Kleid oder mit entblößten Armen und Beinen das Gebet nicht beginnen;
d) die vorgeschriebene Gebetszeit einhalten;
e) vor dem Beginn des eigentlichen Gebetes die Absicht, sich der Andacht zu widmen wörtlich zum Ausdruck bringen. Dadurch sll bestätigt werden, daß das vorgenommene Gebet eine bewußte Handlung ist. Denn nach den Absichten werden die Taten beurteilt. Die Fassung der „Absicht" erfolgt ungefähr in folgender Weise: „Ich habe mir vorgenommen, im Namen des Allmächtigen, das Morgen-, Mittags-, Abendgebet usw. zu verrichten. Mit Millionen anderer Gläubiger im Geiste vereinigt, wende ich mein Gesicht nach Mekka",
f) das Gesicht und den Vorderkörper in Richtung Mekka wenden, wo sich das Heiligtum Ka'ba befindet.[17]

Reinlichkeit

Die Religion verlangt vom Muslim, den Körper, die Bekleidung und das Haus reinzuhalten. Mit unreinem Körper oder in schmutziger Kleidung darf das Gebet nicht verrichtet werden. Der Muslim ist verpflichtet, mindestens einmal in der Woche zu baden, sich nach dem Besuch der Toilette zu waschen und bei Benutzung der Toilette auf die Reinlichkeit der Kleidung und des Körpers zu achten[18]. Vor und nach dem Essen müssen die Hände gewaschen werden. Es empfiehlt sich, die behaarten Körperstellen zu rasieren, sowie überhaupt, neben der Seele, den Körper zu pflegen. Die Nägel müssen geschnitten werden. Beim Gebrauch des Taschentuches ist die linke Hand zu verwenden. Die Zahnpflege wurde zu Muhammeds Zeiten mittels eines fasrigen wohlriechenden Holzes (*miswāk*) vorgenommen. Heute ist die Zahnbürste dazu besser geeignet.

Waschen vor dem Gebet

Vor dem Gebet muß man sich vorschriftsmäßig reinigen. Dies geschieht in folgender Weise: Mit reinem Wasser und möglichst mit Seife werden die Hände gründlich gewaschen, dann wird der Mund dreimal ausgespült, dabei ist die Zahnbürste zu benutzen. Dann wird die Nase dreimal ausgewaschen, indem mit der linken Hand etwas Wasser in die Nasenlöcher eingeführt wird. Darauf wäscht man das Gesicht dreimal, dann die beiden Hände bis über die Ellbogen, und zwar zuerst den rechten und dann den linken Unterarm. Anschließend werden die Ohren und der Hals gereinigt und der Scheitel mit der nassen Hand abgewischt. Zum Schluß wäscht man die beiden Füße bis zum Knöchel, und zwar wieder zuerst den rechten und dann den linken Fuß.

Während des Waschens der einzelnen Körperteile läßt der Gläubige im Geiste die Taten vorüberziehen, die er im Zeitraum seit dem letzten Gebet vollbracht hat. Er prüft dabei den moralischen Wert dieser Taten, erkennt die Fehler und Unterlassungen und faßt Entschlüsse zur Besserung seines künftigen Verhaltens. So wird er beispielsweise nach Erkenntnis unwürdiger oder unanständiger Reden beim Mundwaschen die sittliche Reinigung seiner Sprache und seiner Gedanken ins Auge fassen. Mit anderen Worten, er wird danach trachten, sich eine strengere Disziplin der Zunge aufzuerlegen. Das Abwischen des Scheitels mit der nassen Hand soll z. B. ein symbolischer Ausdruck für den Wunsch nach reinen und edlen Gedanken sein. Beim Schlußakt der Waschung ist die Formel des islamischen Glaubensbekenntnisses im Gedanken zu wiederholen. Nach Beendigung der Waschung hat man sich mit einem reinen Handtuch abzutrocknen.

Trägt der Beter einen Wundverband, kann er den wunden Körperteil mit der nassen Hand abtasten. *Eine* Waschung genügt, um mehrere Gebete nacheinander, z. B. das Mittags-, Nachmittags- und Abendgebet zu verrichten. Es ist auch dann erforderlich, die Waschung vorzunehmen, wenn beabsichtigt wird, den *Muṣḥaf,* d. h. den Qur'ān-Kodex, in die Hand zu nehmen und daraus zu lesen.

Die Waschung ist nach jeder natürlichen Notdurft vorzunehmen oder wenn aus dem Körper Blut, Eiter oder irgendwelche Ausscheidungen fließen sollten. Auch das Einschlafen, das Ohnmächtigwerden und das Erbrechen machen die Wiederholung der Waschung notwendig, um für das Gebet vorbereitet zu sein.

Baden

Außer dem regelmäßigen Wochenbad muß der Gläubige, ob Mann oder Frau, sich nach jedem Geschlechtsverkehr einem vollständigen Körperbad unterziehen. Das Baden soll in folgender Weise erfolgen: Nach gründlichem Waschen der Hände muß eine Mund- und Halsspülung vorgenommen werden. Die Nase ist auszuwaschen, und der ganze Körper ist so gründlich zu waschen, daß keine einzige Stelle trocken bleibt.

Der kultivierte Mensch, badet oder duscht, wenn möglich, jeden Tag.

Symbolische Reinigung

Die symbolische Reinigung wird wie folgt vorgenommen:

1. Der „Vorsatz" wird gefaßt und darin vorgebracht, ob die symbolische Reinigung die Waschung oder das Bad zu ersetzen hat.
2. Mit den Handflächen wird die reine und trockene Erde oder ein irdener

Gegenstand berührt und nach Schütteln der Hände das Gesicht einmal betastet.

3. Die Erde wird von neuem mit den Handflächen berührt und dann mit der linken Hand der rechte Arm und mit der rechten Hand der linke Arm bis über den Ellbogen einmal betastet.

Zur symbolischen Reinigung gehören keine weiteren Handlungen.
In weit entlegenen Wüstengebiete kann die Waschung zur Not durch wirkliches Reiben mit Sand, also nicht durch das symbolische Berühren allein, durchgeführt werden. Die Vermischung des Sandes mit Schweiß ergibt übrigens ein erstaunlich gutes Körperreinigungsmittel, das an Waschkraft beinahe der Seife gleichkommt.

Bekleidung

Bei Männern muß der Körper vom Gürtel abwärts bis unter die Knie, bei Frauen der ganze Körper, ausgenommen das Gesicht, Hände bis zum Gelenk und Füße bis zu den Knöcheln, verdeckt sein, um beten zu können. Durchsichtige oder zu eng anliegende Kleider sowie — bei Männern — seidene Kleidungsstücke oder Gold- und Platinschmuck dürfen beim Gebet nicht getragen werden.

Gebetszeiten

Die Gebete werden zu bestimmten Tages- oder Nachtzeiten verrichtet. Die Festlegung der Gebetszeiten hängt von der Sonnenbewegung ab. In muslimischen Siedlungen wird der Beginn der jeweiligen Gebetszeit durch den Gebetsrufer (Muezzin) oder durch Lautsprecher angekündigt.

Die Zeit des Morgengebetes beginnt mit der Morgendämmerung und dauert bis knapp vor dem Sonnenaufgang.

Die Zeit des Mittagsgebetes beginnt in dem Augenblick, in dem die Sonne den Zenitpunkt überschritten hat und dauert bis zur mathematischen Hälfte des Nachmittags. Das ist der Zeitpunkt, zu dem sich der horizontale Mittagsschatten eines aufrechtstehenden Gegenstandes um dessen Länge verlängert hat.

Die Zeit des Abendgebetes beginnt mit dem Sonnenuntergang und dauert bis zum Verschwinden des Westlichtes. Dieses tritt ungefähr zwei Stunden nach Sonnenuntergang ein.

Von diesem Zeitpunkt an bis zur Morgendämmerung erstreckt sich die Zeit des Nachtgebetes.

Gebetsruf

Der Gebetsruf erfolgt gewöhnlich in arabischer Sprache. Die Form und der Wortlaut des Gebetsrufes sind der Tradition entnommen. Zu Deutsch lautet er:

„Gott ist der Größte! Ich bezeuge, daß es nur einen Gott gibt. Ich bezeuge, daß Muhammed Gottes Gesandter ist. Auf zum Gebet! Auf zum Heil! Es gibt nur einen Gott“[19].

Jeder dieser Sätze – mit Ausnahme des letzten – wird vom Gebetsrufer zweimal verkündet. Beim Morgengebet werden vor dem letzten Satz zusätzlich noch folgende Worte ausgerufen: „Das Gebet ist besser als der Schlaf“.

Der Gebetsruf ist langsam, würdevoll und mit gehobener Stimme vorzutragen. Das von manchen Muezzins praktizierte Singen ist eine Neuerung, die von strengeren Religionsgelehrten verurteilt wird.

Vor dem Gebet sind alle Hindernisse zu beseitigen, die die Konzentration des Betenden beeinträchtigen könnten. Wird das Pflichtgebet an einem Platz außerhalb der Moschee oder des Hauses verrichtet, so soll die Abgrenzung der Gebetsfläche durch die Aufstellung eines aufrecht stehenden Gegenstandes in Blickrichtung des Betenden kenntlich gemacht werden. Der dazu benutzte Gegenstand darf unter keinen Umständen etwa eine Statue oder ein Bild sein.

Das schlimmste Hindernis der Konzentration auf das Gebet ist die Gleichgültigkeit (ġaflet). Dagegen hilft am besten die Meditation über den Sinn des Lebens, den Tod und das Jenseits.

Gebet

Das Gebet besteht aus zwei, drei oder vier Teilen. Jeder Teil setzt sich zusammen aus:

1. Aufrechtstehen,
2. Rezitieren von Qur'ān-Auszügen,
3. Verbeugung,
4. Niederknien und Berühren des Bodens mit der Stirn und Nasenspitze.

Jedem zweiten Gebetsteil folgt ein kürzeres Verbleiben in kniend-sitzender Stellung.

Der „Gebetszustand“ wird dadurch hergestellt, daß der aufrechtstehende Gläubige nach Formulierung des Gebetsvorsatzes mit den Daumen der beiden nach vorne gedrehten Handflächen die Ohrläppchen berührt und gleichzeitig „Allāhu ekber“ (Gott ist größer als alles) spricht. Auf diese Weise wird symbolisch die Verbindung mit der Umwelt abgebrochen. Man befindet sich in Gedanken in der Gegenwart Gottes.

Das Gebet wird mit einem Selām, d. h. einer Begrüßung der Schutzengel und der Mitbetenden, beendet.

Im Gegensatz zum Mann berührt die Frau nicht die Ohrläppchen. Sie erhebt die Hände nur bis zur Brusthöhe.

Nach dieser einleitenden Handlung werden die Hände in der Gürtelhöhe gefaltet, und zwar so, daß die rechte Hand die linke bedeckt. Die Frauen legen, abweichend von den Männern, die übereinander zusammengefalteten Hände an die Brust.

Die Gebetssprache ist Arabisch. Allerdings können die außerhalb der vorgeschriebenen Gebete gebräuchlichen frommen Texte in jeder beliebigen Sprache gesprochen werden. Nach **Ebū Ḥanīfa** ist sogar beim Pflichtgebet die Anwendung einer anderen Sprache als der arabischen zulässig.

Stehen beim Gebet

Nach dem Falten der Hände bleibt der Betende stehen, indem er die Füße etwa drei Finger breit auseinanderhält. Er schaut vor sich hin und spricht die Gebetstexte.

Wer nicht in der Lage ist zu stehen, kann das Gebet sitzend oder gar liegend verrichten.

Lesen von Qur'ān-Auszügen beim Gebet

In der aufrechten Stellung liest der Betende leise oder in Gedanken den Qur'ān. Die gebräuchlichsten Gebetstexte, im arabischen Original und deutscher Übersetzung, sind an anderen Stellen angeführt. Die Qur'ān-Auszüge sind kursiv gedruckt.

Verbeugung

Nach Beendigung des Qur'ān-Lesens läßt der Betende die Hände fallen und verbeugt sich tief, die Worte sprechend: *„Allāhu ekber"*.

Die Verbeugung erfolgt in der Mitte des Körpers, wobei der Kopf in gerader Linie mit den Schultern bleibt. Die Handflächen werden auf die Knie aufgestützt und der Blick auf die Füße gesenkt. Dabei wird dreimal gesprochen: *„Subḥāne rabbiye'l-'aẓīm* (Ehre sei meinem großen Herrn!"). Dann richtet sich der Gläubige auf und sagt: *„Semi'allāhu li-men ḥamideh"* (Erhöre Gott jenen, der Ihn lobt!). Nach kurzer Pause setzt er, die Hände herunterlassend, fort: *„Rabbenā leke'l-ḥamd"* (Dir gebührt Ehre, unser Herr) und kniet mit den Worten *„Allāhu ekber"* nieder.

Zweimaliges Verbeugen bis zum Boden

Unmittelbar nach dem Niederknien legt der Betende die Hände flach auf den Boden und neigt den Kopf, so daß die Stirn und die Nase jenen Teil des Bodens berühren, der zwischen den beiden Händen freibleibt. Bei dieser Gebetshaltung müssen die Stirn, die Nase, die beiden Hände, die Knie und die nach vorne eingezogenen Zehen den Boden bzw. den Teppich berühren. Die Männer richten dabei den Körper etwas auf und halten die Ellbogen in einiger Entfernung von der Erdfläche. Die Frauen nähern dagegen die Ellbogen der Bodenfläche etwas mehr an, doch darf – wie *el-Ġazālī* lehrt – dabei nicht eine solche Körperhaltung eingenommen werden, die eine entwürdigende Unterwürfigkeit bedeutet. Dem Menschen gebührt auch beim Gebet die Würde, die ihm Gott verliehen hat. In dieser Lage spricht man dreimal:

„Subḥāne rabbiye'l a'lā (Ehre sei meinem allerhöchsten Herrn!). Darauf sind, beim gleichzeitigen Aussprechen von „Allāhu ekber", zunächst das Haupt, dann die Hände zu heben. Man nimmt anschließend eine kniend-sitzende Stellung ein, indem man die Hände auf die Knie auflegt und abermals die Formel *„Allāhu ekber"* ausspricht. Hierauf neigt man sich wieder herunter und verweilt kurz am Boden. Rezitiert wird dabei der gleiche Text wie vorher, d. h.: *„Subḥāne rabbiye'l-a'lā"*. Nach der abermaligen Erhebung des Hauptes spricht man wieder: *„Allāhu ekber"* und steht auf, indem man sich mit den Händen auf die Knie stützt, um den zweiten Teil des Gebets zu sprechen. Dieser wird in der gleichen Art wie der erste verrichtet, allerdings wird beim zweiten Stehen ein anderer Qur'āntext gelesen.

In der Berührung des Bodens mit dem Gesicht bekundet sich der höchste Grad der Ergebung in Gott, denn — wie *el-Ġazālī* meint — „Dein Gesicht berührt das Niedrigste der Dinge: den Staub. Wann immer du dein Selbst auf den Ort der Erniedrigung stellst, wisse, daß du es an den ihm zukommenden Ort gestellt und den Ast zum Stamm zurückgebracht hast, denn aus Staub wardst du gebildet und zu ihm kehrst du zurück".[20]

Ein Beispiel des völlig vergeistigten Pflichtgebets bietet *Ḥātim al-Aṣamm,* ein chorasanischer Mystiker (gest. 851 oder 852): „Wenn die Zeit für das Gebet kommt, vollziehe ich eine reichliche Waschung und gehe an den Ort, wo ich das Gebet verrichten will. Dort sitze ich, bis meine Glieder ausgeruht sind. Dann stehe ich auf; die Ka'ba gerade vor mir, den Weg[21] gerade vor meinen Füßen, Paradies zu meiner Rechten, Hölle zu meiner Linken, und den Engel des Todes hinter mir. Und ich denke, daß dieses *namāz* mein letztes ist. Dann stehe ich schwankend zwischen Hoffnung und Furcht ... denn ich weiß nicht, ob mein Gebet von Gott gnädig angenommen worden ist oder nicht."

Sitzen beim Gebet

Nach jedem zweiten Teil, sowie am Ende des Gebetes verharrt man in kniend-sitzender Stellung. Man sitzt auf den Unterbeinen, die Männer mehr auf den linken Fuß gelehnt. Die Frauen sitzen auf beiden Beinen, jedoch mit nach rechts gedrehten Füßen, was ihrer Haltung gewisse Grazie verleiht. Die Hände sind dabei auf die Oberschenkel zu legen und der Blick nach vorne zu richten. Zuletzt wird der Gruß entboten. Dieses geschieht in folgender Weise: man wendet den Kopf zuerst nach rechts, wirft den Blick auf die eigene Schulterspitze und spricht die Grußformel *Es-Selāmu 'aleykum we raḥmetu'llāh* („Friede sei über euch und Gottes Gnade!) Dann wird dasselbe in der anderen Richtung wiederholt. Das Pflichtgebet heißt arabisch *ṣalāt.* Es ist nicht ausgeschlossen, daß diese Bezeichnung mit dem lateinischen Worte *Salut* zusammenhängt.

Die Pflichtgebete und solche, die auf die Tradition zurückgehen

Aus großer Liebe zu Gottes Gesandtem und in Nachahmung seiner verschiedentlich bekundeten Gepflogenheiten nehmen die Muslime, neben den eigentlichen Pflichtgebeten, noch zusätzliche Andachtsübungen vor. Diese sind nach der Art ihrer Ausführung genauso wie die Pflichtgebete. Man nennt sie die *„sunna"*. In der Praxis sind dies Vorbereitungs- und Abschlußgebete, die aus besonderem Glaubenseifer verrichtet werden.

Das Morgengebet besteht aus zwei Teilen, die Morgen-Sunna ebenso. Das Mittagsgebet umfaßt vier Teile. Vor diesem Gebet pflegt man, eine vierteilige und nach ihm eine zweiteilige Sunna zusätzlich zu verrichten. Das Nachmittagsgebet hat vier Teile, die Nachmittagssunna ebenso. Das Abendgebet besteht aus drei Teilen. Die dazu gehörige Sunna ist zweiteilig.

Das Nachtgebet entspricht der Form nach dem Mittagsgebet. Die Sunna hat vie Teile vor und zwei Teile nach dem Pflichtgebet.

Vor dem Schlafengehen wird noch ein dreiteiliges Gebet, das sogenannte *„witr"*, verrichtet. Diese Andacht wird eher als Pflicht- denn als Traditionsgebet betrachtet, obwohl sie nicht zu den eigentlichen Pflichtgebeten gehört.

Gebetstexte

Nachstehend werden die wichtigsten Gebetstexte angeführt. Es ist notwendig, diese auswendig zu lernen, damit man für die Erfüllung der Gebete befähigt wird.

Im Stehen wird gesprochen:

1. *Subḥāneke 'llāhumme we bi-ḥamdik we tebāreke'smuk we te'ālā ğedduk we lā ilāhe ġ'ayruk* (Lob und Preis seien Dir, mein Gott! Geheiligt ist Dein Name! Unübertrefflich ist Deine Majestät! Es gibt keinen Gott außer Dir!)
2. *E'ūḏu bi'llāhi min eš-šeyṭāni'r-rağīm.* (Ich nehme Zuflucht zu Gott vor dem Unwürdigen.)
3. *Bismi'llāhi'r-raḥmāni-r-raḥīm*
(Mit dem Namen Gottes, des gnadenvollen Erbarmen.)
4. Als Herz des Gebetes gilt die *„Fātiḥa"*, das islamische „Gebet des Herrn", dessen Urschrift und Übersetzung im Vorübergehenden bereits angeführt sind.
5. *Innā a'ṭaynake 'l-kewṯer fe ṣalli li-Rabbike we'nḥar. Inne šāni'eke huwe 'l-ebter.*
(Wir haben dir die Quelle des Trostes und der Hoffnung gegeben. Bete daher zu deinem Herrn und bringe Opfer! Wahrlich, dein Feind ist es, von dem die Vervollkommnung fern ist.
6. *Qul: „Huwa'llāhu eḥad. Allāhu 'ṣ-ṣamed. Lem yelid we lem yūled we lem yekun lehū kufuwen eḥad."*
(Sure 112, Übersetzung im Kapitel I, 1.)
7. *We'l-'aṣri inne 'l-insāne le-fī ḫusr illel'leḏīne āmenū we'amilu'ṣ-ṣāliḥāti we tewāṣaw bi'l-ḥaqqi we tewāṣaw bi'ṣ-ṣabr.*
(Bei der flüchtigen Zeit! Wahrlich ist der Mensch verloren, außer jenen,

die glauben, Gutes tun, sich gegenseitig zur Wahrheitsliebe anspornen und einander zum Ausharren mahnen.)

8. *Iḏā ğā'e naṣru'llāhi we'l-fetḥ we re'eyte'n-nāse yedḫulūne fī dīni 'llāhi efwāğa — fe sebbiḥ bi ḥamdi Rabbike we'staġfirh. Innehū kāne tewwāba.* (Wenn Gottes Hilfe und der Sieg kommen und du die Menschen scharenweise in Gottes Gnadenstand treten siehst, dann lobpreise deinen Herrn und bitte um Vergebung. Er nimmt wahrlich die Reue entgegen.) Im **Sitzen** werden folgende Gebetstexte gesprochen:

9. *Et-teḥiyyātu li'llāhi we'ṣ-ṣalawātu we'ṭ-ṭayyibāt! Es-selāmu 'aleyke, eyyuhe'n-Nebiyyu we raḥmetu'llāhi we berekātuh.*
Es-selāmu 'aleynā we 'alā 'ibādi 'llāhi'ṣ-ṣāliḥīn. Ešhedu en lā ilāhe illa'llah we ešhedu enne Muhammeden 'abduhū we resūluh.
(Unsere edelsten Gedanken, unsere Gebete und unsere guten Taten — alles für die Liebe Gottes! Sei gegrüßt, unser Tröster! Gottes Gnade und Segen seien mit dir! Friede Gottes mit uns und mit allen Menschen, die guten Willens sind!
Ich bezeuge, daß es nur einen Gott gibt. Ich bezeuge, daß Muhammed Sein Knecht und Sein Gesandter ist.)

10. *Allāhumme ṣalli 'alā Muḥammedin we 'alā āli Muḥammed, kemā ṣalleyte 'alā Ibrāhīme we 'alā āli Ibrāhīm. Inneke ḥamīdun meğid. Allāhumme bārik 'alā Muḥammedin we 'alā āli Muḥamed, kemā bārekte 'alā Ibrāhīme we 'alā āli Ibrāhīm. Inneke ḥamīdun meğid.*
(Mein Gott, segne Muhammed, sein Geschlecht, seine Anhänger, so wie Du Ībrāhīm, sein Geschlecht und seine Anhänger gesegnet hast. Du bist wahrlich gelobt und gepriesen. Mein Gott, überschütte mit Wohlgefallen Muhammed, sein Geschlecht und seine Anhänger, so wie Du Ibrāhīm, sein Geschlecht und seine Anhänger überschüttet hast. Du bist wirklich gelobt und gepriesen!)

11. *Rabbenā ātinā fi'd-dunyā ḥaseneten we fi'l-āḫireti ḥaseneten we qinā 'aḏābe'n-nār. Rabbena'ġfir lī we li wālideyye we li'l-mu'minīne yewme yeqūmu'l-ḥisāb.*
(Unser Herr, verleihe uns Gutes in dieser und in jener Welt und bewahre uns vor der Verdammnis! Unser Herr, vergib uns am Tage der Abrechnung unsere Schuld, und sei gnädig zu mir, meinen Eltern und allen Menschen, die da glauben!)
Die vorangehenden Gebetstexte heißen nach ihren Anfangsworten: *Subhāneke, E'ūdu, Bismilla, el-Fātiḥa oder Fātiḥa, Innā a'ṭaynā, Qul „Huwa 'llāhu", We-l-'aṣri, Iḏā ğā'e, et-Teḥiyyātu, Allāhumme ṣalli oder Ṣalawāt und Rabbenā oder Dowa.*

Was wird bei einzelnen Gebetsteilen gesprochen?

Bei dem ersten Teil jedes täglichen Gebetes wird in stehender Haltung rezitiert: *Subḥāneke, E'ūḏu, Bismilla, el-Fātiḥa* und eine beliebige Sure.[22]

Bei dem zweiten Teil spricht man: *Bismilla, el-Fātiḥa* und eine Sure.
Beim dritten und vierten Stehen in den Sunna-Gebeten sind jeweils *Bismilla, el-Fātiḥa* und eine Sure zu lesen.
Das dritte Stehen im Witr-Gebet erfordert das Rezitieren von *Bismilla, el-Fātiḥa,* einer kurzen Sure und folgendem Gebetstext:
Allāhumme, innā neste'īnuke we nestaġfiruke we nestehdīke. We nu'minu bike we netūbu ileyk. We netewekkelu 'aleyk. We nuṯnī 'aleyke'l-ḫayre kullehū neškuruke we lā nekfuruk. We naḫle'u we netruku men yefğuruk. Allāhumme, iyyāke na'budu we leke nuṣallī we nesğud. We ileyke nes'ā we naḥfiḏ. Nerğū raḥmeteke we naḫšā 'aḏābek. Inne 'aḏābeke bi'l-kuffāri mulḥiq.
(Unser Gott, an Dich wenden wir uns um Hilfe, Dich bitten wir um Vergebung. wir beten zu Dir, uns den rechten Weg zu weisen, wir glauben an Dich und kommen reuig zu Dir. Dir vertrauen wir, und Dich loben wir, oh Gott. Demütigen und treuen Herzens danken wir Dir für Deine Güte. Unser Gott, Dich allein beten wir an, und zu Dir richten wir unsere Herzen. Vor Dir verbeugen wir uns, und zu Dir eilen unsere Gedanken. Wir vertrauen auf Deine Gnade und fürchten uns vor Deiner Strafe, die diejenigen treffen wird, die nicht glauben.)
Bei den Gebeten, die nur aus zwei Teilen bestehen (die Morgen-Sunna und das morgendliche Pflichtgebet, die Schlußsunnas des Mittags und des Abends und die nächtliche Schluß-Sunna) werden beim Sitzen rezitiert: *et-Teḥiyyātu, Ṣalawāt und Dowa.*
Bei Gebeten, die aus drei oder vier Teilen bestehen, wird beim ersten Sitzen nur et-Teḥiyyātu, beim zweiten außer Ettehijjâtu noch Ṣalawāt und Dowa rezitiert. Zu dieser Gruppe von Gebeten gehören alle Pflichtandachten, außer der morgenlichen, ferner die Mittags-Sunna und das Witr-Gebet. Beim ersten Sitzen in den Nachmittags- und Nacht-Sunnas werden et-Teḥiyyātu, Ṣalawāt und Dowa gesprochen.

Ankündigung des Gebetes in der Moschee

Vor dem Antritt des Pflichtgebetes wird in der Moschee ein interner Gebetsruf vorgenommen. Dieser entspricht jenem, den der Muezzin vom Minarett herunterspricht, doch wird dieser schneller und unter Beifügung des Satzes „*Qad qāmet iṣ-ṣalāh* (Das Gebet ist schon im Gange)" nach den Worten „Auf zum Heil" rezitiert.

Das Morgengebet

Nach vollzogener Gebetsvorbereitung stellt sich der Gläubige auf den für das Gebet bestimmten Platz und spricht: „Ich habe im Namen Gottes beschlossen, das Morgengebet (weil eben dieses gemeint ist) zu verrichten. Allāhu ekber".

Beim ersten Gebetsteil wird rezitiert: „*Subḥaneke, E'ūḏu, Bismilla, el Fātiḥa* und z. B. *Innā a'ṭaynā".*

Beim zweiten Gebetsteil: „Bismilla, el-Fātiḥa und Qul Huwa'llāhu".Beim Sitzen rezitiert man: „Et-Teḥiyyātu, Ṣalawāt und Dowa. Schließlich wird der Selām entboten.
Die Sunna am Morgen wird genauso wie die Pflichtandacht verrichtet.

Das Abendgebet

Die zwei ersten Teilen des Abendgebetes werden in der gleichen Art verrichtet wie das Morgengebet. Nachdem jedoch beim ersten Sitzen et-Teḥiyyātu rezitiert worden ist, erhebt man sich zum dritten Stehen und spricht Bismilla und Fātiḥa. Dann erfolgt die übliche Verbeugung. Beim zweiten Sitzen spricht man et-Teḥiyyātu, Ṣalawāt und Dowa und entbietet den Selām.
Die Abend-Sunna wird in der gleichen Weise wie die Morgen-Sunna ausgeführt.

Das Mittagsgebet

Das Mittagsgebet wird ähnlich wie das Abendgebet ausgeführt, doch ist dem dritten Teil unmittelbar ein viertes Stehen anzuschließen. Bei diesem wird ebenfalls nur Bismilla mit Fātiḥa gelesen.
Im ersten Teil der Mittags-Sunna werden rezitiert: *Subḥāneke, E'ūḏu. Bismilla, Fātiḥa und z. B. We'l-'aṣri.*
Im zweiten Teil spricht man Bismilla, Fātiḥa und Innā a'ṭaynā.
Beim ersten Sitzen ist et-Teḥiyyātu zu rezitieren.
Im dritten Teil spricht man Bismilla, Fātiḥa und Iḏā ğā'e.
Im vierten Teil hingegen Bismilla, Fātiha und Qul Huwa'llāhu
Beim zweiten Sitzen rezitiert man nach et-Teḥiyyātu noch Ṣalawāt und Dowa, wonach der Selām entboten wird.
Die Mittagsschluß-Sunna wird wie die Morgen-Sunna verrichtet.

Das Nachmittagsgebet

Das Nachmittagsgebet wird genauso wie das Mittagsgebet verrichtet.
Der Unterschied zwischen Nachmittags- und der Mittags-Sunna ist der, daß bei der Nachmittags-Sunna auch während des ersten Sitzens neben et-Teḥiyyātu noch Ṣalawāt rezitiert wird. Erst danach erhebt man sich zum dritten Teil.
Im dritten Stehen spricht man Subḥāneke und E'ūḏu, sodann wird wie bei der Mittags-Sunna rezitiert.
Die Nachmittags-Sunna wird häufig ganz weggelassen, weil ihre Begründung in der Tradition recht schwach ist.

Das Nachtgebet

Das obligate Nachtgebet wird wie die Mittagsandacht verrichtet.
Die erste Sunna entspricht formgemäß der Nachmittags-Sunna, während die

zweite, aus nur zwei Teilen bestehende, Sunna jener des Mittags entspricht. Das *Witr*-Gebet ist dem Abendgebet ähnlich, mit dem Unterschied, daß im dritten Teil Bismilla, Fātiḥa und eine andere Sure rezitiert werden und unmittelbar darauf, wie beim Eintreten in den Gebetszustand, die Hände erhoben werden und dabei „*Allāhu ekber*" gesprochen wird. Danach werden die Hände wieder in der Gürtelhöhe gefaltet und Qunūt-Dowa gelesen.
Die Nacht-Sunnas können gekürzt oder weggelassen werden.

Rezitieren nach dem Gebet

Nach dem Abschluß der im Vorhergehenden beschriebenen Gebete wird jeweils noch eine Reihe ungebundener Gebetstexte gelesen. Diese gehören jedoch nicht zum eigentlichen Gebetsoffizium. Im Folgenden sind diese Gebetstexte angeführt.

1. Allāhuma ṣalli we sellim ʿalā seyyidinā we nebiyyinā Muḥammed. Subḥānellāhi weʿl-ḥamdu liʿllāhi we lā ilāhe illāʿllāhu waʿllāhu ekber.
   We lā hawle we lā quwwete illā biʿllāhiʿl-ʿaliyyiʿl-ʿaẓīm.
2. *Eʿūḏu biʿllāhi mineš-šeyṭāniʿr-rağīm. Biʿsmillāhiʿr-raḥmāniʿr-raḥīm.*
3. *Allāhu lā ilāhe illā huweʿl-ḥayyʿul-qayyūm. Lā teʾḫuḏuhū sinetun we lā newm. Lehū mā fīʾs-semāwāti we mā fīʾl-erḍ. Men ḏe ʿlleḏī yešfeʿu ʿindehū illā bi-iḏnih. Yaʿlemu mā beyne eydīhim we mā ḫalfehum we lā yuḥīṭūne bi-šeyʿin min ʿilmihī illā bi-mā šāʿe. Wesiʿa kursiyyuhuʿs-semāwāti weʿl-erḍ. We lā yeʾūduhū ḥifẓuhumā we huweʿl-ʿalliyyʿulʿaẓīm.*
4. *Yā Rabbi ḏeʿl-ğelāli subḥāne ʿllāh.* (Nach diesem Satz pflegt man 33 mal „*Subḥānellāh*" zu sprechen.)[23]
5. *Dāʿimā šukr: el-ḥamdu liʿllāh.* (Nach diesem Satz pflegt man 33 mal „*El-ḥamdu liʿllāh*" zu sprechen.)
6. *Teʿālā šānuhū: Allāhu ekber.* (Nun wird 33 mal „*Allāhu ekber*" gesprochen.)
7. *Lā ilāhe illaʿllāhu waḥdehū lā šerīke leh. Lehuʿl-mulku we lehuʿl-ḥamdu we huweʿalā kulli šeyʿin qadīr. We mā erselnāke illā raḥmeten liʿl-ʿālemīn.*

Übersetzung:

1. Mein Gott, segne unseren Herrn und Apostel Muhammed, und schenke ihm den Frieden! Preis und Dank Gott, der der Einzige und Größte ist. Es gibt keine Kraft und keine Stärke außer bei Gott, dem Erhabenen und Mächtigen.
2. Ich nehme Zuflucht zu Gott vor dem Teufel. Mit dem Namen Gottes, des gnadenvollen Erbarmers.
3. Allāh ist es — der Lebendige, Ewige —, außer dem es keinen anderen Gott gibt. Weder Müdigkeit noch Schlaf befallen ihn. Ihm gehört Alles, in den Himmeln und auf Erden. Wer könnte ohne Seine Zustimmung noch bei Ihm vermitteln? Er weiß, welche Regungen die Menschenherzen bewegen und welche Vergangenheit ihnen anhaftet. Von Seinem Wissen ist

ihnen (den Menschen) nur so viel gegeben, wie Er will. Sein Thron umfaßt den Himmel und die Erde, deren Erhaltung Ihn keinerlei Mühe kostet. Er ist der Höchste und Gewaltigste.

4. Oh mein erhabener Gott, Preis sei Dir!
5. Lob und Dank gehören Dir — jetzt und in alle Ewigkeit!
6. Erhaben ist Sein Wesen!
   Gott ist der Größte.
7. Es gibt keinen Gott außer Allāh. Es gibt keinen Seinesgleichen. Ihm gehört die wirkliche Macht. Ihm gebührt die Ehre. Seine Herrschaft hat keine Grenzen.
   Wir haben dich, Muhammed, nur aus Mitleid mit der Welt gesandt. (Qur'ān 21 : 107)

Das Rezitieren der oben angeführten Gebetstexte ist fakultativ. In vielen muslimischen Ländern wird es deshalb nicht praktiziert – wenigstens nicht in dem hier vorgeführten Umfang.

Gemeinsames Gebet

Muhammed pflegte fast immer gemeinsam mit seinen Gefährten in der Moschee zu beten. Jede Gebetsgruppe muß einen Vorbeter (Imām) und einen Gebetsrufer (Muezzin) haben.

Der Imām stellt sich vor die Gruppe, in Richtung nach Mekka gewandt, und diese steht hinter ihm in Reihen, die durch keine Lücken getrennt werden dürfen. Gemeinschaftlich werden nur die Pflichtgebete verrichtet. Betet man hinter einem Vorbeter, so sind dem Vorsatz noch die Worte hinzuzufügen: „Ich unterstelle mich der Führung dieses Imāms".

Beim Gebet, das von einem Vorbeter geleitet wird, muß beim ersten Stehen nur Subḥāneke rezitiert werden. Alle anderen Gebetstexte beim Stehen spricht der Imām allein. Bei den Verbeugungen und den übrigen Bewegungen hat der Betende allerdings die vorgeschriebenen Texte mit zu bedenken. Der Vorbeter rezitiert während des ersten und zweiten Stehens jener Gebete, die außerhalb der Arbeitszeit liegen, d. h. beim Morgen-, Abend- und Nachtgebet, den Qur'ān laut. Bei anderen Gebeten liest auch er still. Hat der Imām die Fātiḥa laut vorgetragen, sagt die Betgemeinschaft mit gedämpfter Stimme (mehr für sich als laut): „Āmīn!" Dem Vorbeter muß die Gemeinschaft in allem folgen: keine Bewegung darf eher erfolgen, als er sie tut.

Wenn wir zum Gebet zu spät kommen und den Imām knapp vor der ersten Verbeugung antreffen, gilt jener Gebetsteil als voll erfüllt. Die versäumten Gebetsteile werden nach dem ersten Selām des Imāms im „Alleingang" nachgeholt.

Freitagsgebet

Am Freitag verrichten die Männer jeder Siedlung, in der mehrere muslimische Häuser vorhanden sind, in der Moschee ein gemeinsames Gebet. Diese Andacht findet in Verbindung mit dem Mittagsgebet statt, und zwar nach den ersten vier Sunna-Teilen. Der Vorbeter oder ein dazu extra bestellter Prediger hält vorher eine erbauliche Ansprache, in der aktuelle Probleme aus dem Leben der Gemeinde erörtert und Ratschläge religiöser Art erteilt werden. Die Ansprache soll in der Sprache gehalten werden, die von der Mehrzahl der Anwesenden verstanden wird.

Das Freitagsgebet besteht aus zwei Teilen und kann nur hinter einem Vorbeter verrichtet werden. Zum Ort dieser Wochenversammlung wird die größte Moschee des jeweiligen Bezirkes gewählt. Sie kann aber auch unter freiem Himmel abgehalten werden.

Wo die wirtschaftlichen und sozio-kulturellen Umstände es erfordern, ist die Teilnahme der Frauen am Freitagsgebet zulässig, ja wünschenswert.

Genau genommen, ersetzt das aus nur zwei Teilen bestehende Freitagsgebet das übliche Mittagsgebet. So pflegen die Gläubigen z. B. in Kairo gleich nach der Verrichtung dieses kurzen Gebetsoffiziums die Moschee zu verlassen und nach Hause zu gehen.

Einige Betrachtungen über das Gebet

Das Gebet ist vornehmlich dazu bestimmt, den Menschen zu vervollkommnen und dem höchstmöglichen Ideal, Gott, näher zu bringen. Dieses untrügliche beständige Ideal vermag die Herzen zu bewegen und die Seelen der Gläubigen zu erfassen. Das Gebet ist ein Weg der seelischen Läuterung, der Selbstbesinnung und Beruhigung. Nicht Gott, sondern der Mensch ist derjenige, der daraus einen Nutzen zieht. Im Qur'ān steht: „Gott ist zu erhaben, um an die Welten Ansprüche zu stellen". (29:6). Nach dem großen religiösen Dichter Ǧelāluddīn Rūmī (gest. 1273) sprach Mūsā ('a. s.): „Nicht Gott wird durch eure Gebete größer, sondern ihr selbst". „Stellt euch vor, daß neben eurem Haus ein Fluß fließt, in dem ihr täglich fünfmal badet", erklärte Muhammed den Sinn des Gebetes. „Wäre es dann möglich, daß an euren Leibern Unsauberkeit haften bliebe?" „Das wäre wohl nicht möglich," antworteten seine Gefährten. „Nun ist es auch mit dem Gebet so", fuhr Muhammed fort, „das täglich fünfmal verrichtet wird: keine Spur der Unreinheit im Herzen bleibt übrig".

„Gott belastet niemanden über seine Kräfte hinaus" (2:287). Daher sind die Krieger, die den Bestand des Glaubens oder die Heimat verteidigen und die Schwerkranken vom Gebet befreit. Ebenso genießen zeitliche Befreiung Reisende und Frauen in der Menstruation.

Heute ist leider das Gebet vielfach zu einer rein äußerlichen Handlung heruntergesunken. Am traurigsten ist es, daß sich manchmal der ganze Glaube eines Muslims im Bestand eines solchen Gebetes allein ausdrückt. Ein Gelehrter, Šekīb Arslān, meint dazu: „Die Muslime haben nahezu alles verworfen, was ihnen der Qur'ān vorschreibt. Trotzdem hoffen sie, die Gnade Gottes zu erlangen, wohl allein dadurch, daß sie sich als Muslime bekennen und an einen Gott glauben. Sie begnügen sich damit, ein Leben ohne Kampf und ohne Streben nach dem Guten zu führen. Manche von ihnen verlassen sich auf ihre Gebete, weil es für sie leichter ist, diese zu verrichten, als einen harten Lebenskampf zu führen und ihr Vermögen für ein Ideal zu opfern. Wenn das Gebet den Kampf ersetzen könnte, hätten sich der Gesandte Gottes, seine Gefährten und die ersten Muslime damit begnügt, es bei Andachten bewenden zu lassen".

Waren sie doch die ersten, deren Anrufungen Gott erhört hätte. Könnte der Mensch seine Wünsche nur durch Gebete und Litaneien, also ohne Anstrengungen und Arbeit, erfüllt bekommen, so wären die Naturgesetze sinnlos, und die Gesetzgebung müßte in Frage gestellt werden. Gott hätte dann zu Unrecht gesagt: *„Der Anteil des Menschen geht nicht über den Rahmen seines Einsatzes hinaus." (13:39). Er hätte ferner Seinen Gesandten nicht angewiesen, den Kampfmüden und Feiglingen zuzurufen: „Unterlaßt eure Entschuldigungen, wir werden euch niemals glauben. Denn Gott hat uns über euch aufgeklärt. Er wird schon eure Handlungsweise sehen — Seine Gesandten ebenso". Er hätte weiter nicht gesagt: „Ich werde keines Menschen redliche Mühe zunicht machen".*

Wer zwar die Gebete verrichtet, in seiner Religiösität es aber nur bei Gebeten bewenden läßt, der gleicht einem „ewigen Studenten", der nie ins Leben geht und seine Kenntnisse nutzbringend einsetzt. Ein Glaube ohne Tat ist wie ein Baum ohne Frucht.

*

Der Reisende ist von einem Teil der Gebetspflicht befreit. Er verrichtet jeweils nur zwei Verbeugungen mit dem anschließenden Sitzen. Die einzige Ausnahme bildet das Abendgebet; dieses bleibt immer dreiteilig. Wer sich auf Reisen befindet, ist sogar aufgerufen, alle übrige Gebetspraxis aufzugeben. Als Reisender im kultischen Sinne gilt eine Person, die dabei ist, Ortsentfernungen von mindestens etwa 47 km zu bewältigen oder diese soeben bewältigt hat. Durch den Aufenthalt in einem Ort, der länger als 10 Tage dauert, verliert man den Anspruch auf die Kürzung der Pflichtgebete.

Nach den meisten Interpretationsschulen dürfen das Mittags- und das Nachmittagsgebet in einem Block, d. h. auf einmal —, und zwar in der Mittagszeit verrichtet werden. Dasselbe gilt für das Abend- und Nachgebet. Somit reduziert sich die Zahl der Pflichtgebete nach dieser Praxis auf insgesamt drei — eine Lösung, die in den Bedingungen einer Industriegesellschaft von manchem Muslim erwünscht wird. Übrigens, nach dem Wortlaut des Qur'ān ergibt sich nicht zwingend die Zahl von fünf Pflichtgebeten; die qur'ānischen Formulierungen weisen eher auf eine Zahl von drei hin.

Der Muslim hat seiner Pflicht Genüge getan, wenn er die vorgeschriebenen, d. h. aus den Bestimmungen des Qur'ān abgeleiteten Gebete, ausführt. Wer sich eine Fürsprache des Gesandten Gottes erhofft, der wird gut daran tun, auch die Sunna-Gebete zu verrichten, es sei denn, er ist mir einer anderen, für die Gemeinschaft wichtigen Arbeit, beschäftigt. Die Voraussetzungen der Gebetspraxis sind nicht überall gleich. Ein mit voller Dynamik am Aufbau der Gesellschaft oder an einem wissenschaftlichen, literarischen oder künstlerischen Projekt tätiger Mensch wird kaum Zeit finden, um an verschiedenen Gebetsübungen, von denen manche überhaupt nicht verpflichtend sind, ja zu dem Gebiet der späteren Erfindungen *(bid'a)* gehören, teilzunehmen. Bei dem gegenwärtig üblichen Gebetsritual muß sowieso manches neu überdacht werden. Das Freitagsgebet z. B. macht, wie soeben ausgeführt, die normale Mittagsandacht überflüssig; trotzdem wird sie in der hanefitischen Schule verrichtet. Hier ist eine Korrektur zulässig und auch erforderlich.

Es ist eine Unsitte, den Gebetsruf mit voller Lautstärke vom Tonband abspielen zu lassen, ohne daß der Muezzin oder Imām zugegen ist. Die menschliche Mitwirkung und das persönliche Beispiel des Gebetseifers sind Voraussetzungen eines glaubensgerechten Eḏān (des Gebetsrufes). Es geziemt sich auch nicht, durch unnötige Lautstärke des Eḏān etwa den nichtmuslimischen Nachbarn zu stören.

Gelegenheitsgebete

Totengebet

Der Verstorbene wird gründlich gewaschen, so daß am Körper kein trockener Fleck bleibt. Dann wird der Leichnam in zwei reine Leintücher gehüllt und in einen einfachen, nicht kostspieligen Sarg gelegt. Der Aufgebahrte wird vor die Gruppe der Betenden gestellt, und zwar so, daß seine linke Seite der Betgemeinschaft zugewandt ist. Die Gruppe stellt sich, wenn sie groß ist, in mehreren Reihen auf, während der Vorbeter vor ihr steht, und zwar so, daß er die Brust des Toten in gerader Linie vor sich hat. Der Gebetsvorsatz wird mit folgenden Worten gefaßt: „Ich entschloß mich, zum Ruhme Gottes und um Seiner Gnade Willen für diese(n) Tote(n) zu beten und unterstelle mich der Führung dieses Imāms". Nachher hebt der Betende die Handflächen so, daß die Daumen die Ohrläppchen berühren und tritt damit in den geweihten Zustand des Gebetes. Dann werden die Hände in der Gürtelhöhe gefaltet und die Subḥāneke rezitiert. Vor den Worten *Lā ilāhe ğayruke* wird allerdings dem üblichen Text noch der Satz *We ğelle ṯenā'uke* („Und gewaltig ist sein Ruhm") hinzugefügt. Danach spricht der Betende mit dem Vorbeter zusammen „Allāhu ekber", ohne die Hände zu heben. Stumm und mit Lippen wird der

Ṣalawāt rezitiert. Anschließend spricht man abermals „Allāhu ekber", ohne die Hände zu heben, und beginnt ein passendes Gebet für die Seele des Verstorbenen. Zur Not kann, wenn man keinen anderen Text kennt, hierfür auch die Qunūt-Dowa verwendet werden. Zuletzt wird der Selām entboten, und die Hände werden heruntergelassen.

Das Totengebet ist eine religiöse Pflicht. Ihr ist jedoch Genüge geleistet worden, wenn mindestens eine Person von der Gemeinschaft ihr nachkommt.

Zusätzliches Nachtgebet zur Fastenzeit

Im Fastenmonat wird vor dem Witr-Gebet eine aus zwanzig Teilen bestehende Sunna (*terāwīḥ*) verrichtet. Der Gebetsvorsatz dazu wird wie folgt ausgeführt: „Ich habe die Absicht gefaßt, das zusätzliche Nachtgebet des Fastenmonats zu verrichten. Ich unterstelle mich der Führung dieses Vorbeters. Allāhu ekber". Nach jedem zweiten oder vierten Abschnitt wird der Selām entboten. Dieses Gebet wird wie die Nachmittags- oder die Nacht-Sunna verrichtet. Zur Zeit des Fastenmonats wird auch das Witr-Gebet gemeinschaftlich, d. h. unter der Leitung eines Vorbeters, verrichtet.

Die siebenundzwanzigste Nacht des Fastenmonats wird in Frömmigkeit und womöglich im Gebet verbracht, weil in dieser Nacht die Offenbarung an Muhammed ihren Anfang nahm. Die siebenundzwanzigste Ramaḍān-Nacht gilt daher als heilig.
Das Nachtgebet und die zusätzliche Sunna werden zur Fastenzeit auch von den Frauen und Mädchen in der Moschee verrichtet.

Das zusätzliche Nachtgebet zur Fastenzeit ist keine vom Qur'ān postulierte Pflicht; es beruht lediglich auf den Traditionen.

Festgebete

Am Morgen des Bayram betet man gemeinschaftlich, 45 Min. nach Sonnenaufgang, ein zweiteiliges Festgebet. Der Gebetsvorsatz lautet:
„Ich entschloß mich, im Namen Gottes, das Bayramgebet nach dem Fastenmonat, bzw. aus Anlaß der Mekka-Pilgerfahrt, unter Führung des vorstehenden Imams zu verrichten". Nach dem Eintritt in den geweihten Stand faltet man die Hände in Gürtelhöhe und rezitiert lautlos die Subḥāneke. Mit erhobenen Händen wird dreimal „Allāhu ekber" ausgesprochen, danach werden die Hände von neuem gefaltet und dem laut vorgetragenen Gebet des Vorbeters gelauscht. Beim zweiten Teil spricht man nach dem Schluß des Rezitierens durch den Vorbeter wiederum dreimal „Allāhu ekber", indem man gleichzeitig die Handflächen bis zu den Ohrläppchen erhebt. Mit dem Aussprechen von dem vierten „Allāhu ekber" wird dann die Verbeugung ausgeführt. Die übrigen Gebetsteile entsprechen dem Pflichtgebet am Morgen. Nach der Entbietung des Selāms steigt der Vorbeter auf die Kanzel und hält eine Ansprache. Während seines Aufsteigens spricht die Betgemein-

schaft halblaut mit psalmodierendem Ton: *„Allāhu ekber. Lā-ilāhe illa'llāhu wa'llāhu ekber, Allāhu ekber we li'llah'il-ḥamd.*

Nach der Beendigung seiner Ansprache geht der Imam an die Frontseite der Moschee und spricht ein freies Gebet, in dem er Gott um Hilfe und das Wohlergehen der Gemeinschaft bittet. Die Gemeinschaft hält dabei die Handflächen in der Brusthöhe offen gen den Himmel und begleitet jeden Satz mit einem „Āmīn".

Zum Bayramfest gratuliert man sich gegenseitig mit den Worten „Gesegnete Feiertage!" oder „Bayramınız mubārek olsun![24] (türkisch) oder „'Īd sa'īd!" (arabisch).

Freie Gebete

Qur'ān

Gebet Ādems und Ḥawwās

O Gott, wir haben gegen uns selbst gefrevelt. Wenn
Du uns nicht vergibst und Dich nicht unser erbarmst,
sind wir verloren. Sure 7:23

Gebet des *Ibrāhīm-Peygambers*

O Herr, auf Dich vertrauen wir, und zu Dir wenden
wir uns voll Reue, und zu Dir geht unsere Reise.
Unser Herr, mache uns nicht zur Versuchung für
jene, die nicht glauben, und vergib uns, o unser
Herr. Wahrlich, Du bist der Mächtige, der Weise.
Sure 60:4-5

Hadiṯ

Tischgebet

Gelobt sei Gott,
der uns gesättigt und getränkt hat
und uns gnädig war
und Seine Huld gezeigt hat!

Abendgebet

Oh Gott, durch Dich erleben wir den Abend,
und durch Dich erleben wir den Morgen:
durch Dich leben wir, und durch Dich sterben wir,
und zu Dir werden wir auferstehen.

Allgemeines Gebet

Oh Gott, bei Deiner Kenntnis des Unsichtbaren und
bei Deiner Macht über die Geschöpfe! Gib mir Leben, so lange
Leben für mich gut ist, und gib mir
Tod, wenn Tod besser für mich ist. Ich bitte Dich

um Furcht vor Dir im Sichtbaren und Unsichtbaren, um das Wort der Gerechtigkeit zwischen Wohlgefallen und Zorn, um den mittleren Weg zwischen Reichtum und Armut, um die Freude, Dein Angesicht zu schauen und die Sehnsucht danach, Dir zu begegnen. Ich nehme Zuflucht zu Dir vor dem Kummer des Verlustes und der irreführenden Versuchung. Oh Gott, schmücke uns mit der Zierde des Glaubens, und mache uns zu Rechtgeleiteten und Rechtleitenden![25]

Qur'ān

Gebet um Vergebung

Oh unser Herr, vergib uns und unseren Brüdern, die uns im Glauben vorausgingen, und setze nicht in unsere Herzen Mißgunst gegen die Gläubigen. Unser Herr, wahrlich, du bist gütig und barmherzig!

Sure 59:10

Gebet um Erleichterung und Gnade

Unser Herr, strafe uns nicht, wenn wir vergesslich waren und geirrt haben.
Unser Herr, lege uns nicht eine solche Last auf, wie Du sie denen auferlegt hast, die vor uns waren.
Unser Herr, lege uns keine Bürde auf, zu der unsere Kraft nicht ausreicht,
und vergib uns, verzeihe uns, und erbarme Dich unser, du bist unser Schutzherr!

Sure 2:286

Ḥadīt

Gebet und Freude

Gott, mache mich zu einem derer, die sich freuen, wenn sie Gutes getan haben, und die um Vergebung bitten, wenn sie Böses getan haben.

Gebet um Liebe

Oh Gott, ich bitte dich um Liebe zur Dir, um die Liebe zu denen, die Dich lieben, und um solche Handlungen, die mich zu Deiner Liebe führen.
Oh Gott, laß Deine Liebe mir lieber sein als mich selbst, mein Vermögen, meine Familie und als kühles Wasser!

Oh Gott, gib mir bei jeder Heimsuchung Geduld und bei jeder Gnade Dankbarkeit!

'Alī ibn Abī Ṭālib

Oh Gott, ich habe Sünden, die zwischen mir und Dir stehen, und andere, die zwischen mir und Deinen Geschöpfen stehen. Vergib mir das, war ich an Dir gesündigt haben, und nimm von mir das, was ich an Deinen Geschöpfen gesündigt habe, und mache mich durch Deine Gnade allen Dingen gegenüber bedürfnislos außen Dir gegenüber. Wahrlich, Du bist von umfassender Vergebung!

Oh Gott, wie soll ich mich vor Dir fürchten, wo Du doch gnädig bist, und wie soll ich mich nicht vor Dir fürchten, wo Du doch mächtig bist?

Oh Gott, ich habe nichts für das Paradies getan, und ich habe nicht die Kraft, die Hölle zu ertragen — nun liegt die Sache bei Deiner Gnade!

Verzeihe mir, denn ich gehöre zu Dir!

Sumnūn el-Muḥibb

Oh Gott, Du hast es gern, daß ich Dich liebe, obgleich Du meiner nicht bedarfst — wie sollte ich es nicht gern haben, daß Du mich liebst, wo ich Deiner so sehr bedarf?

Yaḥyā ibn Mu'ād

Oh mein Gott, welche Deiner Wohltaten könnte ich aufzählen, und für welche Deiner Gaben könnte ich Dir genug danken: für all das Gute, das Du mir so reichlich geschenkt, für all das Böse, das Du von mir abgewendet hast!

Oh Gott, ich rufe Dich in der Menge, wie man einen Herrn anruft, und ich rufe Dich in der Einsamkeit, wie man einen Geliebten anruft. In der Menge sage ich: »Oh mein Gott!« und in der Einsamkeit: »Oh mein Freund!« Ich sehne mich nach Dir und bezeuge Dein Herrschertum, indem ich bekenne, daß Du mein Herr bist und der, zu dem ich zurückkehre.

Ḏu'nnūn

Gebet als lyrisches Gedicht:

Das Schöpfrad

Ach Schöpfrad, warum klagest Du?
Ich leide, darum klage ich.
Denn sieh, ich liebe meinen Herrn,
Und eben darum klage ich.

Mein Name ist das Schmerzensrad,
Mein Wasser fließt so glatt, so glatt,
Wie es der Herr befohlen hat —
Und eben darum klage ich.

Sie fanden mich auf Bergeswächt'
Sie brachen Arm und Bein mir schlecht,
Zum Schöpfrad schien ich ihnen recht —
Und eben darum klage ich.

Zurecht schnitt mich der Zimmermann,
Wies jedem Glied die Stelle dann.
Von Gott kam dieser Jammer an —
Und eben darum klage ich.

Ich zieh das Wasser aus dem Grund,
Ich gieß es aus und dreh mich rund —
Seht, was ich leide Stund um Stund —
Und eben darum klage ich.

Ich war ein Baum auf Bergen fern,
Nicht süß noch bitter ist mein Kern
Ich bete stets zu meinem Herrn —
Und eben darum klage ich.

Der Derwisch Yunus seufzt sein Ach,
Der Sünde gilt sein Tränenbach —
Ich liebe Gott ja allgemach,
Und eben darum klage ich!

Yunus Emre

Die Gebetsstellungen bei Pflichtgebeten von Mann und Frau.

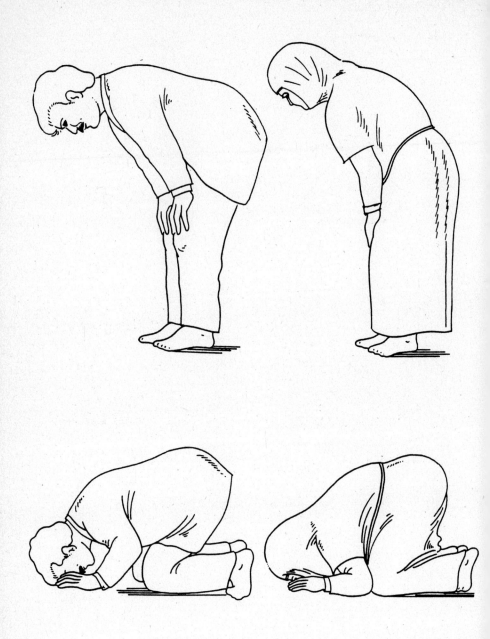

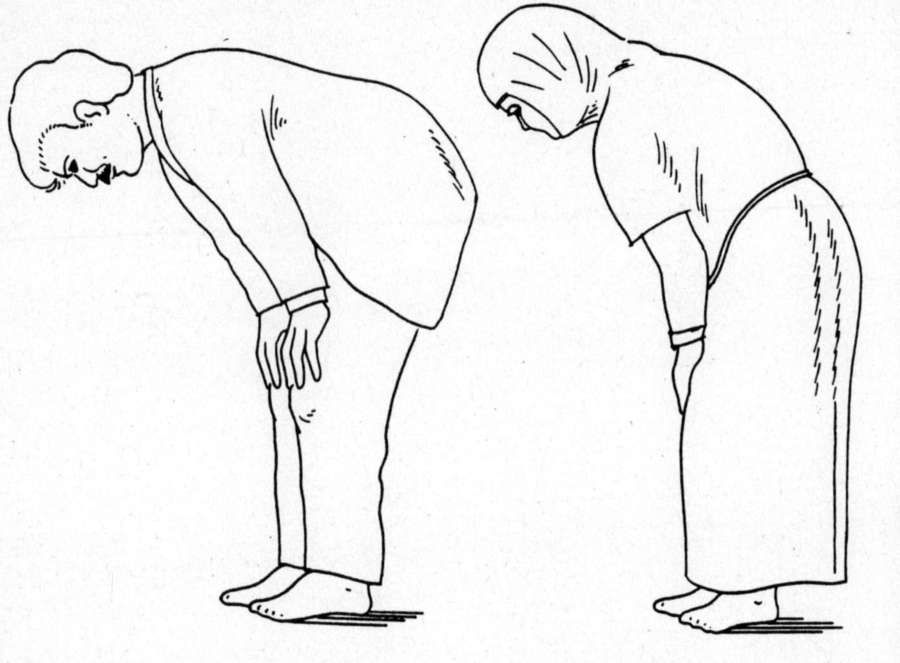

3. Das Fasten

Qur'ān

Gläubige, Fasten ist euch ebenso vorgeschrieben, wie es jenen vorgeschrieben war, die vor euch lebten, auf daß ihr euch schützt. Eine bestimmte Anzahl von Fasttagen! Wer aber krank oder auf Reisen ist, der faste die entsprechende Anzahl anderer Tage; und für jene, die es schwerlich bestehen würden, ist eine Ablösung möglich: Speisung eines Armen. Und wer mit freudigem Gehorsam ein gutes Werk vollbringt, der hat noch größere Vorteile daraus. Und Fasten ist gut für euch, wenn ihr es begreift. (2:185).

Fasten heißt, auf Essen, Trinken, Rauchen, jedwede geschlechtliche Betätigung und alle anderen leiblichen Genüsse vom frühen Morgen bis zum Sonnenuntergang zu verzichten.[26]

Nach der Ansicht des deutschen Fastenarztes *Otto Buchinger* dürfen alle erwachsenen Menschen fasten. Ausgenommen sind nur Tuberkulose-, Magengeschwür, Krebs- und Zuckerkranke. „Viele sollten einmal fasten" meint ein anderer Arzt, *Heinrich Wallnöfer.* „Dieses nicht nur um der Gewichtsabnahme wegen, denn die kann man bei einigem Willen auch mit einer Abmagerungskur erreichen, sondern um des eigentlichen inneren Erlebnisses willen, das eben nur der mitmacht, der einmal gefastet hat." Im Laufe fast jeder Fastenkur kommt es zu Krisen. *Buchinger* junior drückt dieses mit den Worten aus: „Etwas von einer Wüstenwanderung bleibt keinem Fastenden innerlich erspart. Da die Kur gleichzeitig innere Sammlung sein soll, ist es ganz und gar unzweckmäßig, sich die Zeit mit Kinobesuchen, Lesen von Kriminalromanen usw. zu vertreiben. Wer sich schon freiwillig dem Fastengebot unterwirft, soll die Zeit nutzen, um einmal Bilanz seines Ichs zu machen und ein wenig über sich und sein Leben nachzudenken."

„Da die Fastenzeit eine Periode der verhältnismäßigen Ruhe für den Verdauungstrakt bedeutet", führt *Wallnöfer* weiter aus, „sprechen vielen Krankheiten des Darm-Magen-Kanals auf eine solche Kur an. Nachdem so mancher chirurgischer Eingriff vermieden werden kann, hat man der Kur auch den Namen „Operation ohne Messer" gegeben. Vor allem aber sind es Stoffwechselkrankheiten, sowie Herz- und Kreislaufleiden, bei denen die Fastenkur angezeigt ist"[27]

Das Fasten ist bekanntlich ein bewährtes Mittel, um den Körper von unnötigen und schädlichen Stoffen zu befreien. Viele Herzkrankheiten und Fettleibigkeit werden dadurch kuriert.

Alle erwachsenen, geistig und körperlich gesunden Muslime, ob Männer oder Frauen, sind verpflichtet, zu fasten. Wenn das Fasten laut ärztlichem Befund in diesem oder jenen Fall der Gesundheit schadet, den Gläubigen bei seiner Pflichterfüllung hindert oder ihm die Feld- oder Industriearbeit erheblich erschwert, braucht er nicht zu fasten. Stillende Mütter und Reisende sind ebenfalls von der Fastenpflicht befreit.

Die Fastenzeit fällt in den neunten Monat des islamischen Mondkalenders. Dieser Monat, Ramaḍān genannt, ist der heilige Monat des Islam, weil in ihm der Qur'ān verkündet wurde. Er gilt daher der religiösen Verinnerlichung. Wie bei tiefen Gemütsbewegungen der Mensch von sich aus Essen und Trinken vergißt, so unterdrückt der Muslim im Fastenmonat, vom gesteigerten Religionseifer geleitet, Hunger und Durst mit dem Opfermut eines Idealisten.

Das Fasten ist eine Schule der Selbstverleugnung und Opferbereitschaft. Es ist gesagt worden: „Der Satte glaubt dem Hungrigen nicht". Während dieses einmonatigen Disziplinkurses soll das soziale Gefühl der Reicheren geweckt werden. Die Sozialfrage, die Armenfürsorge wird in dieser Zeit zum vorherrschenden Problem innerhalb der islamischen Gemeinschaft.In dieser Zeit werden die religiöse Armenabgabe, die Zekāt, und die sogen. milde Gabe *(ṣadaqa-i fiṭr)* aus Anlaß der Fastenbeendigung abgeführt. Neben einer vielseitigen Opferbereitschaft für die Gesellschaft, stellt der Gläubige im Fastenmonat auch seine Ergebenheit zu Gott unter Beweis.

Das Fasten hilft, schlechte Gewohnheiten, wie das Alkoholtrinken, das Rauchen und ähnliches, aufzugeben. Auch ein weniger glaubenseifriger Muslim scheut sich, während des Ramaḍāns zu trinken, wodurch schon wesentliche Vorteile für die Familie und die Gemeinschaft entstehen.

Das islamische Fasten bedeutet aber auch die Enthaltung von allen schlechten Taten, häßlichen Worten oder unnützem Gerede. Wie immer gilt auch im Fastenmonat der religlöse Grundsatz: Es ist verdienstvoller, Böses zu unterlassen als Gutes zu tun, wenn das Böse dem Guten folgen muß. Die freie Zeit hat der Muslim im Monat Ramaḍān mit frommer Beschäftigung, z. B. mit Lesen des Qur'ān oder mit Wohltätigkeit, zu verbringen. Es ist mit Recht zu erwarten, daß ein Mensch, der sich durch das Fasten Erlaubtes vorenthält, umso eher das Verbotene und Schlechte meiden wird.

Den jeweiligen Fastentag muß man mit einem in Worten ausgedrückten Fastenvorsatz einleiten.

4. Jährliche Sozialabgabe und andere gesellschaftliche Pflichten

Qur'ān
Verrichtet das Gebet, und entrichtet die religiöse Abgabe! Die Güte, die ihr für eure Seelen voraussendet, werdet ihr bei Gott wiederfinden. (2:111)

Alle gut situierten Männer und Frauen, deren jährliches Mehreinkommen, d. h. was nach Abzug der Unterhaltskosten und der etwaigen Schulden übrigbleibt, wertmäßig 96 Gramm Gold oder 641 Gramm Silber ausmacht, sind verpflichtet, für die Fürsorge 1/40 oder 2,5 % davon abzuführen. Diese Steuer, *zekāt,* wird entweder in Geld oder in Naturalien während des Fastenmonats geleistet. Sie kommt den Menschen zugute, die über keine Mittel verfügen: den Schuldnern, die ohne eigenes Verschulden in Zahlungsschwierigkeiten geraten sind, den Frontkämpfern, die für Glauben oder nationale Freiheit ihr Leben riskieren, den mittellosen Reisenden, die sich plötzlich ohne Geldmittel in der Fremde befinden, und den armen Studenten und Studentinnen. Als besonders verdienstvoll galt es früher, die Zekātgelder für den Loskauf von Sklaven zu verwenden. Heute besteht glücklicherweise dazu keine Notwendigkeit. Man kann aber jetzt sinnvollerweise damit die Befreiung von Drogen- und Alkoholsüchtigen von ihrer Abhängigkeit, die politischen Flüchtlinge, die gefährdeten und in Frauenhäusern lebenden Mütter und die verwahrlosten Kinder unterstützen. Grundsätzlich kann aus dem Zekatfonds jedem Bedürftigen — ob Mann oder Frau, Muslim oder Christ, Jude oder Zoroastrier — Unterstützung gewährt werden. Die Sozialabgabe ist zunächst den armen Verwandten zu gewähren, allerdings nicht zugunsten des Vaters, der Mutter, der Ehegattin, der eigenen Kinder, Enkelkinder oder der Großeltern. Bei der Bestimmung der Höhe des jährlichen Sozialbeitrages ist nicht nur das Einkommen aus der jeweiligen Erwerbstätigkeit zu berücksichtigen; das ganze Kapital, das den Haushaltsbedarf übersteigt, dient als Grundlage für die Bemessung. Für Feldfrüchte und Obst wird eine 10-prozentige — bei künstlicher Bewässerung eine 5-prozentige — Sozialabgabe geleistet.

Der Zweck des jährlich abzuführenden Sozialbeitrages ist:

1. daß der Muslim sich für Güter, die ihm Gott geschenkt hat, dankbar zeigt,
2. daß die sozialen Gegensätze und die Klassenunterschiede gemildert und eine gerechte Güterverteilung gefördert wird,
3. daß Freigiebigkeit und gegenseitige Liebe unter den Menschen zunehmen.

Der Ausgangspunkt des islamischen sozialen Denkens ist, daß Eigentumsrechte, Souveränität und Macht in Gotteshand liegen. Flüsse, Berge, Erzreichtum und Naturkräfte sind zum Wohle aller Menschen geschaffen. Der Islam verurteilt Methoden des maßlosen Gelderwerbs und verlangt bei Anhäufung von Kapital in einer Hand Übernahme von sozialen Verpflichtungen.

Weitere soziale Verpflichtungen

Ein ungesetzlich erworbener Reichtum gilt als verwerflich (ḥarām). Verboten ist das Wuchergeschäft. Genaues Gewichtsmaß und eine angemessene, d. h. nicht übertriebene Verdienstspanne im Handel, sind weitere streng betonte Forderungen der islamischen Sozialmoral. Ein Drittel der Erträge von Bergwerken und Naturschätzen sollte dem Staate zugute kommen. Als Wuchergeschäft gelten verschiedene Anleihen mit Zinsen. Immerhin ist zwischen den Begriffen „Wucher“ und „Zins“ eine Differenzierung zu machen. Zinsen, durch die ein eventuell eingetretener Wertverlust der Kapitalanlage ausgeglichen oder getätigte Regierungskosten wieder eingebracht werden, sind freilich nicht verwerflich.

Alle besser situierten muslimischen Frauen und Männer, die über so viel Mittel verfügen, daß sie ihre Unterhaltskosten selbst bestreiten können, sind verpflichtet, für sich selbst sowie für jedes Mitglied ihrer Familie, falls sie Haushalsvorstände sind, eine milde Ramaḍāngabe (ṣadaqa-i fiṭr) zu geben. Diese Gabe muß ebenfalls für das Dienstpersonal, gleich, ob dieses islamisch ist oder nicht, pro Kopf entrichtet werden. Die Höhe des Betrages entspricht wertmäßig einem Kilogramm und 670 Gramm Weizen oder der doppelten Menge von Gerste. Diese Gabe wird in der letzten Woche des Fastenmonats zugunsten der muslimischen Armen abgeführt. Dadurch soll diesen unmittelbar die Vorbereitung und die Teilnahme an dem bevorstehenden Ramaḍān-Bayram-Fest erleichtert werden.

Jeder Muslim, dessen Mehreinkommen am Vorabend des Opferfestes, das aus Anlaß der Mekka-Pilgerfahrt stattfindet, wertmäßig 96 Gramm Gold oder 641 Gramm Silber ausmacht, muß nach dem Festgebet ein Opfertier schlachten lassen. Dieses Opfer wird zum Andenken an die Opferbereitschaft des Ibrāhīm-Peygambers gebracht. Ein Teil des Fleisches des Opfertiers wird an die Armen verteilt. Gewöhnlich ist das ein Drittel. Ein weiteres Drittel verschenkt man an die arme Verwandtschaft, während nur ein Drittel für den eigenen Bedarf verwendet wird.

5. Pilgerfahrt nach Mekka

Qur'ān
Die Monate der Pilgerfahrt sind bekannt. Wer also beschließt, die Pilgerfahrt zu vollziehen, der enthalte sich der sinnlichen Begierden, jedweder Übertretung des Gesetzes und des Streites. Gott weiß, was ihr an Gutem vollbringt. Versorgt euch mit der notwendigen Zehrung, aber wahrlich die beste Zehrung ist die Rechtschaffenheit. (2:198). Das erste Haus, das für die Menschheit geweiht wurde, ist das Haus des Heils in Mekka (2:97). Darin sind sichtbare Zeichen. Es war dies Ibrāhīms Haus, und wer es betritt, hat Frieden. Die Wallfahrt zu diesem Haus, wenn nur ein Weg dahin gefunden werden kann, ist eine Pflicht für das Volk, Gott zuliebe. (3:98)

Jeder geistig und körperlich gesunde, volljährige Muslim soll, wenn es ihm seine Vermögensverhältnisse und andere Umstände erlauben, mindestens einmal im Leben nach Mekka pilgern.

Vor dem Aufbruch zu der Versammlungsstätte ist es notwendig:

1. die Sünden aufrichtig zu bereuen und sich fest vorzunehmen, künftighin sowohl Gott als auch den Menschen gegenüber ein einwandfreies Leben zu führen;
2. die etwaigen Schulden und andere Verpflichtungen zu begleichen, und die begangenen Verfehlungen oder Beleidigungen wiedergutzumachen;
3. die eigene Familie und alle Schutzbefohlenen bis zur beabsichtigten Rückkehr materiell zu versorgen.

Die Pilgerfahrtsbräuche erlernt man am besten nach der Ankunft in Mekka selbst. Wer nach Mekka gepilgert ist, heißt el-ḥāǧǧ (Hadschi). Meistens wird nach der vollbrachten Pilgerfahrt in Mekka auch die Stadt Medina, in der Muhammed viele Jahre gelebt hat und wo sein Grab liegt, besucht. Die Pilgerfahrt wird kurz vor dem Beginn des Opferfestes unternommen.

In Mekka wir weniger das „Haus Gottes", die Ka'ba, als der Herr des Hauses gesucht. „Ich brauche den Herrn des Hauses, was soll mir das Haus", sprach schon die fromme *Rābi'a el-'Adawiyya* (gest. 801).

Der Besuch und die Versammlung der Muslime aus aller Welt in Mekka dienen der Festigung der Verbundenheit unter den Menschen verschiedener Völker und Rassen und fördern die internationale Verständigung und den Frieden. Dieses ist eine Art Weltkongreß. Es ist erwünscht, bei dieser Gelegenheit die brennenden Fragen der muslimischen Welt zur Sprache zu bringen und Beschlüsse für die gemeinsame Arbeit zu fassen.

Die Organisation der Pilgerfahrt ist leider seit langer Zeit weit davon entfernt, den ihr zugedachten Zweck zu erfüllen, weil man sich allzusehr an feste Gebräuche festhält, während die geistigen Bedürfnisse der Gesellschaft in beklagenswerter Weise vernachlässigt werden. Dabei müßte gerade die Pilgerfahrt eine Quelle der Kraft und der Genesung für die glaubenden Menschen sein.

Während das Gebet und das Fasten ausgesprochen persönliche Pflichten sind, können die Sozialbeiträge und die Pilgerfahrt im Verhinderungsfall auch durch einen Vertreter (*bedel*) des Verpflichteten geleistet werden. Als Vertreter für die Pilgerfahrt bieten sich vor allem muslimische Denker und Aktivisten von hohen moralischen Qualitäten an: Sie allein sind nämlich in der Lage, durch ihre Anwesenheit in Mekka und ihre Beteiligung an Gesprächen, die sich dort zwangsläufig ergeben, das Beste für die Gemeinschaft zu erreichen.

Einige Betrachtungen über die religiösen Pflichten

Die fünf religiösen Grundpflichten werden die *„Säulen des Islam"* genannt. Sie stützen den Hauptbau des Islam: den *Īmān,* d. h. die Glaubensgesinnung. Das Glaubensbekenntnis in all seinen Ausdrucksformen ist die unerläßliche Voraussetzung des Islam. Niemandem, der die Grundartikel des Glaubensbekenntnisses beherzigt und nachlebt, kann die Glaubensechtheit abgesprochen werden. Auf dem Glauben beruht die Ergebung in Gott, d. h. der Islam. Darin hat auch jene durch die Geschichte gehende humane Gesinnung ihren Urquell, die alle Gottesboten, angefangen von Ādem, Ibrāhīm und Mūsā bis 'Īsā ud Muhammed, beseelte. Dieses ist jene Ergebung der Seele und des Geistes, die der Qur'ān als Islam im universalen Sinne bezeichnet. Denn alle Gesandten Gottes haben ein und denselben Glauben gelehrt: den Islam als das Wesen aller Offenbarungsreligionen, den Kern der Moral und der Humanität.

Einen so verstandenen Islam muß der Gläubige zu seiner wichtigsten Herzenspflicht machen — so wie Muhammed (‘a. s.) es sich vorstellte: „Der Islam erhebt und läßt sich nicht an Höhe übertreffen“.

*

Man könnte meinen, das fünfmalige Beten am Tage passe in die Atomzeit nicht recht hinein. Doch das Pflichtgebet ist nicht eindimensional. Es enthält auch Elemente der Reinlichkeits- und Körperkultur, einiges davon nähert sich Yoga-Übungen, die gerade heute so viele Menschen faszinieren. Das an bestimmte Zeiten gebundene Gebet erleichtert die Einschaltung einer oder mehrerer Ruhepausen in die Hektik des modernen Lebens. Andererseits ist es richtig, daß dieses Gebet im Lebensrhythmus einer hochindustrialisierten Gesellschaft abendländischer Prägung zu einem Problem werden kann. Hier gebietet das Leben eine Verschiebung der Akzente in der täglichen Bezeugung des Glaubens, wie sie dem Islam eigen ist.

Das Gebet ist nicht etwa auf die Erlangung einer Gnade durch Wunder ausgerichtet; es ist vielmehr ein äußerer Ausdruck der Gottergebenheit und ein Mittel der Selbstbesinnung und Erziehung. Der Islam bewertet jede nützliche und anständige Tätigkeit als Frömmigkeit. Dem werktätigen Muslim ist es bei Bedarf erlaubt, die täglichen Gebete zu vieren, dreien, zweien oder nur zu einem zusammenzuziehen. Allerdings soll dabei die Gesamtzahl der Pflichtgebete verrichtet werden. Die Ausführung der Sunna-Gebete und das Rezitieren der ergänzenden Gebetstexte sind entbehrlich. Die Pflichtgebete können auch an anderen Tagen nachgeholt werden. „Gott legt niemandem eine Pflicht auf, die seine Kräfte übersteigt“. (2:287). Die Gebete als Pflichten, die das innerste Seelenleben betreffen, müssen aufrichtigen Herzens verrichtet werden. Widrigenfalls besteht die Gefahr seelischer Rückbildungen. Die Gültigkeit einer erzwungenen oder spekulativen Frömmigkeit ist fraglich. „Der Glaube verträgt sich nicht mit Zwang“ (2:257). Verlogene Frömmigkeit, die in der Gesellschaft Anerkennung findet, verdirbt gute Sitten.

Außer den Pflichtgebeten kennt der Islam noch ein freies, ungebundenes, das Intime des Menschen ansprechendes Gebet *(du‘ā’, türk. dowa)*. El-Ġazālī hat 10 Regeln aufgestellt, die die Wirksamkeit und den Sinn dieses Gebetes begründen:

1) Es soll in einem geeigneten Augenblick vorgenommen werden.
2) Es soll der Ausdruck einer bewegten Seele sein.
3) Beim Sprechen des *du‘ā’* soll man die Blickrichtung nach Mekka einhalten.
4) Das du‘ā’-Gebet ist mit leiser Stimme vorzutragen.
5) Es wird erwartet, daß das du‘ā’ aus innerem Antrieb heraus , warmen Herzens, gebetet wird.
6) Jedes aufrichtige Beten erfolgt in Demut und Ehrfurcht vor Gott.

7) Man soll Gott vertrauen, denn in der Fülle Seiner Gnade wird das Gebet erhört.

8) Die Zentralgedanken des Gebetes sind mit Ausdauer dreimal zu wiederholen.

9) Das Gebet ist mit der Anrufung Gottes zu beginnen. Das eigentliche Anliegen ist mit einigem Zögern vorzubringen.

10) Mit dem Gebet ist das Bereuen der eigenen Unterlassungen und Schwächen zu verbinden.

Ein so gestaltetes freies Gebet kann auch gemeinsam mit anderen glaubenden Menschen, die aus dem Bereich der Offenbarungsreligionen kommen, gesprochen werden.

Dem Muslim ist eine Teilnahme an Gebetshandlungen, die anderen Gottheiten außer dem alleinigen Schöpfer gelten, streng verboten.

Viele Formen der islamischen Volksfrömmigkeit sind weder dem Qur'ān noch Muhammeds Beispiel entnommen. Sie wurden von hervorragenden Gelehrten oder Mystikern ins Leben gerufen.

Dem Gebet fällt, wie der Qur'ān lehrt, u. a. eine sozialerzieherische Aufgabe zu. Es ist nicht Selbstzweck, dennoch wird es als die Krone der gottesdienstlichen Handlungen angesehen. Für viele Muslime sind die pünktliche Verrichtung der Gebete, das Entrichten der Armensteuer, das Ramaḍān-Fasten und die Mekka-Pilgerfahrt der Islam schlechthin. Ihre Religiosität erschöpft sich so gut wie nur in Kult und Befolgung gewisser alteingefahrener Sitten. Dieses ist aber kein richtiger Weg der religiösen Selbstverwirklichung. Wo der Geist nicht mitgeht, da ist jeder Ritualismus verlorene Mühe.

Der Islam ist: 1) der Glaube *(īmān)* und 2) das soziale Verhalten (Islam im engeren Sinne). Die religiösen Pflichten sind Stützen *(erkān)* dieser Wirklichkeit. Durch die Pflichten wird das gewünschte Verhalten gefördert und gestaltet.

Wer den Glauben angenommen hat und sich bewußt zum Islam bekennt, der ist ein *mu'min,* d. h. ein Gläubiger und somit ein vollwertiges Mitglied der islamischen Gemeinschaft. Daran ändert sich auch nichts, wenn er die Erfüllung der religiösen Pflichten vernachlässigen sollte. Niemandem steht es zu, ihm die Zugehörigkeit zum Islam abzusprechen. Gott allein entscheidet, was mit den säumigen Menschen geschehen wird. Häufig wird der Islam als eine Gesetzesreligion dargestellt. Nur die Beobachtung der Gesetze, heißt es, sichere dem Muslim das „Heil“[28]
Hier bedarf es einer Korrektur. Im Qur'ān und in der Tradition gibt es viele Belege, die gegen diese These sprechen; „Wehe den Betenden, die zum Gebet keinen inneren Bezug haben: die heucheln und den Sozialeinsatz hintertreiben“ (107:4-6). „Nicht darin besteht die Tugend, daß ihr euer Antlitz nach Osten oder Westen wendet“ (2:177). „Wollt ihr dem Höllenfeuer entgehen, so macht den Tyrannen und Gewalttätern nicht den Hof!“ (11:113). „Wie zu begreifen, was die menschliche Erhebung ist? Das ist: den Sklaven zu befreien,

den Hungrigen, die nächste Waise und den hilflosen Elenden zu sättigen und dabei einer von denjenigen zu sein, die glauben und sich gegenseitig in Geduld und Barmherzigkeit unterstützen“ (90:13). Muhammed (‘a. s.) sprach: „Zuerst befrage dein Herz, dann handle!“

*

Das Gebet stärkt den Lebenswillen. Das Pflichtgebet ist wie ein Strom, der vor dem Tore des eigenen Hauses fließt; man kann sich jederzeit in ihm laben und läutern. Das Gebet kommt einem Einsteigen in diesen Wasserstrom gleich: die Qur’ān-Texte eröffnen eine ganze Palette von Lebensmöglichkeiten. In der „Schule des Gebetes“ wird u. a. auch das Nachdenken, von dem Muhammed (‘a. s.) sagte, es sei eine Art Frömmigkeit, gefördert.
Die unversiegbaren Quellen des Gebetes sind:

1) die Tatsache, daß der Mensch seine Existenz nicht sich selbst zu verdanken hat,
2) die Abhängigkeit des Menschen von höheren Gewalten,
3) die Vergänglichkeit des Irdischen und
4) die Bedrohtheit des Erschaffenen.

Die spontanen Gebete — das Dank-, Lob- und Stoßgebet — entsprechen einem inneren Bedürfnis des Menschen. Das Pflichtgebet erfüllt hingegen individuelle und gesellschaftliche Aufgaben: es stärkt das Gemeinschaftsbewußtsein, fördert den Sinn für die Disziplin und spornt zur seelischen und körperlichen Reinheit an. Die islamischen Pflichtgebete enthalten auch Elemente der Leibeserziehung und der Wehrertüchtigung.

Das Gebet muß kreativ und flexibel sein. Es erfordert also einen bewußten Vollzug. So verrichtet, eröffnet es einen Blick in die Geschichte und die Tradition. Die beim Pflichtgebet gesprochenen Texte stammen zum großen Teil aus dem Qur’ān. Sie sind in arabischer Sprache gehalten. Obwohl es keine besondere Mühe erfordert, ihren Inhalt zu erschließen, gibt es viele Gläubige, die nicht verstehen, was sie beten. Auf diese Menschen üben die gesprochenen oder gehörten Texte lediglich eine geistige Ausstrahlung aus. Das Gebet verliert in solchen Fällen freilich viel von seiner Substanz. Die arabische Sprache beim Pflichtgebet ist ein Element der Universalität des Islam. Überall in der Welt beten die Muslime nach ein und demselben Schema. Das islamische Pflichtgebet ist somit auch ein Element der internationalen Verbundenheit.

Der Kern der qur’ānischen Botschaft ist bereits in der Frühgeschichte des Islam, im mekkanischen Zeitabschnitt der Wirksamkeit Muhammeds, verkündet worden. Dieses geschah in jenen Suren (Kapiteln) des Qur’ān, die in der philosophisch geläuterten und dichterisch erhebenden Weise die Grundfragen des menschlichen Daseins aufgreifen und den Lebenszweck aufzeigen. Jene Menschen, die sich die Botschaft dieser Offenbarung zur Richtlinie ihres Lebens machen, sind *mu’mins,* d. h. Gläubige. Sie sind auch Muslime im weiteren Sinn des Wortes. Was in der medinensischen Zeit, nach der Hidschra, dazu kam, sind meist Zeitdokumente aus der Geschichte der ersten, unter den Bedingungen einer nomadischen oder nomadisch-städtischen Gesellschaft entstandenen, Gemeinde. Der typisch-arabische Stempel dieser Gemeinde ist augenscheinlich.

Da Gott der gerechte und gnädige Richter ist, wird die Fürbitte als unzulässiges Einmischen in die ideale Gerechtigkeit angesehen. Sie wäre daher nur mit Gottes Erlaubnis statthaft. „Sag: Allah gehört die Fürsprache in ihrem vollen Umfang" (39:44). Eine etwa von Engeln mit Gottes Zustimmung ausgesprochene Fürbitte bedeutete nicht, daß es eine Instanz gäbe, die stellvertrend für Gott Sündenvergebung veranlaßt oder gar durchführt. Kein Geschöpf hat das Mandat, an Gottes Endgericht mitzuwirken.

Der Ǧihād

Das Leben ist ein Kampf. Der einem hohen Ideal verpflichtete Gläubige muß mit dem Kampf als einem festen Bestandteil des Lebens rechnen. Der Qur'ān fordert die Gläubigen auf, im Namen Gottes zu kämpfen: *We ǧāhidū fī sebīli llāhi ḥaqqa ǧihādih* (32:78). Dieses Gebot wird vielfach mißverstanden. Der *terminus technicus* für den gesteigerten Einsatz zugunsten der religiös motivierten Humanität, *Ǧihād,* wird immer noch mit „heiliger Krieg" übersetzt. Der eigentliche Islam hat aber für den Ausdruck *heilig* nicht viel übrig. Er kennt keine Heiligen. Auch keine Orte sind in seinem Wortschatz *heilig.* Selbst Mekka, die Wiege des Islam, ist keine „heilige Stadt" im üblichen Sinn. Sie ist lediglich *Mekka el-mukerrema* („die ehrwürdige Stadt Mekka"). Der Krieg ist am wenigsten „heilig". Er ist immer abzulehnen, es sei denn, es handle sich um einen Verteidigungskrieg (vgl. 32:39).

Der *Ǧihād* bedeutet eine allgemeine Anstrengung auf dem Pfade Gottes. Darunter fällt auch der Selbstbehauptungskampf der Gemeinschaft. Muhammed ('a. s.) wollte ihn in erster Linie als Kampf gegen das eigene Ich verstanden wissen. „So ein Kampf ist", sagte er, *„der Großǧihād".* Demgegenüber ist der Kampf mit der Waffe in der Hand nur ein *„Kleinǧihād".* Krieg und Gewalt als Mittel zur Ausbreitung des Glaubens sind untersagt. *Lā ikrāhe fī'd-dīni* (Kein Zwang im Glauben! 2:256).

Der Qur'ān greift den Tewrāt-Gedanken auf, daß der Übergriff auf das Leben eine schwere Sünde ist:

„Wer auch nur einen einzigen Menschen vorsätzlich tötet, so ist es, als ob er die ganze Menschheit getötet hätte"(5:35).

Zur Abrundung des Begriffes *Ǧihād* dient der Spruch des Muhammed ('a. s.): „Die beste Form des *Ǧihād* ist, dem Tyrannen die Wahrheit ins Gesicht zu sagen".

Ǧihād ist die Verneinung der Lässigkeit, des Nichtstuns und des Nichtkönnens. Diese Dimension wird von den Muslimen viel zu leicht übersehen. Sie gehören heute als das Volk der Analphabeten zu den Unmündigen dieser Welt. Man denke nur an die Männer und Frauen, die sich an orientalischen Bazaren vor den Tischen der Winkelschreiber drängen, damit ihnen auch ein einfacher Brief aufgesetzt wird, oder an Frauen, die nicht in der Lage sind, selbständig den Bahnhof oder eine andere Lokalität zu finden, sondern auf die Hilfe ihrer Kinder oder Nachbarn angewiesen sind.

III. Islamisches Verhalten

Allgemeine Grundsätze

Der Islam bestätigt im wesentlichen die im *Tewrāt* fixierten 10 Gebote Gottes. Daher ergeben sich für das Verhalten des Gläubigen folgende grundsätzliche Forderungen:

1. *Du sollst an Gott glauben.*
2. *Du sollst den Namen Gottes heilig halten.*
3. *Du sollst Gott durch Gebete und Wohltaten verehren.*
4. *Du sollst Vater und Mutter ehren, auf daß es dir wohlergehe im Diesseits und Jenseits.*
5. *Du sollst nicht töten.*
6. *Du sollst nicht Unkeuschheit treiben.*
7. *Du sollst nicht stehlen.*
8. *Du sollst wider keinen Menschen falsches Zeugnis ablegen.*
9. *Du sollst nicht des Anderen Weib oder Kind begehren.*
10. *Du sollst nicht des Anderen Gut begehren.*

Mit dem Ausspruch des Gesandten Gottes „*Das Erlaubte* ist deutlich, und auch das Verbotene ist deutlich" ist dem Islam eine natürliche Grundlage der ethisch-religiösen Lebensauffassung zugrundegelegt worden. Diese natürliche Ausrichtung erhält durch die Lehre, daß alles Sünde ist, was im Herzen ein Unruhegefühl zurückläßt, eine Verstärkung.

Das Weltverstehen der Muslime erwächst aus einer ethischen Grundhaltung, die die Motivation als Grundlage jeglicher religiöser Wertbeurteilung ansieht. Die guten Werke haben Gott zuliebe zu geschehen. Der Gläubige darf dafür keinen diesseitigen Lohn oder Dank erwarten. Der *Ṣūfī* (Mystiker) verzichtet sogar auch auf die Belohnung im Jenseits. Ihm genügt Gott allein. (*We kefā bi'ilāhi wekīla. 33:3.*).

Die Solidarität mit Mensch und Tier und die unablässige Bereitschaft, sich für die Erhaltung des von Gott bestimmten Gleichgewichtes in der Natur einzusetzen, sind zwei hervorstechende Merkmale des echten Gläubigen. Das Mitfühlen ist ein unersetzbarer Wert des religiös erfüllten Lebens. Dieser ethische Zug wird sogar Gott als eine Seiner vorrangigen Eigenschaften zugeschrieben. Die ersten Worte des Qur'ān lauten bekanntlich *Bismi'llāhi-raḥmāni'r-raḥīm* (Mit dem Namen Gottes, des mitfühlenden Erbarmers).[29]

Vorschriften des Qur'ān über das Verhalten

Gott befiehlt euch, euren Nächsten gegenüber gerecht, großherzig und freigibig zu sein und verbietet euch schändliche Taten, Bosheit, Verbrechen und Intrigen. Er ermahnt euch, auf daß ihr es beherzigt. (16:90)

Haltet den Bund Gottes, wenn ihr einen solchen geschlossen habt. Brecht nicht den Eid nach dessen Bekräftigung, habt ihr doch Gott zum Bürgen für euch gemacht. Gott weiß wahrlich, war ihr tut. (16:91)

Hätte Gott gewollt, so hätte Er euch zu einer einzigen Gemeinschaft gemacht. Er läßt jedoch den irregehen, der es will, und führt den recht, der es will, und ihr werdet gewiß zur Rechenschaft gezogen werden für das, was ihr getan. (16:93).

Verhandelt nicht Gottes Bund um einen armseligen Preis. Wahrlich, was bei Gott ist, ist besser für euch, wenn ihr es nur wüßtet. (16:95).

Wer recht handelt und gläubig ist, ob Mann oder Weib, dem werden Wir ein reines Leben gewähren. Wir werden gewißlich ihren Lohn bemessen nach dem besten ihrer Werke. (16:97).

Das Vermögen jener, die ihr Gut für Gottes Sache hingeben, gleicht einem Samenkorn, das sieben Ähren treibt, hundert Körner in jeder Ähre. Gott vermehrt es weiter, wem Er will. Er ist huldreich und allwissend. (2:262).

Die ihr Gut hingeben für Gottes Sache und dann ihrer Gabe nicht Vorhaltung und Anspruch folgen lassen, sie haben ihren Lohn bei ihrem Herrn, und keine Furcht soll über sie kommen, noch sollen sie trauern. Ein gütiges Wort und Verzeihung sind besser als ein Almosen, mit dem man die Erwartung von Gegenleistung verbindet. (2:263/4).

Rufet zu eurem Herrn in Demut und im Verborgenen; wahrlich, Er liebt die Übertreter nicht. Und stiftet nicht Unfrieden auf Erden nach ihrer Pazifizierung und rufet Ihn an in Furcht und Hoffnung. Wahrlich, Gottes Gnade ist denen nahe, die Gutes tun. (7:56-57).

Es soll euch die Feindseligkeit eines Volkes, so es euch an der Mekka-Moschee hinderte, nicht zur Übertretung verführen. Und helfet einander in Rechtschaffenheit und Frömmigkeit, versagt jedoch einander Hilfe in Sünde und Übertretung. (5:3).

Tötet eure Kinder nicht aus Furcht vor Armut. Wir sorgen für sie und für euch. Fürwahr, sie zu töten, ist eine gewaltige Sünde. (17:32).

Tötet nicht das Leben, das Gott unverletztlich gemacht hat, es sei denn, mit Recht. (17:34).

Nahet nicht dem Gut der Waisen, es sei denn zum Besten, bis sie ihre Reife erreicht haben. Haltet die Verpflichtung ein, denn über sie muß Rechenschaft abgelegt werden. Und gebet volles Maß, wenn ihr messet und wäget mit richtiger Waage. Das ist durchaus vorteilhaft und letzten Endes das Beste. (17:35,36).

Wandle nicht hochmütig auf Erden, denn du kannst die Erde nicht spalten, noch kannst du die Berge an Höhe erreichen. Das Üble an solchem Verhalten ist hassenswert bei deinem Herrn. (17:38,39).

Meidet ihr schwerere Verfehlungen, so werden Wir eure geringeren Übel von euch hinwegnehmen und euch an einen ehrenvollen Platz führen. Und begehrt nicht das, womit Gott die einen von euch vor den anderen ausgezeichnet hat. Die Männer sollen ihren Anteil erhalten, nach ihrem Verdienst. Desgleichen sollen die Frauen ihren Anteil erhalten, nach ihrem Verdienst. (6:32-33).

Jene, die Buße tun, sich bessern und in ihrem Gehorsam gegen Gott aufrichtig sind, zählen zu den Gläubigen. Und Gott wird sie bald großherzig belohnen. (6:147).

Verehret nur Gott und erweiset Güte euren Eltern gegenüber. Wenn eines von ihnen oder beide bei dir ein hohes Alter erreichen, sage nie: „Es ist mir lästig, es langt mir". Weise sie nicht ab, begegne ihnen mit sanftmütigen und freundlichen Worten. Sei ihnen gegenüber demütig, voller Aufmerksamkeit und bete: „Mein Herr, erbarme Dich ihrer, so wie sie sich meiner in meiner Kindheit erbarmt hatten". (17:24,25).

Die Gläubigen sind Brüder. Stiftet darum Frieden zwischen euren Brüdern, und nehmet Gott zu eurem Beschützer, auf daß euch Barmherzigkeit erwiesen werde. Oh, die ihr glaubt! Lasset nicht ein Volk über das andere spotten. Vielleicht sind diese besser als jene; noch Frauen über Frauen, vielleicht sind diese besser als jene. Und verleumdet einander nicht und gebet euch gegenseitig keine Schimpfnamen. (49:12).

Vermeidet häufigen Argwohn, denn mancher Argwohn ist Sünde. Belauert nicht, und führt nicht üble Nachrede übereinander. Würde wohl einer von euch gern das Fleisch seines toten Bruders essen? Sicher würdet ihr es verabscheuen. So fürchtet Gott, wahrlich Er ist langmütig und barmherzig. (49:13).

Oh, Menschen, Wir haben euch von Mann und Weib erschaffen und euch zu Völkern und Stämmen gemacht, damit ihr euch unterscheiden könnt. Der Edelste unter euch ist jener, der sich das höchste Maß an Enthaltsamkeit auferlegt. (49:14)

Wer Böses anstellt oder sich wider seine Seele versündigt und dann bei Gott Vergebung sucht, der wird erfahren, daß Er vergibt. Wer eine Sünde begeht, der vergeht sich an sich selbst. Schiebt einer die eigene Verfehlung oder Sünde einem Unschuldigen in die Schuhe, so lädt er eine Verleumdung mit schwerer Gewissenslast seiner Seele auf". (4:111/113).

Fürwahr, einer, der Geduld und Vergebung übt, der gibt ein Zeichen der Stärke des Geistes. (42:44).

Die Diener des Gnadenreichen sind diejenigen, die in würdiger Weise auf Erden wandern und wenn die Unwissenden sie anreden, sprechen sie: „Frieden". (25:64).

Muhammeds Anleitung zum Verhalten

Befragt, was das Beste am Islam sei, antwortete Muhammed: „Daß du Speisen darreichst und deinen Gruß entgegenbringst denen, die du kennst und die du nicht kennst". Keiner ist ein Gläubiger, solange er nicht seinem Bruder das wünscht, was er sich selber wünscht.

Ein guter Gläubiger ist jener, der den Frieden seines Nächsten weder durch Tat noch durch Wort oder Gedanken gefährdet.

Der lobenswerteste Ǧihād ist der Kampf gegen die eigenen Begierden.

Das beste Gut ist jenes, das sich zur Mitnahme ins Grab eignet: der gute Nachruf und die feste Hoffnung auf Allāhs Gnade. Das Herz des Gläubigen ist Gottes Haus. Dreierlei Wege führen zum Weiterleben nach dem Tode: 1) die gut erzogene Nachkommenschaft, 2) die hinterlassene Wohlfahrtsstiftung und 3) die geistige Hinterlassenschaft, von der die kommenden Geschlechter zehren.

Eine Spende zugunsten der Armen vermindert nicht das Vermögen. Die Freigiebigkeit im Namen Gottes mehrt die Ehre des Menschen. Gott erhebt jenen, der sich in seinem Namen demütigen läßt; wer sich aber selbst erhöht, den läßt Gott niedrig fallen.

Hast du deinem Nächsten nichts Besseres zu erweisen, so lächle wenigstens ihm freundlich zu!

Rede die Wahrheit, mag sie auch bitter sein! Die Wahrheit führt zur Güte, und die Güte führt zum Paradies. Die Gerechtigkeit ist eine Blutschwester des Islam.

Sei mitleidig zu den Tieren, denn sie sind Geschöpfe Gottes wie du.

Nach verschiedentlich von Muhammed formulierten Forderungen fallen in den Bereich der Sittlichkeit vor allem folgende Tugenden: Standhaftigkeit im Glauben, besonnene Entschlossenheit ohne Grobheit, ein durch die Erkenntnis gestützter Glaube, Sehnsucht nach Vermehrung des Wissens, Milde, gepaart mit Liebe, Sanftmut, gepaart mit gutem Charakter, Wirtschaftlichkeit im Wohlstand, Zuversicht in Not, Freiheit von Habgier, ehrlicher Erwerb, Güte, gepaart mit Ausdauer, Arbeitseifer, Widerstand gegen Leidenschaften und Barmherzigkeit den Schwächeren gegenüber.

Der Muslim darf auch demjenigen nicht Unrecht tun, den er nicht leiden kann.

Er sündigt auch nicht wegen einer geliebten Person.

Er hütet sorgsam das ihm anvertraute Gut.

Er ist nicht neidisch, beleidigt nicht, flucht nicht, bekennt sich zur Wahrheit, auch wenn er nicht als Zeuge vereidigt wird. Er hängt niemandem häßliche Namen an, betet mit Ehrfurcht, beeilt sich im Fastenmonat, um die Sozialabgabe rechtzeitig zu leisten. Er bewahrt die Würde bei schweren Schicksalsschlägen, dankt Gott im Wohlstand und ist zufrieden, mit dem, was ihm gehört. Er greift nicht nach fremdem Gut. In Aufregung ist er beherrscht. Die Sparsamkeit hält ihn nicht von guten Taten zurück. Er verkehrt mit anderen Menschen, um von ihnen etwas zu lernen, spricht mit allen Leuten, um einiges besser zu verstehen. Er reagiert nicht grob, wenn ihm Unrecht geschieht, sondern wartet, bis ihm Gott hilft.

Andere Überlieferungen und Weisheitssprüche

Eine Grabinschrift

Nicht aus Freigiebigkeit hinterließ ich anderen meine Güter, sondern der Tod, der unter den Menschen umherzieht, zwang mich dazu. Lange freute ich mich mit meinem Gut und beschützte es wie ein reißender Löwe. Ich war stets voller Sorgen, gab aus Geiz kein Senfkörnchen von dem Meinigen her, selbst wenn man mich ins Feuer geworfen hätte. Da kam eines Tages der über mich verhängte Tod, und es lag nicht in meiner Macht, ihn abzuwenden. Nichts halfen mir meine zahlreichen Truppen, kein Freund und kein Nachbar konnten mich retten.

Mein ganzes Leben war eine Täuschung. Ich lebte bald in Wohlstand, bald in Not, und immer stand der Tod neben mir. Freund, kaum füllen sich deine Beutel mit Dinaren, so gehören sie schon einem Anderen, und es kommen Kameltreiber und Totengräber. Dann kommt der Tag des Gerichts, und du trittst vor Gott allein, nur mit deinen Sünden schwer beladen. Drum, o Wanderer, sag ich es: laß' dich nicht vom Glanz der Welt blenden.

Zuletzt ist alles die Wahrheit und noch mehr.

Jedes Erwachen ist eine neue Geburt.

Das Verhältnis des Islam zu den anderen Religionen

Qur'ān

Kein Zwang im Glauben! Gewiß, Wahrheit ist deutlich zu unterscheiden von Irrtum; wer sich von dem Verführer nicht leiten läßt und an Gott glaubt, der hat eine fest Grundlage, die nicht sturzanfällig ist." (2:256).

Den qur'ānischen Grundsatz *„Kein Zwang im Glauben!"* wollen einige Orientalisten als Ausdruck der Resignation, nicht aber der Toleranz, verstanden wissen. Die nachstehend angeführten weiteren Verse widerlegen wohl diese Annahme. In muslimischen Kreisen will man die Verbindlichkeit dieses Grundsatzes nur in Bezug auf die Nichtmuslime gelten lassen. So gestatten sie die Zwangsanwendung in innerislamischen Beziehungen. Als ein Beispiel dafür wird die Forderung alter Autoritäten nach der Bestrafung eines Gläubigen, der das Gebet absichtlich unterläßt, angeführt. Die qur'ānische Begründung, daß sich die *Wahrheit* vom *Irrtum* deutlich unterscheidet, ist wohl klarer Hinweis darauf, daß der Religionszwang allen Abweichlern, Sündern und Irregeleiteten gegenüber zu unterlassen ist. Die Bedeutung des Wortes *al-ǧayy,* das im obigen Vers vorkommt, ist nämlich: *das Abweichen, das Irren, die Sünde, die Verfehlung.* Wie man im inner- wie im außerislamischen Dialog vorzugehen hat, darüber gibt der Qur'ān (16:125) Aufschluß.[30]

Der befremdend harte Standpunkt alter Autoritäten den säumigen Gemeinschaftsmitgliedern gegenüber läßt sich z. T. aus der Rolle der Religion und ihrer Institutionen in jener Zeit erklären. So diente die Moschee damals gleichzeitig als Gebetshaus und als Schule, in der das Volk seine fundamentale Vertrautheit mit Ordnung und Kultur erhielt. Eine absichtliche und andauernde Unterlassung des Moscheebesuches bedeutete die Störung der von der Gesellschaft angestrebten grundlegenden Bildungsprozesse. Genauso wie es heute in allen zivilisierten Staaten eine Schulpflicht gibt, so gab es damals im islamischen Kulturbereich eine Moscheepflicht.

Wer das Rechte tut, der tut es für seine eigene Seele, und wer Unrecht tut, der tut es wider sie. Zuletzt werdet ihr zu eurem Herrn zurückgebracht werden. (45:15).

Und du wirst zweifellos finden, daß diejenigen, die sich als Christen bezeichnen, den Gläubigen am freundlichsten gegenüberstehen. Dieses ist so, weil unter ihnen Gottesgelehrte und Mönche sind, und weil sie nicht hochmütig sind. (5:82).

Es soll das Volk des Evangeliums entscheiden nach dem, was Gott darin offenbart hat. Wer sich nicht nach dem orientiert, was Gott hinabgesandt hat, der ist ein Frevler. Wir haben dir das Buch herabgesandt mit der Wahrheit, als Erfüllung dessen, was schon geschrieben war, und als Wächter darüber. Entscheide darum zwischen ihnen nach dem, was Gott hinabgesandt hat, und folge nicht ihren Neigungen gegen die Wahrheit, die dir offenbart wurde. Einem jeden von euch haben wir eine klare Satzung und einen deutlichen Weg vorgezeichnet. Hätte Gott gewollt, so hätte Er euch alle zu einer einzigen Gemeinschaft gemacht. Doch Sein Plan ist es, euch auf die Probe zu stellen, durch das, was Er jedem von euch gegeben. Wetteifert darum miteinander in guten Werken! Ihr werdet alle zu Gott zurückkehren, dann wird Er euch aufklären, worüber ihr uneinig waret. (5:47-48).

Jene, die glauben, einschließlich der Juden, Sabier oder Christen, alle die sich Gott verschrieben haben, des Jüngsten Tages gewiß sind und gute Werke tun, brauchen keine Angst zu haben. Sie werden nicht traurig sein. (5:69)

Unter dem Volke der Schrift (Christen und Juden) ist eine Gemeinde, die zu ihrem Wort steht. Sie sprechen den Namen Gottes in den Stunden der Nacht und werfen sich nieder vor Ihm. Sie glauben an Gott und den Jüngsten Tag, gebieten das Gute und verwehren das Böse. Sie wetteifern miteinander in guten Werken. Diese zählen zu den Rechtschaffenen. (3:114, 115).

Rufe (die Menschen) auf zum Weg deines Herrn mit Weisheit und schöner Ermahnung und disputiere mit ihnen, wie es am besten ist. (16:125)

Wer Böses tut, dem wird es vergolten werden; und er wird für sich weder Freund noch Helfer finden, außer Gott. Wer aber gute Werke tut, sei es Mann oder Weib, und gläubig ist, der wird in den Himmel gelangen, und er soll auch nicht soviel Unrecht erleiden wie die kleine Rille auf der Rückseite eines Dattelkernes. Und wer hat einen schöneren Glauben als jener, der sich Gott ergibt, der Gutes vollbringt und der dem Bekenntnis Ibrāhīms, des Reinherzigen, im Glauben folgt? (4:123-125).

Nicht darin besteht die Tugend, daß ihr euer Antlitz nach Osten oder Westen kehrt. Wahrhaft gerecht ist derjenige, der an Gott, an den Jüngsten Tag, an die Engel, an das Buch und die Gesandten Gottes glaubt und aus Liebe zu Gott Opfer bringt: für die Angehörigen und für die Waisen, für die Bedürftigen und für die Wanderer und für solche, die um eine milde Gabe bitten oder sich als Gefangene loskaufen wollen. Wahrhaftig gerecht ist derjenige, der das Gebet verrichtet und die Sozialabgabe begleicht, so wie derjenige, der sein Versprechen hält, wenn er eines gegeben hat, und der in Armut und Krankheit und in Kriegsnotzeiten standhaft bleibt. Diese sind es, die sich als redlich bewährt haben, und diese sind die Gottesfürchtigen. (2:177).

Sprich: „Oh Volk der Schrift (Bibel), kommt herbei zu einem Wort, das gleich ist zwischen uns und euch, daß wir keinen anbeten denn Allāh und daß wir Ihm keinen Nebenbuhler zur Seite stellen und daß nicht die einen unter uns die anderen zu Herren nehmen statt Gott. Doch wenn sie sich abkehren, dann sprecht: „Bezeugt, daß wir uns (Gott) ergeben haben." (3:64)

Ḥadīṯ

Hütet euch vor der Verwünschung des Betrübten. Jener Mensch ist der beste, der anderen nützt. Der Muslim ist verpflichtet, die Rechte seiner christlichen Frau zu achten und sie in ihren religiösen Übungen niemals zu stören. Er ist verpflichtet, bei Einrichtung und Reparatur ihrer Kirche oder frommen Stiftungen zu helfen und dazu beizutragen.[31]
„Wer einen Nichtmuslim beunruhigt", sprach Muhammed, „der wird mich beim Jüngsten Gericht als Ankläger antreffen".

Andere Überlieferungen und Weisheitssprüche
Nichts Gutes ist bei einer Liebe, die man teilen muß.
Wer nicht das Ende bedenkt, hat nicht das Schicksal zum Freund.
Jede Tugend kann zum Laster werden.
Völlige Freiheit ist Abgrund. Knecht deiner selbst bist du auch, wenn du ganz ungebunden bist. Erst im Tod bist du frei. Nimm ihn vorweg, und lebe! *(Mūtū qable en temūtū!)*
Wer an die Quelle will, muß gegen den Strom.

Das Verhalten des Muslims der Heimat, dem Staate und den Behörden gegenüber

Qur'ān

Die gläubigen Männer und die gläubigen Frauen sind einer des anderen Freund. Sie gebieten das Gute und verbieten das Böse. Sie verrichten das Gebet, zahlen die Sozialabgabe, gehorchen Gott und Seinem Gesandten. Sie sind es, deren sich Gott erbarmen wird. Wahrlich, Gott ist allmächtig, allweise. (9:71).

Oh die ihr glaubt, gehorchet Gott, und gehorchet dem Gesandten Gottes und denen, die die Gemeinschaftssache betreiben. (4:60).

Wollt ihr dem Höllenfeuer entgehen, so macht den Frevlern und den Gewalttätern nicht den Hof! (11:113).

Ḥadīṯ

Das Vaterland zu lieben, gehört zum Glauben. Die besten Herrscher sind jene, die man an den Pforten der Religionsgelehrten, die schlechtesten Religionsgelehrten hingegen jene, die man vor den Pforten der Herrscher sieht.

Nach meinem Tode wird es Herrscher geben, die lügen und Unrecht tun werden. Wer ihre Lügen billigt und an ihren Ungerechtigkeiten teilnimmt, ist nicht meiner noch bin ich seiner.

„Meide die Schwellen der Machthaber", sprach der fromme Ebū Ḏerr, „weil sie dir nichts Irdisches geben werden, ohne dir dabei einen wertvollen Teil des Überirdischen zu nehmen!"

Der Islam über Arbeit und Wissenschaft

Qur'ān

Wenn das Gebet beendet ist, dann zerstreut euch im Land, und arbeitet! Nutzt die Wohltaten Gottes, und gedenkt häufig Seiner, auf daß ihr Erfolg habt! (62:11).

Sind die Wissenden und Unwissenden etwa gleich? (39:12) Gott wird die Gläubigen und die Gebildeten hochstellen. (58:12) Wem Weisheit gegeben ist, dem ist eine große Wohltat erwiesen worden. (2:272)

Ḥadīṯ

Arbeite für diese Welt, als ob du ewig leben wolltest. Arbeite für das Jenseits, als ob du morgen sterben müßtest. Der Schaffende ist ein Freund Gottes.

Binde zuerst das Kamel an, und dann erst verlasse dich auf Gott. Bezahle den Arbeiter, bevor sein Schweiß abgetrocknet ist. Wer für eine alleinstehende Witwe oder für einen Obdachlosen sorgt, kann mit einem Frontkämpfer, mit einem Dauerbeter oder mit einem Fastenden verglichen werden.

Die gläubigen Männer und Frauen sind verpflichtet, nach Wissen zu streben.

Die Weisheit ist ein verlorengegangenes Gut des Muslims: wo immer er es finde, hebe er es auf!

Am Jüngsten Tage wird die Tinte der Gelehrten dem Blute der gefallenen Helden die Waage halten.

Das Nachdenken ist eine Art Frömmigkeit.

Andere Überlieferungen und Weisheitssprüche

Wer hoch steigen will, muß manche Nacht durchwachen. Wer Perlen wünscht, muß in die Tiefe des Meeres tauchen.
Alle hohen Werke sind Früchte der Sehnsucht.
Manche Zukunft liegt in der Vergangenheit begründet.

Wenn du nichts Böses willst, so tue nichts Böses,
Tue Gutes; bei Gott laß die Vergeltung ruhn!
Was dir geschieht, ist dir von Gott beschieden,
Doch deines Schicksals Wurzel ist dein Tun.

Verhalten des Muslims Frauen und Kindern gegenüber

Qur'ān

Oh ihr Menschen, fürchtet euren Herrn, der euch aus einem einzigen Wesen erschaffen hat.
Habet Ehrfurcht vor Gott, bei dem ihr alle Hilfe erfleht, und achtet auf die Blutsbande. (4:1)
Oh die ihr glaubt, es ist euch nicht erlaubt, die Frauen zu beerben und dadurch ihren Willen zu mißachten ... Geht mit ihnen gütig um. Wenn ihr eine Abneigung gegen sie empfindet, beherrscht euch: Wer weiß, vielleicht richtet sich eure Abneigung gegen etwas, worin Gott viel Gutes gelegt hat. (4:19)
Sie (die Frauen) sind euer Gewand, und ihr seit das ihrige. (2:187)
Gebt den Waisen ihr Vermögen. Vertauscht nicht das Schöne gegen das Häßliche. Verzehrt nicht ihr Vermögen und vermischt es nicht mit eurem. Darin würde eine große Sünde liegen. (4:2).

Ḥadīṯ

Jedes Kind findet das Paradies zu Füßen seiner Mutter. Wer sein Töchterchen anständig erzieht, ernährt und mit Gütern versorgt, die ihm Gott geschenkt hat, der rettet sich vor der Hölle und ebnet sich den Weg zum Paradies. Wer seine Tochter zu beschenken pflegt, an dem hat Gott Gefallen; der Mensch aber, an dem Gott Gefallen hat, ist vor der Strafe sicher.

Jedes Kind wird mit einer Naturanlage geboren, die es zum Muslim macht.

Eine Überlieferung von Hadret-i'Alī

Erzieht eure Kinder für die Zeiten, in denen sie leben werden, nicht aber für die Zeit, in der ihr lebt.

Der Islam über den Lebenskampf, Krieg und Frieden

Qur'ān

Kämpfet für Gottessache gegen jene, die euch Fehde ansagen. Doch überschreitet nicht das Maß, denn Gott liebt nicht die Maßlosen. (2:190)

Und bekämpft sie, bis die Verfolgung aufgehört hat und der Glaube an Gott frei ist. Wenn sie jedoch ablassen, dann wisset, daß keine Feindschaft erlaubt ist, außer wider die Ungerechten. (2:193)

Oh, die ihr glaubt! Seid standhaft in Gottes Sache als Zeugen der Gerechtigkeit! Und die Feindseligkeit eines Volkes soll euch nicht verleiten, anders als gerecht zu handeln. Seid gerecht, das ist näher der Frömmigkeit. (5:8)

Erlaubnis, sich zu verteidigen, ist denen gegeben, die bekämpft werden, weil sie Unrecht erleiden. Gott hat fürwahr die Macht, ihnen zu helfen: jenen, die schuldlos aus ihren Heimatstätten vertrieben wurden, nur weil sie sprachen: „Unser Herr ist Allāh". Und würde Gott nicht die einen Menschen durch die anderen im Zaum halten, so wären gewiß Klöster und Kirchen — Synagogen und Moscheen niedergerissen worden, worin der Name Gottes oft genannt wird, Gott wird sicher dem beistehen, der Ihm beisteht. Er ist fürwahr allmächtig, gewaltig. (22:39,40)

Ich lasse das Werk der Schaffenden unter euch, ob Mann oder Weib, nicht verlorengehen. Die einen von euch sind von den anderen abhängig. Denen, die ausgewandert sind, vertrieben wurden von ihren Heimatstätten und verfolgt für Meine Sache, indem sie kämpften und getötet wurden, werden wahrlich ihre Lasten abgenommen, und sie werden in die Gärten geführt, durch die Ströme fließen: ein Lohn von Gott, dessen Bezahlung die herrlichste ist. (3:195)

Ḥadīṯ

Seid menschlich und gerecht untereinander und anderen gegenüber! Das Leben und das Vermögen des Menschen sollen euch heilig und unverletzlich sein. Der Mensch ist ein Geschöpf Gottes; verflucht, wer es zerstört.

Sei unversöhnlich gegen Willkür und Gewalt und versuche, sie zu verhindern. Kannst du das nicht, dann sprich dich gegen sie aus. Ist dir auch das nicht möglich, dann verurteile sie im Herzen. Das Letzte aber zeugt von einem schwachen Glauben.

Die Verhaltensregeln beim Feldeinsatz enthält ein Tagesbefehl des Kalifen Ebū Bekr: „Männer! Wenn ihr im Feldeinsatz steht, dann kämpft wie Helden und Ritter! Laßt es nie zu, daß der Makel der Untreue oder des Verrates auf euch fällt! Ihr sollt niemals jemanden verunstalten: weder einen Lebenden martern, noch einen Toten verstümmeln! Schießt nicht auf die Alten, Frauen und Kinder! Vernichtet nicht fremde Saaten, und brecht nicht Äste von den Obstbäumen. Von den Tieren nehmt nur so viel, als ihr für die Ernährung unbedingt braucht. Stoßt ihr auf Leute, die — in ihre Hütten zurückgezogen — zu Gott beten, schont sie vor jeglicher Belästigung, und erspart ihnen auch nur die geringste Aufregung."

Andere Überlieferungen und Weisheitssprüche

Wer Verzeihung wünscht von dem, der über ihm steht, der erlasse die Schuld dem, der unter ihm steht.
Es gibt kein Geschöpf ohne Kummer.

Wie manches Glück erscheint doch erst nach einem Schmerz,
Befreiet dann von Kummer das bedrängte Herz!

Wer auf seine Verhängnisse tritt wie auf Stufen, den werden sie tragen. Wir fahren immer in die eigene Hölle.

Menschlichkeit und Demokratie

Qur'ān

Siehst du vielleicht den Leugner des Glaubens nicht? Das ist jener, der die Waisen zurückweist und nicht zur Speisung der Armen drängt. Wehe denen, die zwar Gott anbeten, doch den Sinn ihrer Frömmigkeit vergessen, denen, die heucheln und den Notleidenden Hilfe versagen. (Sure 107)

Was kann dir klarmachen, was menschliche Erhebung ist: den Sklaven zu befreien, den Hungrigen, die nächste Waise und den hilflosen Elenden zu sättigen und dabei einer von denjenigen zu sein, die glauben und sich gegenseitig in Geduld und Barmherzigkeit unterstützen. Diese werden zur Rechten sein. (90:13)

Sollten bei Verteilung von Hinterlassenschaft eure entfernteren Verwandten oder aber Waisen und Mittellose anwesend sein, so schenkt ihnen etwas (von der Erbmasse) und sagt ihnen gütige Worte. (4:9)

Am Vermögen der Muslime haben der Bettler und der verlassene Notleidende Anteil. (51:20)

Schmähet nicht jene, die statt Gott andere Gottheiten verehren, sonst könnten sie aus Unwissenheit Gott schmähen. Wir haben jedem seine Aufgabe verlockend gemacht. Ihre Rückkehr zum Herrn wird nicht ausbleiben, der ihnen die Augen öffnen und sichtbar machen wird, was sie einst getan haben. (6:109)

Sprich: „Mein Gebet, mein Opfer, mein Leben und mein Tod gehören Gott, dem Herrn der Welten, der keinen Gesellen hat. Das ist meine Sendung, und ich bin der erste der Gottergebenen". Sprich: „Sollte ich einen anderen Herrn suchen denn Gott, da Er aller Dinge Herr ist?" Jede Seele ist für sich verantwortlich, und niemand wird des anderen Last tragen. Die Rückkehr zu eurem Herrn ist gewiß: Er wird euch klarmachen, worüber ihr uneins ward (6:163-165)

Gläubige, betretet nicht fremde Häuser, ohne vorher um Erlaubnis zu bitten und das Hausgesinde zu begrüßen. (24:28)

An der göttlichen Zufriedenheit haben jene teil, die dem Rufe ihres Herrn nachkommen und das Gebet verrichten, ihre allgemeinen Angelegenheiten ein-

vernehmlich führen und Liebesgaben vom Vermögen, das Wir ihnen gegeben haben, verteilen. (42:39)

Wenn die Wohnstatt im Jenseits bei Allāh nur für euch ist unter Ausschluß der anderen Menschen, dann wünschet den Tod, wenn ihr wahrhaftig seid. Nie aber werden sie ihn wünschen um dessenwillen, was ihre Hände vorausgeschickt haben; und Allāh kennt die Frevler wohl. (2:95-96)

Ḥadīṯ

Die gebende Hand ist besser als die nehmende.

Die alten Völker waren ungerecht und korrupt: kleine Rechtsbrecher verfolgten sie, die großen ließen sie in Ruhe. Es werden Zeiten kommen, da eine alte Frau mit Gold auf dem Kopfe Arabien von einem Ende bis zum anderen wird durchwandern können, ohne daß ihr jemand Leid zufügt.

Der Araber hat keinen Vorrang vor dem Nichtaraber. Umgekehrt ist es auch so. Alle Menschen sind eine Gemeinschaft.

Andere Überlieferungen und Weisheitssprüche

Nach seiner Wahl zum ersten Kalifen wandte sich *Ebū Bekr* mit folgenden Worten an das Volk:

„Liebe Glaubensgenossen! Gewählt wurde ich zum Kalifen, obwohl ich nicht besser bin als ihr. Ich werde den vom Qur'ān vorgeschriebenen Weg gehen. Sollte ich davon abweichen, so liegt es an euch, mich wieder auf die richtige Bahn zu bringen".

Verzeihen ist das Almosen des Sieges.

Zufriedenheit ist ein Schatz, der nicht verdirbt.

Ein nutzloses Leben ist ein schändliches.

Der Weisheit Anfang ist die Sanftmut. Wessen Rede nicht Weisheit ist, dessen Rede ist leeres Gerede. Den Sachen richtig ins Auge zu schauen, schützt vor Täuschung. Wer keine Geduld hat, hat auch keinen Glauben.

Die Religion eines Menschen kommt erst zur Vollendung, wenn sein Verstand voll entwickelt ist.

Sich anpassen zu können, ist das halbe Leben; sich mit den Menschen gut zu stellen, ist die halbe Lebensweisheit.

IV. Über die Ehe und das Familienleben

Wünschenswerte Eigenschaften der Braut

Um unbedenklich geheiratet werden zu dürfen, soll eine Frau:

1. an Gott glauben,
2. einen guten Charakter haben,
3. aus gutem Milieu stammen,
4. in keiner zu nahen Verwandtschaft zum Bräutigam stehen,
5. fruchtbar sein und
6. womöglich schön sein.

Nachstehend einige Sprüche des Hochgebenedeiten, die diese Erfordernisse näher erläutern:

Eine Frau wird geheiratet ihres Vermögens, ihrer Schönheit, ihrer Herkunft oder ihrer Gottesfurcht wegen. Du aber wähle eine Gottfürchtige, oder es soll dir schlecht ergehen.

„Ich habe eine Frau, Gesandter Gottes, die keinen zurückweist, der sie anrühren will," klagte ein Mann Muhammed. „So entlasse sie doch", sagte dieser. „Aber ich habe sie gern", entgegnete ihm der Mann. „Dann behalte sie", sagte der Hochgebenedeite.

Die Beste eurer Frauen ist die, bei deren Anblick man Freude empfindet, die mit dem Mann in Eintracht lebt und die, wenn er abwesend ist, sich selbst und sein Vermögen bewahrt.

Beschenket einander, so mehrt ihr die Liebe.

Nehmet eine Fruchtbare, eine Liebende.

„Nehmt euch in acht vor einem Mistgewächs." Als man in fragte, was er damit meine, antwortete Muhammed: „Eine schöne Frau aus schlechtem Milieu".

Heiratet nicht die nahe Verwandtschaft, sonst ist eine schlechte Nachkommenschaft zu erwarten.

Wünschenswerte Eigenschaften des Bräutigams

Das Äußere und Innere des Bräutigams soll nichts zu wünschen übrig lassen, er darf die Religion nicht leichtnehmen, seine Pflichten der Frau gegenüber nicht vernachlässigen oder an Abstammung hinter ihr zurückstehen. „Die Ehe ist eine Art Knechtschaft", sprach Muhammed, „es achte ein jeder darauf, wohin er seine Tochter gibt. Wer seine Tochter an einen Sünder verheiratet, der zerreißt das Band der Verwandtschaft mit ihr".

Als den gottseligen *Ḥasan el-Baṣrī* ein Mann fragte, welchem der vielen Freier er seine Tochter geben sollte, antwortete er: „Dem Gottesfürchtigen: Denn wenn dieser sie liebt, wird er sie in hohen Ehren halten, und wenn er sie nicht mag, wird er nicht brutal gegen sie sein".

Die Frau soll sich bei der Eheschließung vertraglich nach allen Richtungen hin absichern.

Das eheliche Zusammenleben

Qur'ān

Die Männer überragen die Frauen, insofern als Allah die einen vor den anderen mit Vorzügen begabt hat und insofern sie mit ihrem Vermögen für den Unterhalt aufkommen. (4:34)

Diese qur'ānische Textstelle gleicht einer soziologischen Feststellung, die den Zustand einer patriarchalischen Gesellschaft charakterisiert. Sie enthält keine Verhaltensregel.

In einer veränderten Gesellschaft, in der die Frauen mitverdienen, verwischen sich alle Vorzüge oder erhalten anderen Stellenwert. Das neuentstandene Verhältnis ist wohl nur noch soziologisch meßbar; es entzieht sich einem dogmatischen Werturteil.

Ḥadīṯ

Wer den schlechten Charakter seiner Frau geduldig erträgt, den belohnt Gott auf dieselbe Weise, wie er Eyyūb nach seiner Prüfung belohnt hat. Und die Frau, welche den schlechten Charakter ihres Mannes erträgt, empfängt dieselbe Belohnung wie Asia, die Frau Pharaos.

Gott haßt den Mann, der gegen seine Familie hart ist und einen eingebildeten Stolz trägt.

Ein Mann, der seine Frau am Tage quält und des Nachts liebt, handelt der Schönheit der menschlichen Natur völlig zuwider.

Eure Besten sind die, die ihre Frauen am besten behandeln.

Die Frau ist wie eine Rippe: willst du sie gerade biegen, so brichst du sie; darum bediene dich ihrer, wenn sie auch krumm ist.

Es gibt eine Eifersucht, die Gott haßt; nämlich die Eifersucht des Mannes gegen seine Frau ohne Verdachtsgründe.

Gott und seine Engel segnen eine Familie, die zusammen speist.

Der Islam über die Familie

Qur'ān

Heiratet die Ledigen unter euch (24:32).

Hindert sie nicht durch Zwangsmaßnahmen, ihre Gatten zu ehelichen. (2:232)

Die tugendhaften Frauen sind (Gott) demütig ergeben. Sie wahren mit Allāhs Hilfe (der Ehemänner) Geheimnisse. Und wenn ihr fürchtet, daß Frauen sich auflehnen, dann ermahnt sie, meidet sie im Ehebett und präget so (ihren Charakter) mit.[31a] *Wenn sie euch dann gehorchen, so sucht keine Ausrede gegen sie" (4:34).*

Heiratet, und vermehrt euch, denn am Jüngsten Tag will ich vor den übrigen Gemeinschaften Staat machen mit euch, sogar mit der Frühgeburt.

Wer von euch heiraten kann, der heirate! So bewahrt er am besten seine Augen vor unlauteren Blicken und seinen Körper vor Ausschweifungen. Wer es aber nicht kann, der möge fasten. Denn das Fasten wird für ihn ein Beruhigungsmittel sein. Kommt zu euch einer, der euch von gutem Charakter, zuverlässig genug, erscheint und um ein Mädchen anhält, so gebt es ihm. Wenn ihr anders handelt, so entstehen Unheil in der Welt und großes Verderben.

Wer Gott zuliebe heiratet und Gott zuliebe jemanden verheiratet, der ist seiner Freundschaft würdig.

Es wird über die Menschen eine Zeit kommen, wo der Mann durch seine Frau, seine Eltern und seine Kinder zugrunde gerichtet wird, die ihm seine Armut vorwerfen und von ihm verlangen, was er nicht bieten kann. Er läßt sich dann in Dinge ein, bei denen er sein Seelenheil daran gibt, und geht zugrunde.

„Wem drei Kinder in Unschuld sterben", sprach einmal Muhammed, „den läßt Gott ins Paradies eingehen, aus besonderem Mitleid für die Kinder". „Und wenn es nur zwei sind, Gottgesandter?", fragte jemand von den Anwesenden. „Auch wenn es nur zwei sind", antwortete er.[32] „Geht nicht zu den Frauen, deren Männer abwesend sind, denn der Teufel durchfließt euch wie das Blut." „Auch dich?", fragten einige Gefährten. „Auch mich", antwortete Muhammed, „aber Gott steht mir bei darin, und so bin ich sicher".

Der Verständige geht auf drei Dinge aus: Wegzehrung für das Jenseits zu erwerben, seine Lage im Leben zu verbessern und ein erlaubtes Vergnügen zu genießen.

Jeder von euch habe ein dankbares Herz, eine lobpreisende Zunge und eine gläubige rechtschaffene Frau, die ihm für das Jenseits eine Hilfe ist. Das Beste, was einem Mann nach dem Glauben an Gott zuteil werden kann, ist eine rechtschaffene Frau. Manche ist ein Geschenk, wie man kein zweites erlangt, und manche ein Joch, aus dem es keine Erlösung gibt. (*'Omer,* der zweite Kalif). Mehrere Frauen vergällen das Leben und bringen das Hauswesen in Unordnung. (Imam *el-Ġazālī*).

Ein Tag des rechtschaffenen Fürsorgers ist mehr wert als 40 Jahre Gottesdienst.

Wer sein Gebet ordentlich verrichtet, bei geringem Vermögen eine zahlreiche Familie erhält und von seinen Mitmenschen nichts Schlechtes redet, der wird mit mir im Paradies sein.

Wenn einer drei Töchter hat und für sie ausreichend sorgt, bis daß sie ihn mit Gottes Hilfe nicht mehr brauchen, so verleiht ihm Gott das Paradies unbedingt, es sei denn, daß er ein Verbrechen beginge, für das es keine Verzeihung gibt.

Als einmal zu Yūnus-Peygamber, dem Gebenedeiten, Leute kamen, ging er im Haus auf und ab, um sie zu bewirten, während seine Frau ihn beschimpfte und sich als eine Herrin benahm. Er aber redete kein Wort. Als sich seine Gäste darüber wunderten, sagte er: „Wundert euch nicht, ich habe Gott gebeten, die für mich im Jenseits bestimmten Strafen hier schon abbüßen zu lassen. Da hat mir Gott geantwortet: ‚Die Tochter von dem soll deine Strafe sein, und du sollst sie heiraten'. Ich heiratete sie auch und muß nun leiden, wie ihr seht".

Frau — Die Partnerin des Mannes

Die religiösen Pflichten werden im gleichen Maße vom Mann wie von der Frau getragen. Die Tradition berücksichtigt allerdings gewisse naturbedingte Unterschiede. In einer Gesellschaft, in der der Mann für die Produktion und die militärische Sicherheit allein verantwortlich ist, gewährt man ihm erwartungsgemäß eine Vorrangstellung. Dieses wird vom Qur'ān für die Zeit der Offenbarung als eine greifbare Tatsache registriert. In einer veränderten Gesellschaft hat diese Aussage freilich ein anderes Gewicht, denn es handelt sich ja um eine Sachaussage, nicht um eine normative Regelung.

Der Frau kommt demgegenüber in soziokultureller Hinsicht jederzeit eine viel wichtigere Rolle als dem Mann zu. Im Erziehungsprozeß ist ihre Funktion unersetzlich. Dieses und die Mutterliebe vor Augen haltend, sprach Muhammed: „Das Paradies liegt unter den Füßen der Mütter".

Die Frau ist dem Mann gegenüber anlehnungsbedürftig. Nicht umsonst wird sie zum „schwachen" Geschlecht gezählt. Der Ehemann ist nach dem Scheriat verpflichtet, für den Unterhalt der Frau und Kinder zu sorgen.

Es steht ihm nicht zu, zu diesem Zweck das Vermögen seiner Frau in Anspruch zu nehmen. Die größere Verantwortung macht ihn im gesellschaftlichen und wirtschaftlichen Bereich zum wichtigeren Faktor.

Die in einem spezifischen Fall, nämlich bei der Vertragsschließung über ein Darlehen, vom *Qur'ān* der Zeugenaussage des Mannes beigemessene Bedeutung (seine Aussage gilt nämlich zweimal so viel wie jene der Frau)[32a] ist wohl auf die Umstände einer bestimmten sozialen Struktur zurückzuführen. Die im Mittelalter praktizierte Isolierung der Frau vom Geschäftsleben konnte sie in Geld- und Geschäftsangelegenheiten nicht handeln lassen. In einem anderem Fall, bei dem der intimere menschliche Bereich zur Debatte steht, nämlich bei dem sogen. *li'ān,* wird der Zeugenaussage der Frau größerer Wert beigemesses als jener des Mannes.[33]

In Anbetracht des veränderten Rollenverständnisses der Geschlechter kommen selbst konservative Gelehrte von der früheren Unterbewertung des Zeugenaussage der Frau — ihre Aussage galt halb so viel wie jene des Mannes — ab. So meinte Ma'ruf ad-Dawālībī, ein Rechtsexperte des saudi-arabischen königlichen Hauses und Präsident des „Muslimischen Weltkongresses", in einem im September 1984 in Islamabad gehaltenen Vortrag, daß der in der modernen Welt aktiv wirkenden muslimischen Frau auch in Bewertung ihres Aussagewertes als Zeugin eine absolut gleiche Bedeutung wie dem Manne zukomme. (Das Referat ist im Kongreßorgan „The Muslim World" im Heft 1984, 17 veröffentlicht worden.)

Die natürliche Berufung der Frau ist es, für den Nachwuchs zu sorgen und diesen für das zukünftige Leben zu befähigen. Um dieser Berufung gerecht zu werden, bedarf sie einer soliden Bildung. Die Frau muß mit allen Erfordernissen des modernen Lebens vertraut sein. Es ist auch im Interesse der islamischen Gesellschaft, aufgeschlossene, gebildete und freie Frauen zu ihren Mitgliedern zu zählen.

Einer *Qur'ān-Stelle* (4 : 3) ist zu entnehmen, daß es erlaubt sei, bis zu vier Frauen zu heiraten. Es handelt sich um ein Zugeständnis, das nur dann in Anspruch genommen werden darf, wenn die Gewähr dafür besteht, daß eine gleichberechtigte Behandlung der beteiligten Frauen auf wirtschaftlicher, sowie auf gefühlsmäßiger Ebene gesichert ist. Durch Heranziehung anderer Qur'ān-Stellen (Verse 4 : 25 und 4 : 128) ergibt sich jedoch, daß das Zugeständnis der Mehrehe in Wirklichkeit zeitbezogen ist. Es bezweckte die soziale Versorgung der Waisenmädchen, deren Väter und Ernährer bei der Schlacht von Uhud im Jahre 625 gefallen waren.

Die Einehe ist folglich die normale, religiös empfohlene Form der Familie. Die bestehenden Rechtsschulen, einschließlich der Zwölfer-Schia, verstehen jedoch den 3. Vers der 4. Sure als eine zeitlose Anweisung.

Hier bietet sich nun ein selektiver Umgang mit den vorhandenen rechtlichen Fixierungen als Möglichkeit, das Familienrecht des Scheriats dem Verständnis des modernen Menschen näherzubringen. Es ist sinnvoll und erforderlich, im Gesamtkonzept der Rechtsschulen jene Standpunkte als maßgebende anzusehen, die zugunsten der Frau sprechen. Die *malikitische* Rechtsschule z.B. räumt der Frau das Recht ein, vor der Eheschließung ihren zukünftigen Mann notariell zu verpflichten, zu ihren Lebzeiten und Zeit der Ehe keine zweite Frau ehelichen zu dürfen. In derselben Form kann sie sich das Scheidungsrecht vorbehalten. Dieses ist offenkundig die fortschrittlichste Rechtsmeinung dieser Art, die in den traditionellen Rechtsschulen zu finden ist. Sie könnte von allen modern denkenden Muslimen in die Praxis umgesetzt werden, ohne daß man dabei irgendwelche religiöse Bedenken haben müßte.

Wenn auch der Islam zum Geschlechtsleben des Menschen eine aufgeschlossene Einstellung hat, so legt er dennoch auf die Sauberkeit der sexuellen Beziehungen größten Wert. In den religiös geprägten patriarchalischen Kreisen herrschen diesbezüglich nahezu spartanische Lebensregeln. Junge Muslime, die nach Europa kommen, fühlen sich aus diesem Grunde hin und her gerissen zwischen den angestammten Werten und der „scheinbaren sexuellen Anarchie", die sie in der Fremde vorfinden[34].

Wenn im Bezug auf die Straßenkleidung vom *Qur'ān* gewisse Empfehlungen erlassen worden sind, so um für einen bestimmten historischen Augenblick ein sichtbares Zeichen der Zugehörigkeit zur besseren Gesellschaft, nämlich der islamischen, zu setzen. Dadurch sollte unter den damaligen Umständen die Frau vor Belästigungen des Pöbels geschützt werden. Das Tuch auf dem Kopf mag damals dem heutigen Damenhut entsprochen haben. Vielleicht beruht gar auf dieser qur'ānischen Empfehlung die spätere Sitte der Damen, auf der Straße stets einen Hut zu tragen.

Das religiöse Denken des Orients legt auf die Kleidung großen Wert, weil man sie als ein Mittel zur Wahrung der Sittlichkeit ansieht. Mag sie das bis zu einem gewissen Grade auch sein, so wird ihr dennoch im ethischen Bereich eine übertrieben hohe Bedeutung beigemessen. Entgegen der herrschenden Meinung, steht der *Qur'ān* auf dem Standpunkt, daß die persönliche, moralische Integrität und ein lebendiges religiöses Bewußtsein — die sogen. *taqwā*[35] (das „Selbstbewahren") — den besten moralischen Schutz für Frau und Mann bieten. So heißt es im Qur'ān wortwörtlich: „Oh Kinder Adems! Wir haben Kleidung auf euch herabgesandt, daß sie eure Scham und Flaumhaar verberge. Aber die Kleidung des Selbstbewahrens ist besser".[36]

Macht man sich etwa mit der indischen Weisheit vertraut, so erkennt man, daß manche scheinbar islamischen Praktiken in Bezug auf die Frau dort ihren Ursprung haben. So finden wir in einer Abhandlung über die indische Weisheit folgende Feststellungen: „Als Mädchen soll der Vater sie behüten, als Frau der Gemahl, im Alter die Söhne, und falls diese nicht da sind, die Verwandten; nie darf eine Frau sich selbst überlassen sein".[37] Ferner: „Keine Art von Opfer, kein Totenmahl und kein Fasten gibt es für Frauen: sie erlangen Verdienst durch den Gehorsam, den sie ihrem Gatten erweisen, und dadurch auch gewinnen sie sich den Himmel".[38] An der Diskriminierung der Frau im Orient ist also, wie aus den vorhergehenden Ausführungen angeklungen ist, nicht der Islam, sondern ein altes Kulturerbe des Ostens schuld.

Die Frau ist nach der islamischen Lehre eindeutig die Partnerin des Mannes, wenn auch diesem als Familienoberhaupt in gewissen Fragen größere Autorität zusteht. Der *Qur'ān* stellt fest, daß alles auf Erden in Paaren geschaffen ist. Es gibt eine Rollenverteilung, doch die Frauen sind eine Hälfte der menschlichen Gesellschaft, die als Ganzes ein und demselben Lebensprinzip folgt.

Nach der qur'ānischen Schöpfungsgeschichte verdankt die Frau ihre Entstehung nicht erst einem nachträglichen Einfall des Schöpfers. Von einer Rippe des Ādam ist im *Qur'ān* keine Rede. Es heißt vielmehr: We ḫaleqnākum min ḏekerin we unṯā (Wir haben euch aus Mann und Frau entstehen lassen).[39]

„Versetzen wir uns im Geiste in jenes Land und in jene Zeit", schreibt ein Islamkenner, „in denen der Islam geoffenbart wurde, dann weiß ich nicht, gäbe es überhaupt je eine segensreichere und gleichzeitig mutigere Reform als jene, die Muhammed zugunsten der Frau durchgeführt hat".[40]

Das qur'ānische Gleichnis von der Frau als Acker ist so zu verstehen, daß der Mann seine Gattin liebevoll zu behandeln hat. Ist sie doch — ähnlich dem

Acker — die Garantin des keimenden Lebens und der Freude am Nachwuchs.

Der Behauptung, daß die Frau aus religiösen Gründen nicht alle Berufe ausüben darf, muß entgegengetreten werden. In diesem Punkt sind sich die Gelehrten absolut nicht einig. So vertritt der Mentor der hanefitischen Rechtsschule die Auffassung, daß die Frau in der bürgerlichen Gerichtsbarkeit das Richteramt bekleiden darf, was die fundamentalistischen Kreise verneinen. *Muḥammed eṭ-Ṭabarī* stand auf dem Standpunkt, daß sie in jeder Sparte des Geschäftslebens tätig sein darf. *Ibn Ḥazm el-Andalusī* sah es als selbstverständlich an, daß die Frau als Regentin die Geschicke eines Landes zu lenken berechtigt ist[41].

Die muslimische Frau wie sie leibt und lebt

Die Frau im vorislamischen Arabien wurde vielfach als Gegenstand behandelt. Sie konnte verkauft, verliehen oder als Erbstück hinterlassen werden. Es herrschten Vielweiberei und — in versteckter Form — Vielmännerei. Eine rote Fahne am Haus einer Frau bedeutete, daß sie mehreren Freiern zugänglich war. Die Prostitution zehrte so am Mark der Gesellschaft. Um sich „unnützer Esser" zu entledigen und die dauernd gegenwärtige wirtschaftliche Not zu lindern, begingen Väter Kindesmord: neugeborene Mädchen wurden bei lebendigem Leib im Wüstensand vergraben.

Der Islam verbesserte wesentlich die gesellschaftliche Lage der Frau. Sie wurde in menschlicher, religiöser und rechtlicher Hinsicht als vollwertiges Mitglied der Gesellschaft anerkannt.

Mit dem Häuptling Qays vom Stamme Benū Tamīm, der wiederholt seine weiblichen Kinder im Sande vergraben hatte, konfrontiert, sprach Muhammed: „Du Unglücklicher, dein Herz muß ohne jedes menschliche Gefühl sein. Du kennst nicht die zärtlichsten Regungen, die Gott dem Menschen geschenkt hat." Muhammed kannte die Frau wie kein anderer: „Die Frau ist wie eine Rippe: willst du sie gerade biegen, so brichst du sie; darum erfreue dich ihrer, wenn sie auch krumm ist." „Jedes Kind findet das Paradies zu Füßen seiner Mutter", sprach er in Hochschätzung der Mütterlichkeit.

Die Anweisungen des Qur'ān und Sprüche Muhammeds, die die Frau betreffen, sind von zweifacher Art: allgemein geltende und situationsbezogene. In diese zweite Gruppe fallen zweifellos gewisse Empfehlungen in Bezug auf die Straßenkleidung und auf öffentliches Auftreten. Im Qur'ān werden diese Empfehlungen mit der Notwendigkeit begründet, die ehrbaren Frauen auf der Straße erkennbar zu machen und sie vor Beleidigungen zu schützen (33 : 59). Sicherlich entfällt diese Begründung und somit auch der Anlaß der Empfehlung etwa für unsere heutige europäische Gesellschaft.

Der Qur'ān weist auch auf den naturbedingten Unterschied zwischen Mann und Frau hin. Die Frau ist von größerer Zartheit, Gefühlsbezogenheit und physischer Zerbrechlichkeit; der Mann hat in der Gesellschaft insofern Vorzug, als er für den Familienunterhalt und Schutz zu sorgen hat. Die Familie ist also in der Urgemeinde eine ausgesprochen patriarchalische. Diese Note wurde durch gewisse orientalische Sitten später noch verstärkt. So gibt es islamische Gegenden, in denen der Mann nicht mit seiner Frau speist, sondern sich von ihr bedienen läßt, obwohl Muhammed selbst gesagt hat: „Gott und seine Engel segnen eine Familie, die zusammen speist".

„Ist die Frau aus vornehmerem Geschlecht", bemerkt Pischon, „oder verdankt der Mann ihr seine bürgerliche Stellung oder überragt sie ihn an Verstand, dann steht der Mann in der Türkei oder anderen mohammedanischen Ländern ebenso unter dem Regiment des weiblichen Pantoffels wie in Europa. Und dieser Pantoffel wird zuweilen mit sehr großer Energie geschwungen."[42]

In der Zeit der kulturellen Hochblüte des Weltislam spielte die Frau eine gesellschaftliche Rolle, die jener des Mannes ziemlich ebenbürtig war. Im maurischen Spanien lehrten sogar Frauen in Moscheen als Professorinnen vor gemischtem Publikum.[43]

In erbrechtlicher Hinsicht ist die Frau scheinbar etwas benachteiligt, weil sie nur zu 50 % erbt, doch hat sie auf anderen vermögensrechtlichen Gebieten ausreichende Ausgleichsmöglichkeiten (Recht auf die Hochzeitsgabe, unbeschränkte Verfügungsgewalt über ihr eigenes Vermögen, selbst wenn sie verheiratet ist, eigene Erwerbsfähigkeit u.a.m.).

Das Problem der Vielweiberei wird vielfach hochgespielt. In Wirklichkeit ist es für einen Großteil der islamischen Welt geschichtlich völlig überwunden. Die hanefitische Rechtsschule, die in den von Muslimen bewohnten Teilen Europas, in der Türkei und der Sowjetunion herrscht, hat das Bestehen dieser Institution seit eh und je erschwert. Durch die moderne Gesetzgebung, die von den Muslimen keineswegs als eine Einschränkung ihrer religiösen Freiheit empfunden wird, ist sie praktisch unmöglich gemacht worden. Diese Gesetzgebung wird andererseits von den betroffenen Muslimen stillschweigend akzeptiert, vielfach aber auch ausdrücklich gebilligt. Dazu ist zu bemerken, daß die einmütige Haltung einer muslimischen Gesellschaft, etwa des islamischen Staates, ein Weg der islamischen Rechtsfindung ist — vor allem dann, wenn der rechtsbildende Wille von religionsbewußten Muslimen getragen wird.

Muhammed hat gelehrt, daß sich seine Anhänger niemals in etwas einig finden werden, was von Haus aus verderblich und antiislamisch wäre. Es ist eine irrige Annahme, der Islam trete für die Polygamie ein. Er duldet sie nur in gewissen Ausnahmesituationen. Das ist alles im *fiqh* (der Kultus- und Rechtslehre) genau fixiert. Nach der malakitischen Rechtsschule hat die Ehefrau durch entsprechende Verklausulierung des Ehevertrages die Möglichkeit, dem Mann das Recht auf eine zweite Frau zu entziehen. Da die Eheschließung ein zivilrechtlicher Akt ist, kann die Frau sich vertraglich das Scheidungsrecht sichern. Jedem Gläubigen im Bereich des sunnitischen Islam steht es zu, seine Ehe nach den Bestimmungen einer der vier Rechtsschulen zu schließen. Damit haben der Einzelne wie die Gesellschaft die Möglichkeit, sich für diese oder jene Rechtsordnung zu entscheiden. Die Polygamie und die üblichen orientalischen Vorrechte des Mannes in Bezug auf die Scheidung verlieren damit ihre Dramatik.

Das sind die theoretischen Grundlagen zur Postulierung der Frauenrolle in der islamischen Gesellschaft.

Die Praxis hat in vielen orientalischen Ländern ein anderes Gesicht. Der Volksglaube der meist ungebildeten Massen ist von vielen altorientalischen Wertvorstellungen überlagert. Er ist zudem totalitär und manifestiert sich häufig in einer Freund-Feind-Ideologie. Die Frau wird im Sinne eines altorientalischen Weltbildes als das effektivste Einsatzmittel des Teufels in seinem Bemühen, über den Menschen zu triumphieren, angesehen. Wie sich in solchen Kreisen die Lage der Frau zu gestalten vermag, schildert in einem Bericht anschaulich Wolfgang Freund von der Universität Straßburg: „Auch das islamische Individuum verspürt Drang zur theologisch abgesicherten Gewalttätigkeit, vor allem dann, wenn seine Erziehung homogen, d.h. innerhalb eines intakten Kultur- und Familiengefüges, verlaufen ist und keine wesentliche Brechung durch westliche Erziehungsraster erfahren hat. Bei solchermaßen „traditionell“ aufgewachsenen jungen Männern findet sich eine herausragende, erstaunliche Aggressivität gegen alles Weibliche, gegen die Frau als Vertreterin einer andersartigen Außenwelt, die gewissermaßen ein „Dār al-ḥarb“ symbolisiert, dem man mit islamischer Sittenstrenge — in praxi auf eine Sexualneurose hinauslaufend — entgegenzutreten habe. Die „Tschador“-Polemik, die Hinrichtung von Frauen im neuen islamistischen Iran (die der Libertinage beschuldigt werden, m.A.), sind Illustrationen dieses Sachverhalts. Diese in einem Wertsystem, das auf Konfrontation beruht, verfangenen jungen islamischen Männer sind unfähig zu tiefergreifenden Gefühlsbindungen an Frauen, weil diese als etwas Böses, Feindseliges angesehen werden, wogegen man sich zu schützen und das man im konkreten Bereich des eigenen Lebens zu bekämpfen habe. Solches geschieht durch *Einsperrung* der Frau (Ehefrau, Schwester, Mutter) im eigenen Haus. Dort erfüllt die Frau jene Funktion, die ihr der Mann als sitten- und religionskonform, was im Islam weitgehend dasselbe ist, zugesteht: Gebärerin möglichst männlicher Nachkommen und Verwalterin des Haushalts innerhalb der eigenen, nach außen hermetisch abgedichteten Wände.

Umgekehrt funktioniert das System ebenso. Diejenigen islamischen Frauen, welche geringe westliche Erziehung genossen haben, betrachten die Außenwelt des Mannes aus *ihrer* Perspektive als eine Form des „Dār al-ḥarb“, gegen das sie sich mit List und Tücke zur Wehr setzen, unter Einsatz des gesamten Kommunikationsapparates, den die islamische Sozialordnung — auf völliger Geschlechtertrennung basierend — für Frauen unter sich bereithält. Da wehren sich in konzertierter Aktion Schwestern, Kusinen, Mütter und Tanten einer einzigen Großfamilie gegen die Zwänge und vielleicht sogar Brutalitäten, die aus der Männerwelt auf sie eindringen. Nicht endende Kaffee-, Tee und Plauderstündchen „gegen den Mann" verschworener Frauen bilden den Raum für eine Gegenwelt, in der Erlaubtes und Verbotenes eng beieinanderliegen und nur dem einen Ziel dienen: Punktsiege zu verbuchen in der lebenslänglichen Schlacht „gegen den Mann".

Die heute oft sogar für europäische Begriffe extravagant wirkende Modernisierung der städtischen Frau steht begreiflicherweise in einem scharfen Gegensatz zum geschilderten Konservativismus der breiten Schichten der Bevölkerung. Diese Tatsache ist ein Element der inneren Unruhe. Sie trägt zweifellos dazu bei, bei den einfachen Menschen einen rebellierenden Geist wachzurufen. In dieser sich immer mehr verdichtenden Auslösung von Gegensätzen, deren grundlegender Ausgangspunkt die wirtschaftlichen Mißstände sind, liegt die größte Gefahr für die friedliche Entwicklung der orientalischen Staaten und somit eine indirekte Bedrohung des Weltfriedens.

In dem Emanzipationsprozeß selbst steckt weniger Explosivstoff, weil er — wie gesagt — auf die privilegierten Schichten begrenzt bleibt. So kann man sich bei manchen der zahlreichen Revolteversuche der ägyptischen und syrischen Frauenvereine nur schwer des Eindrucks erwehren, daß es sich hier nur um Ausbrüche des bürgerlichen Übermuts handelt. Es fällt nämlich auf, daß der Kampf der orientalischen Frauenrechtlerinnen weniger um den Schutz der arbeitenden Frau und um deren lohnrechtliche Gleichstellung mit dem Mann geht, als vielmehr um die Einflußnahme der Weiblichkeit auf die großen politischen Geschehnisse im Lande. Dies ist umso bezeichnender, als sowohl Ägypten als auch Syrien in den letzten Jahrzehnten eine zunehmende Industrialisierung durchmachten, in deren Verlauf viele Frauen in die Fabriken und Büros einströmten. Nicht einmal in der fortschrittlichen Türkei ist das Prinzip des gleichen Lohnes für gleiche Arbeit zur Geltung gekommen".

Bekanntlich gehört die Frage der Entschleierung und der freien Betätigung der Frau im öffentlichen Leben seit Jahrzehnten zu den umstrittensten Fragen des islamischen Orients. Sie wurde in einigen Gebieten (Türkei, Sowjetunion, Jugoslawien) überraschend schnell zu Gunsten des Modernismus gelöst, und zwar mit Zustimmung der zuständigen religiösen Behörden. So holten sich die sowjetischen und jugoslawischen kommunistischen Machthaber sogar rückversichernde religiöse Gutachten, bevor sie die Verabschiedung ihrer Anti-Schleier-Gesetze ins Auge faßten.

Vor etwa 50 Jahren war es das Oberhaupt der islamischen Gemeinschaft in Jugoslawien, Džemaluddin Čaušević, ein hoher religiöser Würdenträger mit dem Titel „Mulla von Mekka und Medina", der als einer der ersten hohen Geistlichen für die Entschleierung und die Gleichberechtigung der Frauen eintrat. Er legte seine diesbezüglichen Gedanken anläßlich eines muslimischen Intellektuellenkongresses mit aller Deutlichkeit dar. „Es gibt Muslime“, sagte er damals, „die den Hut aufgesetzt haben. Ich würde mich freuen, wenn diese Mitglieder unserer Gemeinschaft auch in die Moschee kämen, damit ich ihnen dort einen Platz zuweise und ihnen eine Predigt halte, und damit auch sie Gelegenheit haben, von der Kanzel zu sprechen... Die Verschleierung der Frau ist eine tief eingewurzelte Sitte, die in keinerlei religiösen Quellen begründet ist. Grundsätzlich hat der Islam gegen die Entschleierung nichts einzuwenden. Es sind lediglich die persönlichen Ansichten einzelner Gläubige sowie die herkömmliche Erziehung, die sich dagegen auflehnen. Es gibt religiöse Bücher, in denen zu lesen ist, daß ein Mädchen nach dem vollendeten zwölften Lebensjahr sich zu verschleiern habe und fortan mit keinem Fremden mehr in Berührung kommen dürfe. Ich frage euch aber, ob unsere Mädchen, die die Universitäten besuchen, bei verschleiertem Gesicht lernen und ihren Vorlesungen folgen können. Mir wäre es lieber, eine muslimische Frau zu sehen, die bei freiem Gesicht ehrlich ihr Brot verdient, als ein Mädchen, das verschleiert auf dem Corso spazierengeht und sich nachts in Kaffeehäusern herumtreibt.“

Čaušević vermochte es, im Laufe seiner langjährigen Wirksamkeit einen bescheidenen Erfolg zu erzielen. Die Mehrzahl der Geistlichen bezog jedoch gegen ihn eine ablehnende Haltung.

Außer Kemal Atatürk waren bekanntlich noch dem Schah von Persien Mohammad Reza Pahlawi, dem ehemaligen König von Afghanistan Amānullāh und dem vorzeitig aus dem Leben geschiedenen Oberst Husni Zaim von Syrien auf diesem Gebiet gewisse Erfolge beschieden. Im Persien hat der nach dem zweiten Weltkrieg eingesetzte klerikale Gegenstoß einen Teil der Intellektuellen in die Arme eines islamisch-christlichen Synkretismus, namentlich aber des Bahā'ismus, getrieben.

Trotz der bedrohlich angewachsenen rigoristischen Umtriebe ist die bürgerliche muslimische Frau nahe daran, ihrer Jahrhunderte alten Diskriminierung ein Ende zu setzen. Mit der zunehmenden Industrialisierung ändern sich rasch auch die psychologischen Voraussetzungen für ihr soziales Verhalten. Man hört bereits harte Worte der Verurteilung jener Kräfte, die die alten Zustände konserviert haben möchten. Hier eine solche Stimme aus Kairo:

„Sollte es geschehen, daß die reaktionären Ansichten einer am Weltgeschehen ahnungslos vorbeilebenden geistlichen Clique auch weiterhin die geistigen Grundlagen einer so großen Nation, wie es die ägyptische ist, festlegen, so müßte dieser Zustand zutiefst bedauert werden. Die Übergriffe dieser unwissenden und arroganten Geistlichen, die sich in ihren Handlungen von keinen eindeutigen Qur'ān-Anweisungen leiten lassen, sondern mit unbegreiflichem Ernst das tiefste Mittelalter verteidigen, zielen darauf, die Hälfte eines Volkes, ja die Hälfte der gesamten islamischen Welt, aus dem gesellschaftlichen Leben zu verdrängen. Die Frauen sollen nach ihrem Konzept in ihren Häusern eingeperrt bleiben. Keine politischen Rechte stünden ihnen zu, und ausschließlich und allein für die Aufzucht der Kinder und die Befriedigung der Männer sollten sie da sein. Leute, die die Religion derart erniedrigen, daß sie sich in Erörterungen der Frage, wie man sich anzuziehen hat, verliert, verdienen als engstirnige, eigennützige und verblendete Personen angesehen zu werden. Folglich gehören sie zu jenen Menschen, die vom Islam herzlich wenig verstehen. Die Tracht ist eine Angelegenheit der örtlichen Sitten und der jeweiligen Zivilisation. Die Geisteshaltung, die einen vor 13 Jahrhunderten in der arabischen Wüste etablierten sozialen Zustand für alle Zeiten aufrechterhalten will, ist nicht gesund. Sie ist vielmehr abnormal und destruktiv. Sie kann sich auf keinen Fall auf absolute Gültigkeit und einen sakralen Charakter ihres Fundamentes berufen. Der heilige Qur'ān spricht keinem Menschen, der an Gott, an das Jenseits und die monotheistische Substanz der geoffenbarten Religionen glaubt und Gutes tut, die Qualität eines Gläubigen ab. Er hat niemandem die Befugnis erteilt, die Gläubigen wegen Bekleidung ihrer Freiheit zu berauben. Er hat niemandem das Recht gegeben, aus Gründen, die mit Religion nichts zu tun haben, den Nächsten zu bedrängen und ihn richterlichen Befragungen zu unterziehen."

Spezieller Teil

V. Christentum und Islam

– Verbindendes und Trennendes

Der theologische Aspekt

Auf dem theologischen Gebiet stehen das Judentum, das Christentum und der Islam in einem dialektischen Verhältnis zueinander. Nach den fünf Büchern Moses ist es die größte Sorge der jüdischen Religion, das jüdische Volk für das Leben auf dieser Erde vorzubereiten. Im Zentrum des Glaubens steht eben dieses Volk in seinem besonderen Verhältnis — dem Bund — zu Gott. Die Lehre Jesu Christi ist eine Antithese dazu: sein Reich ist nicht von dieser Welt. Das nahende Ende steht im Zentrum der urchristlichen Predigt. Der Islam ist eine Synthese. Er lehrt die Gläubigen, an jene Welt so ernst zu denken, als ob sie morgen sterben müßten, und für diese Welt so angestrengt zu arbeiten, als ob sie ewig leben dürften. So lautet nämlich eine auf Muhammed zurückgehende Überlieferung.

Der Islam ist eine monotheistische Religion, die mit besonderer Beharrlichkeit auf ihre authentische Wesensart Wert legt. Die Offenbarung — nicht die Person des Verkünders — ist ihrer Lehre nach jenes Element, in dem sich Gott und Mensch begegnen. Deshalb ist es nicht statthaft, die Anhänger des Islam „Muhammedaner" zu nennen.

Gelegentlich hört man die Äußerung, der Islam sei — nicht zuletzt auch wegen dieses „überspitzten" Monotheismus — eine Wüstenreligion, die alles einheitlich sehe. Für *Oswald Spengler* ist demgegenüber der Islam „so wenig eine Wüstenreligion wie der Glaube Zwinglis eine Religion des Hochgebirges"[45] und für *Ignaz Goldziher* war Muhammed nicht der Ausdruck, sondern gerade der Gegensatz des arabischen Volksgenius. Die Beduinen waren folglich seine natürlichen Gegner[46].

Jesus (arabisch: 'Īsā) ist auch ein islamischer Lehrmeister. Der 4. Glaubensartikel verpflichtet zum Bekenntnis zu ihm, als einem großen Gottesgesandten.

Der Glaube an den einen Gott, den Schöpfer der Welt, ergibt jenen geistigen Ansatzpunkt, der das brüderliche Verhalten der Gläubigen zueinander moralisch und philosophisch begründet. In Gott, dem unveränderlichen und weltbeherrschenden Ideal vereint, fühlen sie sich im Besitz jenes Schlüssels, der zur gerechten Gesellschaft und zum „Hause des Friedens" das Tor öffnet.

Islam im Vergleich mit dem Christentum

Vergleicht man das christliche Weltbild mit dem islamischen, so fällt auf, daß im Christentum die Bedeutung der seelischen oder geistigen Komponente des

Menschen stärker betont ist als im Islam, daher dort auch die strengere Unterscheidung der weltlichen von der geistigen Sphäre.

Die Trennungslinie zwischen Leib und Seele ist im Islam weniger radikal. Man sieht beides als eine sich ergänzende Einheit an. Deshalb geht der Islam nicht allein auf die geistigen Bedürfnisse des Menschen ein.

Jedes Siechtum hat zweifache Ursachen: physische und geistige. Das Verhältnis der Leele zu Leib wird durch eine Anekdote gut illustriert: Ein Blinder verabredet mit einem Lahmen einen Garteneinbruch. Der Erste bringt den Zweiten zum Tatort, wobei dieser als Wegweiser und Pflücker der gestohlenen Früchte fungiert. „Wer ist der Schuldige in diesem Rechtsfall?", ist die Frage. „Beide!" Das ist die richtige Antwort, weil zur Ausführung der Tat beide Glieder der diebischen Funktionseinheit erforderlich waren. So ist es auch mit der Lebensfunktion des Menschen: sie fußt in Leib und Seele.

Auf diesem Einheitsverständnis beruht auch der Aufbau des islamischen Gottesdienstes. Der jüdische und der islamische Kult beschränken sich nicht allein auf die Spiritualität. Auch scheinbar ganz profane Tätigkeiten gehören dazu; ja Profanes fällt in das Gebiet des Religiösen.

Berücksichtigt man den vom Islam geforderten Willen zur Weltveränderung, so ergibt sich, daß es ein Irrtum ist, dem Islam Fatalismus zuzuschreiben. Diesen findet man eher in dem von der modernen Psychologie mitgeprägten Weltbild, dem eine fatale Reduktion aller menschlichen Eigenheiten und Handlungen auf die Umwelteinflüsse zugrundeliegt. Dieser Reduktionismus fragt nicht nach dem Sinn des Lebens und spornt den Menschen nicht an, sich um Sinn zu bemühen. Er redet ihm vielmehr ein, er sei ein Opfer der Verhältnisse. „Denn zur Symptomatologie der Massenneurose gehört der Fatalismus."[47]

Der Wille zum Sinn motiviert hingegen primär die Offenbarungsreligionen. Hier kommen wir zu den gemeinsamen Grundlagen des Christentums und des Islam.

Der Islam versteht sich als das Ergebnis einer einheitlichen göttlichen Offenbarung, die durch die ganze Geschichte geht. Als Verkünder dieser Offenbarung traten unzählige – teils bekannte, teils unbekannte – Propheten oder, genauer, Gottesgesandte auf. Sie waren nicht alle, wie oft irrtümlich angenommen wird, Mitglieder des israelitischen Volkes. Religionsgeschichtlich ist das Judentum die Stammreligion des Christentums und des Islam. Der Islam hat mit diesen beiden Vorgängerreligionen gemeinsame Grundinhalte des Glaubens. Das Judentum und das Christentum sind im Verständnis der Muslime lediglich zwei ältere Ausgestaltungen des Islam.

Nachbiblisch, jedoch nicht nachahmend

Die von Haus aus universalistisch ausgerichtete Botschaft Muhammeds ('a.s.) räumt seinem Verkünder lediglich die Rolle eines Gottgesandten, der die

Kette seiner Vorgänger ergänzt und abschließt. Durch Muhammed hat Gott — so glauben die Muslime — allerdings die Offenbarung zu Ende geführt. Der Islam ist also die letzte Fassung der Offenbarungsreligion.

Je nachdem, von welcher Seite man den Islam betrachtet, gewinnt man den Eindruck, als sei er ein Ableger des Judentums oder des Christentums. Diesbezüglich hat es in der Wissenschaft verschiedene Thesen gegeben, die von der Missionsliteratur immer wieder benutzt werden. Seit den grundlegenden Studien des deutschen Orientalisten Johannes Fück weiß man aber, daß Muhammed im Großen und Ganzen eine originelle Lehre verkündet hat. Er war von den alten Vorlagen nicht mehr und nicht weniger abhängig als die Religionsverkünder vor ihm. Gewisse Lehrinhalte sind allen Offenbarungsreligionen gemeinsam. Sie machen eben jene Bestandteile der Offenbarung aus, in denen sich die gemeinsame Betroffenheit der Menschheit bekundet.

Biblische Propheten — Mustermuslime

In Abraham (Ibrāhīm) sah Muhammed den Prototyp eines idealen Muslims. Abraham ist in der islamischen Sicht ein Musterprophet. Der Qur'ān verleiht ihm den Ehrentitel „Gottes Freund". Moses gilt als „Gottes Gesprächspartner". Jesus ist al-Masīḥ, d.h. der Gesalbte und „Wort Gottes". Ihm ist auch der göttliche Geist eingegeben. Sie alle werden als vorbildliche Muslime empfunden. Der tiefe Respekt, den Muhammed ('a.s.) dem biblischen Erbe zollte, und die starke Durchdringung der islamischen Tradition mit jüdischen und christlichen Elementen führten manchen Forscher zu dem Schluß, daß der „Schwärmer von Mekka", wie der Muhammed der Erstzeit empfunden wurde, keine neue Religion lehren wollte. „Muhammed beabsichtigte gar nicht", meint *Abraham Katsh*, ein jüdischer Theologe, „den Islam als eine neue Religion zu gründen". „Er betrachtete sich selbst als rechtmäßigen Verwalter des von Allah herabgesandten Buches, um die (hl.) Schriften zu bestätigen". Diese Feststellung stimmt mit dem Selbstverständnis des Islam überein. Ein Muslim könnte sie ebenso unterschreiben. Allerdings ist diese Übereinstimmung im konkreten Fall nur scheinbarer Natur. Denn der jüdische Gelehrte will mit seiner These Muhammed jegliche Originalität absprechen und damit seinen Auftrag als Gottgesandter in Frage stellen.

Trotz seines biblischen Hintergrundes artikulierte sich der Islam in Lehre und Wirkung bald als eine selbständige geistige Größe. Durch seinen Anspruch auf die legitime Nachfolge der biblischen Religionsverkünder bildet er eine ständige Herausforderung an die übrigen Verwalter dieses geistigen Erbes. Schon dadurch haftet ihm eine revolutionierende Note an.

„Wer wußte im Jahre 600", fragt sich in Anbetracht der Urwüchsigkeit mancher Gedanken und Geschehnisse *Zwi Werblowsky*, „daß innerhalb der nächsten hundert Jahre der Islam entstehen und die Welt verändern würde". Muhammeds Werk bedeutete seiner Meinung nach eine ungeheure Neuerung und war ein Wunder wie die hebräische Bibel.

Dimensionen der Religiösität

Die Strafbestimmungen des islamischen Gesetzes gehören nicht zum Bereich der Frömmigkeit. Sie haben einen ganz anderen Stellenwert als die moralischen Anweisungen. Die Befolgung der letzteren ist unerläßlich, will man ein vollkommener Gläubiger werden. Der Strafvollzug hingegen ist lediglich die Antwort auf die bittere Notwendigkeit einer menschlichen Situation, die immer ihre Besonderheiten hat.

In seiner „Ethik der Religionen", einem umfangreichen Handbuch, bemerkt Carl Heinz Ratschow richtig, daß das Gesetz in orientalischen Kulturen lediglich eine dienende und untergeordnete Rolle spielt. Meistens wird es ignoriert. „Wo es nicht ignoriert wird, ist es oft ein irritierender und fremder Faktor im Prozeß der Anpassung an die Bedürfnisse der neuen Gesellschaft und die mit ihnen zusammenhängenden Wertvorstellungen. Es wird nicht so hoch eingeschätzt wie „jus" in allen seinen Bedeutungen bei den Römern, „droit" bei den Franzosen und „law" in den angelsächsischen Ländern. Das Gesetz ist ein Instrument des Staates. Der Staat kann natürlich Tun und Lassen befehlen, wie Hammurabi, wie Nehemia und sogar die Makkabäer, die die Einhaltung der Thora befahlen."[48]

So ist es auch heute in Saudi Arabien, Iran und Pakistan. In seiner Erörterung des erwünschten Verhaltens des Gläubigen einem ertappten Dieb gegenüber, erwähnt Muhammed el-Ġazālī (gest. 1111), einer der angesehensten islamischen Theologen, mit keinem Wort das Handabschneiden.[49]

Überall, wo im Qur'ān harte Gesetze fixiert werden, ist auch von Gnade oder Verzeihung die Rede. Der Gnade gilt übrigens die Einleitungsformel jeder Sure. Diese Formel ist bekanntlich: *Bismillāhi'r-raḥmāni'r-raḥīm* (Mit dem Namen Gottes, des gnadenvollen Erbarmens!)[50] Der Islam mißt der Menschlichkeit einen ebenso großen Wert bei wie das Christentum. Die auf Muhammed zurückgehende Überlieferung ist voller Zeugnisse von Humanität und Menschenliebe. El-Ġazālī geht so weit, daß er — um die Verpflichtung des Gläubigen zur Menschlichkeit zu unterstreichen — sogar die Bibel zitiert. Im 35. Buch seines Iḥyā' 'ulūm ed-dīn finden wir die auf Muhammed zurückgehende Tradition: „Wer einen, der ihm Böses zugefügt hat, verwünscht, der gleicht sich dem Täter an."

„In der islamischen Welt muß sich die Forschung auf dem Gebiet des Rechts" meint Khuda Bakhsh Brohi, „auch gegen die Intoleranz der sogenannten 'Ulemā' (der Gelehrten) durchsetzen, die sich selbst für die Bewahrer des Glaubens halten, und, was noch schlimmer ist, im Falle der allergeringsten Abweichung ... die dafür verantwortlichen Schriftsteller als Häretiker brandmarken".

Gemeinsame Lehrinhalte

„Wäre Muhammed in Mekka getötet worden — was um Haaresbreite geschehen wäre“, schreibt ein christlicher Theologe, „so würden sich Islam und Christentum heute in Vielem wesentlich ähnlicher sein.“

Nun, dem Islam war es vergönnt, in Medina erfolgreich ein Staatswesen zu gründen. Dem Christentum blieb ein ähnlicher Erfolg zu Christi Zeiten versagt. Dadurch sah sich aber Muhammed vor die Notwendigkeit gestellt, Regeln zur Gestaltung einer konkreten Gesellschaft zu erarbeiten. Seine Aufgabe begrenzte sich also nicht auf die Vermittlung der Botschaft allein. Sie war auch keine idealistische, auf eine abstrakte Weltverbesserung hinzielende Schwärmerei, sondern die wirklichkeitsbezogene Hinausführung einer gesetzlosen Gesellschaft aus dem Chaos in die Ordnung. Muhammed sah seine Aufgabe aber keineswegs darin, die Lehre Christi aufzuheben. Ganz im Gegenteil: er wollte sie wiederherstellen und erfüllen. Jesus ist daher ein anerkannter vorbildlicher Lehrer des Islam, dem man nachfolgen kann und soll. An seine Mission als Verkünder göttlicher Offenbarung zu glauben, gehört zum unveräußerlichen Lehrkern des Islam. Der 4. Glaubensartikel lautet ja: „Ich glaube an die biblischen Gottesboten.“ In die Glaubenspraxis umgesetzt heißt das, daß Jesus, ‘Īsā, als Muslim und hervorragender Lehrer des Islam empfunden wird. Wem sein Leitbild zusagt, von dem kann es nachgelebt werden. Es ist undenkbar, daß ein Islambekenner sich über Jesus, seine Mutter und seine Jünger abfällig äußern könnte. Hier liegt ein wichtiger Verhaltensunterschied zwischen den Anhängern des Islam und jenen des Christentums: die Ersten fühlen sich neben ihrem eigentlichen Lehrmeister, nämlich Muhammed, noch Christus verbunden. Bei den Christen fehlt diese über das Eigene hinausgehende Sicht. Mit anderen Worten: der Christ fühlt sich Muhammed gegenüber zu keinerlei Respekt verpflichtet. In der relativen Universalität des Islam sehen die Muslime eine höhere religiöse Entwicklungsstufe; ein Rückzug auf die Positionen der jüdischen oder christlichen *Exklusivität* bedeutete folglich für sie auch einen kulturellen Rückfall. Jesus ist im muslimischen Glaubensbewußtsein vor allem als ethisches Leitbild gegenwärtig. In gewissen Lebensfragen ist die freie Entscheidung zwischen ihm und Muhammed als Leitbild denkbar und möglich.

Hier ein Beispiel aus dem bereits zitierten Werk von Muḥammed el-Ġazālī: Nach einem Exkurs über den Vorzug der Ehe fragt sich der muslimische Theologe, warum — wenn die Ehe so empfehlenswert ist — Jesus der Gebenedeite unverheiratet geblieben ist. Er beantwortet die Frage dahingehend, daß es am besten sei, beide Beispiele — nämlich jenes von Muhammed und jenes von Jesus — je nach Veranlagung des Menschen zu befolgen. „Unser Gottesgesandter vereinigte“, führt er aus, „den Vorzug der Hingabe an Gott mit dem der Ehe. Die Dinge dieser Welt hinderten ihn nicht, innerlich in der Gegenwart Gottes zu stehen. Wer hinaus auf den Ozean fährt, macht sich nicht viel aus den Meeresbuchten ... Was aber Jesus den Gebenedeiten betrifft, so empfing er wohl Charakterstärke, aber wenig Kraft, und er übte für sich Entsagung. Vielleicht war er so veranlagt, daß ihn die Beschäftigung mit der Familie zu sehr mitgenommen hätte ... oder er vermochte die Ehe nicht mit der Hingabe an den Dienst Gottes zu vereinigen und wählte daher die Hingabe an den Dienst Gottes allein".

Nach el-Ġazālī's Interpretation befiehlt Gott eindringlich die Speisung Bedürftiger und qualifiziert diese Wohltätigkeit als „Darlehensgewährung an sich selbst" (Qur'ān 2: 246 und 57 : 11). Wer denkt nicht dabei an die Worte Christi: „Was Du dem Geringsten meiner Brüder getan hast, das hast Du mir getan".

Offenbarungsverständnis

Entgegen dem christlichen Verständnis der Offenbarung als Akt göttlicher Inspiration, die dem freien Menschen im Rahmen seiner geistigen Fähigkeiten zuteil wird, versteht der Islam darin eine passive, vom göttlichen Auftrag zur Weitergabe begleitete Entgegennahme von höheren, geistigen Inhalten. Dem Menschen steht es demnach nicht zu, an den Offenbarungsinhalten oder Texten Änderungen vorzunehmen. Daher zählen für die Muslime nur die authentischen Worte Jesu Christi als Offenbarung. Sie machen das Evangelium aus. Was die Apostel dazu hinzugefügt haben, sind menschliche Zusätze, die die Offenbarung — zumindesten in ihrem späteren Verständnis — eher verwässern und in ihrer Authentizität unkenntlich machen.

Nach diesem Offenbarungsverständnis erklärt sich die Weigerung des Islam, die heiligen Schriften der Christen, so wie sie heute sind, zu akzeptieren. Einen ähnlichen Standpunkt bekundet der Islam auch in Bezug auf die mündliche Tora, die ja nicht die von Moses empfangene Offenbarung enthält. Da die Offenbarung im Grunde ein geistiges Eigentum Gottes ist, kann sie nicht auf eine Vervollkommnung durch die Menschen angewiesen sein. Am göttlichen Gut darf also nicht gerüttelt werden.

Eine besonders heftige Ablehnung ruft ein anderer Kernpunkt der christlichen Lehre, nämlich die Dreifaltigkeit, hervor. An dieser Ablehnung beteiligen sich ebenso sehr die Juden wie die Muslime. „Wer die christliche Liturgie verfolgt, kann manchmal schwer unterscheiden, wem eigentlich das Gebet gilt: Gott oder Jesus oder beiden. Es ist nicht immer einfach herauszufinden, ob die beiden identisch oder voneinander verschieden sind." So schreibt ein jüdischer Gelehrter. Dieser Eindruck ist auch vielen Muslimen vertraut. Daher neigen sie zu der Ansicht, daß die Teilnahme an solchen Gebeten unzulässig sei. Denn Gott Gesellen zuzuschreiben, gilt im Islam als eine der schwersten Sünden. Absichtlich begangen, führt eine solche Sünde zum Glaubensabfall.

Einigende Elemente: gemeinsame Verantwortung — die Liebe

„Welche religiösen Verbindungsstrukturen und Beziehungsmöglichkeiten ergeben sich zwischen dem Glauben der Christen und den Verhaltensvorschriften der Muslime durch den Qur'ān?" Diese Frage stellt sich häufig von selbst bei christlich-islamischen Begegnungen.

Die Welt verbindet infolge fühlbarer Politisierung des Islam dessen Bild mit Härte und Unbarmherzigkeit. Darüber sind viele Muslime traurig.

Muhammed ist nicht gekommen, um die Lehre Jesu Christi aufzuheben. Er ist allerdings ein realistischer Mensch gewesen. Daher nimmt das Gebot der Gerechtigkeit in seiner Lehre scheinbar einen wichtigeren Platz als das Gebot der Liebe ein. Denn die Gerechtigkeit ist gesellschaftlich meßbar, handgreiflich, weit von Abstraktionen. Wo sie als Grundvoraussetzung fehlt, dort kann keine überzeugende Liebe gedeihen. Aber auch der Islam kann nicht auf die Liebe als Erfordernis des religiösen Verhaltens verzichten. Sie ist sogar Alpha und Omega der mystischen Frömmigkeit. Befragt, wer der gerechteste Mensch sei, sprach Muhammed: „Jener, der für die Mitmenschen soviel an Liebe aufbringt, wie er für sich selbst ersehnt". Unter diese Anweisung ließe sich auch die Feindesliebe unterbringen. Die Gläubigen sind vom Qur'ān angehalten, sich wie Brüder zueinander zu verhalten. Der gewünschte gegenseitige Beistand erstreckt sich aber selbstverständlich nur auf die guten Taten und das Meiden von Überschreitungen. Ein gegenseitiger Beistand in Sünde und Feindschaft wird als verwerflich abgelehnt.

Der Feindesliebe spricht im Islam die Mystik ganz offen das Wort. Aus unzähligen Empfehlungen dieser Art sei jene des 'Abdurraḥman Ǧāmī aus dem 15. Jahrhundert angeführt:

Erwidere das Böse mit guter Tat,
Denn die Bosheit rächt sich, wenn auch auf Raten.
Der Segen der guten Taten, die du dem Feinde schenkst,
Ist der beste Samen für die gute Saat.

Im Unterschied zum Christentum bezieht der Islam die weltlichen Belange stärker in seinen Betrachtungskreis ein. Er erläßt auch konkrete Anweisungen „für den Fall des Falles". Nun ist es im Leben so, daß man auch mit den besten Absichten manchmal nicht weit kommen kann. Man denke an das berühmte Wort Schillers:

Es kann der Beste nicht in Frieden leben,
Wenn es dem bösen Nachbarn nicht gefällt.

Für solche und ähnliche Situationen hat der Qur'ān Regeln von folgender Art aufgestellt: „Und bekämpfet die Feinde, bis die Verfolgung aufgehört hat und der Glaube an Gott frei ist. Wenn sie jedoch ablassen, dann wisset, daß keine Feindschaft erlaubt ist, außer wider die Ungerechten". (*2 : 193*)

Die Vorstellung, daß die Gnade Gottes denjenigen am nächsten steht, die uns als Sünder und Feinde als ablehnungswürdig erscheinen, lebt nicht weniger intensiv im frommen Islam wie im Christentum. So wird vom Imam Muhammed eš-Šaraḫsī, einem Lehrer der hanefitischen Rechtsschule, berichtet, er habe auf dem Sterbebett den Wunsch geäußert, im „Friedhof der Ausgestoßenen" bestattet zu werden. Auf diesem Friedhof waren Diebe, Trinker, Hasardspieler, Räuber und Prostituierte begraben. Befragt nach dem Grund seines Wunsches, antwortete der Imam: „Weil sie der Gnade Gottes näher stehen als jene, deren Rechnungen keinen Fleck aufweisen."

Daß sich demgegenüber heute manche Muslime hart, fanatisch und scheinbar menschlich unzugänglich zeigen, liegt an den besonderen sozio-kulturellen und politischen Bedingungen ihrer Umwelt. Sie finden folglich im Qur'ān, was sie (ihrer Lage angemessen) suchen. Schließlich ist auch der Qur'ān – genauso wie die Bibel – ein Buch, „ in dem jedermann findet, zumal, was er gesuchet darin", wie der Theologe *Peter Werenfels* sagt.

Mir scheint, daß in Bezug auf das Islam-Verständnis, wie auch sonst im religiösen Selbstverständnis, jene Wahrheit gilt, die der Nobelpreisträger Werner Heisenberg mit folgenden Worten umschrieben hat: „Der Mensch begegnet immer nur sich selbst in der Wirklichkeit; zwischen seiner Frage und ihrer Antwort besteht eine unaufhebbare Relation." Keiner Religion – so auch nicht dem Islam – bleibt es erspart, durch die Lebensumstände und die Mentalität ihrer Bekenner in ihren Ausdrucksformen beeinflußt zu werden. Die idealistischen Forderungen der Religion haben am ehesten dort eine Chance verwirklicht zu werden, wo die gesellschaftlichen und kulturellen Voraussetzungen dazu bestehen. Auf diesem Gebiet steht die islamische Welt noch vor vielen unerfüllten Aufgaben.

Toleranz

Es gibt zwei qur'anische Zentralaussagen, die jeglichen Glaubenszwang aus dem Bereich der islamischen Glaubensverkündung ausschließen. Diese zwei denkwürdigen Verse lauten: *„Es gibt keinen Zwang im Glauben! Wahrlich die Wahrheit unterscheidet sich vom Irrtum"* (2 : 256); *„Die Wahrheit kommt von eurem Herrn: wer nun will, der glaube; wer es nicht will, der lass' es dabei bewenden"* (18 : 29).

Die militärische oder politische Expansion eines muslimischen Staates muß von dem Prozeß der Islamisierung streng unterschieden werden. Das sind zwei verschiedene Prozesse. Es war gerade das Osmanische Reich, dem eher an der militärischen Ausbreitung und an der Ausweitung der politischen und wirtschaftlichen Macht als an der Ausbreitung des Islam gelegen war.

Trotz der unterschiedlichen Standpunkte, die der Islam einerseits und das Judentum und Christentum andererseits zu gewissen zentralen Glaubensfragen beziehen, ist ein friedliches Zusammenleben der Offenbarungsreligionen nach der Theologie des Islam vertretbar. Es ist sogar in gewissem Sinne ein religiöses Gebot. Der Islam ist dialogfreudig und für die gemeinsamen Anliegen offen. Eine Zusammenarbeit ist immer möglich. Sie ist heute geradezu ein unaufschiebbares Erfordernis. Ausdrückliche Stellungnahmen des Qur'an und die beglaubigte Tradition bestätigen diese Grundausrichtung des universalistisch gesinnten Islam. Wichtig vor allem erscheint mir der koranische Dialogruf: *„O Volk der Bibel! Kommt herbei zu einem Wort, das gleich ist zwischen uns und euch: daß wir keinen anderen anbeten denn Gott, und daß wir Ihm keinen Nebenbuhler zur Seite stellen. Ebenso, daß nicht die einen unter uns die anderen zu Herren nehmen statt Gott."* (3 : 64)

Eine von *Ebū Hureyre* überlieferte Anweisung des Religionsverkünders Muhammed hat folgenden Inhalt: „Gebt den Schriftbesitzern weder recht noch aber strafet sie Lügen, sondern sprechet: ‚Wir glauben an Denjenigen, der uns und Euch geoffenbart hat; unser Gott und Euer Gott ist derselbe'."

Ein Rabbiner namens *Ka'b* brachte dem Kalifen 'Omer, gest. 644, ein Buch und sprach: „Hier ist die Tora, also lest sie!" 'Omer erwiderte: „Wenn du sicher weißt, daß es jene ist, die Gott Moses offenbart hat, so werde ich sie Tag und Nacht lesen." Wie wir sehen, verstehen die Muslime die Bibel durch den Qur'ān, weil sie nur seinen Text für authentisch halten. Dennoch hat es große Theologen — wie Muḥammed el-Ġazālī — gegeben, die sich in ihren theologischen Ansichten auch auf die vermeintlich nicht in allem echten hl. Schriften des Judentums und Christentums gestützt haben.

Im Qur'an finden wir unerwartet sympathische Äußerungen über die Anhänger der vorhergehenden Offenbarungsreligionen. So etwa: „Du wirst zweifellos finden, daß diejenigen, die sich als Christen bezeichnen, den Gläubigen am freundlichsten gegenüberstehen. Dieses, weil unter ihnen Gottes Gelehrte und Mönche sind, und weil sie nicht hochmütig auftreten." (5 : 82)

Kann es auf die Freundlichkeit eine andere Antwort, als Freundlichkeit geben? *„Hal ǧazā'ul-iḥsān illa'l-iḥsān"*, heißt es im Koran (zu deutsch: „Ist der Lohn der Wohltat etwas anderes denn die Wohltat?").

In der Kolonialzeit fand, durch die Umstände bedingt, die ethische Haltung einer extremen Passivität Verbreitung. Man suchte die Läuterung und Seligkeit in der Hingabe der eigenen Persönlichkeit an ein abstraktes Nichts. Eine Art *Nirwana*-Philosophie beherrschte die Gemüter der Gläubigen. Die Mystik war ihr Nährboden. Erst Ende des 19. Jahrhunderts erhoben sich die ersten Stimmen, die eine Ethik der Aktivität verlangten. Durch die Verbundenheit dieser Ethik mit politischen Realitäten und die Notwendigkeit, diesen mutig entgegenzutreten, wurde ein neues Image des Islam geschaffen, das manchen außenstehenden Betrachter überrascht. Die Wiederbelebung dieser aktiven Ethik, an der die religiösen Führer, wie *Ǧemāluddīn el-Afġānī* und *Muḥammed 'Abduh* und die Dichter Muhammad Iqbāl und Ziya Gökalp intensiv gewirkt haben, geht mit jenem Prozeß Hand in Hand, den die westlichen Massenmedien fälschlicherweise „Re-Islamisierung" nennen. Wie sehr in diesem Prozeß die vererbten Neigungen und Denkweisen mitbestimmend sind, zeigt besonders illustrativ das iranische Beispiel, wo die Religion und die Regierung — wie zur Sassanidenzeit — als Zwillingsschwestern empfunden werden. Die gegenwärtig laufenden restaurativen Eingriffe, die die islamische Welt erschüttern und von denkenden Gläubigen als enttäuschender Rückfall in den Schlendrian eines von Schablonen geprägten Lebens empfunden werden, werden unweigerlich Schiffbruch erleiden. Sie rufen zum Umdenken und zur Neubesinnung auf. Als Fazit wird meines Erachtens ein Islam in die Zukunft eintreten, der sich an der schmalen Basis des „geweihten Wissens", nämlich an den qur'anischen Grundprinzipien, orientiert, oder unter Zuhilfenahme mystischer Erfahrungen allgemeine Glaubensinhalte aufnimmt. Ein solcher Islam wird in zunehmendem Maße ökumenisch offen sein. Denn Gott wird als ein zu jeder Zeit präsenter Gott, der den Mensch als seinen Stellvertreter auf Erden mit Anteilnahme begleitet, empfunden. Der aufgeklärte Gläubige wird sich für berechtigt halten, die Tore der freien Interpretation der Glaubensquellen, die vor acht Jahrhunderten ins Schloß gefallen sind, wieder zu öffnen und sich damit auch einen Weg in eine sinnvollere Zukunft zu erschließen.

Die Gründe des Nichtverstehens des Islam wurden von Marcel A. Boisard in einem Vortrag, den er in der Schweiz hielt, treffend skizziert:

„Im religiösen Bereich entspricht die Einstellung der christlichen Welt der üblichen Reaktion aller offenbarten Religionen, die eine gewisse Toleranz gegenüber früheren Offenbarungen (im vorliegenden Fall gegenüber dem Judentum) zeigen, eine spätere Offenbarung wie die des Islam jedoch eindeutig ablehnen.

Was das Kulturelle betrifft, gibt es zwei verschiedene Gründe für das Unverständnis. Auf dem doktrinären Niveau einerseits rührt das Mißverständnis von einer Haltung her, die wie folgt zusammengefaßt werden kann: „Unter Verwandten versteht man sich am wenigsten".

Der Christ findet im Islam vieles, was ihn an seine eigene Religion erinnert, wie Glaubensartikel und Ideen, die den seinen identisch oder ähnlich sind. Diese sind ihm so bekannt, daß er an ihnen vorbeigeht, ohne sich näher zu informieren: mit einer totalen Gleichgültigkeit, die man Dingen gegenüber zeigt, die man glaubt, zu gut zu kennen, und die man doch nicht gut genug kennt, um sie zu verstehen.

So wurde dem politischen Anspruch des Islam, der sich in der jüngsten Vergangenheit sehr kräftig zeigte, im Westen mit gewissen Emotionen begegnet, herrührend aus einem Unverständnis und, man muß es sagen, auch aus einer gewissen Angst, die die klassischen, durch die Geschichte angesammelten stereotypen Vorstellungen wieder aufleben ließ."

VI. Das Jesusbild in der islamischen Theologie

Versteht man unter der Theologie „die Rede von Gott“, so hat die islamische Theologie über Christus eigentlich nichts auszusagen. Denn der Islam schließt jegliche Einbeziehung des Menschen in den Bereich des Göttlichen aus. Demnach kann im islamischen Denkrahmen dieses Berichtes auch von keinerlei menschlicher Erfahrung Gottes im Sinne der christlichen Theologie gesprochen werden.

Jesus hat im Islam eine durchaus *menschliche* Dimension. Lediglich seine ungewöhnliche Geburt hebt ihn von den gewöhnlichen Sterblichen ab.

Entgegen der biblisch orientierten christlichen Theologie, die nicht einfach von Gott, sondern von „Gott und Mensch“ im Zentrum des Geschehens, von einer Personalunion zwischen „Gott und Mensch“ redet, ist der Islam eifrig darauf bedacht, jeden Gedanken an eine Teilhaberschaft des Menschen an der göttlichen Einmaligkeit aus dem Bewußtsein seiner Gläubigen zu verdrängen. Bedenkt man, daß die christlichen Theologen, wie von berufener Seite (*J.M. Lochman*) festgestellt wurde, in der Regel darum Theologen sind, weil sie an Jesus Christus und in bestimmter Weise an Gott glauben, so erkennt man, wie weit die Ausgangsstellungen der beiden theologischen Systeme voneinander entfernt sind.[51] Die Kluft scheint unüberbrückbar, zieht man die sicherlich auch für das integre christliche Denken abwegigen Bestrebungen einiger moderner „Theologen“, von Gott überhaupt Abschied zu nehmen, in die Betrachtung ein. Wird Jesus so interpretiert, daß man auf den Gottesbegriff der Offenbarung nicht mehr zurückgreift, so hebt sich zwischen dem Islam und dem Christentum jegliche Gemeinsamkeit zwangsläufig auf. Es muß ja nicht besonders betont werden, daß nur in Gott als Schöpfer und Erhalter Christen und Muslime zusammentreffen können. Dieser grundlegende religiöse Wert, nämlich „die Sache mit Gott“, ist durch nichts ersetzbar, auch nicht durch Jesus, den selbst der Islam über andere Menschen erhebt.

Wie alle anderen Propheten, so ist auch Jesus im Islam auf ein menschliches Maß reduziert. Deshalb hat die Rede des Muslims von Christus kein vergleichbar ähnliches Gewicht wie die Rede von ihm innerhalb des Christentums. Jesus ist im Qur’an lediglich Gegenstand der Prophetengeschichte. Die Interpretation dieser Geschichte ist allerdings nicht einheitlich. Während die älteren Qur’ankommentatoren sie als Vermittlung von sicheren Tatsachen hinnehmen, schreiben ihr einige neuere Exegeten (*Ḫalefullāh, Djozo, Korkut* u.a.) eine pädagogisch-literarische Hilfsrolle zu. Sie berufen sich hierbei darauf, daß der Qur’an selbst die paränetisch-literarische und ästhetische Ausrichtung eines Teiles seiner Prophetengeschichten hervorhebt. So wird beispielsweise der in ihm enthaltene Bericht vom ägyptischen Joseph als die „schönste Erzählung“ qualifiziert[52].

Im allgemeinen besteht diese Gruppe der qur'ānischen Aussagen aus Stichworten, Bruchstücken und Andeutungen. Abgeschlossene Darstellungen fehlen. Das alles beweist, daß ihnen im qur'ānischen Gesamtkonzept nur eine Nebenfunktion zugedacht ist. Sie sind gewissermaßen eine Subkultur der darin enthaltenen Gedanken- und Empfindungswelt.

Nach dieser Auffassung, die sich in unserer Zeit immer stärker durchsetzt, sind die Prophetenerzählungen gleichzeitig eine Art abendfüllender literarischer Stoff, der unter anderem dem Zwecke dient, eine Gesprächsbasis mit anderen Offenbarungsreligionen abzugeben. Es kommt daher, nach dieser Meinung, bei ihnen nicht so sehr auf den Inhalt wie auf die Wirkung als Hilfsmittel zur Stärkung des Glaubens einer bestimmten Zuhörerschaft an. Sie dienen als Ansporn und Stimulans für den frommen Sinn. Ihr jeweiliger Held ist ein Leitbild *(uswe-i hasene)*. Deshalb muß dieser in seinen menschlichen Dimensionen den Hörer ansprechen können.

Der Qur'ān hat für einige biblische Ereignisse eigene Versionen. Das spricht dafür, daß es Muhammed gar nicht daran lag, sich in theologischer Manier mit dem Inhalt der Prophetengeschichten auseinanderzusetzen. Der Islam ist nicht, wie etwa das Judentum, aus der Geschichte eines Bundes mit Gott hervorgegangen[53]. Auch ein Zusammenwirken zwischen Gott und Mensch in der Geschichte ist ihm unbekannt. Deshalb rangieren die Prophetengeschichten im Lehrgebäude des Islam erst an zweiter oder an dritter Stelle. Die Trennungslinie von der Glaubenssphäre (*'aqā'id, i' tiqādāt*) ist sehr scharf. In der Tat werden diese Geschichten vielfach als Legenden empfunden. Im tätigen Glauben haben sie keine unmittelbare Funktion.

Dies ist auch der Grund, daß sich die islamischen Schriftgelehrten niemals ernstlich mit der Christologie befaßt haben. Wenn *'Alī Merād* das mit einer *„grande discrétion"* erklärt, um nutzlosen Auseinandersetzungen mit den Christen auszuweichen, so sei dazu bemerkt, daß diese „große Verschwiegenheit" nur deshalb möglich war, weil hier keine Glaubensprioritäten in Frage stehen. Weniger entscheidend dürfte daran der Umstand mitgewirkt haben, daß das Kapitel *Jesus* zur *„domaine de l' Inconnaissable"* (dem Gebiet des Geheimnisvollen) gehört[54]. Das, was *eṭ-Ṭabarī* (gest. 923), *Ibn en-Nedīm* (gest. 995 oder 998), *eš-Šehrestānī* (gest. 1153) sowie andere Polyhistors und Religionsforscher in ihren Werken über Jesus aussagen, sind summarische Informationen, die sich recht anspruchslos ausnehmen. Es sind hauptsächlich christliche Missionare und einzelne Orientalisten, die entweder selbst ursprünglich Theologen sind oder diesen nahestehen, die das qur'ānische Jesus-Bild überdimensionieren. Dazu verleitet sie ihre von der christlichen Tradition her übernommene Betrachtungsweise der Geschichte Jesu. Kein Wunder, daß sie unter solchen Umständen zu falschen Schlüssen und Einschätzungen kommen. So findet *Heikki Räisänen*, ein finnischer Neutestamentler, der über das Jesus-Bild im Islam eine beachtenswerte Studie[55] geschrieben hat, daß die „äußerst theozentrische Theologie (!) Muhammeds, die ihn zu entschiedener Widerlegung der Vergötterung Jesu bringt“, sich letztlich als „egozentrisch“ herausstelle. Muhammeds eigene Erfahrungen seien der Maßstab geworden, mit dem er die Vergangenheit messe. Sie werde relevant für das Jetzt. „In diesem Kontext muß“, meint er, „auch das qur'ānische Jesus-Bild gesehen werden.“

Ein auf Grund spezifischer Qur'ānstellen in isolierter Betrachtung gewonnenes Jesus-Bild muß mangelhaft ausfallen. Denn im Kontext mit anderen Prophetengeschichten zeigt sich, daß alle besonderen Züge, die der Qur'ān Jesus zuschreibt, ihre Entsprechungen oder Parallelen bei seinen prophetischen Vorgängern haben. So wurde Adem, bekanntlich auch ein Apostel des Islams, durch einen ähnlichen Schöpfungsakt wie Jesus erschaffen (*Sure 3, 59*). Moses erweckte das Leblose zum Leben u.ä. Demgegenüber zeigt ein Vergleich mit Muhammed einen krassen Gegensatz zu der so dargestellten Vergangenheit. Muhammed persönlich hielt nicht sehr viel von den Wundern. Für sein stärkstes Adut, sein „Wunder“ (*mu'ğize*), gab er den Qur'ān aus, d.h. die von ihm, einem Voll- oder Halbanalphabeten, aus dem Stegreif gesprochene Heilsbotschaft. Als sein im kindlichen Alter verstorbener Sohn *Ibrāhīm* zu Grabe getragen wurde, stellte sich, wie durch ein Wunder, eine Sonnenfinsternis ein. Sofort begann das Volk zu reden, der Himmel trauere dem Sprößling des Gesandten Gottes nach. Als diese Deutungen Muhammed zu Ohren kamen, stellte er sich ihnen entschieden entgegen und lehnte sie als nichtislamisch ab. Wie kann man dann das Jesus-Bild des Qur'ān als von Muhammed auf Grund eigener Erfahrungen aktualisierte Vergangenheit ansehen?

Mit derartigen Schlüssen vermag man die Dinge auf den Kopf zu stellen. Kein Wunder, daß sich dann auf muslimischer Seite heftige Reaktionen einstellen. So war es einmal; heute ist es auch nicht anders. Aus ihrer Reserve zum Problem Jesu herausgelockt, haben viele muslimische Gelehrte zur Feder gegriffen. Unter diesen war auch der berühmte *el-Ġazālī* (gest. 1111), der eine Widerlegungsschrift gegen die Göttlichkeit Jesu verfaßte. (Die Authentizität dieses Werkes wird allerdings in neuerer Zeit stark angezweifelt.) Auch eine Reihe weiterer Schriften polemischer Art entstand so in der arabischen, türkischen, persischen und Urdu-Literatur[56].

Um die Jahrhundertwende, als im Zuge des beginnenden Verfalls des Osmanischen Reiches sich der Islam verstärkten missionarischen Angriffen gegenübersah, entstand eine Flut von Verteidigungsschriften, die freilich häufig emotionsgeladen sind. Erst die nationalen Interessen der zum neuen Bewußtsein wiedererwachten Völker des Nahen Ostens bewirkten eine merkliche Dämpfung der Gefühle. Man bemüht sich auf beiden Seiten, der christlichen wie der islamischen, keinen Anlaß zu unnützen dogmatischen Auseinandersetzungen zu geben. Die Toleranz wird von höchsten Staatsstellen systematisch gefördert. Der Konflikt in Palästina hat sie im arabischen Raum zum vordringlichsten Gebot gemacht. Andererseits haben die politischen Notwendigkeiten in die Theologie gewisse fragwürdige Tendenzen gebracht. So ist unter den Arabern wiederholt der Versuch gemacht worden, Jesus als *„el-Mesīḥ“* (Messias) nur eine historische Dimension zu geben. Er sei danach zwar als der versprochene Messias der Juden gekommen, habe aber seine Aufgabe nicht in der von den Juden erwarteten Weise vollzogen. Anstelle des herbeigesehnten Judenstaates habe er lediglich das Himmelreich verkündet. Mit dem Abschluß seiner Mission sei auch jede Chance auf das Kommen eines neuen Messias verschwunden. Durch diese Auslegungen versucht man, den verschiedentlich auftauchenden Äußerungen über den messianischen Charakter des Staates Israel entgegenzutreten.

Wie immer man sich zur Wesensart der qur'ānischen Prophetengeschichten einzustellen vermag, die Tatsache bleibt bestehen, daß sie an der Gestaltung des allgemeinen Weltbildes des frommen Muslims mitwirken. So ist auch das Jesus-Bild der islamischen Theologie — wenn wir diese im erweiterten Sinn, nämlich als Religionslehre, verstehen — praktisch durch den Qur'ān festgelegt. Zwischen gestern und heute gibt es hier keinen Unterschied, weil der Qur'ān als göttliche Eingebung unveränderlich bleibt.

Es seien hier die wichtigsten Aussagen, die der Qur'ān über diesen Gottgesandten macht, in deutscher Übersetzung wiedergegeben:

„Ich suche beim Erbarmer Zuflucht vor dir“, sprach Maria im Anblick des Engels, der ihr die Geburt Jesu ankündigen sollte. „Ich bin der Bote deines Herrn“, sprach er, „beauftragt, dir einen lauteren Knaben zu schenken.“ „Wie sollte ich einen Knaben bekommen“, erwiderte sie, „wo kein Mann mich berührt hat? Ich bin schließlich keine Hure.“ „So hat es dein Herr befohlen“, sprach er. „Eine Kleinigkeit, damit Wir ihn zu einem Zeichen für das Volk machen, und zu einem Beweis unserer Barmherzigkeit. Es ist eine beschlossene Sache.“ Da war sie schwanger und zog sich, mit dem Knaben unter dem Herzen, an einen weit abgelegenen Ort zurück. Die Wehen führten sie zum Palmenstamm. Sie sprach: „Oh, wäre ich doch vorher gestorben und völlig in Vergessenheit geraten!“ *(Sure 19, 18 - 24)*.

Im Falle Jesu, kommentiert diese Stelle *Ebū Zehre* (gest. 1974), einer der seltenen islamischen Christologen, bekunde sich der unmittelbare Schöpfungswille Gottes. Er sei ein Zeichen der göttlichen Präsenz für jene gewesen, die gewöhnt waren, die Welt in der üblichen Ordnung zu sehen, in der eine bestimmte Ursache stets eine bestimmte Wirkung nach sich ziehe. Hier habe sich die Wirkung ohne die bestimmte Ursache eingestellt[57].

Zum anderen sei die Geburt Jesu, meint *Ebū Zehre*, eine Eröffnung der Welt des Geistes für die Menschen, die diesen verneinen. Auch andere Qur'ānstellen bestätigen diesen Sinn, so etwa die Stelle: „Und jene, die ihre Keuschheit hielt ... Da bliesen wir ihr Geist von uns ein und machten sie und ihren Sohn zu einem Zeichen für alle Weltbewohner" *(Sure 21, 91).*

Zur Widerlegung der Göttlichkeit Jesu erzählt der Qur'ān folgende Episode: „Jesus, Sohn der Maria! Hast du den Leuten gesagt: ‚Nehmt euch außer Allah mich und meine Mutter zu Göttern?' ‚Gott bewahre', erwiderte er, ‚wie könnte ich mir erlauben, etwas zu sagen, was nicht Rechtens ist und wozu ich nicht stehe?'" *(Sure 5, 116).*

Anknüpfend an diese qur'ānische Stelle, bemerkt *Muhammed ibn el-Ḫaṭīb,* ein anderer Theologe aus dem Kreise der *El-Ezher*-Gelehrten, in polemischer Art: „Jene, die behaupten, daß Jesus Gott sei, glauben selbst nicht daran."[58] Christus selbst habe sich wiederholt Menschensohn genannt[59]. Für die qur'ānische Bemerkung, daß Maria und ihr Sohn Speisen zu sich genommen haben wie alle anderen Menschen, meint *el-Ḫaṭīb,* das sei eine andere Ausdrucksweise für die menschliche Bedürftigkeit, die durch den Genuß von Speisen bedingt ist, und in der sich Mensch und Tier gleichen. Damit will er die Absurdität der Anbetung eines Menschen aufzeigen.

Auf Grund einer eingehenden Analyse der entsprechenden qur'anischen Aussagen kommt *Riyād ed-Durūbiyye* zu dem Schluß, daß der Islam Jesus weder als Gott noch als Gottes Sohn anerkennt. Er billigt ihm lediglich die Mission eines israelitischen Heilsboten (Gesandten Gottes) zu, dem ein eigenes Buch, nämlich das Evangelium, gegeben worden sei[60].

Umstritten ist die qur'anische Bezeichnung *„el-Mesīh"* (der Gesalbte, der Messias) für Jesus. Durch den Einfluß der jüdischen und christlichen Tradition wurde darunter vielfach der „Messias der letzten Tage" verstanden. Der Begriff des kommenden *Mehdī,* des Erretters der islamischen Welt, ist damit eng verbunden, ja mit ihm identisch. Noch immer lebt unter muslimischen Volksmassen die Vorstellung, daß Jesus (*'Isā*) vor dem Weltuntergang erscheinen und die Welt dem Islam zuführen werde[61]. Die Idee des *Mehdī* hat in der Vergangenheit viele Abenteurer auf den Plan gerufen und ihnen zu Einfluß und Macht beim einfachen Volk verholfen. Auch Politiker verstanden es, sie zu ihrem Vorteil auszunutzen. Man denke an den Mehdī-Aufstand im Sudan 1843 - 85. Der Glaube an die Wiederkunft Jesu, sei es als Erretter des Islam, sei es in einer anderen Mission, steht, wie einflußreiche Theologen der Gegenwart beteuern, im schroffen Gegensatz zu der islamischen Lehre. „Der Qur'an ist die letzte und endgültige Offenbarung", schreibt *Husein Djozo,* ein Absolvent der Universität El-Ezher, im offiziellen Organ der Islamischen Gemeinschaft von Jugoslawien[62]. „Demnach besteht weder Notwendigkeit noch Veranlassung, daß ein weiterer Gottgesandter in Erscheinung tritt". „Das Warten auf das Wiederkommen Christi war von Illusionen begleitet, die die Muslime vom wirklichen Leben ablenkten. Das trug zur Passivität des Volkes beträchtlich bei und stärkte seine fatalistische Einstellung zur Welt. In dieser Atmosphäre konnten sich religiöse Verhaltensweisen wie *tewekkul* (Passivität der Lebensführung), *qisme* oder *kismet* (hier etwa zu verstehen als willige Fügung in das „von Gott bestimmte Los") u.ä. entfalten"[63]. Bei diesem Votum stützt sich der jugoslawische Gelehrte auf die einschlägigen Studien über das Jesus-Problem des ehemaligen, inzwischen verstorbenen Rektors der Universität El-Ezhar, *Maḥmūd Šelṭūt.*

Haris Korkut, einem weiteren El-Ezhar-Gelehrten (gest. 1980), verdanke ich den Hinweis, daß die Bezeichnung „*el-Mesīḥ*" im Zusammenhang mit dem Namen *'Īsā* (Jesus) im Qur'an nur als Titel oder Adresse *('unwān)* zu verstehen sei. Keine weitere Bedeutung komme ihr zu.

Aus dem Gesagten geht hervor, daß trotz der Achtung, die die Muslime Jesus als dem Gesandten Gottes erweisen, die praktischen Auswirkungen eines christlich-islamischen Gesprächs in Bezug auf Christus keine brauchbaren Ergebnisse zeitigen werden. In einer Zeit, in der die biblischen Wunder immer weniger überzeugen, droht auch das legendäre Jesus-Bild sich weiter zu verflüchtigen. Diejenigen Christologen, die das Jesus-Bild des Qur'an überbewerten, sind daher offensichtlich auf dem Irrweg. Demgegenüber reißt die in Mode gekommene westliche Theologie, die sich vom Gott der Offenbarung trennt, eine Kluft auf, die ein islamisch-christliches Gespräch unmöglich machen könnte. Nur die Rückkehr zum gemeinsamen Urquell, der Glaube an Gott und die gemeinsame ethisch-soziale und religiöse Zielsetzung, verbürgen ein sinnvolles Gespräch und eine fruchtbare Zusammenarbeit.

VII. Die Muslime im Westen — ihre menschlichen und religiösen Probleme

Alle Anzeichen sprechen dafür, daß mit einer Dauerpräsens des Islam in Westeuropa zu rechnen ist. Die Kontakte zwischen Religionen untereinander verdichten sich. Der Nachholbedarf an sachlicher Information wird immer dringender. So ist es auch höchste Zeit, daß die Schulbücher auf den Prüfstand gebracht werden. Diese sind in Europa an vielen Mißverständnissen schuld, die über den Islam herrschen. Viele kränkende Verhaltensweisen und Bezeichnungen könnten durch ein Wort von der Kanzel weitgehend aus dem Leben verdrängt werden, so z.B. die falsche Bezeichnung „Muhammedaner" für die Anhänger des Islam, die Identifizierung des Arabers mit dem Muslim, das Schimpfwort „Kameltreiber" u.a.m. Gute Erfahrungen der Muslime mit der pluralistischen Gesellschaft würden sicherlich nicht ohne positive Resonanz auf ihre Heimat- oder Stammländer bleiben.

Wilfried Maechler, ein evangelischer Theologe, fordert das Christentum auf, aus Vorurteilen, Machtpositionen und Privelegien auszuziehen, „um dem Reich der Gottes- und Nächstenliebe, in dem auch die Mühseligen und die Beladenen einen Platz haben, entgegenzukommen."

Pater *Werner Wanzura* von der Ökumenischen Kontaktstelle für Nichtchristen beteuert in glaubwürdiger Weise, daß das Ziel der christlichen Arbeit unter den Muslimen keine Bekehrung zum Christentum sein darf. Das Ziel sei „die Begegnung auf menschlicher Ebene, um von da aus langsam auf Gott, der unser aller Schöpfer ist, zugehen zu können, indem wir uns auf diesem Wege gegenseitig unterstützen und helfen."

Mehr als die Missionierung bedroht die eigene Nachlässigkeit die religiöse Zukunft der Muslime. Im Jahre 1975 fand ein holländischer Doktoratsanwärter, *V.G.M. Hermans,* in seiner Dissertation „Muslim-Gastarbeiters", daß etwa 70.000 muslimische Kinder vom Verlust der religiösen Identität bedroht sind. Fünf Jahre später sprach ein deutscher Fachmann für Gastarbeiterfragen, *Eberhard de Hahn,* schon von 200.000 türkischen Kindern, die allein in Deutschland ihrem Identitätsverlust entgegengehen.

Abgesehen von den sporadischen Zeiterscheinungen, die den Islam im weltweiten Rahmen in ein schiefes Licht bringen, ist es vor allem das klassische Verständnis der *šerīʿa* (des religiösen Gesetzes), das zu einem dauernden Verlust der islamischen Substanz in pluralistischen Gesellschaften führt. Der Islam wird meistens als ein Lebensweg, der sich mit einer archaisch verstandenen Scherīʿa deckt, definiert. In die Praxis umgesetzt, bedeutet dieses ein in ein umfangreiches Netz von Vorschriften, Geboten, Verboten, Empfehlungen und Verhaltensweisen verstricktes Leben — ein Lebensmodell, das den sozialen Verhältnissen Arabiens vom 7. Jahrhundert entspricht. Ein so verstandener Islam bringt die Menschen, die in pluralistischen Gesellschaften unserer Zeit leben, auf Schritt und Tritt in Konflikt mit ihren sonstigen Lebenserfahrungen und führt zu Identitätskrisen. Die muslimischen Kinder, die an den sogenannten Qur'ān-Kursen teilnehmen und zum patriarchalischen Lebensstil ihrer Ursprungsländer angehalten werden, werden geradezu zu einer Art Schizophrenie erzogen.

Die klassische *šerīʿa* hat sich in der ersten Entwicklungsphase des Kalifats herausgebildet. Damals wurde ihr in weitem Umfang das Gewohnheitsrecht der Araber und der von ihnen Unterworfenen Völker einverleibt. Dieser Erbteil der *šerīʿa* ist so groß, daß man vom orientalischen Gewohnheitsrecht als von der fünften Quelle des *fiqh* sprechen könnte.

Die freidenkerische theologische Schule der Muʿtezila hat bekanntlich die *šerīʿa* als eine göttliche Bestätigung der vorausgegangenen Denkurteile empfunden. Die Orthodoxie sieht hingegen in ihr eine sakrale Ordnung, hinter der ein göttliches Geheimnis steckt. Sie gestattet nicht die Fragen: „Warum?", „Wozu?" und „Wie lange?".

Der Qur'ān scheint jedoch eher dem muʿtezilitischen Standpunkt Wort zu sprechen; begründet er doch auch vielfach seine Forderungen und Empfehlungen. Die Suche nach dem Sinn ist ein Element der qur'ānischen Dialektik. Deshalb dürfen wohl auch jene Scheriatsbestimmungen des Qur'ān, die einen geschichtlichen Bezug haben oder eine ganz bestimmte sozialpolitische Struktur ins Auge fassen, dem ambivalenten oder überholten Teil der Schariʿa zugeordnet werden. Hier zwei Beispiele:

Ein Qur'ān-Vers stellt fest, daß Männer vor Frauen einen Vorrang haben. Zwei Gründe werden dafür angeführt. Einer davon ist, daß der Mann für Frau und Kind aufkommt, also größere Last zu tragen hat. Dieses ist zweifellos eine indikative Aussage, die die damalige soziale Struktur wiederspiegelt. In einer Gesellschaft, in der auch die Frau werktätig ist, entfällt die Prämisse, die jenes qur'ānische Urteil gerechtfertigt hat. Demnach ist der betreffende Qur'ān-Vers von ambivalenter Bedeutung; ein regulativer Charakter für heute muß ihm nicht zugeschrieben werden.

Ein zweites Beispiel: Der Qur'ān empfiehlt den weiblichen Mitgliedern der Erstgemeinde, beim Auftreten in der Öffentlichkeit einen Überwurf über den Kopf zu benutzen, um vor etwaigen Anpöbelungen geschützt zu werden. Auch in Europa war zeitweise der Hut auf dem Kopf das Zeichen einer vornehmen Dame. Die Verhältnisse haben sich aber inzwischen von Grund auf geändert. Heute ist in der modernen Gesellschaft des Westens eine das Kopftuch tragende Frau eher der Gefahr ausgesetzt, belästigt oder gar diskriminiert zu werden. Hier gilt also in vollem Umfang das sonst im islamischen Recht geltende Prinzip: „Mit der Änderung der Zeit ändern sich auch die rechtlichen Bestimmungen."

Will der Islam in der modernen Gesellschaft für alle Zukunft einen festen Platz bewahren, so genügt es nicht, allein zu den eigentlichen Religionsquellen, nämlich zum Qur'ān und zu den erläuternden Aussagen Muhammeds zurückzukehren; diese Quellen müssen auch kritisch benutzt werden. Ein historisch-kritisches Qur'ān-Verständnis stellt sich als unumgängliches Erfordernis ein. Auf den Gedankenreichtum der klassischen *šerī'a* kann aber nicht ganz verzichtet werden.

Gegenüber den angeführten Schwierigkeiten in Bezug auf das *šerī'a*-Verständnis sind es Organisationsmängel, die das religiöse Leben der Muslime in der pluralistischen Gesellschaft des Westens belasten. Als Führer und Sprecher des Islam treten hier nicht selten völlig ungeeignete Personen auf. Meistens sind das Arbeiter, die sich im Lesen des Qur'ān und im Gebetsmechanismus auskennen, manchmal aber auch Personen, die von höheren islamischen Stellen im arabischen Orient zur religiösen Betreuung dieser Diaspora delegiert worden sind. Das Bildungsniveau der meisten in Westeuropa wirkenden *Imame* (Vorbeter, Geistlicher) läßt viel zu wünschen übrig. Nicht wenige von ihnen sind Dilettanten. Einzelne von ihnen neigen in Verkennung ihrer Grenzen dazu, sich als Heilsbringer und Apostel des Islam auszugeben — dies in einer Umwelt, der sie weder kulturell noch theologisch gewachsen sind. Diesem Notstand will ein von der Islamischen Weltliga 1982 in Brüssel gegründetes Imamen-Institut abhelfen.

Zeitweise hat man den Eindruck, als ob Ignoranten die islamische Szene beherrschen. Der Erzkonservativismus schlägt groteske Blüten. Das Festhalten an Ritualismus und erstarrten Lebensformen wird als Kriterium des menschlichen Wertes angesehen. Der islamische Habitus reduziert sich nach dem Konzept der Prediger dieser Denkrichtung auf das äußere Befolgen einer alteingefahrenen Lebensschablone.

Die Speisen zum Beispiel, die die Christen und Juden zubereiten, sind ihrer Ansicht nach zweifelhaft, obwohl im Qur'ān das Gegenteil davon ausgesagt wird. (vgl. die Sure 5:5). Von ihrer Seite her kommt neuerdings die Behauptung, der Würfelzucker enthalte gewisse Substanzen aus Schweineknochen; sein Genuß sei daher für den Muslim verboten. „Es ist leichter, in den Stahl zu beißen, als ein guter Muslim zu sein", ist ihre Devise. Sie machen sich ungerufen zu Fahnenträgern des Islam. Die Tragik ihres Auftretens auf der religiösen Bühne liegt weniger darin, daß sie nicht gelehrt sind, als daß sie ihre Grenzen nicht kennen. Sie lassen sich in ein Geschäft ein, dem sie nicht gewachsen sind.

Merkwürdigerweise sind es gerade die erzkonservativen Elemente, die fremde Gedanken und Etiketten in die islamische Theologie einführen. In ihrem Vokabular finden sich typisch christliche Termini, wie *A(nno)*

D(omini) – dieser sogar bei einer Qur'ān-Übersetzung! –, *heilige Seele, St. Muhammed, Consecration* (Einweihung – zur Bezeichnung der Eröffnung etwa eines islamischen Zentrums), *Seine Heiligkeit* als Ansprache für den 2. Imam der Ka'ba, *Weltmoscheenrat* (in Angleichung an den Weltkirchenrat) u.a.m. Gegen einen vor einigen Jahren in Westeuropa gezeigten Film, The Messenger, der sich mit der Frühgeschichte des Islam befaßt, ereiferten sich Bilderstürmer. Als Grund wurde angegeben, daß im Film ein Onkel Muhammeds, Ḥamza, durch einen „sündigen" Schauspieler dargestellt worden sei. Ihrer Meinung nach wäre es überhaupt nicht zulässig, Familienmitglieder des Religionsverkünders und seine Gefährten bildlich oder auf den Schaubühnen darzustellen. Aus demselben Grund traten diese Rigoristen auch gegen einen geplanten Film über das Leben und das Werk des zweiten Kalifen 'Omer auf. Das sind die Paradoxe eines religiösen Verhaltens, das zu Hause das Eindringen von fremdem religiösen Gut duldet, in Europa aber gegen Christen, Sozialisten, Freimaurer, Kommunisten, Juden und auch manche Muslime Stimmung macht und mit Säbeln rasselt. „Der Erzkonservative lehnt sich gegen jede ihm nicht vertraute Lehre auf. Diese besteht lediglich aus dem angestammten religiösen Erbe. Seine Religösität entspricht einer blinden Nachahmung. Er bekämpft sogar jeden, der seinen Islam ausschließlich auf den Qur'ān und die authentische Tradition gründet". Genauer gesehen, ist sein zelotisches Festhalten an überholten Lebensformen eher ein altorientalischer als ein islamischer Charakterzug. In diesen Formen sind unzählige Petrefakte der Antike, des Judentums und der Mönchsaskese erhalten geblieben.

Die Isrā'īliyyāt (Judaismen) prägen immer noch das Gesicht der Religion breiter Gläubigenmassen mit. Sei es als Vertreter einer fragwürdigen Bewegung (Ḥareket et-teblīġ = „Bewegung zur Überbringung der frohen Botschaft"), sei es als Funktionäre von Gastarbeitervereinen, versuchen Unberufene, im Namen des Islam die Lebensentwicklung zu stoppen und die muslimischen Massen dem Fortschritt zu entziehen. In der Politik stehen sie meistens rechts und liebäugeln mit feudalen Strukturen. Sie verfallen in Hysterie, wenn sie das Wort „Sozialismus" hören, das für sie gleichbedeutend mit dem Kommunismus und Atheismus ist.

Dank der anfänglichen Gleichgültigkeit der Gastländer ist es diesen Kräften gelungen, die religiöse Erziehung eines Teiles der Gastarbeiterjugend in die Hand zu bekommen. Sie betrachten den Religionsunterricht als ihr Monopol. Die Ursprungsländer kümmern sich ihrerseits nicht ausreichend genug um das Schicksal dieser jungen Leute. Der Laizismus hindert sie daran, sich mit dem Problem des Religionsunterrichtes ernsthaft auseinanderzusetzen. Erst neuerdings gibt es Anzeichen einer Besserung. Der Religionsunterricht wird aber erfreulicherweise von den meisten Gastarbeitern verlangt.

Den Lehranstalten des Islam in Westeuropa, hauptsächlich den sogenannten „Koranschulen", die in Wirklichkeit nur Kurse für das Erlernen des mechanischen Lesens des Qur'ān und für die elementarste religiöse Unterweisung sind, fehlt in der Regel jegliche pädagogische und psychologische Voraussetzung, um die Jugend religiös zu erziehen. Die Kenntnisse, die dort vermittelt werden, sind brüchig; unterdrückte Aggressionen gegen die Unterrichtsmethode, aber auch gegen die Umgebung und Atmosphäre, in der diese Kurse geführt werden, bleiben nicht ohne seelische Folgen. Der derzeitige islamische Religionsunterricht in ganz Westeuropa muß daher als bedenklich bezeichnet werden. In den staatlichen Schulen wird er nur in Belgien und Österreich erteilt. Die Unterweisung, die in sogenannten islamischen Zentren geboten wird, führt meistens zur Entstehung eines Getto-Geistes; der Gegensatz zur Umwelt wird dort nicht selten religiös zementiert. Nur ein von der öffentlichen Hand organisierter Religionsunterricht vermag hier Abhilfe zu schaffen. Dazu bedarf es aber der gesetzlichen Anerkennung der islamischen Gemeinden als Körperschaften öffentlichen Rechts.

Die türkische Regierung hat zwar ein Dutzend befähigte und auch pädagogisch gut vorgebildete Theologen in die Ballungszentren der Arbeiterschaft gesandt. Doch nicht von diesen, sondern von einfachen Arbeitern, die den Qur'ān auswendig oder mit Hilfe arabischer Textstellen rezitieren können, werden in der Regel die Qur'ān-Kurse geleitet.

Wie allergisch die türkischen Behörden auf einen von ihrer eigenen Regierung nicht gelenkten Religionsunterricht für türkische Schüler reagieren, zeigt eine zum Schulanfang 1983 in Österreich von der türkischen Botschaft in Wien erlassene Erklärung. In dieser spricht sich der Botschafter, Ecmel Barutçu, gegen die Religionslehrer, die einer anderen Nation als der türkischen angehören, und gegen Deutsch als Unterrichtssprache in Religion aus. Die türkischen Eltern werden aufgefordert, ihre Kinder vom Religionsunterricht abzumelden, es sei denn, die österreichischen Behörden holten qualifizierte, vom Religionsamt in Ankara ernannte Lehrer, die dann in türkischer Sprache und unter Ausschaltung jeglicher Einlagen von Arabisch-Unterricht die islamische Religionsunterweisung für türkische Schüler in Österreich besorgen sollten.

Solange es keine straff organisierten, in der Hand einer verantwortlichen Trägerschaft liegenden Gemeinden gibt, die eine rechtliche Grundlage haben, wwird hier wohl keine wesentliche Besserung zu erwarten sein. Nur die Anerkennung des Islam als Körperschaft öffentlichen Rechts bzw. die rechtliche Gleichstellung mit den übrigen Religionsgemeinschaften verspricht eine Wende. Aber auch dann wird diese ausbleiben, wenn die Muslime selbst nicht den Ernst der Lage erfassen und ein Maximum an gutem Willen aufbieten.

Es unterliegt keinem Zweifel, daß die muslimischen Minderheiten auf die Solidarität ihrer Glaubensgenossen in den Stammländern des Islam angewiesen sind. Die Ereignisse in diesen Ländern reflektieren sich — in positiver oder in negativer Hinsicht — auf ihr Schicksal. Umso eher muß von beiden Seiten ein Höchstmaß an verantwortlichem Handeln erwartet werden. Ein Hineinzerren des Islam in die politische Alltagsszene, sein Mißbrauch zu kleinen egoistischen Zielen, oder gar die Einbeziehung des Islam in die politische oder religiöse Terrorszene, haben verheerende Folgen. Diese treffen in erster Linie die Minderheiten.

Die Stammländer müssen verstehen, daß sich die Muslime, die in pluralistischen Gesellschaften leben, von den dortigen demokratischen Prozessen nicht absondern können. Ganz im Gegenteil: ihr Schicksal hängt weitgehend von ihrer Anpassungsfähigkeit ab. Daher müssen sie ein hohes Maß an Selbstentfaltung und Kreativität aufbringen. Mit gewissen Lebensmodellen, die vielleicht in Arabien oder in Indien noch eine Berechtigung haben, ist ihnen nicht geholfen. Der Glaube in pluralistischer Gesellschaft fordert Entscheidungsfreiheit. Diese bedeutet im muslimischen Fall freilich ein Handeln im Sinne der obersten religiösen und moralischen Grundsätze des Islam, aber kein sklavisches Nachahmen von Lebensschablonen der Altvorderen. Aus der gesellschaftlichen Wirklichkeit der Minderheit ergibt sich, daß von ihr ein Islam vollzogen werden muß, der einer schöpferischen Meisterung des Lebens im Zeichen der Hingabe an Gott gleichkommt. Eine bloße Nachahmung der Vorfahren wird in der Diaspora stärker als sonst als eine den Geist und das Gewissen abtötende Routine empfunden.

Die Identitätskrise, von der am Anfang die Rede war, erfordert ein gesondertes Eingehen auf das Problem der islamischen Identität im Westen. Was begründet diese Identität?

Da Muhammed den moralischen Aufbau der Gesellschaft als sein höchstes Anliegen betrachtet hat, kann die Einschaltung des Gläubigen in die allgemeinen menschlichen Aktivitäten, die dem Allgemeinwohl gelten, seiner religiösen Identität nicht zuwiderlaufen. Ganz im Gegenteil: als „Stellvertreter Gottes auf Erden", wie der Qur'ān den Menschen bezeichnet, ist er sogar verpflichtet, „seinen Anteil an der Welt nicht zu vergessen" (so nach dem Qur'ān!). Somit müßte sich die religiöse Identität eines im Westen lebenden Muslims auf dieselben im menschlichen Hoch und Tief bewährten Werte wie die eines jeden anderen echten Gläubigen stützen. Dem Qur'ān fällt in seinem Leben eine Rolle zu, die jener der Bibel im Judentum und im Christentum entspricht. „Man kann sich", würde ich mit *Mohammed Arkoun* meinen, „auf den Standpunkt stellen, die qur'ānische Offenbarung sei eine menschliche Rede, die die wahre Offenbarung entstelle. Dann aber muß erklärt werden, warum sie vergleichbare psychologische, kulturelle und geschichtliche Ergebnisse bewirkt wie die „wahre

Offenbarung". Oder man wolle die Möglichkeit offen lassen, daß auch der Qur'ān in seiner Gesamtheit Gottes Wort sei, das in jenem Rahmen, den die Christen die Heilsökonomie nennen, seinen Platz hat."[64]

Die Erfahrung der einheimischen, europäischen Muslime zeigt, daß es möglich ist, zwischen zwei Polen, nämlich zwischen dem Islam und der europäischen Kultur, zu oszilieren. Selbst die Entstehung einer weitgehend säkularisierten Umwelt muß nicht den Islam in seiner Substanz bedrohen.

Die westlichen Freiheiten kommen dem Islam zugute

Ein Muslim, der in der westlichen Welt von heute lebt, setzt sich wegen seines Bekenntnisses keinerlei Gefahren aus. Ganz im Gegenteil: er hat vielfach bessere Möglichkeiten, sich religiös zu artikulieren, als in den Stammländern des Islam. Er kann sich z.B. der Rede- und Pressefreiheit bedienen. Niemand hindert ihn an der Ausübung des Kultes. Er könnte ein Netz von wirksamen Sozialanstalten oder Organisationen von der Art einer muslimischen „Caritas" im Westen aufbauen, ohne daß die Obrigkeit einschreiten würde. An so etwas ist aber weder in Albanien noch in der Türkei noch in manchen anderen muslimischen Ländern zu denken.

Einer kontinuierlichen Fortdauer der islamischen Identität im Westen stellt sich vor allem das unbefriedigende, den Bedingungen der neuen Umwelt nicht angemessene Glaubensverständnis entgegen. Unter dem Begriff des Islam werden veraltete Denkmodelle und Strukturen, die gar nicht zum Wesenskern der Lehre gehören, sondern lediglich Reste eines alten orientalischen Kulturgutes sind, verstanden.

Die Fixierung auf historische Lebensmodelle ist eine unbrauchbare Grundlage, um eine tragfähige Identität zu begründen. Die Gläubigen, die so rückwärtsgewandt sind, machen sich zu Gefangenen einer einzigen, beklemmenden Perspektive.

Sie sind in einer dynamischen Gesellschaft, in der die Veränderung ein unverzichtbares Element des Fortschrittes bildet, verurteilt, am Boden zu bleiben.

Kenner der Gastarbeiterszene in Westeuropa sprechen von Identitätsverlust, dem Zehntausende muslimischer junger Menschen zum Opfer gefallen sind. In einer Sprache, die den Erwartungshintergrund des Sprechers verrät, heißt das, „sie seien über den Islam hinausgewachsen." Bis auf ein paar Aufschreie des Entsetzens in der einschlägigen muslimischen Presse hat die Entwicklung bisher keine entscheidende Reaktion ausgelöst.

Keinerlei ernsthafte Maßnahmen wurden getroffen, um diesem Abbröckelungsprozeß Einhalt zu gebieten. Es fehlen meines Erachtens auch gründliche Analysen, die die Ursachen des beginnenden religiösen Identitätsverlustes aufzeigen sollten. Gewöhnlich meint man, daß der fehlende

Religionsunterricht in den Schulen jetzt seine Auswirkungen zu zeigen beginnt. Der bestehende, von privaten Vereinen organisierte islamische Religionsunterricht ist kaum in der Lage, bei der muslimischen Jugend eine solide Identitätsbildung voranzutreiben. Ganz im Gegenteil: infolge der mangelnden pädagogisch-methodologischen Befähigung des Lehrpersonals und seines in der Regel schmalen Bildungshorizonts geht hier — in den Qur'ān-Kursen — ein schleichender Entfremdungsprozeß vor sich. Wenn dennoch die Kinder, die dort unterrichtet werden, scheinbar in ihrer Identität gefestigt werden, so ist das eher eine Folge des Einflusses des Familienverbandes oder der türkischen Umgebung. Die Brüche zeigen sich erst, wenn die Kinder „flügge" geworden sind. Die Pubertätszeit ist daher bei manchen dieser Jugendlichen in doppeltem Sinne krisenhaft: als Identitätskrise eines reifenden Menschen, aber auch als ein Konflikt der Kulturen bzw. ein Konflikt zwischen den erworbenen und den abgeschauten Verhaltensweisen.

Neues Glaubensverständnis — Voraussetzung für die Erhaltung der Substanz

Selbst wenn es in absehbarer Zeit zu einem geregelten islamischen Religionsunterricht kommen sollte, wird der Schwund der Identitätssubstanz nicht aufzuhalten sein. Eine befriedigende Lösung — ein Stopp des Entfremdungsprozesses — wird meiner Überzeugung nach nur durch ein von sekundären Einflüssen befreites Islamverständnis, begleitet von einer Verschiebung der Akzente in der Lehre, möglich. Nicht ein neuer Islam soll gelehrt, sondern lediglich seine Präsentation soll den neuen Verhältnissen angepaßt werden.

Die Muslime müssen sich darüber klarwerden, daß sie nicht Menschen sind, mit denen die Natur eine Ausnahme macht. Auch sie unterliegen den Gesetzen der gesellschaftlichen Entwicklung. Die Neuerungen, die gut sind, können dem Islam nicht unwillkommen sein. Nichts, was gut und für die Gesellschaft vorteilhaft ist, ist *bid'a* (eine die religiöse Substanz bedrohende Novation). Der Muslim im Westen muß sich von der Vorstellung lösen, daß alles, was in der muslimischen Vergangenheit war, gut ist und daß alles, was heute geschieht, schlecht ist. Was *P. Gordon Marshall* in einem Referat „Religiöse und soziale Wertvorstellungen im Umbruch und das Wachsen neuer Werte"[66] vom historischen Gang der Immoralität im allgemeinen gesagt hat, gilt auch für die islamische Geschichte.

Die sogenannte Reislamisierung ist ein Prozeß, der im Aufschwung des Zionismus nach dem Holocaust sein Pendant hat. Aber ebenso wie im Judentum eine leidvolle historische Lage zunächst eine Selbstbesinnung, dann aber gesteigerte Anstrengungen, sich der Welt zu öffnen, hervorgebracht hat — so wird auch die Reislamisierung sich in absehbarer Zeit vor Welt und Geschichte verantworten müssen. Rückfragen an ihre tragenden Wertvorstellungen, aber auch Zweifel an ihrem jetzigen Verständnis häufen sich bereits. Die religiöse Identität eines Muslims in der westlichen Welt kann auf die Dauer nur in jenen Wertvorstellungen begründet sein, die sich in historischen Prozessen, im Hoch und Tief des menschlichen Lebens, bewährt haben.

Die Muslime sind Neuankömmlinge in der westlichen Welt. Nichts von den hier angetroffenen gesellschaftlichen Strukturen ist ihnen in vollem Umfang vertraut. Die mangelnde Vorbereitung auf das Leben in einer pluralistischen Gesellschaft und ein ganzes Netz von Vorurteilen und Denkklischees, die das soziale Verhalten ihrer neuen Umgebung beherrschen, vertiefen ihre Identitätskrise. Sie stehen vor der Notwendigkeit, Abstriche zu machen, um wenigstens den Wesenskern ihrer religiösen Identität zu bewahren.

Identität eines Muslims oder einer Muslimin

Die praktische Lösung der Probleme der Identität stößt hingegen auf beträchtliche Schwierigkeiten. Bei den Muslimen, die durch einen längeren Aufenthalt im Westen und wegen ihrer konsolidierten Wirtschaftslage nahe daran sind, sich integrieren zu lassen, oder bereits integriert sind, geht es darum, die unaufgebbare qur'ānische Glaubenssubstanz zu bewahren, ansonsten aber einen Weg zu gehen, der sie nicht zu Außenseitern der Gesellschaft macht.

Bei der Mehrheit der Muslime, namentlich der Gastarbeiter, beginnt die Identitätsproblematik erst mit dem Heranwachsen der zweiten Generation. Sie nimmt gelegentlich einen dramatischen Verlauf. In selteneren Fällen finden sich die Jugendlichen in einer ähnlichen Situation wie die wirtschaftlich Konsolidierten; meistens ersetzt der religiöse Indifferentismus oder der Agnostizismus die Tradition.

Die Masse der Gastarbeiter, die überwiegend aus Menschen von geringem Bildungsgrad besteht und in der Wirtschaft besonders bei den niedrigsten Arbeiten eingesetzt werden, sieht sich — in eine gettoartige Isolierung zurückgedrängt — von einer ganz anderen Problematik umgeben. Diese Problematik hat auf einer breiteren, die Dritte Welt umfassenden Ebene, der iranische Revolutionär *Ali Schariati* anschaulich skizziert:

„Wäre ich ein Deutscher, würde ich Brecht sehr bewundern. Da ich Iraner bin, begreife ich nicht, welchen Nutzen er für mich haben sollte. Er hat andere Sorgen und Leiden. Herr Brecht hat für seine Leiden ein Rezept gefunden. Meine Leiden sind andere: ihm versagen die Nerven, und mir knurrt der Magen. Sein Rezept kann meine Leiden nicht heilen, ich kann damit nichts anfangen. Ich sorge mich um den Brennstoff für den Winter, um meine Arbeit, um die Ausbildung meiner Kinder. Das sind meine Existenzängste. Seine Existenzangst besteht darin, zu fragen, warum er existiert. Er ist schon so weit. Er hat ein Stadium erreicht, in dem er sich über andere Dinge keine Gedanken macht, außer über seine eigene Existenz."

Die seit Jahrhunderten in Südost-Europa ansässigen Muslime, die heute in ihren nationalen Staaten leben, haben schon längst eine tragfähige Symbiose zwischen der islamischen Lehre und der europäischen Kultur gefunden. Die Dritte Welt ist aber noch nicht so weit. Dort wird anscheinend ein ablehnendes Verhalten gegenüber den Errungenschaften der westlichen Kultur als eine Voraussetzung zur Selbstfindung und zur Pflege der Identität angesehen. Der bereits zitierte islamische Denker aus Iran meint dazu:

„Die kolonialistische Soziologie Europas hat es richtig verstanden: Um dem Orient die Identität zu nehmen, ihn ohne Mühe auszuplündern, irrezuführen und zu regieren, mußte man ihn von seiner Geschichte trennen. Sobald er die Identität verliert, läuft er mit Stolz und Opferbereitschaft dem Westen nach. Er ist besessen davon, ein Konsument westlicher Waren zu werden — nicht etwa auf Drängen und unter Druck des Europäers; in diesem Stadium ist das nicht mehr notwendig. Wer keine eigene Identität hat, legt sich die eines anderen zu. Nimmt man dem Orient seine Identität, so identifiziert er sich mit dem Westen. Wie kann man jemanden dazu bringen, sich mit einem anderen zu identifizieren? Eines der äußeren Zeichen, das mich einem anderen gleichmacht, ist meine Konsumgewohnheit: ich ahme ihn nach, indem ich seine Konsumgewohnheiten übernehme."

Mag diese Sozialkritik auf die iranischen Verhältnisse auch zutreffen; es wäre verfehlt, ihr eine religiöse Bedeutung beizumessen. Der Islam lehrt nichts von Konsumgewohnheiten als von einem identitätsbildenden Faktor, es sei denn, daß er in allgemeiner Weise das Maßhalten empfiehlt und gewisse Speisevorschriften erläßt. Für ihn sind sehr wohl soziale Abnormitäten wie Verschwendung und Verschleiß von Bedeutung, aber nur deshalb, weil sie einen Verstoß gegen seine ethischen Normen bilden. Die wohl der materialistischen Dialektik entnommene Beweisführung des jungen iranischen Gelehrten, der mit seinen Schriften die Revolution von 1978 angebahnt hat, gehört nicht zur Sache. Es wäre töricht, wollte man etwa in ihrer Folge von den Muslimen im Westen verlangen, daß sie auf den Straßen der europäischen Städte in ägyptischen Galabis herumlaufen oder ihren Brotkonsum auf das indo-iranische Fladenbrot umstellen.

Nicht im Islam, sondern in regionalen Zwängen ist manches begründet, was man heute unter der Etikette des Islam anbietet.

Die folkloristischen Einschübe in die religiöse Tradition und die gewohnheitsmäßige orientalische Einbeziehung des Islam in die politische Szene schaffen für die Identität der Muslime im Westen größte Schwierigkeiten. Das Hauptanliegen des Islam ist das Ethos. Die Mitte ist Gott; der

Ausstrahlungsradius ist das Ethos. Dazwischen liegen die religiösen Pflichten als Schule und Hilfestellung für das Leben. In diesem Rahmen spiegelt sich die authentische islamische Identität wieder, und dort ist sie begründet. Die Mentalitäten, Gewohnheiten und Neigungen der muslimischen Völker sind von Fall zu Fall verschieden. An ihnen bekundet sich höchstens die nationale, nicht aber die religiöse Identität.

VIII. Der Islam vor der Herausforderung durch die Industriegesellschaft

Es gibt einige Handlungsprinzipien und Denkpositionen der Industriegesellschaft, die für das Empfinden eines strenggläubigen Muslims Herausforderungen ersten Ranges sind. Drei von ihnen seien hier erwähnt: *„Der Zweifel ist die Grundlage jeder echten Erkenntnis“*, *„Der Mensch ist der Maßstab aller Dinge“*[67] und *„Die Sexualität gehört nicht zum Bereich der Ethik“*.

Das ganze Denksystem der Muslime stützt sich auf die Offenbarung, in concreto auf den Qur'an als Ausdruck der höchsten göttlichen Weisheit. Er ist für sie die wichtigste, unfehlbare Quelle der Erkenntnis. Diese Weltsicht, auf die Bibel bezogen, war vordem auch im Westen einmal gang und gäbe.

In evangelischen Kreisen wird sie heute von den sogenannten Fundamentalisten vertreten. Für sie ist die Bibel höchste Autorität und unfehlbare Weisheitsquelle. Dem sakralen Wissen wird ein übergeordneter Wert beigemessen. An ihm zu rütteln, hieße gegen die Selbstmitteilung Gottes zu rebellieren.

Der Leitsatz „Der Mensch ist Maßstab aller Dinge“ will sagen, daß ein Geschöpf die bestimmende Orientierungsgrundlage des individuellen und sozialen Verhaltens ist. Nach ihm richten sich die Gesetze, von ihm hängt die Ökonomie der Zeit ab. Ihm wird die Natur unterworfen. In dieser Aussage wird eine Verletzung des Monotheismus gesehen, da im Weltbild der Muslime Gott in der Mitte des Naturgeschehens und des historischen Ablaufs steht. Die islamische Weltsicht ist theozentrisch — im Gegensatz zu der abendländischen, die anthropozentrisch ist. Die Ansätze für diese Scheidung liegen in der Natur der beiden Religionen.

Was das heikle Thema „Sexualität“ anbelangt, so kann die vorindustrielle islamische Denkweise in keiner Weise die diesbezügliche Einstellung der westlichen Industriegesellschaft verstehen. Viele einfache Gläubige denken, wenn sie von Moral reden, hauptsächlich, wenn nicht ausschließlich, an die Sauberkeit der Beziehungen zwischen Mann und Frau. Muslimische Studenten, die zum ersten Mal nach Europa oder Amerika kommen, sind hin und her gerissen zwischen den angestammten Werten und der „scheinbaren sexuellen Anarchie“, die sie in der Fremde vorfinden. Einer dieser Männer, der Iraner Muǧtabā Lārī, verwandelt in seinem Buch „Die westliche Zivilisation in muslimischen Augen“ diesen Eindruck von der angeblichen sexuellen Anarchie in ein Urteil und setzt die Emanzipation der Frau mit Libertinage und Prostitution gleich[68].

Beim näheren Zusehen stellt sich sehr schnell heraus, daß die Bewältigung des Lebens im Zeichen der Hingabe an Gott, was das Wort *islām* bedeutet, keineswegs den menschlichen Interessen Abbruch tut. Diese Interessen werden — im Gegenteil — durch eine denkbar hohe göttliche Autorität gedeckt. Der Mensch ist nach dem Qur'an Stellvertreter Gottes auf Erden. Der Begriff der Menschenwürde ist in der islamischen Offenbarungsurkunde fest verankert (*We le-qad ekramnā benī Ādeme*). „Der Mensch ist das vollkommenste Geschöpf Gottes; wehe demjenigen, der es vernichtet", hat Muhammed ausgeführt.

Im Fremdwörterbuch der Reihe „*Großer Duden*" wird der Begriff „Fundamentalismus", den man für muslimische Integralisten gern verwendet, in folgender Weise erklärt: „Fundamentalismus — streng bibelgläubige evang. Richtung in den USA, die sich gegen Bibelkritik und moderne Naturwissenschaft wendet".

Die glaubensbewußten Muslime sind in entsprechender Weise qur'an- oder — genauer — offenbarungsgläubig. Auch sie lehnen Kritik an den heiligen Büchern ab. Sie sehen darin eine Zersetzung der Glaubensinhalte. Aber keinem Muslim würde es einfallen, sich gegen die Naturwissenschaft zu stellen. Ganz im Gegenteil: die Wissenschaft, welcher Art auch immer, wird im Islam hoch geehrt. Der Qur'an spornt an mehreren Stellen die Gläubigen zur Beobachtung der Natur und zum Studium der Zeichen der göttlichen Allmacht an, die in der Natur vorhanden sind. Es gibt viele Aussprüche des Religionsverkünders, die der Wissenschaft oder auch nur dem Wissen das Wort reden. Einer davon sei hier erwähnt: „Die Weisheit ist ein Irrläufer — ein verlorenes Gut — des Muslims; wo immer er ihr begegnet, soll er sie aufheben".

In bezug auf die Einstellung zur Sexualität sind die beiden Welten kaum auf einen gemeinsamen Nenner zu bringen. Der Islam ist, ebenso sehr übrigens wie die anderen Offenbarungsreligionen, der Selbstdisziplin, der Enthaltsamkeit und der Entsagung verpflichtet. Dieses nicht wegen Gott, der über der Welt steht und kein Bedürfnis in der Welt hat (*Innellāha leġaniyyun 'an il-'ālemīn*), sondern wegen der Sicherung der gesunden sozialen Verhältnisse; mit anderen Worten wegen des Menschen.

Ein strenggläubiger Muslim sträubt sich dagegen, an den Qur'ān kritische Rückfragen heranzutragen. Dessen ungeachtet wäre es jedoch verfehlt anzunehmen, daß etwa alle Muslime Buchstabenreiter seien, die einen starren Schriftbezug zur Grundlage ihres Handelns machen. In der islamischen Theologie ist der Gedanke, daß jeder qur'anischen Aussage ein vorausgehendes Vernunftsurteil zugrundeliegt, seit altersher beheimatet. Der Qur'ān kann von verschiedenen Ausgangsstellungen angegangen werden, ohne dabei seine Eigenschaft als „eine feste Schnur" (*ḥabl metīn*) zu verlieren. Ein flexibles Qur'ān-Verständnis ist möglich. Vor allem die Praxis relativiert oder suspendiert das Gewicht gewisser Bestimmungen. Es sei an das Beispiel des 2. Kalifen, 'Omer, erinnert, dem niemand seine Glaubenstreue und nähere Kenntnis des Ur-Islam abstreiten kann. Er hat in drei nachweisbaren Rechtsfällen ein vom Buchstaben des Qur'an scheinbar abweichendes Verhalten an den Tag gelegt: So hat er in einer bestimmten wirtschaftlichen und historischen Situation die strenge Bestrafung der Diebe nicht durchgeführt; er hat Alkoholexzesse strenger geahndet als der Schriftbezug es erforderte; er hat die Begünstigung der Wankelmütigen (jener, die zwischen Islam und Heidentum lavierten — *el-mu'ellefetu qulūbuhum*) eingestellt. Der Qur'an sieht nämlich vor, daß diese Menschen durch finanzielle Zuwendungen ermuntert werden sollen, den Islam anzunehmen. Die zu ihren Gunsten entrichtete Sozialsteuer sollte in ihnen das Gefühl entstehen lassen, daß sie mit der islamischen Solidarität rechnen dürfen.

Die Schwierigkeiten, die das Industriezeitalter dem Islam bereitet, sind weniger im theologischen Bereich zu suchen, als in dem unzureichenden Verständnis der soziologischen und weltanschaulichen Grundlagen des abendländischen *Fortschrittes* und in den mentalitätsbedingten Besonderheiten der orientalischen Lebensweise. Die Herausforderung gilt also mehr diesen beiden Faktoren als dem Islam an sich. Herausgefordert durch die industrielle Revolution werden die Bekenner, nicht aber das Bekenntnis.

Beobachtungen an Ort und Stelle und zahlreiche Gespräche, die ich im Laufe der letzten drei Jahrzehnte in verschiedenen Ländern des Islam führen konnte, haben mich von der Notwendigkeit folgender Änderungen überzeugt, ohne die m.E. eine Eingliederung in die fortschrittlichen Industrienationen nicht möglich ist: 1) Aufgabe des politischen Servilismus, 2) Stärkung des Selbstwertgefühls, 3) Sensibilierung für den *Wert* der *Zeit*, 4) Gewöhnung an die Sachlichkeit, 5) Aufgabe des Wunschdenkens, 6) Ende des Improvisierens, 7) Verdrängung der falschen Annahme, daß sich gewisse Bereiche des materiellen Lebens (z.B. die Toiletten, die Müllabfuhr und die öffentlichen Plätze) dem Begriff Kultur entziehen, 8) Aufgabe der Gewohnheit, sich bei Versagen auf Gott und das Schicksal zu berufen und 9) Stärkung der individuellen und sozialen Verantwortlichkeit.

Die Umkehr, die die geforderten Änderungen bedingen, ist Sache der Muslime, nicht des Islam. Zieht man die islamische Arbeitsethik zu Rate, so stellt sich heraus, daß das Fehlen der im obigen Forderungskatalog aufgezählten Werte ein Defizit an lebendigem Islam signalisiert.

Umkehr und Aufbruch versprechen auch nach dem Qur'an eine Wende zum Besseren. Heißt es doch in einem Vers: „Gott ändert die Lebensumstände einer Gesellschaft solange nicht, bevor diese sich nicht selbst in ihren geistigen Grundlagen geändert hat" (13:11).

Die Zeitschrift „*El-Muslim el-mu'āṣir* (Beirut-Kuwait) fragt sich im Heft 1980, 2, ob der Islam gesellschaftliche Änderungen als unerläßliche Begleiterscheinungen des menschlichen Fortschrittes oder aber als Deformationen der guten Sitten ansieht. Nach einer eingehenden Analyse kommt sie zu dem Schluß, daß die Änderung ein Maßstab des intellektuellen Reifens sei. Der Islam fordere geradezu revolutionäre Veränderungen der Gesellschaft.

„Dieser islamische Standpunkt", stellt der Herausgeber der Zeitschrift, *Gemāluddīn 'Aṭiyya*, weiter fest, „beschränkt sich nicht allein auf das Verständnis der Glaubens- und Moralwerte; er umfaßt ebenso sehr alle wirtschaftlichen, sozialen, politischen und staatlichen Wertvorstellungen."

Als größtes Hindernis für die Voraussicht und Zukunftsplanung erweist sich in der islamischen Welt der Bildungsmangel, unter dem weite Kreise der Bevölkerung leiden. Auf diesen Mangel ist es auch zurückzuführen, daß der Formalismus und ein geistloser Ritualismus die religiöse Szene beherrschen.

Dieser Formalismus, begleitet von einer zunehmenden politischen Ideologisierung der Religion, führt stellenweise zur moralischen und politischen Versumpfung. Das Losungswort *Dīn we dewlet (Religion und Staat)* ruft Widerspruch hervor. Vom Qur'an wird der Islam nicht so verstanden.

Bezeichnend dafür ist auch, daß weder bei *el-Buḫārī*, dem größten Traditionarier, noch bei *el-Ġazālī*, dem größten mittelalterlichen Theologen des Islam, sich Kapitel über den Staat finden. In der Tat hat sich die beste islamische Frömmigkeit vom weltlichen Treiben immer distanziert. Dadurch ergibt sich ein Freiraum für autonome Entscheidungen im säkularen Bereich. Selbst der Kult unterliegt in gewissen Situationen den Lebensnotwendigkeiten. Gemäß den Quellen und im allgemeinen theologischen Bewußtsein des Islam soll die Religion dem Menschen eine Hilfestellung bieten. Sie ist in keiner Weise darauf angelegt, das Leben zu erschweren.

In dieser Richtung können bezeichnenderweise eher aus der Tradition des arabischen denn aus jener des türkischen Islam Anstöße bezogen werden. So betet man z. B. freitags in den Moscheen von Kairo nur ein kurzes – aus zwei Verbeugungen und zweimaligem Niedernien bestehendes Gebet. In Istanbul aber wird das Freitagsgebet durch freiwillige Gebete um – sage und schreibe! – vierzehn Verbeugungen und ebenso vieles Niederknien erweitert. Hier vollzieht sich ein Ritual, das den Lebensrhythmus des modernen Menschen empfindlich belastet.

Ein zweites Beispiel der arabischen Großzügigkeit in der Frömmigkeitspraxis:

Eine Gruppe von Gläubigen, die in Hannover leben, richtete vor einigen Jahren an die Universität El-Ezher die Frage, wie sie im europäischen Norden ihrer Fastenpflicht im Ramadan nachkommen könnte. Die Tage wären dort überaus lang, die Nächte aber denkbar kurz. Die Gelehrten von der Ezher stellten hierauf ein Fetwā (eine verbindliche religiöse Entscheidung) aus, derzufolge in Gebieten mit unzumutbar langer Fastendauer die viel kürzere Norm der Stadt Mekka eingehalten werden sollte. Das hier angewendete Denk- und Rechtssprechungsprinzip eröffnet ungeahnte

Möglichkeiten für die Anpassung an die veränderten Umstände, an die Erfordernisse der Industriegesellschaft.

Die erschwerten Lebensumstände haben in der islamischen Geschichte häufig zu Dispensierungen und Anpassungen geführt.

Schließlich noch eine überraschend moderne Stellungnahme aus der Ezher:

Scheich ʿAbdulḥamīd Baḫit vertrat im Frühjahr 1955 in der Kairoer Zeitung El-Aḫbār al-ǧadīda die Ansicht, daß das Fasten nur von denjenigen Gläubigen eingehalten werden müßte, die es ohne Schwierigkeiten ertragen können. „Die das nicht könnten, sollten sich durch ein Almosen oder durch die Verpflichtung, einen Armen zu ernähren, loskaufen".

IX. Zeugnis für Gott im säkularen Europa

Das *integristische* Religionsverständnis hat im Islam, ähnlich wie in anderen Religionen, dazu geführt, daß vielfach eher die Form als der Geist und eher der Buchstabe als der Inhalt im Mittelpunkt des Lebens stehen. Der Ruf der Reformer nach der Rückkehr zu den Quellen, den sich inzwischen auch die sog. Fundamentalisten zueigengemacht haben, bewirkt darüber hinaus, daß eine Rückwärtsgewandtheit die religiöse Vorstellungswelt beherrscht. Dennoch ist das Dilemma der islamischen Welt heute wie gestern: sich entweder der fortschrittlichen Welt zu öffnen oder in den morbiden Formen der Vergangenheit zu verharren.

Der Qur'an ist im Islam das einzige authentische Dokument der Offenbarung.

Die Tradition oder die Sunna bleibt in ihrer theologischen Bedeutung weit hinter ihm zurück. Das erste ist Gottes-, das zweite ist Menschenwort. In vielen ihrer Aussagen ist jedoch die Sunna, wie sie von Muhammed formuliert ist, sehr wichtig, weil sie dem religiösen Leben erst seine Fülle verleiht. So geht zum Beispiel die Verrichtungsart des rituellen Gebets nicht auf den Qur'an, sondern auf die Sunna zurück. Die islamische *„mündliche Tradition"* — das *Ḥadīṯ* — ist aber nicht etwa, wie zu erwarten wäre, die Gesamtheit der authentischen Aussprüche des Religionsverkünders, sondern eher „der Reflex der religiösen, sozialen und politischen Verhältnisse der Überlieferer".[69] Die Interpretationen der Rechtsschulen wiederum sind nicht lineare Fortentwicklung der Lehre und der Gesetzgebung der Erstgemeinde, sondern vielfach Einschübe lokaler Traditionen unter islamischem Vorzeichen. Ein rationales und vergeistigtes Verständnis des Qur'an bietet ausgedehnte Möglichkeiten einer theologischen Annäherung an die Fragen der Moderne. Eine neue Hermeneutik ist notwendig. Auf dieser Ebene ergibt sich auch die Möglichkeit, zum ursprünglichen, dynamischen Lehrgeist zurückzufinden und dadurch das religiöse Leben zu erneuern.

Eine der Schlüsselfragen des Zeugnisses für Gott im säkularen Europa ist für die Muslime das Verhältnis von Wissen und Glauben. Sie war im Islam immer gegenwärtig, weil in ihm die Tendenz vorherrscht, alles menschliche Tun und Denken mit den Erfordernissen der göttlichen Weisheit in Einklang zu bringen. Deshalb war auch das Hauptanliegen der erst entstehenden islamischen Theologie — des *'ilm ul-kelām* (genauer: der spekulativen Theologie) — im 8. und 9. Jh., die damals herrschenden wissenschaftlichen Erkenntnisse und philosophischen Erfahrungen in den Qur'an hineinzuinterpretieren oder zumindest einen äußerlichen Einklang mit ihm herzustellen. In dieser Richtung lief also die theologische Arbeit im 8. und 9. Jahrhundert. Die Außenstehenden konnten dabei leicht den Eindruck bekommen, das Bemühen der *Mutekellimūn* — dieser spekulativen Theologen — erschöpfe sich in der Verteidigung des Qur'an.

Die christlichen Theologen pflegten sich demgegenüber der Hl. Schrift lediglich zur Belehrung der Gläubigen zu bedienen. Einiges davon ist auf beiden Seiten bis heute erhalten geblieben. Durch die Trennung des seelischen und geistigen von dem materiellen Bereich fällt es dem Christentum leicht, diese alte Praxis auch heute in der Kirche fortzusetzen.

Der Ruf „Zurück zu den Quellen!", der die islamische Welt unserer Zeit bewegt, kann in einem säkularen Europa nur als Aufforderung zur kritischen Sichtung des religiös-kulturellen Erbes und zur Beseitigung des fortschritthemmenden historischen Ballastes, der sich im Laufe der Jahrhunderte in ihm abgelagert hat, verstanden werden. Der Rückgriff auf die Quellen, wenn er in sachlicher und autonomer Weise vorgenommen wird, kann kaum fundamentalistische Ausformungen entstehen lassen. Zu erwarten ist vielmehr ein geläutertes Qur'an-Verständnis und eine kritischere Einstellung zur Tradition und zu dem, was darunter verstanden wird.

Der Islam bedeutet nicht eine Unterwerfung unter das Diktat der Geschichte, sondern vielmehr die ständige Aufgabe, das Leben entsprechend den jeweiligen Erfordernissen im Zeichen der Hingabe an Gott zu meistern.

Die religiösen Prioritäten sind in der Offenbarung, nicht aber im menschlichen Verhalten begründet. Konkret heißt das, daß es niemandem zusteht, die *Sunna* über den Qur'an zu stellen. Übrigens zeigt sich in Muhammeds Beispiel — in seiner *Sunna* — eher der Wille, die Gesellschaft zu verändern als diese zur Nachahmung zu veranlassen.

Es steht absolut im Einklang mit dem islamischen Selbstverständnis, eine stärkere Betonung der universalistischen Dimension des Islam anzustreben. Sieht doch der Islam im Judentum und Christentum seine älteren Erscheinungsformen. Ein so dimensioniertes Religionsverständnis müßte dazu führen, daß die zeit- und situationsbedingten Aussagen, Empfehlungen und Anordnungen der frühen Überlieferungen relativiert und modernen Fragestellungen zugänglicher gemacht werden.

Das Schlagwort, der Islam sei Religion und Staat in einem, bedroht den Fortbestand der Frömmigkeit und verdeckt die Eschatologie. Das geflügelte Wort „Dīn we dewlet" ist weder im Qur'an noch in der glaubwürdigen Tradition bezeugt. Es ist vielmehr eine Parole der Selbstfindung eines Teiles der Dritten Welt. Der Islam der alteingesessenen muslimischen Gemeinschaften in Europa artikuliert sich seit mehr als einem Jahrhundert lediglich in der Glaubenslehre, der Pflichtenlehre (dem Ritus) und der Sittenlehre. So verstanden und gelehrt, kann er unmöglich etwa als eine fremde, „aggressive" Religion hingestellt werden. Übrigens hat die moderne

Islamforschung, vertreten namentlich durch den großen deutschen Orientalisten *Carl Heinrich Becker*, nachgewiesen, daß der Islam, der an Europas Toren klopft, mit diesem gemeinsame kulturelle Wurzeln teilt.

In der islamischen Geistesgeschichte ist eine zyklische Entwicklung nach dem Schema

Tradition: Reaktion des Geistes,
Vernunft und Freiheit: Tyrannei des Dogmas und der Schlagworte

festzustellen. Die wirklich großen Leistungen konnten freilich nur in den Perioden der Vernunft und Freiheit erbracht werden. In der Tyrannei des Dogmas und der Schlagworte konnten höchstens Aneignungen aus fremden Kulturen den Anschein des Glanzes erwecken.

Der Islam wird sich wohl auch im säkularen Europa kaum dazu bewegen lassen, Gott vordringlich als „Herr der Geschichte" zu verstehen. Gott ist in seinem Verständnis vielmehr Herr allen Geschehens, also auch der Vorgeschichte und der „Nachgeschichte". Der human eingeengte Gottesbegriff ist augenscheinlich eine Quelle des Anthropozentrismus, der letztlich zu einem pervertierten Selbstverständnis des Menschen geführt hat. Eine Folge davon ist die bedenkliche Entfernung des Menschen von der gottgewollten Ordnung.

Wie immer man das säkulare Europa von heute auch versteht, die Tatsache ist es, daß die europäische Kultur entscheidend vom Christentum geprägt ist. „Wir, Europäer, sind alle", meint *Maxime Rodinson*, „in die Kirche eingebunden". Die Frage nach dem islamischen Zeugnis für Gott in einem solchen Europa muß daher in irgendeinen Zusammenhang mit dem Christentum gebracht werden.

Es drängt sich hier die Frage auf, ob — theologisch gesehen — die Zugehörigkeit eines Muslims zu einer anderen als der orientalisch-islamischen Welt überhaupt möglich ist. Kann bei einer solchen Zugehörigkeit die religiöse Identität des Muslims gewahrt bleiben?

Die islamische Identität wurzelt im Bekenntnis zu Gott als Herrscher des Daseins und zu seiner Offenbarung als Richtschnur des religiösen und ethischen Verhaltens. Das ist die Schehāda — das Zeugnis des Muslim für Gott — gestern wie heute. Die göttliche Offenbarung geht nach der islamischen Lehre einheitlich durch die ganze Geschichte. Da sie in ihrer wiederhergestellten authentischen Form zuletzt von Muhammed vermittelt worden ist, hat Muhammed im islamischen Glaubenszeugnis einen besonderen Platz: er wird im zweiten Teil der Bekenntnisformel ausdrücklich erwähnt, obwohl alle Verkünder der Offenbarung als gleichberechtigte Apostel gelten. Zur islamischen Identität gehört auch die Solidarität mit allen übrigen Glaubensgenossen oder Brüdern. „Wer an den Sorgen der Muslime nicht teilnimmt, der gehört nicht zu ihnen", hat Muhammed gelehrt. Diese Brüderlichkeit ist dialektisch begründbar: die gemeinsame geistige Mutter ist die Offenbarung. Sie begründet die Familie der Glaubenden, zu der im weiteren Sinne alle gottgläubigen Menschen gehören.

Das Leben in einer weitgehend säkularisierten Umwelt erlaubt, vorausgesetzt, daß ein Maß an Toleranz vorhanden ist, die Weiterpflege der religiösen Substanz. Der langjährige Kulturreferent des Oberseniorats der Islamischen Glaubensgemeinschaft in Jugoslawien, Beauftragte für die Ausstellung von religiös verbindlichen Dezisionen, Husein Djozo, gest. 1982, hat eine islamische Theologie für die säkulare Umwelt entwickelt. Ihre Grundzüge hat er in seinem Buch „Der Islam in der Zeit" dargelegt.[70] Es soll hier versucht werden, sie mit einigen Stichworten kurz zu skizzieren:

„Die Massen der Islam-Gläubigen sind immer wieder aufgefordert worden, so zu leben, wie ihre Vorfahren vor tausend Jahren gelebt haben. Diese Massen haben versucht, der lautstarken Aufforderung nachzukommen. Die Folge war eine der größten Katastrophen in der Geschichte."

„Die europäische Lebensweise verlangt gebieterisch von den Muslimen, sich in ihre Kultur einzugliedern. Die Frage, wie der gläubige Muslim sich zum Leben in der modernen Gesellschaft zu verhalten habe, ist von entscheidender Bedeutung."[71]

„Die Ausarbeitung und Anwendung des islamischen Gedankens durch Muhammed sind durch Notwendigkeiten, Probleme und Bedingungen des gegebenen historischen Augenblicks determiniert worden. Muhammeds großer Erfolg lag darin, daß er den Lauf der Geschichte und ihre Gesetze erkannt und ihnen entsprechend gehandelt hat. Das zwingt uns beinahe, seiner Praxis lediglich den Charakter eines iǧtihād zuzuschreiben."[72]

„Wenn wir von der Tradition als Religionsquelle sprechen, so ist für uns die Art, wie Muhammed den islamischen Gedanken zu entwickeln und anzuwenden pflegte, nicht aber dessen Ausarbeitung und Anwendung selbst, wesentlich. Entscheidend sind also die Grundabsichten, der Geist, der Sinn und das letzte Ziel, die sich in Muhammeds Lebenspraxis bekunden."[73]

„Ein und dasselbe Problem kann zu einer anderen Zeit ein völlig neues Gewicht haben. Demnach muß jedes Problem entsprechend der jeweiligen Situation angegangen werden."[74]

„Die Religion, die ihre Gläubigen zum Kampf für das Gute, das Schöne und das Nützliche nicht verpflichtet und das Herz und die Seele des Menschen nicht veredelt, ist falsch, inhaltlos, leer und heuchlerisch."[75]

„Die Wiederbelebung des echten und dynamischen religiösen Gedankens verspricht eine Umkehr. Diese ergibt sich aus dem Grundsatz, daß nur eine für die Gesellschaft nützliche Tätigkeit Grund zur Hoffnung auf Gottes Zufriedenheit liefert. Nach dem Ausmaß seiner Beteiligung am Kampf gegen die Ungerechtigkeit, die Unwissenheit, die Rückständigkeit, die Tyrannei und die Benachteiligung wird der Gläubige im Jenseits beurteilt werden.“[76]

„Der echte Gottesdienst ist an keine bestimmten Ritualformen gebunden. Es bedarf nicht einmal einer verbalen Umkleidung. Um die Gottverbundenheit der Gläubigen gesichert zu wissen, legt der Qur'an an vielen Stellen die Gebetsverrichtung nahe. Doch nirgendwo im Offenbarungsbuch wird die rituelle Form dieses Gebets fixiert. Auch von Gebetszeiten und von Gebetsgattungen ist dort keine Rede. Was die Kultuslehre (*fiqh*) als Gottesdienst bezeichnet, ist lediglich ein pädagogisches Hilfsmittel, von dem erwartet wird, daß es die Gläubigen in die richtige Bahn lenkt und für die humanen Aktivitäten mobilisiert.“[77] Soweit die Zitate aus Djozos Werk.

Der Islam gewährt in der Tat seinen Gläubigen viele Möglichkeiten, sich in einer säkularisierten Gesellschaft zurechtzufinden. Erwähnt seien: das Fehlen von Sakramenten, der Priesterschaft und der Taufe, der zivilrechtliche Charakter der Ehe, das unbelastete Verhältnis zur Sexualität, die Ablehnung des Exkommunikationsgedankens, die positive Einstellung zur Naturforschung und zum Wissen, die Duldung von bestimmten Formen von Mischehen und die uralte Dialogoffenheit gegenüber den monotheistischen Religionen. Freilich gibt es auch Schwierigkeiten — wie die Organisierung der Gebetspraxis und das Einhalten von Fastenvorschriften unter den erschwerten Umständen einer Industriegesellschaft.

Die folkloristischen Ausweitungen der islamischen Tradition und die Anfälligkeit der orientalischen Muslime für ein Manipulieren mit der Religion zu politischen Zwecken stoßen einen gebildeten und religionsbewußten europäischen Muslim ab. Er kann sich mit dem Schlagwort, der Islam sei Religion und Staat schwerlich versöhnen, weil er daheim und in der Schule gelernt hat, den Islam nur als Religion zu verstehen.

Erst die zunehmende Säkularisierung Europas hat für viele europäische Muslimgemeinschaften Voraussetzungen für ein Leben in Gleichheit und Sicherheit geschaffen. Auch die nach Westeuropa eingeströmten Gastarbeiter- und Studentenmassen haben dadurch in der Regel unvergleichlich bessere Möglichkeiten der freien religiösen Betätigung als in ihren Heimatländern bekommen. Eine Einschränkung muß allerdings eingebracht werden, wenn von den säkularen Ländern des Ostblocks gesprochen wird. Dort gibt es staatlich festgesetzte Grenzen, die für alle verbindlich sind.

Es ist die Aufgabe der im freien Europa lebenden muslimischen Intellektuellen, in ihren Ursprungsländern das Bewußtsein von der Notwendigkeit einer Veränderung zu wecken. Das säkulare Europa kann dabei — freilich kritisch bewertet — als brauchbares Modell dienen. Die von alten muslimischen Lehrautoritäten festgelegten religiösen Abgrenzungen und gettoisierenden Bereiche — hier das „Haus des Islam“, dort das „Haus des Krieges“! — sind von der Zeit endgültig abgetan.

So paradox es klingen mag: im säkularen Europa liegt heute ein wichtiger und unübersehbarer Teil des „Hauses des Islam".

Genauso wie in den anderen Religionen, sucht man auch im Islam Gott, um schließlich dem Menschen zu begegnen. Der Ruf nach der geistigen Erhebung und nach der Vermenschlichung des Lebens geht mit der religiösen Erziehung Hand in Hand. Hieraus ergibt sich, daß diese Erziehung ohne Humanismus nicht denkbar ist. Dieser ist geradezu die Achse der religiösen Morallehre. Der besondere Wert des religiösen Humanismus liegt in seiner Verbindlichkeit, weil er in der Bindung des Menschen an das Unbedingte begründet ist.

Dem Islam hat man in Europa bekanntlich lange Zeit eine humanistische Gesinnung nicht zugemutet. Hinter dem Schlagwort von einer „typischen Gesetzesreligion" steckt der stille Vorwurf der mangelnden Menschlichkeit. Aber auch der Islam ist weitgehend das, was man aus ihm macht. Er hat bekanntlich im Laufe der Geschichte verschiedene Gesichter gehabt. Er hat sie heute mehr denn je. Man stelle z.B. das puritanische Glaubensverständnis der hanbelitischen Rechtsschule mit jenem der großen Esoteriker wie *Ferīduddīn 'Aṭṭār* und *Ǧelāluddīn Rūmī* auf die Waage: der Unterschied ist erheblich, obwohl beide Seiten den Blick auf den Qur'an und die Tradition richten. Hier ist auch an den großen maurischen Theologen *Ibn Ḥazm el-Andalusī* zu denken, der die Vernunft gegenüber der *auctoritas* betont.

Dem theologisch bewanderten Gläubigen fällt es nicht schwer, aus dem Qur'an ein humanistisches Bildungsideal abzuleiten. Eine ganze Reihe qur'anischer Lehrsätze zeugen davon. Einige davon seien hier angeführt:

1. *Einen Stellvertreter mache Ich auf Erden (qur'anisches Gottes Wort).*
2. *Keine Gewalt im Glauben!*
3. *Die Wahrheit ist von Gott: wer glauben will, der glaube; wer es nicht will, der laß' es dabei bewenden.*
4. *Wollte dein Herr, daß alle Menschen, die die Erde bewohnen, glauben, so täten sie es auch. Willst du (Muhammed), sie nun zwingen, den Glauben anzunehmen? Der Mensch bedarf göttlicher Hilfe, um zu glauben.*
5. *Rufe zum Wege deines Herrn mit Weisheit und gutem Rat!*
6. *Der beste Mensch ist jener, dessen Tun und Denken zum Wohle der anderen Menschen gereicht.*[78]

Bei Heranziehung der Überlieferung verdichten sich diese Lehrsätze zu einem beeindruckenden humanistischen Menschenbild. Hier ein Beispiel aus dem Überlieferungsbereich: 'Alī, der Adoptiv- und Schwiegersohn Muhammeds, schrieb an Mālik ibn Ḥāriṯ anläßlich dessen Ernennung zum Gouverneur von Ägypten: „Möge Dein Herz mit Barmherzigkeit und Liebe gegenüber den Einwohnern deiner Provinz erfüllt sein! In den Bürgern, die an Gott glauben, sollst Du Brüder gemäß dem Glauben sehen.

Jene aber, die nicht glauben, sollst Du als Deinesgleichen gemäß der Schöpfung annehmen!"

Die islamische Erziehung im säkularen Kontext kommt nicht darum herum, sich in diesen schon vom Qur'an angezeichneten Bahnen zu bewegen, will sie wirksam bleiben. Das erwartet auch die kulturell anders geartete und die Religion mehr oder weniger in die Privatsphäre verdrängende neue Umwelt. Der Religionsunterricht hat bei aller Beachtung der Lehrsubstanz so angelegt zu sein, daß er in der säkularisierten Gesellschaft nicht wie eine Zeitwidrigkeit wirkt. Die religiösen Gehalte können nicht anders als in einer Sprache, die die Umwelt versteht, erfolgversprechend vermittelt werden.

Der gläubige Muslim ist verpflichtet, zwischen Gesinnung und Gesetz ein ausgewogenes Verhältnis einzuhalten. Ein geistloser Vollzug von religiösen Pflichten ist fragwürdig. Ja, die mechanische Nachahmerei der Väter wird von manchen Rechtsschulen ausdrücklich abgelehnt.

Die Schwierigkeiten, die das säkulare Zeitalter dem Islam bereitet, liegen eher außerhalb als innerhalb des theologischen Gebiets: in unzureichendem Verständnis der soziologischen und weltanschaulichen Grundlagen der abendländischen Entwicklung und in den mentalitätsbedingten Besonderheiten der orientalischen Lebensweise.

Der christliche und der islamische Kulturkreis standen sich einst nahe. In einem wie dem anderen war das jüdische Element gegenwärtig. Auf der geistigen Ebene stellte sich eine gegenseitige Entfremdung hauptsächlich aus zwei Gründen ein:

1. wegen einer starken Asiatisierung der religiösen Gedankenwelt des Volksislam,
2. wegen veränderter Denkstrukturen, die sich im Zuge der Aufklärung im Westen herausbildeten.

Ein aufgeklärter Muslim erkennt in modern interpretierten jüdischen und christlichen Lehrinhalten, besonders wenn diese die Moraltheologie betreffen, sich selbst wieder.

Gelingt es dem Islam im weltweiten Rahmen, sich von der Alltagspolitik abzukoppeln und auf der Grundlage seines authentischen Kulturerbes sich in einer Aufklärung zu erneuern, so wird auch eine interreligiöse Annäherung leichter zu erreichen sein. Die Verstehensschwierigkeiten liegen derzeit vornehmlich in der Verschiedenheit der Bildungsideale und somit auch der Bildungsinhalte. Eine weitere Erschwernis bildet die gegenwärtig bestehende Ungleichheit in der zivilisatorischen Entwicklung. Die allmähliche Abtragung des Nord-Süd-Gefälles wird folglich im weltweiten Rahmen die Verstänsigungsschwierigkeiten abbauen und ein einheitlicheres Zeugnis für Gott erleichtern.

X. Der Weltislam heute

Denkrichtungen, Tendenzen, Organisationen

1. Umrisse einer geschichtlichen Größe

In muslimischen Selbstdarstellungen wird die zahlenmäßige Stärke des Islam mit etwa einer Milliarde Anhänger angegeben. Die islamische Weltgemeinschaft ist ein buntes Gemisch von Völkern, Rassen, Sprachen, Kulturen und Schicksalen. Durch die verbindende Rolle der Religion scheinen sie wie ein einheitliches Ensemble. So spricht man von einer islamischen Welt und von einer islamischen Einheitskultur. Ein wirklich gemeinsamer Wesenszug aller Glieder dieser Weltgemeinschaft ist der Glaube, daß sie durch das Bekenntnis zum Islam eine Sonderstellung bei Gott haben. *„Inne 'd-dīne 'indellāhi 'l-islām"* (Die bei Gott geltende Religion ist der Islam), lautet eine qur'anische Maxime. Darüber hinaus gibt es eine Reihe von gemeinsamen Verhaltensweisen, die Muslime in aller Welt miteinander verbinden. Erwähnt seien das stark ausgeprägte Gefühl der Brüderlichkeit, das sich allerdings im täglichen Umgang häufig als sehr brüchig erweist, die Geduld, die Schicksalsergebenheit, das Vertrauen in das sakrale Wissen, die idealisierenden Vorstellungen von der Erstgemeinde und eine gewisse emotionale Rückwärtsgewandheit, die Patriarchalität (die ostasiatischen Gemeinden sind eine Ausnahme!), Konsumgewohnheiten, die einen gewissen asketischen Zug verraten (Verzicht auf Alkohol und Schweinefleischkonsum), das Festhalten an der Einbeziehung der Sexualität in die Ethik und im Zusammenhang damit die Neigung zur Trennung der Geschlechter und ein beeindruckender Altruismus der wirklich Frommen *(īṯār):*

Ebenso wie der lebende Islam hat die islamische Kultur verschiedene Gesichter. Es kann daher nicht eindringlich genug davor gewarnt werden, bei der Beurteilung dieser beiden Größen verallgemeinernd vorzugehen. Die im Aufbruch befindliche Dritte Welt bedient sich gerne der Religion in ihrem Kampf um politische und kulturelle Unabhängigkeit. Daher ist der dort feststellbare Umgang mit der Religion sehr widersprüchlich. Namentlich der Islam wird häufig als Alibi für menschliche Schwächen und Unterlassungen benutzt. Er dient auch vielfach als Machtinstrument und als Mobilisator der Massen, wenn es gilt, neue Machtpositionen zu erobern oder alte zu bewahren. Ein ägyptischer Zeitungskommentator klagte vor kurzem, betroffen durch die sich überstürzenden Ereignisse in seinem Lebensumkreis: „Oh mein Islam! Wie viele Verbrechen werden noch unter Deinem Namen begangen werden?"[79]

Aber nicht allein im Islam sieht man derartige Widerwärtigkeiten. Man denke etwa an die Verbrechen, die in den beiden palästinensischen Flüchtlingslagern Sabra und Schatila 1982 im Zeichen des Kreuzes verübt wurden.

Es ist nicht leicht, eine so facettenreiche Landschaft wie die islamische Welt mit ein paar Pinselstrichen zu entwerfen. Diese Zeilen verfolgen daher den Versuch, wenigstens die wichtigsten geistigen Kräfte und Denkrichtungen im Islam zu erfassen und besonders einige ins Auge stechende Seiten des fundamentalistisch verstandenen Islam näher zu beleuchten.

Zunächst muß aber eine Scheidelinie, die seit jeher quer durch alle Schichten der Gläubigen geht, aufgezeigt werden: die Trennung in einen vergeistigten und in einen in Volksüberlieferung begründeten und fraglos nachgelebten Islam. „Im Islam tritt uns nebeneinander“, meint dazu F. Perles, „eine philosophisch begründete, bemerkenswert hohe Geisteskultur und eine größtenteils noch naive Vorstellungswelt entgegen. Jeder dieser beiden Kreise hat nun die überlieferten offiziellen Lehren auf seine Weise erweitert und auch modifiziert, so daß auf den ersten Blick zwei weit auseinander klaffende Weltanschauungen vorzuliegen scheinen“.[80]

Die dynamische geistige und technologische Entwicklung der Industrienationen und ihre Auswirkungen auf dem sozialen, kulturellen, politischen und religiösen Gebiet sind zu einer erstrangigen Herausforderung der islamischen Welt geworden: sie muß sich wohl oder übel den Fragen des neuen Zeitalters stellen. Das Dilemma lautet: sich öffnen oder verschließen — in den morbiden Formen der Vergangenheit verharren oder eine Erneuerung in Kauf zu nehmen, um sich zu behaupten. Bezüglich der Technologie ist die Entscheidung bereits gefallen: Die Wissenschaft und der materielle Fortschritt werden bejaht. Der Qur'an als die wichtigste Lehrquelle des Islam ist forschungs- und wissenschaftsfreundlich; hier gibt es keine Schwierigkeiten, die sonst im fundamentalistischen Glaubensverständnis aufzutreten pflegen.

Auf dem rein religiösen und zum Teil auch auf dem allgemeinen geistigen Gebiet scheint jedoch vielen Muslimen ein Umdenken oder gar Abrücken von den gewohnten Pfaden nahezu unmöglich. Sie sind in der Regel in ihrem religiösen Denken rückwärtsgewandt. Alles, was in der Erstgeschichte des Islam von Muhammed, seinen Gefährten und ihren unmittelbaren Nachfolgern getan worden ist, hat in ihren Augen die Züge des Vollkommenen, des Idealen. Ihrem Beispiel wird nachgeeifert. Nur vereinzelt geht man daran, die Legende von der Wirklichkeit zu scheiden. Die traditionelle islamische Kultus- und Rechtslehre, die das Leben der Gläubigen weitgehend mitbestimmt, bewegt sich völlig im Banne dieses Geschichtsbildes. *Khomeini,* einem typischen Rechtsgelehrten der schiitischen Interpretationsschule des Islam, wird nachgesagt, er strebe als iranischer Revolutionsführer eine Friedhofsruhe in seinem Land an. Richtig ist, daß sich dieser Mann, wie viele andere muslimische Rechtsgelehrte, auf einer geistigen Einbahnstraße bewegt. Religiöse Menschen neigen bekanntlich dazu, sich einer Gleichförmigkeit im Denken und Handeln zu verschreiben. Selbst die Kommentierung des Qur'an — heute eine angesehene Wissenschaft *('ilm ut-tefsīr)* — ist einmal angefeindet worden. Die tefsīrfeindlichen Tendenzen setzten gegen Ende des 1. Hidschra-Jahrhunderts ein. Sie entstanden aus dem Bedürfnis nach dem Schutz des qur'anischen Wortlautes vor Profanisierung und Vermenschlichung. Ähnliche Tendenzen richten sich neulich gegen die Übersetzung des Qur'an. Man will nicht mehr den Qur'an, sondern seinen Sinninhalt *(el-me'ānī)* übersetzt wissen. Es ist schwer, mit dieser Logik mitzukommen: man traut sich nicht, das göttliche Wort zu übersetzen, aber seine Bedeutung und seinen Sinn *(el-me'ānī)* wisse man. Läge in einer dieser beiden Handlungen eine Vermessenheit, so gewiß in der zweiten.

Die Traditionalisten, ebenso wie die Fundamentalisten im Islam, wollen praktisch die Gläubigen dem Diktat der Geschichte unterwerfen. Sie sind deshalb häufig auch politisch interessiert. Namentlich gewisse fundamentalistische Gruppen sind am Entstehen von Situationen nicht unschuldig, in denen die Religion von der Politik überspielt wird. Ihr Islam-Angebot vermittelt zuweilen eher Politik als Religion. Ihr innerweltliches Engagement schafft ihnen aber Voraussetzungen, um sich eines Tages zu Führern entrechteter Volksmassen emporzuschwingen. In ihrem Lager wird die Strategie des Kampfes gegen Ungerechtigkeit, Korruption, Vergeudung des Volksvermögens und Entfremdung entwickelt. So sprach sich eine am 22. September 1982 in Paris einberufene Konferenz islamischer Aktivisten, die eher dem fundamentalistischen Lager zuzurechnen sind, gegen den „Despotismus und die Entfremdung", die in einigen muslimischen Ländern zu beobachten sind, aus und verlangte, daß dieser Auszehrung „der Lebenskraft der muslimischen Völker ein Ende gesetzt wird".

2. Dimensionen einer Renaissance

Nach der iranischen Revolution von 1978 ist es üblich geworden, von einer „islamischen Renaissance" zu sprechen. Unter dem Begriff „Renaissance" versteht man im Westen die Rückbesinnung auf die Verhaltens- und Denkmodelle der Antike, die zu einer Befreiung des abendländischen Menschen von der geistigen Einengung des Mittelalters geführt hat. Die Renaissance bedeutete in Europa ein enorm starkes Freisetzen von neuen Schaffenskräften. Der Mensch wurde zum Gestalter seines Schicksals. Die Verbindung von Erfahrung und Denken führte langsam zur Aufklärung, die dann nach und nach eine Absage an die Autoritäten, an das „sakrale Wissen", bewirkte.

Die gegenwärtig im islamischen Orient stattfindenden geistigen Auseinandersetzungen haben mit diesen Inhalten kaum etwas zu tun. Die Merkmale der Dekadenz, die mit der Verdrängung der aufgeschlossenen theologischen Schule der Mu'teziliten im 10. Jahrhundert eingesetzt hat, halten sich immer noch aufrecht. Zwar bemühen sich alle muslimischen Staaten, ihren Nachholbedarf an technischer und wissenschaftlicher Entwicklung zu decken, doch die Formen des religiösen Denkens haben sich kaum geändert. Das mittelalterliche Kreaturgefühl und die Überzeugung von der Ohnmacht des Menschen stehen im Mittelpunkt der von Tradition und Mystik geprägten religiösen Gedankenwelt. Allerdings machen die Wunderleistungen der modernen Technik die gläubigen Massen in zunehmendem Maße stutzig. Die Regierungen versuchen in aller Eile, sich die fremden Technologien anzueignen, um sich wenigstens ihrer Haut wehren zu können. Wiederholte Rückschläge, wie die israelische Zerstörung des irakischen Atomreaktors, machen das kaum wiedererwachte Selbstvertrauen immer wieder zunichte. Man hat immer noch nicht erkannt, daß hinter dem abendländischen Fortschritt ein veränderter Geist und eine sozial und kulturell konsolidierte Gesellschaft stecken. Obwohl der Qur'an selbst hervorhebt, daß es keine Wende zum Besseren ohne Veränderung von geistigen Voraussetzungen gibt, verharren die arabischen Länder, zum Teil aus egoistischen Interessen ihrer herrschenden Kreise, in ihrem mittelalterlichen Traditionalismus. Sein Wesen besteht darin, daß man sich „den Geboten des heiligen Gesetzes, der Autorität der Offenbarung anvertraut, um sich so der eigenen Verantwortung zu entziehen".

Dem aufmerksamen Beobachter der muslimischen Weltszene fällt auf, daß allen Wellen der „Reislamisierung" zum Trotz eine innere Zerrissenheit die islamische Welt bedroht. Der Wille zur Einheit, ein primäres Erfordernis des Islam, ist zwar vorhanden, doch die Rechthaberei von Gruppen, Nationen und Bewegungen, ob sie theologischer, ideologischer oder politischer Natur sind, zehrt als historisches Laster am Mark der Gemeinschaft. Diese Rechthaberei führt nicht selten zu exzessivem Verhalten.

Eine der Ursachen für diese bedrohliche Situation ist das Fehlen einer einheitlichen Lehrautorität und einer festen hierarchischen Struktur im Islam. Die katholische Kirche z.B. hat diesbezüglich eine unvergleichlich bessere Ausgangsposition.

Die islamische Welt von heute erlebt eine Identitätskrise. In den Stammländern des Islam haben sich im Zuge der Industrialisierung hauptsächlich in den Städten fremde soziokulturelle Inseln gebildet, deren Ausweitung als Aushöhlung der eigenen kulturellen und religiösen Substanz empfunden wird. Die Reaktion darauf zeigt sich im wachsenden Einfluß des Fundamentalismus und in diversen restaurativen Eingriffen.

Während der Kampf gegen die Überfremdung in den Stammländern des Islam noch einige Aussicht auf Erfolg hat, sind seine Chancen in den Ländern, wo die Muslime in der Minderheit leben, gleich Null. Dort bilden diese kleine Inseln, die selbst — diesmal in umgekehrter Richtung — auf die Umgebung befremdend wirken. Daher trachtet diese auch danach, sie in ihre soziokulturelle Welt zu integrieren. Nirgendwo wird das Verständnis des Islam als bestimmter Lebensweg so fragwürdig wie in pluralistischen Gesellschaften. Antiquiert präsentiert, ist er von vornherein zum Scheitern verurteilt. Den Minderheiten geht es um die Wahrung ihrer substantiellen religiösen Identität. Dieses ist ihr Hauptanliegen, das auch für die im Entstehen begriffenen Neugemeinden in vollem Umfang gilt.

Die essentiellen Fragen des Islam zeichnen sich abseits der politischen Szenerie ab. Eine dieser Fragen — das Verhältnis des menschlichen Denkens zum Kulturerbe der Vorfahren — greift ein junger indonesischer Muslim, *Ahmad Wahib* (gest. 1981), mit folgenden Worten auf: „Wenn jemand ehrlich seinen Glauben an Gott bekennt, das freie spekulative Denken jedoch ablehnt, dann bedeutet dies, daß er die Vernünftigkeit der Existenz Allahs beleidigt. Wenn der Islam die Freiheit des spekulativen Denkens wirklich einschränkte, dann müßte ich meine Zugehörigkeit zum Islam ernsthaft überprüfen. Übrig blieben dann (für mich) nur zwei Möglichkeiten: teilweise oder halben Herzens Muslim zu sein, oder ein Ungläubiger zu werden." Das ist das Dilemma, in das unter dem Anprall der vorherrschenden konservativen Darstellung des Islam mancher junge Muslim gestürzt wird. Das durch *Muḥammed ʿAbduh, Rešīd Riḍā* in Ägypten, Sir *Ahmad Khan* in Indien, *Ziya Gökalp* in der Türkei und andere an der Schwelle des 19. zum 20. Jahrhundert ausgelöste liberalere Glaubensverständnis ist im Zuge des kulturellen Gegenstoßes, der dem Abzug der Kolonialmächte folgte, zum Stoppen gebracht worden. Der junge Indonesier hat in seinem literarischen Aufschrei einen neuen Vorstoß in Richtung Liberalismus vorgenommen.

„Der liberale Gläubige geht davon aus", schreibt Herbert Kraus[81], „daß die Religionen einige, gar nicht so unwichtige Fragen offenlassen, z.B. wo das Schwergewicht der religiösen Ethik wirklich liegt — ob dem Menschen neben den Geboten eine persönliche Lebensaufgabe gestellt ist, und sei sie noch so bescheiden — oder überhaupt, was den Menschen nach dem Tode erwartet. Er weiß auch, daß er seine Religion in jedem Lebensalter für seinen jeweils *gewachsenen* Gesichtskreis *selbst neu erobern muß.* So fühlt er sich eben, — anders als der mittelalterliche Gläubige, — weitgehend auf seine eigene freie Urteilsbildung gestellt."

Der Diesseitsanspruch des Islam erleichtert seine Einbeziehung in die Politik. Daraus profitieren meistens jene, die an der Macht sitzen. Sie verstehen sich nach außen hin als Verwalter und Hüter des Glaubenserbes. In ihre Rolle vielfach nur hineingeboren, entbehren sie in der Regel jeglicher

Voraussetzungen für das „Amt“. Gar ein „Charisma“ hier zu suchen, wäre eine verlorene Mühe. Selbst ihre innere Anteilnahme am Schicksal des Islam muß manchmal angezweifelt werden.

Einerseits zerrissen zwischen Politik und Glauben und andererseits von einem längst überholten Kulturideal geprägt, vermitteln sie das Bild einer heillosen Widersprüchlichkeit. Auf ihrer Fahne sieht man neben dem Qur'anspruch, der den Gläubigen inneren und äußeren Frieden vermitteln soll, einen Säbel als Symbol, wodurch in der Außenwelt immer wieder der Eindruck geweckt wird, der Islam sei eine Religion des „heiligen“ Krieges, die sich mit Feuer und Schwert verbreitet habe. Sie suchen den Dialog mit den Christen, erklären aber Menschen, die sich zum Islam bekennen — ohne mit diesen vorher einen Dialog auch nur versucht zu haben — für Ketzer und Ungläubige. Diese Exkommunizierung, eine im Islam eigentlich überhaupt nicht übliche Maßregelung, traf bekanntlich die von *Gulām Ahmad* (gest. 1908) in Quadian, Indien, gegründete *Ahmediyya*-Bewegung. Selbst die Lahore-Gruppe dieser Bewegung wurde dabei nicht ausgenommen. Diese Gruppe galt bisher allgemein als orthodox. Sie erwarb sich in Europa besonders auch die Herausgabe der renommierten Zeitschrift *„The Islamic Review“* (Woking, Surrey) für den Islam Verdienste. Auch die paar tausend muslimischen Emigranten, die sich nach dem Zweiten Weltkrieg in Europa und Amerika eingefunden haben, werden in diesen Kreisen leichtfertig vom Islam abgeschrieben. Dabei leisteten gerade diese vom Schicksal schwer Geprüften für den Islam mehr, als es das ganze Finanzpotential der Scheichs vermochte.

Die Tragik des Islam in unseren Tagen ist es, daß ihm eine starke Organisationsbasis fehlt und er auf die Gnade der Politiker angewiesen ist.

Um so mehr muß man die zähe Kraft bewundern, mit der er sich in Afrika und in einigen Ländern Asiens, ja auch unter den Negern Amerikas, behauptet und verbreitet.

Vieles ist in der Welt des Islam in Bewegung geraten. Die Zerfallerscheinungen der alten Strukturen sind allzu deutlich. Trotzdem kommen konservative Kräfte zeitweise mit unerwarteter Wucht zum Ausbruch. Hinter diesen stehen hier und da finanzkräftige Kreise, die aus Klasseninteressen den Einbruch der Moderne aufzuhalten trachten. Aus demselben Grunde wird dabei die Religion nicht selten manipuliert. Der politisch abhängige Islam wird an der Selbstverwirklichung gehindert. Kein Wunder, daß unter diesen Umständen viele religiöse Kräfte in einer Art religiöser Untergrundbewegung nach freier Artikulierung suchen. Auch hier, im religiösen „Untergrund“, ist geistige Einheitlichkeit genau so wenig zu finden wie in der Öffentlichkeit. Die Schattierungen variieren zwischen dem Erzkonservatismus, der das Rad der Geschichte auf die Entwicklungsstufe der Prophetenzeit zurückdrehen möchte, und einer Fortschrittlichkeit, die bis zu einer unmittelbaren und von alten Autoritäten völlig unabhängigen Neuinterpretation des Qur'an geht. Die Fortschrittlichen zeigen sich besonders der Wissenschaft gegenüber aufgeschlossen.

Zum konservativen Lager des Islam gehören die stark politisch determinierte *Muslimbruderschaft* in den arabischen Ländern und die beiden türkischen Frömmigkeitsbewegungen Süleymancılar und Ṭalebet un-Nūr (Nurcular).

Die letztgenannte Gruppe ist eine ordensähnliche Vereinigung, die ihre religiösen und missionarischen Impulse aus der Lehre eines kurdischen Schriftgelehrten, *Bedī 'uzzemān Sa'īd Nursī* (gest. 1960), schöpft. Obwohl sie ihren apolitischen Charakter stets betont, wird sie in der Türkei als politisch verdächtig verfolgt. Die Gemeinschaft entfaltet auch im Westen eine rege publizistische und missionarische Tätigkeit, wobei sie hauptsächlich die islamische Diaspora anspricht. In Berkeley in den Vereinigten Staaten von Amerika gibt sie die Zeitschrift „An-Nūr" (The Light) heraus, die eine weite Verbreitung findet. Die Schriften des Gründers der Bewegung, *Sa'īd Nursī,* sind in einer eigentümlichen, eher dem Geist des Orients von gestern angepaßten Sprache verfaßt. Der Stil wirkt auf den Europäer befremdend; die Gedankenführung ist der geistigen Kapazität einfacher orientalischer Massen angemessen. Eben deshalb werden diese Schriften in einer kulturell hochentwickelten Gesellschaft auf lange Sicht hinaus kaum einen Erfolg haben.

In Pakistan und Indien ist die konservative *Ǧemā'at-i islāmī* ein Gegenstück zu der *Muslimbruderschaft.*

Unauffällig verlief in den siebziger Jahren die Aktivität eines religiösen muslimischen Intellektuellenkreises, der im Juli 1983 durch einen Monsterprozeß in Sarajevo in das Rampenlicht der Öffentlichkeit geriet. Der öffentliche Ankläger in Sarajevo hielt ihm — völlig zu Unrecht — Wühlarbeit gegen den Staat, Verbindungen mit dem Khomeinismus und „islamischen Nationalismus" vor. Von diesem Kreis stammt eine *„Islamische Deklaration",* in der ein soziales Engagement und eine vorsichtige Modernisierung des Islam gefordert werden. „Der wiedererwachte Islam muß in seinem Einflußbereich die Fahne des Kampfes um die soziale Gerechtigkeit in die Hand nehmen", heißt es z.B. darin. Hier werden also gläubige Muslime zu geheimen christlichen Gesprächspartnern. Die „Deklaration" zieht gegen die konservative Geistlichkeit (die 'Ulemā' und Scheichs) zu Feld:

„Als Dogmatiker sind diese zu unerbittlichen Gegnern der Neuerungen geworden. Die Fortentwicklung des islamischen Gedankens im Wege einer Neuinterpretation der Glaubensquellen wird von ihnen als Angriff auf den Glauben gebrandmarkt. In ihrem Verhalten ist ein gewisses Maß an Liebe und Sorge um den Islam gegenwärtig, doch ist diese Liebe eher krankhaft. Ihre Umarmung ist tödlich. Sie drohen, den islamischen Gedanken zu ersticken." Überall in der islamischen Welt wächst das Bedürfnis nach verstärkter Volksinitiative in Fragen der Religion. Es wird viel gesprochen und geschrieben. Besonders reichhaltig an Stoffen aus dem Gebiete der religiösen Problematik ist die Publizistik in der arabischen Welt, der Türkei, Pakistan. Vieles von dieser Regsamkeit bleibt aber rein verbal, worin sich eine alte Schwäche des Orients bekundet.

Der offizielle Islam weist ein etwas anderes Bild auf. Er dient nicht selten den herrschenden politischen Strukturen Vereinzelt aber erheben sich auch Stimmen, die dem herrschenden Geist zuwiderlaufen. Es gibt Beispiele mutigen Eintretens für die eigene religiöse Überzeugung, so etwa im Irak, Iran und Somaliland.

Viele wollen dem Islam wieder zu Ruhm und Größe verhelfen, doch eine tiefe Kluft trennt Wollen und Können. Auf der einen Seite herrschen illusionistische Vorstellungen von Einheit und Macht; auf der anderen Seite lähmt die Ohnmacht alle Aktionen. Am Religionsgesetz als oberstem Prinzip wird festgehalten, doch das Leben entgleitet zunehmend dem Einfluß der 'Ulemā'. Der Mangel an einer straffen *kirchlichen* Organisation, das schwach entwickelte Orientierungsvermögen mancher Geistlicher in der Welt von heute, ihre materielle Misere und ihre nationale Abkapselung begünstigen die herrschende Trägheit und Sorglosigkeit. Erwachen gibt es, wenn Vorstöße einsetzen wie jener des jungen syrischen Gelehrten *Ṣādiq el-'Aẓm,* der eine Schrift zur Reinwaschung des Teufels schrieb und — vom Marxismus inspiriert — unter reichlicher Verwendung islamischer Religionsquellen den Glaubensgedanken kritisierte. Die Reaktion war imponierend heftig und in manchem vielleicht auch überzeugend.

Die Situation ist freilich nicht überall trüb. Es gibt auch Kreise, in denen mit ernster Sorge hingebungsvoll an der Verbesserung des religiösen Gesamtbildes gearbeitet wird. Auf diesem Gebiet ragen die berühmte Universität *El-Ezher* in Kairo und die islamischen Universitäten in Saudi-Arabien, Iran (Qum und Maschhad), Pakistan und Indonesien hervor. In Kairo wirkt auch eine der Universität *El-Ezher* angeschlossene *Akademie für islamische Forschungen,* die in Ein-, Zwei- und Dreijahresabständen konzilienähnliche Tagungen der 'Ulemā' und sonstiger Islamkenner veranstaltet. Die Leistungen dieses Forums sind zwar manchmal gefühlsbetont, sie werden aber von dem Willen geprägt, in theologisch begründbarer Weise einen neuen Standort des Islam in der Welt zu fixieren. Die Teilnehmer sind zumeist integre Persönlichkeiten mit einem starken traditionellen Hintergrund. Die Stellungnahmen der beiden Kairoer Studienzentren finden auch in Europa, besonders in Jugoslawien, Frankreich, England und Österreich, Beachtung. Im Fahrwasser der Kairoer Akademie bewegte sich auch der im Dezember 1970 in Tripolis, Libyen, abgehaltene „Erste Kongreß für die islamische Propaganda". Dieser wirkt nun in einer ständigen Organisation desselben Namens fort („Call of Islam Organisation"). Bekanntlich fand vom 1. bis 5. Februar 1976 in Tripolis, Libyen, ein von der Weltöffentlichkeit stark beachtetes christlich-islamisches Gespräch auf höchster Ebene statt, an dem Vertreter des Heiligen Stuhles und angesehener islamischer Institutionen teilnahmen. Durch diese Veranstaltung hat das revolutionäre Libyen sein eigenes Islam-Verständnis bestätigen wollen. Dieses ist ebenso traditionsgebunden wie zukunftsorientiert. Auch die sehr rege *Muslim-Studentenunion* in den Vereinigten Staaten von Amerika wird von den libyschen Stellen gefördert.

Ein Mittelpunkt des islamischen Denkens hat sich neuerdings in Algerien gebildet. Dort finden im Jahreszyklus *„Seminare des islamischen Gedankens“* statt. Teilnehmer sind nicht die Muslime allein. Dadurch erklärt sich die besondere Aufgeschlossenheit dieses Kreises für die Probleme der Zeit. Mit der zeitgenössischen Problematik befassen sich eingehend auch die schiitischen Forschungs- und Unterrichtsstellen in Qum, Teheran und Maschhad. Der finanziellen Unterstützung durch die saudiarabische Regierung und den Landesherrscher verdankt die 1961 in Mekka gegründete *„Islamische Weltliga“* ihre Existenz. Vor etwa zwölf Jahren beschloß diese Organisation, in London einen *„Islamischen Rat für Europa“* ins Leben zu rufen. Dahinter stand die Absicht, den muslimischen Minderheiten auf dem europäischen Kontinent zu helfen, aber auch die Sache des Islam vor der europäischen Öffentlichkeit zu vertreten. Der zweite Teil dieser Aufgaben wurde von diesem Islamic Council of Europe ernster und systematischer wahrgenommen als der erste, was ihm von Seiten der Minderheiten wiederholt Kritik einbrachte. Auch das *Islamische Sekretariat* in Dschedda stand häufig hinter den Aktionen des Londoner Rates, dem ein ägyptischer Diplomat, *Salem Azzam,* vorstand. Inzwischen ist diese Körperschaft zu einem interkontinentalen *Islamic Council,* ebenfalls mit dem Sitz in London, geworden, doch taucht immer noch der alte Titel auf.

Die *„Islamische Weltliga“* ist berufen, religiöse Belange der Muslime in aller Welt wahrzunehmen. Unter ihrer Ägide wirkt ein *„Weltmoscheenrat“* mit vier Außenstellen für die Kontinente Europa, Asien, Afrika und Amerika. Der Sitz des Kontinentalen Moscheenrates für Europa ist in Brüssel.

Mit politischen, wirtschaftlichen, sozialen und kulturellen Angelegenheiten befaßt sich hingegen das in Dschedda amtierende *Islamische Sekretariat der Außenministerkonferenz der muslimischen Staaten.* Von diesem Sekretariat wurden eine *Islamische Weltbank* und eine *Internationale islamische Nachrichtenagentur* gegründet. Die Weltbank wirkt auf der Grundlage einer zinslosen Geldgebung.

Durch Dynamik seiner Arbeit zeichnet sich der 1951 in Karachi entstandene *Muslimische Weltkongreß (World Muslim Congress)* aus. Er gerät seit einiger Zeit jedoch immer stärker in ein Abhängigkeitsverhältnis zur mekkanischen *Liga.* Der wichtigste Grund dafür dürfte die finanzielle Schwäche sein, unter der er leidet. Hierdurch gingen langsam einige wertvolle Impulse und Erfahrungen des indo-pakistanischen Islam, der in der Konfrontation mit der westlichen Zivilisation eine reiche Tradition hat, verloren[82].

Die geistig-religiöse Lage der Türkei, dem wichtigsten Ursprungsland der Gastarbeiter islamischen Glaubens in der Bundesrepublik Deutschland, steht nach wie vor im Zeichen eines nach dem Kriegsende eingesetzten kulturellen Gegenstoßes, der sich gegen den positivistisch motivierten Staatslaizismus richtet. Die offizielle Kulturpolitik dieses Staates, die eine Verwestlichung anstrebt, hat auf dem Lande ein Fiasko erlebt. Zwischen dem Kulturideal der städtischen Bevölkerung und jenem der bäuerlichen Massen besteht eine fast unüberbrückbare Kluft. Die Folgen der unter *Kemal Atatürk* und seinen Nachfolgern gepflegten kulturellen Fehlplanung sind überall sichtbar, nicht zuletzt in den Straßenschlachten, die in der jüngsten Zeit zwischen den sogenannten „Fortschrittlichen“ und den „Gericiler“ (den Reaktionären), den Kommunisten und Nationalisten, den Sozialisten und Konservativen, ausgetragen wurden.

Die traditionell gebundenen Massen verschließen sich in der Regel jedem fremden Kultureinfluß. Die Landbevölkerung träumt vielfach von den guten alten Zeiten. Sie wird leicht zur Beute von politischen Spekulanten. Enttäuscht und verbittert, bewegen sich diese einfachen Menschen im Banne wenig gebildeter Hodschas (Geistlicher), die vom Islam zuweilen recht fragwürdige Vorstellungen haben. Die Entscheidungen der *Obersten Religionsbehörde (Diyanet Işleri Başkanlığı)*, die sich um eine Modernisierung des Islam bemüht, wird weniger Gehör geschenkt. Dafür ist die Aufnahmebereitschaft für die Ideen der islamischen Mystik heute groß wie einst, nicht nur in der Türkei. Auch in Europa und Amerika macht die Ṣūfī-Bewegung beachtliche Fortschritte.

Ganz anders bietet sich das religiös-geistige Situationsbild in Jugoslawien, auch einem der wichtigen Ursprungsländer muslimischer Gastarbeiter, dar. Die modernistischen Bestrebungen des Oberseniorrats *(Rijāset)* in Sarajevo stoßen kaum auf nennenswerten Widerstand. Man findet sie in den gegebenen Umständen unserer europäischen Wirklichkeit für einzig vernünftig und richtungsgebend. Die bewußten jugoslawischen Muslime verstehen sich als Verfechter eines Humanismus besonderer Art. Sie fordern ein gesteigertes soziales Engagement und setzen der islamischen Heilsbotschaft neue Akzente. Der Überlieferung stehen sie kritisch gegenüber und verstehen es, die zeitlich bedingten Anweisungen Muhammeds von den allgemeingültigen zu unterscheiden. Sie befreien sich zunehmend von den Fesseln des historischen Ballastes und treten immer evidenter in das Leben der Kultur, Technik und Wissenschaft ein. Einer ihrer Literaten, Meša Selimović, Verfasser eines vielbeachteten, auch ins Deutsche übertragenen Romans „Der Derwisch und der Tod“, wurde in den jugoslawischen Kandidatenlisten für den Nobel-Preis geführt.

Eine ähnliche Entwicklung macht in beschränktem Umfang, weil es an freien Entwicklungsmöglichkeiten fehlt, der sowjetische Islam durch. Diesem Thema hat erst vor kurzem Nugman Asirov ein Buch („Die Evolution des Islam in der Sowjetunion") gewidmet.[83]

Das jugoslawische Modell scheint mir aus verschiedenen Gründen für die zukünftige religiös-geistige Entwicklung des Islam signifikant und daher besonders beachtenswert. Seine Bedeutung ist nach der Gründung der *Islamischen Theologischen Fakultät* in Sarajevo, der einzigen Anstalt dieser Art in Europa, noch größer geworden. Die Fakultät eröffnete ihre Tore im Jahre 1978. Zum Studium sind auch Mädchen zugelassen.

Wie im Vorhergehenden bereits angedeutet worden ist, fehlt es der Dritten Welt am Sinn für die Realitäten und Notwendigkeiten der Zeit. Die hoffnungsvollen Ansätze, die der reformierte Islam in der zweiten Hälfte des 19. und in der ersten Hälfte des 20. Jahrhunderts ausgelöst hat, wurden inzwischen — in der Zeit eines politisierten Islam — weitgehend verwischt. *'Alī Merād,* ein algerischer Professor in Lyon, meint darüber: „Die Politik ist auf dem Wege, sich zum vorherrschenden Element in allen Sparten des nationalen Lebens emporzuschwingen. Sie ist der entscheidende Gestalter des modernen Lebens geworden. Sie fesselt die Aufmerksamkeit der Öffentlichkeit und beherrscht das soziale Bewußtsein der Menschen."[84]

Dieser Trend ist durch die historische Entwicklung der Dritten Welt bedingt, die nach der Befreiung vom Kolonialismus noch immer ihren Weg in die wirkliche Unabhängigkeit sucht. Die Art, wie der Islam in diesem Kräftespiel zuweilen gehandhabt wird, ist es, die manchen Gläubigen aufregt und Widerspruch hervorruft. Wieder sind Kräfte am Werk, die nach reformistischem Prinzip greifen und zu einem geläuterten Religionsbewußtsein aufrufen. Ihre Stimmen werden zwar durch den Chor der politisch Interessierten, die vielfach die sozialen Erwartungen der entrechteten Massen manifestieren, übertönt, doch sie sind zukunftsweisend. Diesen Stimmen fällt in der gegenwärtigen Stunde die Rolle eines Korrektivs zu, weil es nämlich nicht mehr möglich ist, wie noch vor einigen Jahren der Öffentlichkeit ein einseitiges Bild der Phänomene zu geben oder — was schwerwiegender ist — im Falle des Islam die Gläubigen ohne Widerspruch zu manipulieren. Diese kritischen Stimmen tragen gleichzeitig in effektvoller Weise zum Abbau der Mißverständnisse über den Islam und zur Herstellung eines besseren Dialogklimas zwischen Religionen bei.

Die religiösen Bewußtseinsinhalte der Muslime gehen vielfach weniger auf die Lehre und das Beispiel Muhammeds als auf das „nachprophetische Denken" einer Gruppe von Schriftgelehrten zurück, die wir unter dem Namen *Faqīhs* oder *Fuqahā'* kennen. Die Vielfalt der Denkkonstruktionen, die diese Männer als religiöse Pflichtenlehre der Nachwelt zurückgelassen haben, reflektiert Problemstellungen und Forschungsmethoden einer

längst dahingegangenen Zeit. Auch ein veraltetes Weltbild liegt ihnen zugrunde. Aus den verschiedenen gesellschaftlichen Verhältnissen herausgewachsen, bieten sie in ihrer Gesamthiet kein einheitliches Bild. So gibt es innerhalb des sunnitischen Islams vier theologisch anerkannte Rechtsschulen, *(meḏāhib)*, die — obwohl untereinander divergierend — alle den Anspruch erheben, gleich seligmachend zu sein. Diese in der Zeit vom 8. bis 10. Jh. formierten Rechtsschulen, von denen jede für sich von den Gläubigen eine bestimmte Lebensweise verlangt, verhindern seither eine flexible Entwicklung der islamischen Theologie. Ihre Arbeitsmethodik besteht aus Sammlung und Anwendung von Präzedentien; eine schpöferische Wirksamkeit ist kaum vorhanden.
Die *Fuqahā'* haben, ähnlich den talmudischen Schriftgelehrten, über das Leben der Gläubigen ein Netz von Vorschriften ausgebreitet, das eine ungehinderte Selbstverwirklichung des Menschen unmöglich macht. Die schriftlich fixierten Ergebnisse dieser kasuistischen Wirksamkeit der Gelehrten sind mit der Zeit zu einer gewaltigen Literatur angewachsen. Sich in ihr auszukennen, heißt in den Augen des orthodoxen Islam gelehrt *('ālim)* zu sein. Dem theologischen Betrieb geht im allgemeinen der Mut zum freien Gedanken ab. Eine rühmliche Ausnahme bildeten die *Mu'taziliten* (8. - 10. Jh.), die jedoch mit staatlichen Gewaltmitteln von der Bühne verdrängt wurden. Im 19. Jh. setzten ihre Tradition die muslimischen Modernisten (Neumu'teziliten) von Indien fort, während die modernistische Schule von Ägypten unter sorgfältiger Berücksichtigung der traditionellen Religionsquellen den Anschluß an die moderne Zeit suchte. Die geistigen Väter der theologisch sehr bewußten ägyptischen Erneuerer sind *Ibn Teymiyye* (gest. 1328) und *Ibn Qayyim al-Ǧewziyye* (gest. 1350), die von Haus aus an jeglichem kulturellen Fortschritt uninteressert waren.

Die Mu'teziliten lehnten jegliche *anthropomorphistische* Einkleidung des Gottesbegriffes ab und definierten Gott als Inbegriff des Sittengesetzes. Daran schloß sich die Lehre von der göttlichen Gerechtigkeit und der menschlichen Willensfreiheit an. Den Qur'an hielten die Mu'teziliten, wie jedes andere Buch, für erschaffen. Lediglich sein Inhalt wäre von Gott inspiriert worden. Dadurch gerieten sie in schroffen Gegensatz zur Orthodoxie, die auf dem Standpunkt steht, daß der Qur'an nicht erschaffen, sondern ein ewiges Wort Gottes sei. Für die Mu'teziliten war Gott das absolut Gute. „Zu einer so edlen Auffassung", meint Kremer, „konnten spätere islamische Denker sich nicht wieder erheben."[85]

Mit der Verdrängung der mu'tezilitischen theologischen Schule Ende des 10. Jahrhunderts hat der freie islamische Gedanke unermeßlich viel an Kraft eingebüßt. Immerhin ist innerhalb der hanafitischen Rechtsschule, wie wir gesehen haben, etwas Freiraum geblieben.

In unserer Zeit erleben wir aber, daß im Namen des Islams härtere Zungen sprechen. Versteifte Formen, festes Ritual, veraltete Gesetze und übertriebene Forderungen werden als legitimes Erbe der islamischen Theologie geboten. Woher kommt das? Wo sind die so edlen, über sich selbst sich erhebenden Anschauungen der Hanefiten oder gar der Murǧi'ten? Der Grund für diese allgemein zu beobachtende Versteifung liegt teils im Überspielen des Religiösen durch die Politik, teils im Verlust des ursprünglichen Lehrgeistes, der infolge der *Dekadenz* der islamischen Welt eingetreten ist. Aus Solidarität bemüht man sich ferner, die Unterschiede zu unterdrücken. Deshalb kommen bei den Massen der Gläubigen die Nivellierungsversuche gut an. Das führt aber zum Verlust der Spiritualität, des geistigen Wetteiferns und der inneren Erneuerung. Mag ein sich interkonfessionell denkender und schulverbindender Islam im fundamentalistischen Verständnis den nach eigener Identität suchenden Volksmassen noch so imponieren, Tatsache ist, daß eine Renaissance nur aus dem Geist und in Freiheit des theologischen Gedankens erfolgen kann.

3. Die Tradition – ein Lebensweg für heute?

Die Floskel vom Islam als einem „kompletten Lebensweg" ist in keiner Weise überzeugend. Muhammed konnte weder durch die von ihm vermittelte Offenbarung noch durch sein Lebensbeispiel die ganze reichhaltige Palette der Lebensmöglichkeiten erfaßt haben, über die eine im dauernden Entwicklungsprozeß befindliche Menschheit verfügt. Es ist auf ein falsches Weltbild und auf einen mangelnden Realitätssinn zurückzuführen, wenn fromme oder politisch motivierte Muslime in der Weisheit des Qur'an und der Tradition Antworten auf alle möglichen Lebensfragen zu finden glauben. Zu Muhammeds Zeiten hat das sakrale und überlieferte Wissen die Wissenschaft ersetzt. In ihren Zweifeln, Sorgen und Nöten haben daher die Menschen begreiflicherweise vorrangig auf dieses Wissen zurückgegriffen. Läge es in der qur'anischen Absicht, dieses Wissen für alle Zeiten zu zementieren, so fände man im Qur'an keinen Ansporn zur Naturbeobachtung, zum Nachdenken und zum Forschen. In den ersten Jahrhunderten der islamischen Geschichte hat die sog. „prophetische Medizin" *(eṭ-ṭibb en-nebewī)* in hohen Ehren gestanden. Sie ist damals effektiv vielfach eine Lebenshilfe gewesen. Wollten wir heute in dieser Medizin Modelle für die Behandlung der Kranken suchen, so liefen wir Gefahr, die medizinische Schlacht um den Menschen zu verlieren. Abgesehen davon: In diese Medizin, wie in alle Berichte, die man Muhammed zuschreibt, haben sich Ansichten und Anweisungen eingeschlichen, deren Befolgung eklatanten Schaden hervorrufen würde. Niemand sage, daß die Sorge um die Gesundheit und die Art, wie man sie wiederherstellt, nicht zum Lebensweg einer Gesellschaft gehöre!

Erst vor kurzem haben muslimische Wissenschaftler bei einer Tagung in Manama (Bahrein) herausgefunden, daß z.B. die Polygamie, die nach der *šerī'a* zulässig ist, und die damit zusammenhängende relativ leichte Scheidungsmöglichkeit zu den Hauptursachen für die steigende Jugendkriminalität in den reichen arabischen Golfstaaten gehören. Sie verursachen nämlich vielfältige psychologische Probleme für die Kinder.[86]

Mit Hinblick auf das vorhandene Fehlverständnis der *šerī'a* und die daraus hervorgehenden Folgen glaube ich, daß sich das berühmte Wort Muhammeds von den Gelehrten als Nachfolger der Propheten nicht auf die Schriftgelehrten bezieht, mag das auch naheliegend sein. Die traditionalistischen Schriftgelehrten des Islam sind in einem nicht unbeträchtlichen Ausmaß an der Dekadenz der muslimischen Völker schuld.[87]

Der sogenannte „islamische Lebensweg" präsentiert sich in mehreren Varianten. Vor allem aber ist die religiöse Spiritualität vielschichtig. Die *Ṣūfīs* (Mystiker) haben sich z.B. diesbezüglich von den Orthodoxen immer wesentlich unterschieden. Sei es aus Gründen der allislamischen Solidarität und des ökumenischen Denkens, sei es aus wirtschaftlicher Abhängigkeit von reichen fundamentalistischen Staaten: diese Differenzen werden verdeckt. Die europäischen Muslime gehören der verhältnismäßig liberalen Rechtsschule der Hanefiten an. Für diese Schule bedeutet manches, was heute im Orient geschieht, eine bittere Enttäuschung. Der hanefitische Islam versteift sich nicht auf das Gesetz; er fordert die sogenannte *diyāna, taqwā* und *tenezzuh,* d.h. Frömmigkeit, Demut und Herzensgüte als *condito sine qua non* jeder Glaubwürdigkeit.

Im Gegensatz zu den Mu'teziliten und der hanafitischen Rechtsschule bedienen sich die hanbalitischen Interpreten des Islam einer buchstabengetreuen Auslegung des Qur'an. Sie finden an der Tatsache, daß durch den Qur'an selbst Teile der Offenbarung für doppelwertig oder symbolhaft erklärt worden sind, keinen Anstoß. Der göttliche Urheber hat ein buchstabengetreues Qur'an-Verständnis, wie das Phänomen der *mutešābihāt* („der Zweideutigkeiten") beweist, gar nicht erwartet. Der Qur'an kann ebenso wie das Evangelium, verschieden angegangen und in die Tat umgesetzt werden.

4. Der Islam in der Bundesrepublik Deutschland

In den sechziger Jahren strömten hunderttausende muslimischer Gastarbeiter in die Bundesrepublik Deutschland. Ihre Zahl wuchs bald bis zu einer Ziffer von 1,7 Millionen. Die zunehmende wirtschaftliche Rezession hat inzwischen ihre Lage recht brenzlig gemacht. Unter den einfachen Menschen greift die Ansicht um sich, daß die Ausländer die Arbeitsplätze der einheimischen Bevölkerung bedrohen und darüber hinaus in unzumutbarer Weise die Staatsfinanzen belasten. Zum typischen Repräsentanten eines solchen Ausländers ist der religionsfremde Türke geworden. Die staatlichen Stellen und die Kirchen versuchen dieses „Bild eines konkurrierenden Einschleichers" zu entschärfen und ein größeres Verständnis für die Fremden zu wecken. Allem Anschein nach werden etwa zweihundertfünfzigtausend muslimische Einwanderer, die heute in der Bundesrepublik ihre „vorläufige" Bleibe haben, ständig in diesem Land bleiben. Dadurch erhält die Frage der Anerkennung des Islam als „Körperschaft des öffentlichen Rechts" eine besondere Aktualität.

Wie in allen anderen westeuropäischen Ländern stellt sich auch in der Bundesrepublik die Frage des Religionsunterrichtes als ein vorrangiges öffentliches Anliegen dar. Eine sinnvolle Integrierung dieses Unterrichtes in den allgemeinen Schulbetrieb könnte die bestehenden Kulturkonflikte entschärfen und eine schnellere Anpassung der meist mindergebildeten Gastarbeiter an die deutsche Umgebung erleichtern.

Die Muslime in der Bundesrepublik Deutschland sind zu 90 % Anhänger der hanefitischen Schule des sunnitischen Islam. Diese zeichnet sich durch eine verhältnismäßig liberale Haltung aus. Wenn in der Öffentlichkeit gelegentlich der Eindruck entsteht, auch diese Muslime neigten zu Abgeschlossenheit, Intoleranz und zu militantem Denken, so deshalb, weil sie infolge ihrer mangelnden Bildung leicht beeinflußbar sind. Die rigoristischen Kreise erhalten aus dem vorderasiatischen und dem nordafrikanischen Raum massive Schützenhilfe; die liberale Tradition des Islam, wie sie vom Amt des *Scheich ül-Islam* in Istanbul gepflegt wurde, droht, erstickt zu werden. Ihre einzigen Sprachorgane im deutschsprachigen Raum sind die beiden Zeitschriften *„Islam und der Westen"* (Wien) und *„Al-Muhādschirūn"* (München), ein Mitteilungsblatt der Geistlichen Verwaltung für Muslim-Flüchtlinge in der Bundesrepublik Deutschland.

Bei den bundesdeutschen Muslimen handelt es sich weit überwiegend um Türken (1,46 Millionen) und Jugoslawen (etwas mehr als 100 000). Auch Flüchtlinge aus dem Ostblock, etwa 5000 Personen, und Asylanten aus asiatischen Ländern sind dabei. Die Bevölkerungsstatistik weist gegenwärtig einen dreiprozentigen muslimischen Anteil auf.

Eine große Anzahl von Vereinen, „Kulturzentren" und „Moscheen" beherrschen die deutsche Islam-Szene. Es gibt keine zentrale Leitung. Die Imame als Kristallisationsfaktoren des religiösen Lebens sind von ungleicher Bildung. Die meisten sind der Situation nicht gewachsen. Die profiliertesten Stellen nehmen die islamischen Zentren in München, Aachen und Hamburg ein. Die Kernstücke dieser Zentren sind architektonisch gut ausgewogene und voll funktionsfähige Moscheen mit den dazugehörigen Minaretten. Das Hamburger Zentrum wird von einer schiitischen Gemeinde getragen, ist aber auch anderen Schulen zugänglich. Das Organ des Zentrums ist die Zeitschrift „Al-Fadschr/Die Morgendämmerung" (erscheint seit 1983). Alle anderen Zentren („Kulturzentren") und „Moscheen" stellen notgedrungene Improvisationen dar. Die im Moghul-Stil erbaute alte Berliner Moschee wird von der gemäßigten Lahore-Gruppe der Ahmadiyya-Bewegung betreut. Die Moschee in Schwetzingen ist eigentlich ein Museum, das Dank des Entgegenkommens der Ortsgemeinde zeitweise von den dortigen Muslimen als Gebetsraum benutzt werden darf. Es bestehen Pläne, dieses Objekt gegen angemessene Entschädigung in muslimischen Besitz zu geben.

Innerhalb des Islamischen Zentrums in München wirkt seit zwei Jahren eine islamische Volksschule, an der auch deutsche Lehrer engagiert sind. Die Schule wird von staatlichen Stellen unterstützt.

Eine wissenschaftliche Vertretung des Islam strebt die *Islamische wissenschaftliche Akademie* in Köln an. Sie steht unter der Leitung eines Universitätsprofessors, Abdoldjawad Falaturi, und bemüht sich u.a. besonders um die Fortführung des Dialogs zwischen Islam und Christentum. Eine ähnliche, jedoch weniger aktive Akademie, besteht in Hamburg. Ihr Gründer ist Detlev alias Devlet Khalid, ein ehemaliger Professor am Institut für Islam-Studien in Islamabad und Mitarbeiter des Deutschen Orient-Instituts.

Das führende deutschsprachige Organ der Muslime in der Bundesrepublik Deutschland ist die Monatsschrift *„Al-Islam"*. Sie wird vom Islamischen Zentrum in München herausgegeben. Die in der Zeitschrift erscheinenden Beiträge sind eher auf den einfachen Durchschnittsleser zugeschnitten. Sie behandeln nicht immer rein religiöse Themen; auch interessante Kurzberichte finden darin Platz. Eine Kinderbeilage erhöht den Wert der von einer deutschen Redakteurin, Fatima Heeren, geleiteten Zeitschrift. Muslimische Verlage gibt es in Köln, München und Berlin, wo die Frömmigkeitsbewegung *„Nurcular"* (zu Deutsch etwa: Kinder des Lichtes) eine Druckerei unterhält.

Von den zahlreichen muslimischen Gruppen, Vereinen und Strömungen am besten organisiert sind die Anhänger einer volkstümlichen Frömmigkeitsbewegung, die unter dem Namen *Süleymancılar* (Schüler des Süleyman — nach dem Namen des Stifters Süleyman Tunahan) bekannt sind. Sie treten in der Bundesrepublik Deutschland als „Islamische Kulturzentren" auf. Ihr Sitz befindet sich in Köln. In diesen Zentren wird das alte osmanische Islam-Verständnis gepflegt — der türkische Patriotismus ist ein integrierender Teil.

Auf eine allislamische Sammlung im fundamentalistischen Sinne sind die von der ehemaligen türkischen Heilspartei *(Selâmet Partisi)* getragenen „Islamischen Zentren" türkischer Provenienz ausgerichtet. Sie sind im intellektuellen Oberbau mit den Ideen der Muslimbruderschaft und der Ǧamā'at-i Islāmī, einer fundamentalistischen Organisation in Pakistan, durchsetzt.

Die um diese Zentren gescharten Kräfte, einschließlich der Stammorganisation, nennen sich *Millî Görüş Teskîlâtı* („Verbände der nationalen Sicht"). Ihre Presseorgane sind die Tageszeitung „Millî Gazete" (Die National-Zeitung) und die zweiwöchentliche Zeitschrift „Avrupa'da Hicret" (Die Hidschra in Europa).

In der gesamtdeutschen Islam-Szene ist besonders rührig eine Gruppe deutschsprachiger (vornehmlich deutscher) Muslime. Sie treffen sich jährlich viermal in verschiedenen übernationalen islamischen Zentren (München, Aachen, Hamburg) und erörtern aktuelle Fragen aus dem Leben der Gläubigen in einer gemischten Gesellschaft. In Berlin wirkt ein Kreis „Freunde des Islam in Berlin". Seit Anfang 1980 gibt dieser eine bescheidene zweimonatige Schrift unter dem Titel „Allahu akbar" heraus.

Ein „Kreis der Freunde des Muslimischen Weltkongresses" bemüht sich um die Einigung der zersplitterten Gruppen, um die Voraussetzungen zur gesetzlichen Anerkennung des Islam als Körperschaft des öffentlichen Rechts zu schaffen — ein Unterfangen, das sich in Anbetracht der nationalen Verschiedenheit und nicht selten auch einer politischen Gebundenheit der in der Bundesrepublik lebenden fremdsprachigen Muslime äußerst schwierig gestaltet.

XI. Europa und der Islam

Seit seinem Eintritt in die Geschichte verkannt und mißverstanden, wird der Islam hier zumeist als „Muhammedanismus" verstanden. Bezeichnend für sein Schicksal im Abendland! Der glaubensbewußte Bekenner des Islam bezeichnet sich demgegenüber als Muslim oder (in iranischer und indo-pakistanischer Aussprache) Moslem. Das ist ein Partizip mit der Bedeutung: derjenige, der sich Gott hingibt. Der Irrtum, daß Muhammed — ähnlich wie Christus im Christentum oder Buddha im Buddhismus — die Mitte des islamischen Glaubens bildet, hat zu der unzutreffenden Bezeichnung „Muhammedaner" geführt. Sie geht an der Kernlehre des Islam vorbei, wonach sich Gott und Mensch niemals in einer Person begegnen. Die Begegnung erfolgt allenfalls in der Offenbarung. Die Hauptforderung dieser Offenbarung ist die Hingabe an Gott: „Es gibt keinen anderen Herrn als Gott, unseren Herrn". Alle biblischen Mahner und Rufer verkündeten diese Hingabe *(islām)*. Folglich waren sie Muslime. Nur ein Typus des Islam – der gegenwärtige – ist mit dem Namen Muhammed verbunden, jedoch in sekundärer Weise. Gott steht immer im Zentrum. Er ist auch der Religionsstifter.

Im frühen Mittelalter wurde Muhammed für einen abtrünnigen römischen Kardinal und Gründer einer ketzerischen christlichen Sekte gehalten. Unter den damals herrschenden Vorstellungen war auch die vom Götzen *Mahoma oder Mahumet.* Vor diesem Götzen, so glaubte man, knieten ehrfurchtsvoll die Sarazenen. Diese Vorstellung dürfte der Ursprung der falschen Bezeichnung „Muhammedaner" gewesen sein. Die *Chansons de geste* liefern dafür einen literarischen Beleg. Erst zu Anfang des 12. Jahrhunderts tauchten die ersten genaueren Informationen über den Islam im Westen auf. Es entstand eine umfangreiche polemische Literatur. Neben der „Vielfachen Verdammung" (*Quadruplex Reprobatio*) des Dominikaners *Ramón Martín* oder eines seiner Ordensbrüder fällt in dieser Literatur das umfangreiche Werk „Über die mohammedanische Sekte" von vermutlich *San Pedro Pascual* besonders auf. Vier Grundthesen über den Islam beherrschten das damalige westliche Denken:

1. die islamische Lehre sei eine Ketzerei, die auf einer absichtlichen Verdrehung der Wahrheit beruhe, 2. der Islam sei eine Religion des „Feuers und Schwerts", 3. Muhammed und seine Gefolgsleute frönten der Genußsucht und 4. der Islam sei unter direkter Einflüsterung des Satans entstanden, ja sein Verkünder sei der Antichrist.

In dieser Atmosphäre mußten alle ökumenischen Vorsätze der beiden Religionen zu einer hoffnungslosen Illusion werden. Abgesehen von einigen wenigen Ausnahmen waren es der Humanist Guilaume Postel und der

Islamforscher Hadrian Reland (1676 - 1718), die zum ersten Mal imWesten ein gerechteres Islam-Bild entstehen ließen. In seinem Werk *„De religione mohammedica"* schildert Reland den Islam als eine betont monotheistische Religion, die darüber hinaus tolerant sei und die Größe Christi anerkenne. Postel unterzog sich der Aufgabe, in allen Religionen das Gute aufzuspüren, um es zur Grundlage eines vereinfachten Christentums zu machen.

Die Reformation zog sich zeitweilig den Verdacht zu, ein verkappter „Mohammedanismus" zu sein. 1651 wird von J.H. Hottinger der Versuch unternommen, diese Anschuldigungen zurückzuweisen, ja vielmehr der katholischen Kirchenlehre Entlehnungen aus der islamischen Dogmatik anzulasten. Große geistige Persönlichkeiten des Westens, wie Leibnitz, Josef von Hammer-Purgstall, Goethe, Alexander Ross und Thomas Carlyle trugen zur Rehabilitierung des Islam bei. *Ross* klassifiziert im übrigen den Islam in seiner 1617 erschienenen Religionsgeschichte *„Pansebeia"* als eine europäische Religion.

Seit den bahnbrechenden Arbeiten des deutschen Orientalisten *Johannes Fück* weiß man, daß Muhammed ehrlich gehandelt hat.[88] Kein ernster Islamforscher redet heute noch von der „absichtlichen Verdrehung der Wahrheit" im Zusammenhang mit Muhammad — einer der Grundkomponenten des westlichen Islam-Bildes im Mittelalter. *Carl Heinrich Becker*, ein deutscher Orientalist, hat als erster darauf hingewiesen, daß die militärische Ausbreitung der muslimischen Staaten mit der Verbreitung des Islam bei weitem nicht identisch sei. Das waren zwei grundverschiedene historische Prozesse[89].

Man kann heute kaum ernstlich die Auffassung vertreten, daß eine Religion, die unzüchtige Handlungen, den Alkoholgenuß, Völlerei, Trinken und alle anderen Ausschweifungen streng verbietet, täglich fünf Gebete, strenges Fasten und eine in ihrem Mindestausmaß fest abgegrenzte materielle Opferbereitschaft vorschreibt, hedonistisch sei. Eine solche Religion ist eher asketisch. So aber ist der Islam. Muhammed und seine Gefährten waren seine getreuen Spiegelbilder.

Es beruht auf einer Verkennung der Tatsachen, wenn man in Muhammed den Antichrist sehen will. Wohl in keiner anderen Religion außerhalb des Christentums wird der große Nazaräer so sehr verehrt wie im Islam. Er zählt zu seinen großen Verkündern.

Inzwischen hat sich im Westen das Bild vom Islam wesentlich gewandelt. In den Dokumenten des II. Vatikanums werden ihm bedeutende moralische und religiöse Werte bescheinigt. Wenn es auch in diesen Dokumenten nicht ganz an Verkennungen (z.B. in bezug auf das Verständnis der „Marienverehrung" im Islam) fehlt, so sind diese Dokumente doch von einem ganz anderen Geist geprägt als die Aussagen mittelalterlicher Kirchenväter oder gar Luthers. Der große Reformator rief bekanntlich unermüdlich auf, „des Türken Allah, d.h. seinen Gott, den Teufel" zu schlagen. Inzwischen wissen auch die evangelischen Theologen, daß der Islam in „einem einzigartigen Verhältnis zur christlichen Überlieferung steht".

Zwischen Judentum, Christentum und Islam bestehen überhaupt tiefe Verwurzelungen.

Muslimischerseits wird eine bessere theologische Einstufung Muhammads von Seiten der Juden und Christen erwartet. Ansätze dazu gibt es schon seit der 2. Hälfte des 19. Jh's. So schrieb Charles Loyson, allgemein als *Pater Hyacinthe* bekannt (1827 - 1912): „Ich glaube, die Größe Christi in keiner Weise zu schmälern, wenn ich Muhammad als wirklichen Propheten anerkenne". Ähnliche Töne konnten im Laufe der letzten Jahrzehnte bei verschiedenen Dialogseminaren vernommen werden.

Die noch immer vom vorindustriellen Denken beherrschte islamische Welt begreift nur sehr langsam, daß der Westen heute weitgehend säkularisiert ist. Er lebt in einem „nachchristlichen" Zeitalter. Dennoch wird er von traditionalistischen oder fundamentalistischen Muslimen von der Vorstellungswelt des Mittelalters aus angesprochen. Das „sakrale" Wissen wird den modernen Denkkategorien entgegengestellt. Man vergißt, daß im Westen die Wissenschaft schon längst aufgehört hat, eine *ancilla theologiae* zu sein. Deshalb wirken manche islamische Propagandaschriften auf die Abendländer befremdend.

Die Islamforschung im Westen wird als eine vorprogrammierte islamfeindliche Tätigkeit empfunden. Die Orientalistik wird verteufelt. Es ist richtig, daß diese beiden Forschungszweige vielfach im Dienste des westlichen Imperialismus standen. Doch hat es auch unzählige unabhängige und nur an der Wahrheit interessierte Islamwissenschaftler und Orientalisten gegeben. Ihre Forschungsergebnisse könnten in manchem den Muslimen helfen, sich in der Welt von morgen besser zurechtzufinden. So sehr jegliche tendenziöse oder von Klischeevorstellungen beherrschte Darstellung — ob des Islam oder des Westens — unbrauchbar und auf die Dauer gefährlich ist, so berechtigt ist die Forderung, die 1980 der Generalsekretär des Islamischen Weltkongresses aufgestellt hat: „Wir Muslime müssen von der modernen Islam-Kritik lernen, auch wenn uns klar ist, daß sie von unseren Gegnern kommt". In diesem Sinne wäre es wünschenswert, wenn die Muslime als Gegenstück zur *Orientalistik* eine von ihnen begründete *Okzidentalistik* betreiben würden. So könnten sie in einer wissenschaftlich fairen Art und Weise ihrerseits dem Westen einen Spiegel vor Augen halten.Ich glaube nicht, daß der Westen die so erzielten Forschungsergebnisse als feindlich und somit von vornherein als unbrauchbar abtun würde.

XII. Islamische Erziehung heute

Muslimische Kinder in einer säkularisierten Umwelt
(Modell Deutschland)

Die islamische Erziehung – ihr Ziel und ihre Dimensionen

Wer sich mit der islamischen religiösen Erziehung befassen will, muß sich zuerst darüber im Klaren sein, was eigentlich der Islam ist. Das allgemeine Bild dieser Religion, das dem deutschen Bürger von heute auf Grund der sozialen Wirklichkeit der islamischen Welt und der dort zutage tretenden religiösen Denkrichtungen und religiös motivierten politischen Vorgänge von den Massenmedien vermittelt wird, wirkt befremdend, beunruhigend. Dieses Bild widerspricht offenkundig den Vorstellungen, die sich ein Durchschnittsdeutscher des 20. Jahrhunderts von der Religion macht.

Der Islam ist eine Glaubenslehre, die im Wesentlichen auf biblischen religiösen Inhalten beruht. Der Verkünder des Islam, Muhammed, hat sich lediglich als Wiederhersteller der authentischen Lehre der früheren biblischen Propheten verstanden. Unter Berufung auf diesen Titel hat er für sich die Eigenschaft des letzten Apostels, des „Siegels der Propheten", beansprucht. Im islamischen Glaubensverständnis sind alle biblischen Gesandten, einschließlich Muhammed, untereinander gleich. Auch ihre Botschaften, allen voran die Thora und das Evangelium, sind als göttliche Offenbarungen gleichwertig. So war es von allem Anfang an möglich, durch entsprechende Akzentuierung innerhalb des übernommenen geistigen Erbes den Islam sowohl „mosaisch" als auch „christlich" zu verstehen. Weitere Verständnisvarianten traten im Zuge der erweiterten Kontaktnahme des Islam mit asiatischen, afrikanischen und europäischen Kulturen hinzu. Die bedeutendste dieser Varianten ist jene, die sich in der Mystik des Islam herausgebildet hat. Das ist der *Theopantismus*, das völlige Versinken im göttlichen Sein, in dem sich griechisch-neuplatonische und indische religiöse Ideen wiederspiegeln.

Die Norm – Fessel oder Lebenshilfe?

Der vorherrschende geistige Zug des Islam ist jedoch sein Hang zur Norm. Dadurch erscheint er vielfach als eine Gesetzesreligion. So mag ein islamischer Staat als Theokratie erscheinen; in Wirklichkeit aber ist er eine Nomokratie. Diese Vorherrschaft des Gesetzes ist alttestamentlichen Ursprungs. Der Islam ist dem Judentum in vielem verpflichtet. Die Denk- und Argumentierweise der Schriftgelehrten — der 'Ulamā' — entspricht weitgehend jener der Rabbiner im orthodoxen Judentum. Was den Islam für das Lebensgefühl des modernen Menschen vielleicht fremd macht, ist weniger seine Lehre als sein Bezug zur Norm und zum sakralen Wissen. Der konservative und der fundamentalistische Islam fühlen sich zu diesen beiden Größen essentiell verpflichtet. Der moderne Mensch hat hingegen die alttestamentlichen Normen aus seinem Bewußtsein weitgehend verdrängt. Er unterwirft sich zwar einer Menge von Normen, die ihm durch Sachzwänge auferlegt werden — man denke an die vielen Verkehrsregeln! —, die alten biblischen Gebote scheinen ihm aber nicht mehr nützlich, ja fortschritthemmend.

In dieser Einstellung zu der Norm darf zum Teil eine logische Ausarbeitung des christlichen Gebots der Nächstenliebe, die manches verzeiht, gesehen werden. Ein völliger Verzicht auf das normative Erbe des Alten Testaments ist nicht denkbar. Der Dekalog z.B. bleibt zum größeren Teil in Geltung. Eine Normenverschiebung ist aber sogar innerhalb der Religion möglich gewesen; sie hat auch im Judentum und Christentum stattgefunden. Im allgemeinen gesellschaftlichen Rahmen haben sich aber die Normen von der Rücksicht auf Personen zum Achtgeben auf Sachbezüge verschoben. Dies hat zum Verlust des Menschentums und zur Gefährdung der Umwelt geführt.

Die notwendige Relativierung der Norm ist ein in der islamischen Rechtswissenschaft von jeher angewendetes Verfahren. Wenn eine Norm aus ihrem ursprünglichen sozialen Kontext herausgerissen wird, erhält sie ein anderes Gewicht. Dadurch sind im sunnistischen Islam vier Rechtsschulen entstanden: einige, die der alttestamentlichen Gesetzestreue näher stehen, einige etwas mehr liberale. Zu der zweiten Kategorie gehört die hanefitische Rechtsschule, in der die türkischen und jugoslawischen Muslime — also der weit überwiegende Teil der muslimischen Mitbürger — beheimatet sind. Dies erleichtert die Adaptierung der religiösen Erziehung muslimischer Kinder an die deutsche Kultur. Es ist auch kein Zufall, daß in der intellektuellen Türkei, auf dem Balkan und in den sowjetischen Gebieten Zentralasiens der Islam die größte Offenheit für die geistigen Zusammenhänge der säkularisierten Welt aufzubringen vermag.

Neue Akzente gefragt

Der intellektuelle Islam ist in Bewegung geraten. Um ein neues Verständnis der Quellen wird gerungen. Neue Akzente werden gesetzt. Die fragwürdige Tradition wird zusehends abgestreift. Im Ritual werden Abstriche vorgenommen. Es wäre aber verfehlt, die religiöse Erziehung muslimischer Kinder mit dieser geistigen Szene unmittelbar zu konfrontieren. Diese Erziehung muß sich im Wesentlichen an die vorhandenen anerkannten Modelle anlehnen.

Der erste Gedanke, der sich dabei einem aufdrängt, ist, sich der türkischen und jugoslawischen Erfahrungen, wie sie sich im dortigen offiziellen Lehrbuch des Islam widerspiegeln, zu bedienen. Die arabischen Modelle sind für die Bundesrepublik weniger brauchbar. Hier muß man vor allem die Flut der fundamentalistischen Literatur, die ins Land fließt oder durch Übersetzungen hier entsteht, mit Vorsicht aufnehmen. Die traditionelle islamische Erziehung zielt auf eine Sittlichkeit, die dem Qur'an und der Bibel, namentlich aber ihrem alttestamentlichen Teil, gemeinsam ist. Deshalb kann diese Erziehung auch im bundesdeutschen sozialen Kontext nicht ganz fremd sein — ebenso wenig wie der Islam eine Fremdreligion ist.

In der Dritten Welt werden die Religionen im Zuge der Bemühungen, einen ideologischen Abwehrmechanismus gegen koloniale Tendenzen aufzubauen, zum Politikum gemacht. Viele Muslime sind der Ausstrahlungskraft des Schlagworts, der Islam sei Religion und Staat *(dīn we dewlet)* erlegen. Die Fanatiker bedienen sich dieser Parole als Schlachtruf. In Wahrheit kommt sie im Qur'an nirgends vor. Ganz im Gegenteil: qur'anische Gebote und Gesetze sehen — gleich wie jene der Thora — „den handelnden Menschen in die Institutionen eingebunden: in Ehe, Familie, Rechts- und Kultusgemeinde, bemerkenswert selten aber in Institutionen des Staates". Im Abbasidenreich ließ z.B. die Stimmung der Zeit den Dienst für den Herrscher und den Staat sogar als mit wirklicher islamischer Lebenshaltung nicht „vereinbar erscheinen."[90]

Durch die Betonung der übergreifenden moralischen Elemente dieser Erziehung kann nicht nur die Integration, sondern auch die allgemeine gesellschaftliche Genesung gefördert werden. Der Islam kann, wie bereits *A. Toynbee* gelehrt hat, das verfügbare Potential zur Überwindung des Rassendünkels und zur Bekämpfung des Alkoholismus, einer Geißel der modernen Menschheit, wesentlich stärken. In seiner Verbundenheit mit der Natur, in seinem Respekt der Alten, im Selbstverzicht seiner Gläubigen *(Ramadan-Fasten)* und in der von ihm wachgehaltenen Solidarität *(Brüderlichkeit* und *Sozialsteuer)* kann die Gesellschaft Ansporn zum Umdenken oder Umrisse eines alternativen Lebens entdecken.

Der Schulunterricht

Bei der Gestaltung des islamischen Schulunterrichtes, eines wesentlichen Teiles der religiösen Erziehung, können die Schulbehörden und die Öffentlichkeit eine entscheidende Rolle spielen. Nur der Lehrinhalt ist die Sache der Religionsgemeinschaft, die Akzentsetzung, und der ganze didaktische Aufbau können in die Hände der deutschen Schulexperten gelegt werden. Der Qur'an allein genügt nicht für die Gestaltung eines erfolgreichen islamischen Erziehungsablaufs. (Schon deshalb sind die sogenannten

„Qur'an-Schulen" suspekt.) Im deutschen sozialen Kontext braucht die heranwachsende muslimische Jugend u.a. noch geeignete religiöse Literatur, auch solche belletristischer Art. Vielleicht können hier — gerade in der Zeit der wirtschaftlichen Restriktion — auch deutsche Schriftsteller helfen. „Zudem besteht für Muslime in Europa und ihre in westlicher Umwelt heranwachsende junge Generation die Notwendigkeit der Selbstdarstellung in einfacher, dem selbstlesenden Kind zugänglicher Weise."[91]

Der angeborene Hang der Orientalen, an den alteingefahrenenDenkmodellen zu haften, was den Arabern schon der Qur'an zum Vorwurf macht, hemmt eine modernere, auf neuen wissenschaftlichen und pädagogischen Erkenntnissen aufgebaute islamische religiöse Erziehung. Auch in Europa wird sich diese Haltung noch geraume Zeit bemerkbar machen. Sie zeigt sich im erzieherischen Eifer traditionalistischer Kreise.

Islamische Erziehung: kein Gegensatz zur europäischen Kultur

Die Frage der islamischen Erziehung im europäischen Kontext ist von erstrangiger kulturpolitischer Bedeutung, weil von ihrem Ziel, ihrem Inhalt und ihrem Verlauf der Ausgang der Bemühungen um die Integrierung ausländischer Mitbürger abhängt. An diese Frage muß daher mit Bedacht und Gründlichkeit herangegangen werden.

Die gegenwärtige Islam-Szene im deutschsprachigen ist noch sehr jung. Sie ist auch sowohl für die Stammländer des Islam, als auch für die bodenverbundenen alten Islam-Gemeinschaften in Europa atypisch. Ihre Gestalter oder vielmehr ihre Sprecher sind nur in seltenen Fällen theologisch repräsentativ. Dieser Szene geht vor allem jene theologische Großzügigkeit ab, die die hanefitische Interpretationsschule, der die meisten muslimischen Zuwanderer angehören, auszeichnet. Es mag vielleicht am niederen Bildungsstand und an einem zu großen Vertrauen zu den sich in der Diaspora-Situation als Führer der Gruppe emporgeschwungenen Personen liegen, daß diese Menschen eine weniger liberale Gesinnung an den Tag legen. Fundamentalisten und Konservative beherrschen die Landschaft, namentlich im Mediensektor. Wie wir bereits festgestellt haben, ist z.B. im Glaubensverständnis der hanefitischen Rechtsschule der Islam nicht unbedingt „Religion und Staat". Die Religion ist höchstens als übergreifendes Ethos dazu berufen, am staatspolitischen Tun und Treiben teilzunehmen. Ein greifbares Beispiel des apolitischen Islam haben wir in Ost- und Südosteuropa, wo mehr als 15 Millionen Muslime hanefitischer Rechtsschule leben. Aber auch im Osmanischen Reich sind der Staat und die Religion häufig getrennte Wege gegangen. Der beste Indikator dafür ist das Amt des *Scheich ül-islām* in Istanbul, das sich um die religiösen Belange zu kümmern hatte. Die staatspolitischen Belange waren hingegen die Entscheidungsdomäne des Sultan.

Es ist notwendig, sich dieses vor Augen zu halten, da die Versuche nicht aufhören wollen, auch den europäischen Islam zu politisieren. Nach den Erfahrungen der letzten Jahrzehnte haben die Muslime, die sich auf eine Daueranwesenheit in Westeuropa vorbereiten, allen Grund, sich von einem solchen Islam-Verständnis zu distanzieren.

Wo liegt die religiöse Identität des Muslims?

Die Identität bedeutet im soziologischen Sinn ein Verhalten des Individuums, in dem sich Handlungsmuster der Sozialisationsumwelt und überkommene Rollen miteinander verbinden. Die Identität ist niemals fertig. Sie unterliegt den Einflüssen der sozialen Prozesse. Allerdings pflegt der Mensch sich neue Regeln, Normen und Interpretationen „nur in Verbindung mit Selbst-Erlebtem, Gehörtem oder Empfundenem" anzueignen. Die Lebensumstände bewirken zwar häufig eine Neuorientierung der Person, doch ist diese in der Regel stets bemüht, ihre Identität zu wahren. Die kontinuierliche Identität ist eine willkommene Orientierungshilfe, wenn es gilt, „in Interaktionen einen gemeinsamen Handlungsentwurf vorzunehmen". Die Individuen sind dann erkennbar, planbar und beeinflußbar.

Ohne Achtung vor den Identitätsbestrebungen der Jugend, werden Lernprozesse abgelehnt. Eine innerliche Abwehrhaltung stellt sich ein. Diese Erkenntnis finden wir gerade bei den bereits erwähnten Qur'an-Kursen bestätigt. Eine von der Außenwelt wenig verstandene oder gar angefeindete Identität neigt zur Bildung von geistigen und auch effektiven lebensbezogenen Gettos.

Der traditionelle Islam ist in seinem Anspruch auf den Menschen allumfassend. Er bestimmt sein ganzes Leben. Wo die Anhänger dieser Religion zusammenleben, dort bilden sich geschlossene Gesellschaften. Die Tradition gebietet geradezu, den Anschluß an die Gruppe zu suchen. Abgesondert, ist der einzelne auf verlorenem Posten. Daher die Regel, in einem solchen Fall das „Territorium des Islam" wieder zu suchen, also in jener Gemeinschaft wieder einen Platz anzustreben, die nach den Spielregeln des Islam ihr Leben gestaltet. Diese Anschlußsuche heißt *hiğra*(„Auswanderung").

Der Natur des traditionellen Islam widerstreben jegliche Abstriche vom Gesamtspektrum jener Elemente, die die ursprüngliche islamische Identität ausmachen, daher der Brauch (die *sunna*), dem drohenden Identitätsverlust durch die Auswanderung aus dem Wege zu gehen. Dieser Brauch, der sich auf die bekannte Auswanderung Muhammeds aus Mekka nach Medina stützt, ist jedoch in der späteren Geschichte des Islam wenig beachtet worden. Streng genommen läßt er sich auch theologisch nicht rechtfertigen.

Aus der Erstgeschichte des Islam wissen wir, daß ein Minimum an religiösen Bewußtseinsinhalten die islamische Identität begründen kann. Muhammad gab sich mit einer nur partiellen Annahme des islamischen Glaubensbekenntnisses durch Neubekehrte zufrieden, wenn jene sich nämlich nur zu Gott bekannten. Er bestand nicht darauf, ausdrücklich als Gottes Gesandter, wie in der Bekenntnisformel angeführt, anerkannt zu werden. Man sieht: zum Islam muß nicht *expressiv verbis* Muhammed gehören.

Die Geschichte lehrt uns, daß in den Zeiten der kulturellen Hochblüte des Islam auf dem Gebiet der Glaubensäußerung Reduktionsprozesse wirksam waren, die die religiöse Identität gelegentlich auf einen recht engen Raum zu beschränken pflegten. Die Muslime in Spanien sahen sich nach der Reconquista gezwungen, in ihrem religiösen Habitus bedeutende Abstriche vorzunehmen. Dabei halfen ihnen Religionsgelehrte durch ihre *fetwās* (verbindliche theologische Dezisionen). Überhaupt war man in der islamischen Geschichte häufig nur darauf bedacht, die nicht aufgebbare Religionssubstanz zu wahren. Sitten und sogar kultische Formen schien man im Notfall bereit zu sein zu opfern, weil sie nicht das Wesen des Glaubens ausmachen.

Die islamische religiöse Erziehung, auch jene, die in einem säkularisierten Umfeld geschieht, kann auf Muhammed ('a.s.) als Leitbild nicht verzichten. Allerdings sind hier vor allem die religiösen und ethischen Dimensionen seines Lebensbeispiels geeignet, eine sinnvolle Nachfolge zu finden. Das ist auch richtig so, denn Muhammed war vorrangig und entscheidend ein Resūlullāh, d.h. ein Gottesbote mit dem Lehrauftrag der Frömmigkeit und der Warnung vor den Versuchungen dieser Welt.

Aufgabenbereich

Vom Islam aus gesehen ist es Aufgabe der religiösen Erziehung, durch geeignete Lehrmethoden sowie durch das gute persönliche Beispiel der Lehrperson die Bildung einer ethisch und religiös einwandfreien Persönlichkeit anzustreben. Das irdische Ziel dieser Erziehung ist die Verwirklichung eines harmonischen Einklangs des Menschen mit sich selbst, mit den übrigen Menschen und mit Gott. Ihr transzendentes Ziel ist, Gott zufriedenzustellen bzw. jenen Zustand zu erlangen, den man in der religiösen Terminologie „Seelenrettung" nennt. Daraus geht hervor, daß die islamische Erziehung in die Hände derjenigen gelegt werden muß, die sich zum Islam bekennen und diesen auch vorleben.

Der Islam ist nicht nur ein intimes Glaubensbekenntnis, das sich ausschließlich im privaten Bereich entfaltet, sondern auch eine Kultur.

Um zu vermeiden, daß die so postulierte Erziehung im europäischen Kontext gesellschaftliche Verhaltensweisen vermittelt, die gegen den

Lebensstil und die Norm der europäischen Gesellschaft verstoßen und sich als subkulturelle Abartung erweisen, müssen an den Lehrinhalt und die Methoden der islamischen Erziehung in diesem Raum besondere Kriterien angelegt werden.

Bei einer summarischen Betrachtung drängen sich folgende Notwendigkeiten auf:

1)Das Verständnis des Qur'an als der Grundquelle des Islam muß unter maximaler Einbeziehung der Vernunft erschlossen werden — ein Verfahren, das schon in der frühen Kulturgeschichte des Islam belegbar ist.
2) Das Unwesentliche hat zugunsten des Wesentlichen zurückzutreten.
3) Innerhalb der Pflichtenlehre sind neue Akzente zu setzen. In der säkularisierten Industriegesellschaft ist z.B. der Ritualismus unhaltbar. Die Lebensumstände zwingen zu seiner Aufgabe. Der Verzicht auf die fakultative Gebetspraxis aus dem Bereich der Überlieferung (sunnet, nāfila, ḏikr[92] u.a.m.) kann theologisch begründet werden.
4) Als eine weitere Notwendigkeit der Erziehung muslimischer Kinder in Deutschland stellt sich die Betonung des optimistischen Aspekts der islamischen Lehre ein. Es soll eine Erziehung ohne Angst gefördert werden.

Dieses entspricht durchaus dem Geist des Qur'an. Wer die Religion zu seinem Herzensanliegen gemacht hat, der zählt zu Gottes Freunden. „Die Freunde Gottes aber brauchen keine Angst zu haben, und sie werden nicht traurig sein" (Qur'an 10 : 62).

„Die Angst hemmt alle menschlichen Aktivitäten", kommentiert diesen Qur'an-Vers ein islamischer Gelehrter. „Die Angst verdrängt den Optimismus und tötet den Lebensschwung. Die Liebe hingegen baut den Haß ab, unterdrückt die bösen Neigungen und beseitigt die menschlichen Schwächen. Die vom Islam geforderte Seelenstärke *(ṣabr)* ist ein Ruf zum aktiven Optimismus. Nur die Freiheit und die Seelenstärke vermögen die schlummernden Arbeitsenergien zu befreien und neue Lebensräume zu eröffnen"[93].

5) Das Ethos ist der übergreifende Wert der islamischen Lehre. Die islamische Erziehung im europäischen Kontext kann daher auf das politische Reglementarium des Fiqh (der Kultus- und Rechtslehre) verzichten.
6) Authentisches vom Unechten in der Tradition scheiden! Die historischen Ablagerungen aus orientalischen Kulturen, die im Laufe der Zeit in der islamischen Tradition Platz gefunden haben, sind Störelemente der Erziehung im europäischen Kontext und müssen daher aus dieser Erziehung ausgeklammert werden.

Autoritative Erziehung kann sich auf lange Sicht hinaus nicht behaupten. Der vom Qur'an gebotene Gehorsam „Gott und dem Gesandten Gottes gegenüber“ ist als eine Summe von autonomen Entscheidungen im Geiste des Islam zu verstehen.

1) Das Wissen darf nicht, wie in dem traditionalistischen islamischen Unterricht, vornehmlich von den alten Autoritäten bezogen werden. Ebenso breiter Raum muß der eigenen Erfahrung, dem Überdenken und den kritischen Rückfragen eingeräumt werden.
2) Unter Abänderung des traditionellen Verständnisses der Rolle der Geschlechter soll der Frau in der religiösen Erziehung eine völlig gleichberechtigte Stellung und Rolle zugestanden werden.
3) Die Pädagogik und die Theologie des islamischen Religionsunterrichtes müssen Voraussetzungen schaffen, um das Verhältnis des Islam zu der säkularen Gesellschaft zu bewältigen, so daß die Erziehung die notwendigen Interpretationshilfen bieten kann, die die Unausweichlichkeiten des neuen Lebens erfordern. Hierbei kann als Handlungsgrundlage das Prinzip in Anspruch genommen werden: *„Ed-Darūriyyāt tubīḥ el-maḥẓūrāt“* (zu Deutsch: „Die Not kennt kein Gebot”).

Die Erziehung ist in den islamischen Ländern zu einem großen Teil ein Sozialprozeß, der von der Gemeinschaft nach und nach vollzogen wird. Er verläuft in der Regel rein mechanisch: man befolgt ganz einfach das Beispiel der Alten. So wird das Kulturerbe von einer Generation zur anderen weitergetragen. Islamische Gemeindewesen bestehen aber in der Fremde nicht. Die Qur'an-Kurse sind im deutschsprachigen Raum ihr einziger blasser Ersatz. In diesen Kursen kann immerhin die heimatliche Religionspraxis erlebt werden. Sie bieten auch die Gelegenheit, die Qur'an-Worte zu vernehmen und einen gut gemeinten Rat zu erhalten. Reformierte und von einer berufenen religiösen Instanz beaufsichtigte Qur'an-Kurse könnten zu einer brauchbaren Stütze der Erziehung werden, vorausgesetzt, daß sie ein abgeschwächtes Autoritätsregime verfolgen, die archaischen Lehrmethoden aufgeben und vom Stammesdenken in ihrer Weltsicht Abschied nehmen. Eines muß vor allem vermieden werden: daß die islamische Erziehung in die Hände von Illiteraten und Ignoranten gelegt wird, die weder von Religion noch von der Welt ein richtiges Bild haben. „Heute will niemand“, beklagt sich das Organ der jugoslawischen ʻUlema', „ein primitives Religionsverständnis dulden. Kein Mensch will in der Zeit der Kybernetik, der Anthropologie, der Nuklearphysik und anderer Errungenschaften des menschlichen Geistes primitive Vorstellungen akzeptieren, durch die sich die Religion immer noch manifestiert. Wenn es heute eine untragbare Zeitwidrigkeit gibt, so ist es das konservative, gedanken- und geistlose Verständnis des Islam, das von manchen Kreisen zur Schau getragen wird“.

Die Antworten, die Muhammeds Nachwelt auf Fragen ihres Zeitalters hinterlassen hat, können verständlicherweise heute nicht immer zutreffen. Manches befriedigt die Gläubigen nicht mehr. Ein salbungsvoller Umgang mit religiösen Formeln, die übertriebene Festlegung der Gläugiben auf die Buchstaben auch jener der qur'anischen Aussagen, die eindeutig zeitbezogen sind, der übertriebene Verbalismus und manche asketische Praxis werden wohl im Forderungskatalog der modernen islamischen Erziehung nicht mehr enthalten sein dürfen, will man mit einem Erfolg rechnen.

Die Glaubenssubstanz und die ethischen Werte stehen im Vordergrund

Die Glaubenssubstanz und die übergreifenden ethischen Werte sind es, auf die sich der Religionsunterricht konzentrieren muß, wobei aus der Geschichte jene Inhalte in den Lehrplan aufgenommen werden sollen, die eine Hilfestellung für das Leben im gegebenen gesellschaftlichen Kontext bieten. Dabei darf freilich die religiöse Identität der muslimischen Bürger in keiner Weise vernachlässigt werden.

Bei der Gestaltung des Religionsunterrichtes für muslimische Kinder in Deutschland wäre es wohl sinnvoll, das türkische Gesetz über die Vereinheitlichung des Unterrichts (430 sayılı Tevhidi Tedrisat Kanunu) zu berücksichtigen. Die Grundidee des Gesetzes ist, daß das *türkische Volk von seiner Religion, dem Islam, nicht abgehen kann noch abgehen will,* daß aber der Religionsunterricht nicht einem modernen Religionsverständnis (im abendländischen Sinne) entgegenlaufen darf.

Der Religionsunterricht ist so abzuhalten, daß er „aufgeklärte Menschen hervorbringt“; „er muß in der Lage sein, den Aufgeklärten zum Gläubigen zu machen.“[94]

XIII. Ebū Ḥanīfa

Eine liberalere Sicht der islamischen Erziehung

Für die sogenannten Fundamentalisten ist der Buchstabe der heiligen Schriften wichtiger als ihr Geist. Sie werden mehr von der Verpackung als vom Inhalt angesprochen. Das wortwörtliche Verständnis von Parabeln, Metaphern und zeitbedingten Aussagen der religiösen Quellen führt sie zu einem veralteten Weltbild oder gar zum Aberglauben. Sie lehnen sich gegen ein grundlegendes Naturgesetz, jenes der Entwicklung, auf, in dem sich die göttliche Schöpfungskraft immer wieder bekundet.

In der islamischen Welt erleben wir die Fundamentalisten als zelotische Reiter auf gewissen äußerlichen Lebensformen, als Fürsprecher eines umfangreichen Verhaltensrituals, als selbstgefällige Richter, die über die anderen Gläubigen allzu gern den Stab brechen, als Menschen, die aus dem Islam ein Politikum oder gar ein Objekt professioneller Betätigung machen („Berufsmuslime"). Sie sprechen nicht selten eine harte Sprache, so daß die überraschte Weltöffentlichkeit manchmal den Eindruck gewinnt, der Islam sei eine Religion der Gewalt und der Unbarmherzigkeit. Die ausländischen Medien sprechen immer wieder von „Moslems" oder „fanatischen Moslems" als von Gewalttätern und Mördern. Woher kommt das? Abgesehen davon, daß die Welt selten zu differenzieren versteht, ist es das mangelnde religiöse Bewußtsein der schweigenden Mehrheit, das zu solchen Trugschlüssen führt. Ob aus Solidarität zu den Glaubensbrüdern, die sich im Kampf um die Wiedergewinnung ihrer verlorengegangenen Identität oder der nationalen Würde der Religion bedienen, oder aus Bequemlichkeit oder aber aus politischen Rücksichten — viele schweigen, auch solche, die mit der Wahrheit von Rechts wegen hätten hervortreten müssen.

Es gibt im Islam eine Denkrichtung oder eine Schule, die sich von ihrem innersten Wesen heraus mit manchen Vorgängen, die heute im Namen des Islam geschehen, nicht identifizieren kann. Sie ist aber durch äußere Umstände an die Wand gedrückt. Es handelt sich um die hanefitische Rechtsschule des Islam. Dem Charakterbild des Namengebers dieser Schule, Ebū Ḥanīfa, und seiner Denkweise sind folgende Zeilen gewidmet.

Der Gründer der hanafitischen Rechts- und Kultusschule (maḏhab) ist Ebu Hanifa (gest. 767).[95] An der Ausarbeitung des Lehrsystems dieser Schule beteiligten sich außer dem Gründer noch maßgeblich seine beiden Schüler Ebū Yūsuf (gest. 795) und Muḥammed eš-Šeybānī (gest. 805). Zwischen diesen drei Autoritäten bestehen hier und da kleinere Meinungsverschiedenheiten, so daß ein einheitlicher Charakter der Schule nicht stark ausgeprägt ist.

Die Rechtslehre des Ebū Hanīfa beruht auf folgenden fünf Grundsätzen:

1. Dem Gläubigen sollen im täglichen Verhalten und im Kultus unnötige Belastungen erspart bleiben. In allen Lebenslagen soll eher der Sache als der Form Genüge geleistet werden. Hier ein Beispiel: Kauft jemand im Auftrage einer dritten Person Waren, die sich später als mangelhaft erweisen, so ist der Käufer berechtigt, die Waren zurückzugeben, auch ohne den Auftraggeber zu befragen. Andere Schulen verlangen die Einholung des Auftrages zur Zurückgabe der Waren.
2. Wo immer eine soziale Verpflichtung zu erfüllen ist, hat man den Schutz der Armen und Schwachen vordringlich zu beachten. Während z.B. einige Rechtsgelehrte auf dem Standpunkt stehen, daß bei der Berechnung der jährlichen religiösen Sozialsteuer die Pretiosen (Gold, Silber etc.) nicht zu berücksichtigen sind, ist Ebu Ḥanīfa der Ansicht, daß sie ein wesentlicher Bestandteil des steuerpflichtigen Kapitals seien. Für sie müsse demnach auch jährlich 2,5 % des Wertes an Sozialsteuer abgeführt werden.
3. Die freie Entscheidung des Menschen muß maximal respektiert werden. Räumt z.B. ein Gläubiger in gesetzlich gültiger Art durch letztwillige Verfügung jemandem in einem ihm gehörenden Objekt das Wohnrecht ein oder überläßt ihm bis zu 1/3 der Hinterlassenschaft, so ist diese Entscheidung gültig, selbst dann, wenn die Erbberechtigten sie anfechten sollten.
4. Die Freiheit des Individuums ist unantastbar. So darf eine Frau, falls andere Voraussetzungen erfüllt sind, einen Mann heiraten, der ihr gefällt, ohne Rücksicht darauf, ob sie die Zustimmung des Inhabers der elterlichen Gewalt (walī) hat oder nicht. Die Grundvoraussetzung dazu ist allerdings, daß sie volljährig ist.
5. Ebū Ḥanīfa sieht in der Person des Herrschers die Verkörperung der Staatssouveränität. Der Herrscher entscheidet z. B., in wessen Besitz etwa ein herrenlos gewordenes oder staatliches Gut zu übergehen hat.

Die hanefitische Rechtsschule hatte im Osmanischen Recht einen offiziellen Charakter. So ist sie heute in allen Nachfolgestaaten gesetzlich anerkannt, dieses sogar auch in Ländern (wie in Tunesien und Ägypten), wo auch andere Schulen stark oder gar vorherrschend vertreten sind. In Europa, der UdSSR, Afghanistan und Indien ist die hanafitische Rechts- und Kultusschule des Islam so gut wie allgemein gültig.

Die vier Rechtsschulen erkennen sich gegenseitig als orthodox an. Die gegenseitigen Beziehungen der Anhänger zueinander sind von einer betont starken Toleranz gekennzeichnet. Es gibt sogar Moscheen (wie etwa die Omajadenmoschee in Damaskus), in denen alle vier Schulen gleichberechtigt ihre Andachten verrichten. Der Islam bietet ferner seinen Anhängern die Möglichkeit, „in rechtlich schwieriger Lage statt der Vorschriften der eigenen Rechtsschule die einer der anderen Schulen anzuwenden. Man nennt diese Prozedur »Taqlīd«. Sie kann z.B. erfolgen, wenn einem Eheschluß nach schafiitischem Recht Hindernisse entgegenstehen. Dann darf er etwa nach hanefitischem Recht geschlossen werden, wenn dort solche Hindernisse fehlen".

Ebu Hanifa bekannte sich zur theologischen Schule der Murǧi'ten (zu Deutsch: „Aufschieber oder Meider eines voreiligen Urteils in Glaubenssachen"). Sie vertraten die Auffassung, daß das äußere Gehabe und Handeln eines Menschen nicht ausreichend sind, um über ihn ein religiöses Werturteil zu sprechen. Sie leugneten die Ewigkeit der Höllenstrafen und verstanden den Islam nur als Religion. Gott allein würde, so lehrten sie, über den Wert des Glaubensbekenntnisses jedes einzelnen Menschen entscheiden.

In ihrer Duldsamkeit gingen einige Zweige der Murǧi'ten soweit, daß sie die Möglichkeit zuließen, daß sich auch unter den Anhängern anderer Religionen „anonyme Muslime" befänden. Für die Zugehörigkeit zum Islam war für sie allein die tiefe, auch unausgesprochene Überzeugung bzw. die Hingabe an Gott entscheidend. Die allgütige Liebe Gottes wird ihrer Ansicht nach nicht zulassen, daß auch nur ein einziger Muslim der ewigen Verdammnis anheimfalle.

Bekanntlich hat Pater Karl Rahner, ein prominenter Vertreter der katholischen Theologie, die These vom „anonymen Christen" aufgestellt. Darunter versteht Rahner jene Menschen, die „christlich fühlen und handeln" und somit zu den guten, am Heil teilnehmenden Menschen gehören, wenn auch sie sich öffentlich nicht zum Christentum bekennen. Die Murǧi'ten — unter ihnen auch Ebū Ḥanīfa — waren seine geistigen Vorläufer. Der Unterschied besteht lediglich darin, daß diese den Islam als heilbringend ansehen und die „Anonymen" zu ihren muslimischen Brüdern und Schwestern zu zählen.

Ebū Ḥanīfa ließ sich lieber einsperren, als das Amt eines Richters anzunehmen. Darin stimmte er mit vielen anderen großen islamischen Gelehrten seines Zeitalters überein.

„Ich weiß nicht, wie sich das alte Christentum zu dieser Frage stellte", schreibt Adam Mez, „aber der Islam hielt sich an das ‚Richtet nicht!' der Bergpredigt. Man berichtet, wie alte Fromme sich von Babylonien über Syrien und Arabien hetzen ließen, um der drohenden Ernennung zum Richter auszuweichen, wie Sufyān eṯ-Ṯewrī deshalb im Versteck starb und Ebū Ḥanīfa trotz Prügelung nicht Qadi werden wollte."[96]

Bei der Beurteilung der Menschen und Geschehnisse bediente sich Ebū Ḥanīfa ausgiebig der eigenen Einsicht, des *re'y*. Der Qur'an galt ihm als die wichtigste Richtschnur im Leben. Darüber hinaus war ihm in seinem täglichen Handel und Wandel der gesunde menschliche Verstand die Hauptstütze. Nicht mehr als hundert tradierte Sprüche, die man Muhammed ('a.s.) zuschreibt — der Ḥadīṯe — ließ er als echt gelten und bediente sich daher ihrer als Orientierungsgrundlage. Alle anderen schienen ihm aus diesem oder jenem Grund nicht überzeugend genug, daß er sie an die Seite des Qur'an mit der daraus resultierenden Verbindlichkeit hätte stellen können.

XIV. Die Suche nach einem neuen Sinn

Dargestellt am Beispiel des Opferfestes

Das Opferfest (türk. *Kurban Bayramı*) ist ein Fest zu Ehren der Mekka-Pilgerfahrt. Die religiösen Ursprünge dieses Festes gehen auf das in Bibel und Qur'an erwähnte abrahamitische Opfer zurück. In der Person des Patriarchen begegnen sich alle drei Offenbarungsreligionen: Judentum, Christentum und Islam. Ibrāhīm oder Abraham war nach dem Qur'an ein *ḥanīf*, d.h. ein reiner Monotheist. In der islamischen Tradition wird ihm daher ein Ehrenplatz eingeräumt. Das zentrale Ereignis im Islam ist die Offenbarung. In ihr — nicht in der Person des Religionsverkünders — begegnen sich Gott und Mensch. Ibrāhīm ('a.s.) war ein besonders verdienstvoller Offenbarungsträger, da er auf Geheiß Gottes einer inhumanen Tradition der Väter ein Ende setzte. Er hat den Götzendienst bezwungen, den Glauben an einen Gott wiederhergestellt und dem bis damals noch vorkommenden Menschenopfer eine klare Absage erteilt. Zwar hat er — wie alle anderen Propheten vor und nach ihm — gelehrt, daß die Hingabe an Gott auch eine hohe Opferbereitschaft erfordere, doch bedürfe diese nicht des Blutvergießens unter den Menschen. Stattdessen sei etwas vom persönlichen Hab und Gut und von der eigenen Bequemlichkeit zu opfern. Auch das Selbstopfer sei noch tragbar. Unter keinen Umständen gebe es aber eine Sühne durch die Opferung eines Anderen stellvertretend für sich selbst. Diese Lehre stellte einen gewaltigen Umbruch in der Denkweise der Alten dar.

Durch die Verehrung Ibrahīms sehen sich Juden, Christen und Muslime in einem geistigen Bund vereint. Deshalb hat das Opferfest der Muslime auch eine gewisse ökumenische Dimension. Seine völkerverbindende Rolle steht außer Zweifel: in Mekka finden in jedem Jahr viele Rassen und Nationen zusammen.

Das Tieropfer zu Ehren der Mekka-Pilgerfahrt geht auf eine altarabische Sitte zurück. Dem Brauch liegt keine strikte religiöse Vorschrift zugrunde. Da die Schaf- und Kamelzucht ein wichtiger Wirtschaftszweig der Beduinen ist und das Fleisch folglich ein unersetzbares Element der arabischen Volksernährung ist, hätte jeder einschränkende Eingriff des Islam in diese Struktur unliebsame wirtschaftliche Folgen gehabt. Deshalb wurde die alte Sitte beibehalten. Sie erhielt im Islam jedoch einen neuen zweifachen Sinn: einen religiösen, der sie als Nachvollzug des abrahamitischen Opfers erscheinen läßt, und einen sozialen, der darin besteht, daß mindestens zwei Drittel des durch das Opfer gewonnenen Fleisches an Bedürftige verteilt werden müssen.

Legionen von verarmten Menschen waren früher auf diese Aufbesserung ihrer Ernährung angewiesen. Inzwischen haben sich diese Verhältnisse in Arabien jedoch gewandelt: der Erdölreichtum macht eine weitere Unterstützung der Bevölkerung im Umkreis von Mekka überflüssig. So wird heute ein Teil der angefallenen Fleischmengen, die die Pilger aus aller Welt durch ihre Opferung im Tal von Minā unweit von Mekka zusammenbringen, in riesigen Kühlspeichern aufgehoben. Dennoch geht ein großer Teil verloren. Die Abfälle verursachen — wie zurückkehrende Pilger berichten — gelegentlich sogar eine Umweltverschmutzung, die die Gesundheit der Bevölkerung gefährden könnte.

In Anbetracht der veränderten sozialen Verhältnisse und der stark zugenommenen Zahl der Pilger — folglich auch der Tiere, die geopfert werden — wird innerhalb der islamischen Weltgemeinschaft immer stärker nach einem sinnvolleren Einsatz für die vorhandene religiöse Opferbereitschaft verlangt. Zwei Möglichkeiten bieten sich in dieser Frage im wesentlichen an:

1. das durch das Schlachten gewonnene Fleischprodukt in gefrorenem Zustand oder nach entsprechender Verarbeitung durch die Fleischindustrie an die notleidende Weltbevölkerung als fromme Gabe kostenlos zu verteilen und

2. eine völlig neue Form des Opferns zu suchen. Für diese plädieren vor allem die Tierfreunde in aller Welt.

In diesem Zusammenhang drängt sich die Frage auf, was die Muslime in der Welt von heute wohl am dringendsten benötigen? Wo sind sie besonders bedürftig damit das Opfer seinen sozialen Sinn erfüllen kann?

Arm sind sie zweifellos vor allem an sozialer Gerechtigkeit, aber auch an einer modernen wissenschaftlichen Entwicklung. Naheliegend ist daher der Gedanke, die Opferbereitschaft in beide Richtungen zu lenken. Die Gründung eines weltweiten Hilfsfonds für Sozialgefährdete mit dem Sitz in Mekka wäre z.B. nur eine Organisationsfrage, sollte man sich zur Kurban-Leistung in dieser Form entschließen. Eine Großbibliothek mit Schrifttum aus aller Welt und ein wissenschaftlicher Förderungsfond könnten die zweite Sicht dieser zeitgemäßen religiösen Planung sein. Letzten Endes kommt es auch bei der Religion auf den Menschen an. Gott ist nicht einmal auf die Gebete angewiesen; umso weniger auf das vergossene Blut der Opfertiere. Der Mensch ist es, dem die Religion helfen soll. (Sure 22 : 38).

Große muslimische Theologen der Erstzeit, wie *'Abdulǧebbār el-Hamaḏānī* (gest. 1024), sprachen: „Wir glauben an den Qur'an, weil er mit der Vernunft übereinstimmt". Umso mehr sind die Gläubigen berechtigt, in der *Sunna*, d.h. der außerqur'anischen Überlieferung, das Vernunftsurteil als religionsstiftendes Motiv zu suchen, wo doch die Sunna oder Sünnet nicht unbedingt verbindlich ist. Entfällt der ursprüngliche Sinn der Sitte, oder wird sie gar zu einem Anachronismus, so muß sie entweder neugestaltet oder aufgegeben werden.

Seit langem erheben sich in der islamischen Welt auch Stimmen, die nach einer optimalen Ausnutzung des Jahrestreffens in Mekka zu Beratungen und Diskussionen über gemeinsame Probleme rufen. Zur Zeit gibt es nur schwache Ansätze dazu.

Eine Voraussetzung für die Aufnahme von akademischen Gesprächen auf hoher wissenschaftlicher Ebene wäre die Herstellung der vollen Gedanken- und Redefreiheit. Der halachische Charakter der hanbalitischen Schule, die in Saudi-Arabien herrscht, stellt sich einem freieren theologischen Lehrbetrieb entgegen. Die herrschenden Institutionen in diesem Land müßten aber bedenken, daß sie nur einen kleinen Bruchteil der islamischen Welt vertreten.

So gesehen, stimmt die vielfach geäußerte Meinung nicht, daß die „Hüter von Mekka und Medina" bessere Kenntnisse über den Islam hätten als die übrige gelehrte Welt. Die Heimat der islamischen Theologie oder der Rechtslehre beschränkt sich nicht auf den arabischen Raum.

XV. Im Spannungsfeld zwischen Tradition und Wissenschaft

Der Rückgriff auf die Vergangenheit ist ein Wesenszug des Islam. Verstand doch Muhammed seine Botschaft als die wiederhergestellte authentische göttliche Offenbarung. So sehr sich darin eine konservative Grundausrichtung des Islam bekundet, so unleugbar ist die Tatsache, daß er sich im Gesamtablauf der geschichtlichen Geschehnisse — zumindest in den ersten Jahrhunderten seiner Wirksamkeit — als eine verjüngende Kraft auswirkte. Die Menschheit verdankt ihm viele wertvolle Impulse und ein überaus reiches Kulturerbe.

Ein blinder Fortschritt, der sich an keinen festen Wertvorstellungen orientiert, droht zu einer Dekultivierung und zum Verlust der Persönlichkeit zu führen. Die Auswirkungen einer solchen Hingabe an den Zeitgeist sind z.B. bei den Juden bemerkbar. Deshalb warnte schon *Martin Buber*: «Wenn ihr werdet wie andere Völker, verdient ihr nicht mehr zu sein!»

Berücksichtigt man den unbestreitbar vorhandenen Willen des Islam nach Weltverbesserung, so erkennt man, daß es ein Irrtum ist, dem Islam Fatalismus zuzuschreiben.

Die Rezepte der Altvorderen in ihrer Gesamtheit sind heute nur teilweise anwendbar. Sie eröffnen in einzelnen Fällen Einblicke in vergessene Möglichkeiten und bieten gelegentlich auch Alternativlösungen für konkrete menschliche Situationen. So können z.B. auf ihren Grundlagen der Konsumzwang und die technologischen Sachzwänge ausgeschaltet werden.

Die Struktur des Islam ist — ähnlich wie jene des Judentums — halachisch, d.h. in die Tradition eingebettet und von der Gesetzesbelehrung durch die Schriftgelehrten beherrscht. Aber während die Juden gelernt haben, in der theologischen Sprache des Westens zu sprechen und ihre Probleme der Kritik und Selbstkritik zu unterziehen[97], sehen die traditionsgebundenen Muslime in den Lehrmeinungen der alten Autoritäten immer noch den höchsten Ausdruck der Weisheit, den sie schlechthin der göttlichen Offenbarung zuschreiben. Das Weltbild der Millionen von Menschen in der Dritten Welt beruht z.T. auf offenkundig überholten Lehrmeinungen. Detlev Khalid illustriert dieses an zwei Beispielen aus der täglichen Lebenspraxis: «Im Verlauf einer in London durchgeführten Therapie ist es notwendig, die Jugendlichen wiederholt und längere Zeit flach auf dem Boden liegen zu lassen. Hiergegen wehren sich einige Mütter der zahlreichen muslimischen Patienten, überwiegend Pakistaner. Laut šeri'a (vielfach Scheriat, Tradition und Lehrmeinungen, welche das Leben der Muslime regeln sollen) dürfen Jugendliche nicht auf dem Bauch liegen, da auf diese Weise ein sexueller Reiz erzeugt wird und zur Onanie verleiten kann. Der Gläubige legt sich deshalb beim Schlafengehen auf die Seite und spricht vor dem Einschlafen ein Schutzgebet.

Ein türkischer Vater in der Bundesrepublik verdrischt über Jahre hinweg immer wieder seinen Sohn, weil dieser alles mit der linken — also unreinen — Hand anfaßt. Mit der medizinischen Problematik des Linkshändertums vertraut gemacht, muß der orthodoxe Vater erst einen Konflikt mit seinem *šerī'a*-Denken ausfechten, bevor er sich von einer «modernistischen» Interpretation überzeugen läßt».[98]

Als ein drittes Beispiel der überholungsbedürftigen Tradition sei eine von Muhammed erlassene Empfehlung zur persönlichen Hygiene erwähnt. Er empfahl nämlich den Männern seiner Zeit, bei Inanspruchnahme der kleinen Toilette sich zu hocken, um jegliche Verunreinigung der Kleidung und des Körpers zu vermeiden. Die modernen Pissoirs machen diese Empfehlung überflüssig. Dessen ungeachtet kann man gelegentlich in modernen Hotels des Orients eine Szene beobachten, die die Lebendigkeit dieser Tradition vergegenwärtigt.

Trotz der offenkundigen Diskrepanz zwischen gewissen Traditionsinhalten und dem modernen, in Wissenschaft begründeten Leben, beharren heute die muslimischen Massen der Dritten Welt auf Beibehaltung der Tradition in ihrer Gesamtheit. Die wahhabitischen Rigoristen vertreten sogar die These, daß Muhammeds Beispiel und Worte (die Sunna) nichts weniger seien als die «herabgesandte Offenbarung, die Gott genauso gehütet hat wie den Qur'an»[99]. Dieser theologische Standpunkt droht, die Spiritualität, also die Substanz des autonomen Glaubens, zum Ersticken zu bringen.

In diesem geistigen Klima wird Muhammed, der am Anfang der islamischen Tradition steht, allzugern zu einem Politiker und Lebenskünstler hochstilisiert. Der Islam wird als ein fester Lebensweg verstanden. In Wirklichkeit hat aber gerade dieser Religionsverkünder seine Mission als Rufer und Ermahner einer moralisch verkommenen Gesellschaft verstanden. Wenn er sich später auch mit politischen Angelegenheiten auseinanderzusetzen hatte, so entsprach das den Notwendigkeiten der geschichtlichen Situation, in die er hineingewachsen war. Was seine Gewandtheit in der Lebenskunst anbelangt, so hatte sie — wie er selbst zuzugeben pflegte — ihre menschlichen Grenzen.

Während der Glaube etwas Subjektives ist, erschöpft sich die Tradition eher im Objektiven. Sie besteht ja aus einem durch die geschichtliche Vermittlung angesammelten Erbe. Als ein Schulungsrahmen oder als Religionsbehelf ist die Tradition zweifellos nützlich, sie kann aber den Glauben niemals ersetzen.

Eine Religiosität, die im himmlischen Aufstieg — dem Mi'rāǧ — ihren Gipfelpunkt weiß, ist zwangsweise nur auf Gott ausgerichtet.

Sie ist dynamisch, erhebend, weltoffen, nicht so aber die Religiosität, die allein von der Tradition getragen wird. Eine solche in Sitte und Gewohnheit begründete Gläubigkeit hat keinen Eigenwert in sich. Sie ist vorprogrammiert, mechanisch, ja gelegentlich steril. Echter Glaube lehnt sich gegen mechanischen, von einer Schablone vorbestimmten «Glaubensvollzug» auf. Er besteht vielmehr auf der Spiritualität und der persönlichen Gottessuche.

Große Teile der islamischen Welt machen heute eine Entwicklung durch, in der die Tradition zum Nachteil der Spiritualität überbetont wird. Form und Etikette gelten mehr als das Herz. Das Wesentliche des Islam droht durch den Formalismus erdrückt zu werden.

Regionale Zwänge, menschliche Unzulänglichkeiten, defizitärer Bildungsstand, antiquierte Denkweisen, veraltetes Weltbild, nationale Rivalitäten und anderes mehr — all das wird in sträflicher Weise mit der Etikette des Islam versehen und vor der Weltöffentlichkeit gerechtfertigt. Die falsch verstandene Tradition und ein unkritisch übernommenes kasuistisches Erbe der Rechtswissenschaft müssen dafür herhalten, den Anschein der Legitimität herzustellen. Es wäre verfehlt, in diesen Praktiken eine Wiederspiegelung der authentischen islamischen Tradition zu sehen.

Eine gesunde Tradition bietet sicher brauchbare Modelle für die Gestaltung des gesellschaftlichen und des politischen Lebens. Die starre und statische Rechtsfixierung aber, die im Verständnis der islamischen Tradition nicht selten zum Ausdruck kommt, tut das nicht. Sie wirkt vielmehr befremdend. Aussenstehende sind folglich versucht, in Fehlurteile und falsche Diagnosen zu verfallen, so geschehen in Österreich, als ein angesehener Geschichtsanalytiker und Philosoph vor einem Flirt mit dem Islam warnte. Der Warner, Friedrich Heer, hatte den Eidruck gewonnen, daß diese — wie er meinte — »armierte«, »imperialistische Weltreligion«, die streng »fundamentalistisch« sei, eine Berührung, also eine Auseinandersetzung mit sich nicht zulasse. Wer mit ihm flirte, solle sich folglich inachtnehmen. Offenkundig sind diese Gedanken auf Grund der Beobachtung des Verhaltens von gewissen muslimischen Aktivistengruppen, Vereinigungen und Staaten entstanden. Der besorgte Analytiker weiß nicht zu differenzieren. Ihm ist, wie es scheint, von einem Unbehagen unter den Muslimen und vom Umfang der vorhandenen Dialogbereitschaft in allen Offenbarungsreligionen wenig bekannt. Auch scheint er die innere Beschaffenheit des Islam und seine Kulturgeschichte nicht ausreichend zu kennen.

Die Tradition bringt im allgemeinen die Religion in Gegensatz zur kritischen Forschung und Hinterfragung. Tradition ist Anerkennung und Weiterpflege alter Erfahrungswerte. Durch sie wird sich der Mensch zwar seiner selbst als geschichtliches Subjekt bewußt, doch legt sie sich naturgemäß der Entfaltung seiner eigenen Schaffenskräfte hemmend in den Weg. Starres Festhalten an der Tradition ist scheinbar ein Mittel zur Wahrung der Identität. Im Endergebnis führt es aber zum Selbstverlust.

Die Philosophie kennt eine Denkrichtung, die die überlieferten Erkenntnisse und Werte als unverzichtbare Elemente der gesamt-menschlichen Weisheit erhalten haben möchte. Diese Denkrichtung heißt Traditionalismus. Sie scheint vielfach durch die Erfahrungen der breiten Volksschichten bestätigt. So lautet z. B. ein in Südosteuropa geläufiges Sprichwort: »Besser das Dorf gehe zugrunde als man gäbe eine altbewährte Volkssitte auf.«

Unter Islam werden häufig veraltete Denkmodelle und Strukturen, die gar nicht zum Wesenskern der Lehre gehören, sondern lediglich Reste eines alten orientalischen Kulturgutes sind, verstanden. Der Islam der Volksmassen hat häufig ein folkloristisches Gesicht.

Die neuzeitlichen Erweckungsprediger des Islam haben es sich zur Aufgabe gemacht, jeglichen Einfluß des Westens aus der islamischen Welt zu beseitigen. Dabei sind sie sich der Tatsache nicht bewußt, daß in den ersten Jahrhunderten der islamischen Geschichte das Christentum — wohl der Hauptträger der westlichen Denkweise — an der Gestaltung der islamischen Identität mitgewirkt hat. Unauslöschliche Spuren in gewissen Typen der islamischen Frömmigkeit hat das syrische Mönchschristentum hinterlassen, besonders in der Haltung zur Frau. Die Einflüsse des Judentums sind hinreichend bekannt. Die Theologie erfaßt sie unter dem Gesamtnamen *Isrā'illiyyāt.*

Das Rückwärtsschauen erschwert das Muslimsein. Im Sinne des vorindustriellen Denkens wird von vielen Muslimen den vor der Religion im Mittelalter mitgeformten gesellschaftlichen Strukturen eine überzeitliche Bedeutung beigemessen. Die Kultus- und Rechtslehre (*fiqh*) behandelt z. B. Fragen der Sklavenhalter-Gesellschaft, als ob sie heute noch aktuell wären. Auch gewisse aus dieser Gesellschaft herausgewachsene Strafarten werden nicht nur theoretisch ehandelt; man versucht, sie wieder zu beleben. Im Weltbild dieser Muslime überdeckt sich das Politische mit dem Religiösen. Hier entstehen für die Identität eines Muslims, der im Westen lebt, krisenhafte Situationen.

Genauso, wie es ein Spannungsverhältnis zwischen Wissenschaft und Tradition im weitesten Sinne gibt, lastet eine Spannung über dem Verhältnis von Glaube und Tradition. Im Islam hat aber bereits in der ersten Hälfte des 8. Jhs. eine theologische Schule — die *Mu'teziliten* (Sezessionisten) — gewirkt, die die ganze Tradition, ja selbst den Qur'ān als die verbale göttliche Inspiration, für fraglich hielt. Ihre Argumentation stützte sich auf die Ratio, auf die Vernunft.

In der islamischen Philosophie, die bis zum Ende des 13. Jhs. und sporadisch auch darüber hinaus blühte, hielt sich der Gedanke aufrecht, daß die Offenbarung zwangsläufig im Einklang mit der Wissenschaft steht. Besonders lebhaft wurde diese Überzeugung von Ibn Rušd/Averroes — gest. 1198 — vertreten. Der Verlauf der islamischen Kulturgeschichte zeigt einleuchtend, daß Religion und Wissenschaft auch tatsächlich konform gehen können, vorausgesetzt, daß die Religion als reiner Glaube verstanden wird.

Die *šeri'a* bildet in der Diskussion der klassischen Gelehrten des Islam kein überragendes Thema. Deshalb findet sich in ihren Werken kaum eine Erwähnung der *šerī'a.* Sie ist erst seit dem 5. Jahrhundert allgemein gegenwärtig als Hintergrund des islamischen Denkens[100].

Die Hauptquelle der islamischen Lehre, der Qur'ān, veranlaßt die Gläubigen, nachzudenken und nachzuforschen. Die Entwicklung der islamischen Wissenschaften im Mittelalter ist zu einem großen Teil religiös motiviert. Ein französischer Gelehrter, *Maurice Bucaille,*[101] hat ziemlich überzeugend nachweisen können, daß sich die kosmologischen, naturwissenschaftlichen, anthropologischen und geschichtlichen Aussagen und Andeutungen des Qur'ān mit den neuzeitlichen wissenschaftlichen Erkenntnissen vereinbaren ließen. Nicht so die Aussagen der Tradition — der Ḥadīṯe. Die Masse dieser Aussagen ist übrigens apokryphen Charakters. *Ma'rūf ed-Dewālibī,* der Präsident des Muslimischen Weltkongresses, und der soeben erwähnte Maurice Bucaille, haben dieses in bezug auf die sogenannte Prophetenmedizin sehr deutlich gezeigt. Für die prinzipielle Einstellung des Muslims zur Tradition muß ein Selbstbekenntnis Muhammeds als Orientierungsgrundlage dienen. Er sagt: »Habe ich euch etwas empfohlen, was die Religion betrifft, so handelt danach. Gilt mein Rat aber den Dingen dieser Welt, so seid ihr darin besser beschlagen als ich.«

»Die Aneignung der modernen Technologien bildet für uns kein besonderes Problem«, meinte bei einem internationalen Seminar in Wargla, Algerien, 1977, ein muslimischer Teilnehmer. »Das größte Hindernis auf dem Weg zum Fortschritt ist bei uns unsere Denkart; wenn diese nicht geändert wird, bleibt jede Renaissance auf der Oberfläche haften.«

Es fehlt in orientalischen Ländern an analytischen soziologischen Studien. Die Darstellungen der bedrückenden Probleme gehen selten in die Tiefe, die deskriptive Methode überwiegt. Zu einer zornigen Kritik ließ sich bei dem erwähnten Seminar der damalige algerische Minister für Volkserziehung und Religionsangelegenheiten hinreißen: »Die ewigen Wiederholungen von sattsam Bekanntem, umrahmt von langen Gebeten, sind eine Schande für die islamischen Wissenschaft. Bei wissenschaftlichen Tagungen hat die Predigt keine Platz.«

Auch in der Welt des Islam erheben sich Stimmen, die sagen, daß die Tradition in unserer Zeit keine Gültigkeit mehr habe, es denn, daß sie „mit aller Gründlichkeit in die Kategorien des modernen Bewußtseins übersetzt wird". Genau das Gegenteil verlangt aber die in der gegenwärtigen »Reislamisierung« federführende Orthodoxie.

Solange die islamische Welt an statischen, endgültigen Denk- und Lebensmodellen festhält, ist kein echter Fortschritt möglich. Nur eine gesellschaftliche Veränderung im Sinne des Qur'ān mag, meinen die Kritiker, eine echte Renaissance bewirken. Wie das im einzelnen geschehen soll, darüber kann man, meint der langjährige Generalsekretär des Muslimischen Weltkongresses, Inamullah Khan, manches auch den »heutzutage modern gewordenen Kritiken des Islam entnehmen, die von unseren Gegnern in aller Welt erhoben werden«.

Konkreter äußert sich zu der Form der kommenden Renaissance der muslimischen Völker der in Deutschland wirkende syrische Wissenschaftler *Bassam Tibi*[102]. Sie müsse seiner Meinung nach neben der Übernahme der westlichen Wissenschaft und Technologie auch die Entwicklung einer islamisch-säkularen Kulturvariante umfassen. Dieses, argumentiert Tibi, ist keine geistige Unterwerfung noch ein Verrat an der eigenen Identität[102]. Übernahmen und Befruchtungen durch andere Kulturen sind im Islam ja nichts Neues. Eine kulturelle Rückbesinnung auf die Modelle eines längst verflossenen Zeitalters, die darüber hinaus noch regional (etwa durch die Wüste) bedingt sind, kann keine wirkliche Lösung der Identitätskrise bedeuten.

XVI. Islam und der Fortschritt

Zur Bedeutung des Miʿrāǧ

Mit dem Worte *Miʿrāǧ* wird im Qur'ān ein Ereignis aus dem Leben des Religionsverkünders Muhammed bezeichnet. Es ist seine visionäre Reise in die himmlischen Regionen.

Durch diese Reise ist er hoch über die alltäglichen menschlichen Grenzen hinausgetragen worden. Das Ziel der *Miʿrāǧ* ist ganz einfach Gott als Inbegriff der Vollkommenheit, jener Gott, den der Qur'ān als „Licht über Licht" bezeichnet.

Dieses Ereignis ist voller Symbolik. Es zeigt zunächst einmal, daß auch Muhammed ('Aleyhisselām) einem Reich entgegenstrebte, das nicht von dieser Welt ist. Zum anderen hat diese visionäre Reise, wie deren Schilderungen zeigen, im Zeichen der Begegnung mit den großen Geistern der früheren Religionsgeschichte gestanden: mit Ibrāhīm, Mūsā und ʿĪsā. Durch sie ist auf die Nachwelt ein Beispiel der Begegnung, des Dialogs und der Ökumente zugekommen. Zum dritten war Jerusalem, der Begegnungsort aller drei Offenbarungsreligionen, die letzte irdische Station dieser Reise.

Der Miʿrāǧ vermittelt in seinem symbolischen Ansatz, in seinem Ziel und in seinen Begleitumständen Lehren, die ein Gläubiger beherzigen sollte. Der Gläubige ist durch die Symbolik des Miʿrāǧ aufgerufen, sein Streben und Wirken auf Gott auszurichten. Das Reich des Lichtes, zu dem die Reise geht, ist das Reich der Wahrheit, der Makellosigkeit und der Herzensgüte. Wo Lüge, Schändlichkeit und verhärtete Herzen zu Hause sind, dort ist kein echter Islam anzutreffen.

Der Aufstieg ist stets eine Folge des eigenen Wollens und Strebens. Daher ist der Islam eine Form der aktiven Lebensbewältigung, die im Zeichen der Hingabe an Gott steht. Häufig wird der Islam als eine fatalistische Selbstaufgabe an die Naturmächte verstanden, in denen sich Gottes Wille bekundet. So wird das Wort *Islam* mit *Ergebenheit* übersetzt. Ich habe mehrere deutsch-arabische Wörterbücher zu Rate gezogen, um festzustellen, wie der deutsche Begriff „Ergebenheit" arabisch ausgedrückt wird. Nirgendwo war als Übersetzung das Wort *islām* vorzufinden.

Viele Gesetzesbestimmungen des Islam zielen auf die jeweilige geschichtliche Situation. Das beweist vor allem die Frühgeschichte des Islam. Er spricht dem Fortschritt das Wort, allerdings nicht einem blinden Fortschritt, der keine festen Wertvorstellungen kennt. Hält man sich diesen Fortschrittswillen vor Augen, so kann man dem Islam keinen Fatalismus zuschreiben, wie das häufig geschieht. Vor dem Hintergrund dieser Erkenntnis sind Veränderungen im gesellschaftlichen und kulturellen

Lebenszusammenhang, religiös gesehen, möglich und auch legitim. Für die Muslime, die in Europa leben, ist z. B. die Frage nach der Zukunft der kommenden Generationen von überragender Bedeutung. Ihre in der Bundesrepublik Deutschland, in Österreich und in der Schweiz geborenen oder seit vielen Jahren lebenden Kinder sind schon mehr Deutsche, Österreicher oder Schweizer als Türken, muslimische Slawen oder Albaner. Die Frage nach ihrer religiösen Identität gewinnt an Brisanz. Die Eltern erschrecken vor dem Gedanken, daß diese Identität verlorengehen könnte. Die Rezepte, die der muslimische Teil der Dritten Welt zur Gestaltung und zur Pflege der islamischen Identität anbietet, sind hier kaum brauchbar. Auch durch einen auf diesen Rezepten aufbauenden Religionsunterricht kann die bedrohliche Situation nicht entschärft werden. Es gilt, eine islamische Identität zu entwickeln, die sich in den Kulturkontext der neuen Heimat einfügen läßt.

In Anbetracht einer Kette von bedauerlichen Ereignissen, die in einigen von Muslimen bewohnten Ländern, wie im Irak, im Iran, in Nigeria oder in Bangladesh, zu unvorstellbaren Zerstörungen für Menschen und Natur geführt haben, fällt es selbst der älteren Generation der europäischen Muslime schwer, sich mit den Akteuren jener furchtbaren Geschehnisse zu identifizieren.

Die Rede vom Aufstieg zum Fortschritt zieht unweigerlich die Frage nach den Ursachen der noch immer spürbaren Rückständigkeit eines Teiles der muslimischen Welt nach sich. Es wäre zu einfach, diese generell als Folge des Kolonialismus abzutun. Die Rückständigkeit ist zweifellos zu einem beträchtlichen Teil den ungerechten sozialen Strukturen, dem vorindustriellen Denken und der Neigung, sich an vorgelebte Modelle anzulehnen,anstatt kreativ das Leben zu meistern, anzulasten

Der vielfach verbreitete Glaube, daß sich „der Gehorsam gegen Gott und seinen Gesandten" — vom Qur'ān wiederholft verlangt — darin bekundet, alles so zu tun, wie es von den Vätern getan worden ist, lähmt die Schaffenskräfte. Ein so verstandener Glaube wird in die Nähe eines „göttlich autorisierten Patentrezepts" gebracht, „an das man sich nur zu halten braucht, um von aller geschichtlichen Not freizuwerden, dessen Mißachtung sich in der Geschichte aber umgehend rächt."[103]

Die echte Verantwortung des Gläubigen muß im Anruf Gottes, nicht im Anruf eines Menschen, begründet sein. Sowohl im Qur'an als auch in den allfälligen Äußerungen Muhammeds wird klar zwischen der rein religiösen und der weltlichen Domäne unterschieden. Offenkundig haben viele Muslime der Erstzeit den Islam überhaupt als eine Hinwendung zum Jenseits verstanden. Sonst hieße es nicht im Qur'ān: „Suche mittels des Vermögens, das dir Gott gegeben hat, das Jenseits, aber vergiß nicht deinen Anteil an dieser Welt!" (28:76).

„Einige neuzeitliche muslimische Denker, wie Hasan Ṣa'b, Ibn Mīlād und Muḥammed Lahbābī, haben erkannt, daß im Qur'ān das die eigentlichen Offenbarung ist, 'was dem Gläubigen jeweils neu aufgeht, wenn er ihn liest.' Dadurch verliert im Glaubensakt das Fürwahrhalten des Verbalsinnes des Qur'an an Gewicht, und das ethisch-personale Moment tritt stärker hervor: Es geht für den Menschen nicht so sehr darum, alles Wissen ('ilm) zu bestätigen, das im Qur'an vermittelt wird, sondern darum, den Anspruch, den er erhebt, in der jeweiligen Lebenswirklichkeit zu konkretisieren."[104]

Diese Erkenntnis weist auf den Weg hin, der es ermöglicht, den Offenbarungsinhalt aus der Umklammerung des Buchstabens zu lösen und in einen erfrischenden Lebensbezug zu setzen. Dieser Weg verspricht den muslimischen Völkern einen wirklichen Aufstieg. Er muß in den Seelen der Gläubiger ansetzen. Im Qur'ān steht: *„Gott ändert den Zustand einer Gesellschaft solange nicht, bis diese sich nicht selbst in ihren seelischen Ausgangspositionen geändert hat."*

XII. Das islamische Recht

Außer der Glaubens-, Pflichten- und Morallehre umfaßt der Islam noch das Recht. Die Gesamtheit der islamischen Lehr- und Rechtsvorschriften heißt *šerī'at* (zu deutsch: „Weg zur Tränke").

Das islamische Recht ist zu einem beträchtlichen Teil das Ergebnis der Rechtsfindung der Gelehrten *(fuqahā')*, die im Zeitraum vom 7. bis 10. Jahrhundert gewirkt haben. Wenn auch seine Hauptquellen der Qur'ān und die Tradition sind, so besteht doch die heute vorhandene umfangreiche Rechtsmaterie zu einem größeren Teil aus Analogieschlüssen, Erkenntnissen und Stellungnahmen der Nachwelt. Dieser Überbau verdeckt manchmal die eigentlichen Quellen. Dennoch beansprucht er vollen Verbindlichkeitswert. „Der beschränkte Umfang des ursprünglichen, authentischen Rechts des Islam ist", meint *Muḥammad Es'ad*, „nicht einem Versehen des Gesetzgebers zuzuschreiben". Er liegt in der Absicht begründet, die juristische und soziale Erstarrung der Gesellschaft nicht zuzulassen.[105]

Schon *Ibn Ḥazm el-Andalusī*, gest. 1064, lehrte, daß es den Menschen zustehe, ein flexibles Recht auszuarbeiten, das den Erfordernissen des jeweiligen Zeitalters entspricht. Sonst hätte das authentische islamische Recht nicht so eine Vielfalt menschlicher Situationen unreguliert gelassen. Freilich ist zu allen Zeiten der Qur'ān als die Orientierungsgrundlage zu benutzen.

Während die religiösen Pflichten, angefangen von Glaubensbekenntnis bis zur Solidaritätskundgebung in Mekka, dem *ḥağğ, Teile der Frömmigkeit* sind, gilt diese Qualifikation für die Rechtssprechung nicht. Diese gehört vielmehr zum Mechanismus des Regierens und liegt jenseits einer religiösethischen Bewertung. Daß das Regieren nicht zum Gebiet der Frömmigkeit gehört, darüber gibt es viele glaubwürdige Traditionen. In dem berühmten Endvers (oder einem der letzten Verse) der qur'ānischen Offenbarung ist vom Staat oder Regieren keine Rede. Das Schlagwort, der Islam sei *dīn we dewlet*, d.h. „Religion und Staat", findet in ihm keine Bestätigung. Dieser Vers lautet: *„Heute habe Ich euch eure Religion vervollständigt und meine Gnade erfüllt. Nun bin Ich euretwegen mit dem Islam als eurer Religion zufrieden". (5 : 5).*

Die Gesetze, die das Leben des ersten islamischen Gemeinwesens regulieren sollten, entsprachen den Notwendigkeiten einer konkreten Situation. Das Recht, auf dem diese Gesetze beruhen, ist das biblische Zeugenrecht. Der Islam sieht in ihm einen Teil der authentischen göttlichen Offenbarung. Das biblische Strafrecht hat einen Präventivcharakter. Es entsprach sehr gut den Lebensbedingungen der nomadisierenden semitischen Stämme.

Vergegenwärtigen wir uns einmal Medina im 7. Jahrhundert: Eine von Sand und Gestein umgebene Oase, rundherum eine feindliche Umwelt: beutegierige und mordlüsternde Stämme. Raubüberfälle auf die Karawanen gelten als ein normaler Erwerbszweig. Außerhalb des eigenen Stammes ist sich der Mensch des eigenen Lebens nicht sicher. Bei der Beweglichkeit der Beduinen liegt es auf der Hand, dem Strafvollzug einen präventiven Charakter zu geben. Bei der Armut des Gemeindewesens ist an die Errichtung von Strafanstalten nicht zu denken. Die Armut verursacht sogar die barbarische Sitte des Gewohnheitsmordes an neugeborenen Mädchen. Man entledigt sich dieser „unnötigen Esser" dadurch, daß man sie gleich nach der Geburt bei lebendigem Leib im Wüstensand vergräbt. Das ist eine Art barbarische „Familienplanung". Nur drastische Strafen vermögen eine gesittete Ordnung zustandezubringen. Mit der Bibel zusammen lehrt zwar der Qur'ān:

Wer einen Menschen getötet hat, ohne daß dieser einen Mord oder eine Gewalttat im Lande begangen hat, so ist es, als habe er die ganze Menschheit getötet. Wer aber auch nur eines Menschen Leben rettet, so ist es, als habe er die ganze Menschheit gerettet. (5 : 35).

Aber ohne Strafen kann man nicht auskommen.

Die im Mittelalter entwickelte Theologie versteift sich auf das Gesetz. Ihre Vertreter sind in erster Linie Rechtsgelehrte. Dieses Denken führt zu einer formalen Frömmigkeit. Diese sinkt leicht zu einer reinen Routine herab.

Das Gesetz aber rangiert im Gesamtgebäude des Islam an letzter Stelle. An der Spitze steht der Glaube mit seinen sechs Artikeln, dann folgt die Pflichtenlehre; an diese schließt sich die Morallehre an. In der moralischen Erbauung seiner Anhänger sah Muhammed den Hauptzweck seines Auftretens als der letzte Gottesbote des biblischen Glaubens. Das Gesetz kam gewissermaßen als Anhängsel erst in der medinensischen Zeit der Wirksamkeit des Glaubensverkünders zu der übrigen Lehre hinzu. Es entsprach den bitteren Notwendigkeiten des neuen, in der Wüste entstandenen staatlichen Gemeinwesens. Die Geburt des von Muhammed ('a.s.) gepredigten Islam erfolgte in Mekka durch Ermahnung, Aufrüttelung des Gewissens, Stärkung des Glaubens und Herausbildung des Verantwortungsbewußtseins. Die strafrechtlichen Überlegungen traten erst später in Medina hinzu. Die Wiedergeburt ist nicht anders denkbar: der Weg geht von Mekka nach Medina, nicht umgekehrt.

Im Laufe der Zeit hat das aus den biblischen Ursprüngen hervorgegangene Recht des Islam neue Züge angenommen. Das vielfältige Bild sieht man schon in der Existenz von mehreren Rechtsschulen. Im sunnitischen Islam sind das die *hanefitische, schafiitische, malikitische* und *hanbelitische* Rechtsschulen. Dazu kommt das Recht der Zwölfer-Schi'a, der Zeyditen und der Ibādītan.

Die Rechtsgelehrten *(fuqahā')* haben in das Gesamtgebäude des islamischen Rechts auch manche Konstruktion eingetragen, die in der bestehenden Form vom Qur'ān nicht einmal angedeutet ist. Eine solche Konstruktion ist z.B. die Teilung der Welt in ein „Territorium des Islam" *(dār ul-islām)* und ein „Territorium der kriegerischen Verwicklungen" *(dār ul-ḥarb).*

Das Manipulieren mit Überlieferungen zweifelhafter Herkunft ermöglichte ein Einsickern von fremden Elementen. So gründet sich z.B. die für den Glaubensabfall geforderte Todesstrafe nicht auf den Qur'ān. Primär politisch motiviert, wird sie eher als eine Bestrafung für Fahnenflucht oder Verrat denn für Glaubensabfall verstanden. Dadurch erklärt sich auch, daß sie nur die männlichen Personen, bzw. die potentiellen oder wirklichen Soldaten, trifft. Der Zwang in der Religion ist, wie bereits ausgeführt, unzulässig.

Die Anwendung des Scheriatsrechtes ist nur in einem idealen islamischen Staatswesen moralisch berechtigt. Die unabdingbaren Voraussetzungen seines Anspruches sind die soziale Gerechtigkeit, die Chancengleichheit und die lebendige Wirksamkeit eines islamischen Gewissens in Staat und Gesellschaft.

Die alten Rechtsschulen teilen die Bürger eines islamischen Staates in zwei Gruppen: die wehrpflichtigen Muslime und die schutzbefohlenen Nichtmuslime. Die Letztgenannten sind vom Militärdienst befreit, müssen aber pro wehrfähigem Mann jährlich ein Befreiungsentgeld *(ǧizya)* zugunsten des Fiskus abführen. Der Muslim hat nach der Ansicht der Rechtsgelehrten stets wehrbereit zu sein. Er unterliegt außerdem der Pflicht, jedes Jahr die religiöse Sozialsteuer *(zekāt)* abzuliefern.

Die Geschichte zeigt, daß die häufigen Militäreinsätze umfangreiche Bevölkerungsverluste und arge wirtschaftliche Nachteile zur Folge hatten. Die Höhe der Sozialsteuer, errechnet auf der Grundlage der gleichen Vermögensverhältnisse der zur Zekāt verpflichteten Vergleichspersonen, übertraf das Ausmaß der *ǧizya.* Unter der Bezeichnung *Schutzbefohlene (ḏimmī,* Mehrzahl *ḏimmīyyūn)* verstand man die Christen, Juden und — stellvertretend für alle anderen Gottgläubigen — Sabier, die in einem muslimischen Staat lebten.

In der Regel betätigten sich diese als arbeitendes Volk. Sie hatten eine religiös-kulturelle Selbstverwaltung. Entsprechend der im Mittelalter herrschenden Auffassung genoß das Staatsvolk eine Anzahl von Vorrechten, doch die Koexistenz mit Andersgläubigen war möglich und gestaltete sich in einträglichen Formen. Manchmal war sie durch zusätzliche Verpflichtungsschreiben *('ahdnāme)* der Herrscher abgesichert.

Neben den idealen Forderungen der *šerī'a* hat es fast in jeder islamischen Gemeinschaft auch andere, volks- oder situationsbezogene Rechtsauffassungen gegeben. Dieser Dualismus ist heute mehr denn je vorhanden. Die Rechtsentwicklung im Osmanischen Reich hat in der 2. Hälfte des 19. Jh's zur Kodifizierung des Zivilrechtes in der sogenannten *Meǧelle* geführt. Dieses ist ein verhältnismäßig modernes bürgerliches Gesetzbuch, das durchaus in Übereinstimmung mit dem Geist der *šerī'a* steht.

Fast ein Drittel aller Muslime in der Welt hat den Status religiöser Minderheiten. Die Anwendung des Scheriatrechtes in seiner Gesamtheit ist für sie illusorisch. Gebietsweise haben muslimische Minderheiten die Möglichkeit, ihre Familien- und Erbangelegenheiten nach den Bestimmungen des Scheriatsrechtes zu regeln.

Auch ohne gelebtes Scheriatsrecht kann man in solcher Situation ein guter Muslim sein, denn die Rechtsprechung gehört nicht zum Bereich des *īmān,* des reinen Glaubens.

Die pluralistische Gesellschaft verlangt ein hohes Maß an Anpassungsfähigkeit und Offenheit füreinander: die aus dem arabischen Kulturmilieu stammenden traditionellen Vorstellungen befriedigen nicht mehr. Gewisse Vorgänge, wie öffentliche Hinrichtungen und Verstümmelungen von Gesetzesbrechern, schockieren. Sie verbreiten unter den muslimischen Minderheiten Unbehagen.

Die islamische Rechtsphilosophie steht auf dem Standpunkt, daß ein in die Welt gesetztes Übel den Täter in vollem Umfang zu treffen hat, weil die Interessen der Gesellschaft wirksam genug geschützt werden müssen; daher die Strenge der Strafen, die von manchen Menschen als barbarisch empfunden werden. Die Strafe ist in der Regel exemplarisch, und ihre warnende Wirkung bleibt nicht aus.

Das Gemeinwohl *(maṣlaḥa)* ist das oberste Kriterium für die Beurteilung einer Tat. Die Idee, daß es sich beim Deliquenten um eine krankhaft veranlagte Person handeln könnte, ist der Erstgemeinde, auf deren Praxis die Wiedereinführung der Scheriatsjustiz in unseren Tagen zurückgeht, gar nicht aufgekommen, obwohl man im Prinzip bemüht war, alle möglichen mildernden Umstände geltend zu machen. So wurde der Familiendiebstahl oder die Entwendung von Staatseigentum nicht mit der von der *šerī'a* ursprünglich vorgesehenen Schärfe bestraft, sondern wesentlich milder, weil man sich auf den Standpunkt stellte, der Straftäter wäre in diesen Fällen auch Miteigentümer, soweit man im islamischen Recht vom „Eigentum" überhaupt sprechen kann.

Die Suche nach mildernden Umständen im Sinne der modernen Wahrheitsermittlung wäre der damaligen Situation nicht angemessen gewesen: handelte es sich doch durchweg um Notstandsgesetze. Es galt, die neugegründete Gemeinde über alle Klippen der Selbstgefährdung hinwegzubringen und ihr in puritanischer Strenge den Platz in der Zukunft zu sichern.

Das qur'ānische Gesetz versteift sich nicht auf die Härte. Im Gegenteil: überall, wo derart strenge Strafen angedroht werden, ist auch die Barmherzigkeit als Bestandteil der Religion und des Lebens angesprochen.

So etwa im Vers über die Bestrafung der Diebe: „Wer aber nach seiner Sünde umkehrt und sich bessert, zu dem kehrt sich auch Gott. Gott ist ja verzeihend und gnadenvoll.“[106]

Die Grundabsicht geht darauf hinaus, das Übel in der Gesellschaft radikal zu verhindern. Aus dem qur'ānischen Appell um die Gnade ist die Verpflichtung der Gesellschaft abzuleiten, das harte Schicksal der Straffälligen zu mildern. In den Bedingungen des heutigen Lebens gehört dazu freilich auch das Sachverständigengutachten über das Ausmaß der Straffähigkeit des Deliquenten.

Nicht anders als die Bibel, enthält der Qur'ān Regeln und Empfehlungen, die sich auf eine historische Situation beziehen. Sie behaupten daher lediglich als Zeitdokumente dort ihren Platz. Auch im Qur'ān kann Verschiedenes neu erklärt werden. Das Problem ist für alle Offenbarungsreligionen das gleiche.

Der Islam hat eine lange Rechtsentwicklung hinter sich. Die drakonische Gerichtsbarkeit, die für die um ihre nackte Existenz kämpfende Urgemeinde in Medina unerläßlich war, gilt als überwunden, ein Ergebnis der Rechtsfindung im Geiste des Qur'ān.

Schon *Ḥaḍret-i 'Omer* praktizierte eine bewegliche Justiz, die sich von jener der Erstzeit unterschied. So wurde unter ihm zeitweise der Diebstahl nicht so streng wie unter seinem Vorgänger geahndet; die Strafen für Alkoholexzesse wurden hingegen verdoppelt.

Die Einstellung zu dieser und ähnlichen Fragen, die in den Bereich der Humanisierung des Lebens fallen, hängt weitgehend vom Verständnis der Religion ab. Der Fundamentalismus, der sich gebärdet, als hätte er die Rechtgläubigkeit gepachtet, versteht den Islam als ein totales Lebenssystem, das die Welt mit Antworten auf alle Fragen beliefert. „Nach ihm sollten die Gläubigen", meint ein Forscher, „nichts anderes tun als unaufhörlich die beispielhaften und vorbildlichen Akte der Erstzeit zu wiederholen.“ Er übersieht, daß der Lehrverkünder die Forderung aufgestellt hat, in aller Welt — selbst, wenn es notwendig ist, in China — Wissen zu sammeln und nachzuforschen, damit man mit dem Leben besser fertigwerden könne. Mit anderen Worten, der Islam läßt dem Gläubigen ein weites Gebiet der eigenen Kreativität offen. Ein statisches System, das für das irdische Wohlergehen der Menschen nur ein geringes Interesse aufbringt, kann nicht als getreues Spiegelbild des historischen Islam des Verkünders angesehen werden.

Der Fundamentalismus sucht nicht den Geist des Qur'ān und der Sunna; er klammert sich an das Wort und geht kaum auf die Notwendigkeit einer sich dauernd erneuernden Selbstbestätigung der eigenen religiösen Persönlichkeit ein. Es ist für jedermann von entscheidender Bedeutung, die eigenen Existenzprobleme selbst zu meistern. Erst recht müssen sich die Minderheiten dieser Aufgabe unterziehen.

Eine ernste Auseinandersetzung mit den Quellen erfordert nicht nur ein neues Scheriatsverständnis; sie stellt auch an die scheriatsrechtliche Praxis viele kritische Rückfragen. Das traditionelle Ermittlungsverfahren ist ungenügend. Die Überwertung der eidesstattlichen Zeugenaussagen erschwert oder verhindert gar die Aufdeckung von strafbaren Tatbeständen, nicht zuletzt auch dem der Tötung. „Diese Mängel führten", stellt *Erwin Gräf* fest, „zu einer undisziplinierten Akkumulierung und Verschärfung der Strafen, um durch brutale Abschreckung zu erreichen, was durch den Mangel an organischer Verbrechensaufklärung nicht zu erzielen war"[107].

Übrigens hält die Mehrzahl der islamischen Rechtsautoritäten die konkrete Gestaltung der einzelnen Rechtsintitutionen nicht für unveränderlich, was hier noch zur Sprache gebracht wird.

Seit Jahrhunderten halten die Muslime in den meisten von ihnen bewohnten Ländern nur noch an zwei Bereichen der *šerī'a* fest: nämlich am Bereich der religiösen Kultpflichten *('ibādāt)* und am Familien- und Erbrecht *(ḥuqūq šaḫṣiyya).*

Nach dem in der ganzen islamischen Welt sehr angesehenen Qur'ān-Kommentar von *el-Qurṭubī* (gest. 1273) ist die vom Qur'ān postulierte Bestrafung für den Diebstahl gewohnheitsrechtlichen Charakters und stammt aus der vorislamischen Zeit. Daraus ließe sich schließen, wie es Tewfīq el-Ḥakīm, ein ägyptischer Denker andeutet, daß durch das Aufgreifen dieser Strafe, nämlich des Handabschneidens für den schweren Diebstahl, nur die konkrete arabische Gesellschaft angesprochen wird: diese Gesellschaft sah darin eben ihr Gesetz. Daraus darf man folgern, daß eine andere Gesellschaft hier überhaupt nicht angesprochen wird.

Auch einer der Gründer der hanefitischen Rechtschule, *Muḥammed eš-Šeybānī,* gest. 804, tat sich als Verfechter der freien Meinung in verschiedenen Gerichtsverfahren hervor. „Es ist interessant zu sehen, wie die Rechtsfindung in dieser Zeit noch nicht in das spätere Schema der *uṣūl el-fiqh* eingespannt ist"[108].

Wie gesagt, lebt fast ein Drittel aller Muslime der Welt in der Diaspora. Diese Volksmassen in feste, überholte Lebensschablonen stecken zu wollen, hieße, ihnen den Weg in die Zukunft verbauen zu wollen. Gerade die Minderheiten haben die Handlungsfreiheit bitter nötig. Sonst können sie durch Initiative und Ersatzleistungen nicht das aufholen, was ihnen an zahlenmäßiger und politischer Macht fehlt.

Immer noch stellt die Trennung der Religion vom Staat für das traditionelle islamische Denken ein schwer verdauliches Problem dar. Die Tatsache, daß sie in manchen muslimischen Staaten durchgeführt worden ist, wird auf die Einwirkung eines nichtislamischen Denkens zurückgeführt. Denn das Verständnis des Islam als „totales Lebenssystem" führt unweigerlich zum Anspruch auf die politische Macht.

In der Tat bildet diese Lehre, die durch die Quellen nicht eindeutig zu belegen ist, eine der Hauptschwierigkeiten für die Konsolidierung des Weltislam als geistige Macht. Es ist eine augenscheinliche Tatsache, daß die Träger des echten islamischen Gedankens nur äußerst selten in der Regierung sitzen[109].

Ohne wesentliche Änderungen in ihrer Gesamteinstellung zur Welt und ohne Befreiung der verdrängten seelischen Kräfte wird den Muslimen eine Überwindung der gegenwärtigen Dekadenz schwerlich gelingen.

„Gott beläßt die Leute in ihrer jeweiligen Situation, bis sie sich selbst von Grund auf geändert haben.[110]
Die Praktiker der traditionellen theologischen Schulweisheit und der Kasuistik übersehen, daß Hunderttausende junger Muslime, die in pluralistischen Gesellschaften leben, mit den veralteten Denkmodellen der Vorfahren nichts anzufangen wissen. Sie werden vielmehr durch die fundamentalistische Indoktrinierung, die in letzter Zeit in einigen muslimischen Ländern um sich greift, der Religion entfremdet.

Es gibt heute keinen Staat in der Welt, der sich zur Sklaverei bekennt. Selbst die konservativsten Länder haben die Deklaration der Vereinten Nationen über die Menschenrechte unterschrieben. Die muslimischen Staaten sind diesbezüglich keine Ausnahme. Und dennoch ist es Tatsache, daß *Fiqh*-Gelehrte sich immer noch mit der Sklaverei als einer lebendigen Institution befassen. Während also das Leben und die öffentliche Meinung der ganzen fortschrittlichen Menschheit, die Muslime miteingeschlossen, den Konsensus herausgebildet haben, daß die Sklaverei für alle Zeiten überwunden ist, mißt man ihr in gewissen Kreisen der islamischen Gelehrsamkeit vitale Bedeutung bei, weil sie als antike Institution vom Qur'ān behandelt wird. An diesem Beispiel zeigt sich klar, daß einzelne qur'ānische Aussagen lediglich einen historisch-dokumentarischen Wert haben. Denn es steht außer Zweifel, daß die Abschaffung der Sklaverei dem Sinne der qur'ānischen Humanität entspricht. Damit wurde ein gewaltiger Schritt zur Verwirklichung der vom Islam so sehr geforderten Brüderlichkeit unter den Gläubigen getan. Die Überwindung der Sklaverei hat die Gläubigen der idealen islamischen Gesellschaft nähergebracht. Wollte sich heute jemand einen Sklaven anschaffen, so setzte er sich einer Strafverfolgung aus, obwohl der Qur'ān die Institution der Sklaverei noch als eine legale Gesellschaftsform rechtlich behandelt.

Da die Zustände, die einer Sklavenhalterei nahekommen, verschwunden sind, wäre es an der Zeit, auch jene strafrechtlichen Bestimmungen, die aus diesen Zuständen herausgewachsen sind, einer ernsten Überprüfung zu unterziehen.

Die Wissenschaft ist zum Beispiel der Meinung, daß „nur Zustände, die der Sklaverei nahekommen“, die mit der Brandmarkung verbundenen Strafen für kurze Zeit wieder ins Leben zurückrufen können[111].

Die Verstümmelung und die Prügelstrafe gehören zwar zu den Mechanismen, die den Abbau der Todesstrafe einleiten; sie bilden aber auch spezifische Formen der Anprangerung. Im Handabschneiden steckt das Element der lebenslänglichen Strafe. Die böse Tat ist durch keine noch so ehrliche Anstrengung in ihren physischen und psychischen Folgen wiedergutzumachen. Dieses schafft für das ethische Denken des Muslims gewaltige Schwierigkeiten. Hat doch Muhammed ('a. s.) den Grundsatz aufgestellt: „Durch die guten Taten werden die bösen getilgt".

Der Qur'ān ('a. š.) ist die unerschütterliche Orientierungsgrundlage (*ḥabl metīn*) für das religiöse Leben der Muslime. Daran darf kein Gläubiger zweifeln. Doch scheint es, daß in der Erforschung der *esbāb un-nuzūl,* der realen Veranlassungen zu einzelnen Qur'ān-Offenbarungen, und der daraus resultierende Rechtsphilosophie nicht gründlich genug vorgegangen wird, um das Zeitbezogene vom Bleibenden zu trennen. Die Erkenntnis, daß der Qur'ān zum Teil auch eine Sammlung der Zeitdokumente aus der Frühgeschichte des Islam ist, vermochte bis jetzt über die reine Theorie nicht hinauszukommen.

Die im Verhältnis zu der Masse der übrigen Verse eher spärlich vorhandenen rechtlichen Qur'ān-Formulierungen deuten, wie gesagt, die gewünschte Entwicklung an. Sie skizzieren im gewissen Sinne die Richtung an, in die der islamische Denkweg führt. So verrät der 3. Vers der 4. *Sure,* durch den die Einschränkung der Vielweiberei eingeleitet wurde, eine klare Sympathie für die Einehe. Die vom Islam vorgenommene Humanisierung des Kriegsrechtes verrät wieder eindeutig seine Bevorzugung des Friedens. Im Anschluß an die Bestimmungen über die Bestrafung durch Brandmarkung oder Auspeitschung, die als Ersatz für die Todesstrafe gedacht sind, finden sich Verse über die Reue, Milde und Verzeihung. Diese ist offenkundig die islamische Vision einer besseren Welt. Der Vorfall mit der schwangeren Frau, die vor Muhammed ('a. s.) Geständnis über begangenen Ehebruch ablegen wollte, spricht dafür. Bekanntlich wollte Peygamber zunächst ihr Geständnis nicht hören. Als die Frau aber sich nicht abweisen ließ, legte er ihr nahe, nach Hause zu gehen, weil jetzt nicht die Zeit für das Geständnis sei. Sie müßte zuerst gebären. Die Sünderin kam aber zwei Monate nach der Geburt wieder zu Muhammed ('a. s.), um sich der Bestrafung zu unterziehen. Erneut schickte er sie heim, jetzt mit der Auflage, sie müßte das Kind stillen. Ein Jahr später war sie, von Gewissensbissen geplagt, wieder bei ihm. Diesmal befahl er ihr, sich bis zum 7. Jahr um das Kind zu kümmern, denn das wäre ihre mütterliche Pflicht. Nach dem Ablauf des 7. Jahres tauchte die eigenartige Frau nochmals auf und bestand auf Bestrafung. Muhammed ('a. s.) blieb nichts anderes übrig, als sie der Justiz zu übergeben und dem von ihr gewollten Schicksal zu überlassen.

Das vom Qur'ān initiierte Recht ist flexibel und entwicklungsfähig. Schon zur Zeit des Kalifen 'Omer (r. 'a.), 634-644, wurde z. B. der Diebstahl nicht immer mit dem Handabschneiden bestraft, weil eine bestimmte historische bzw. wirtschaftliche Situation die Unterlassung gebieterisch verlangte. *Ibn Teymiyye,* gest. 1328, ein großer orthodoxer Gelehrter des sunnitischen Islam, ließ Alkoholausschank und Trunkenheit ungestraft, weil er darin ein Mittel erkannte, um die Täter von schlimmeren Taten abzuhalten.

Ebū Ḥanīfa, gest. 767, der Namensgeber der hanefitischen Rechtsschule, ließ sich lieber einsperren, als das Amt eines Richters anzunehmen.

Die Rechtssprechung ist eben nicht das Gebiet, wo große Geister ihre moralische Integrität auszuweisen suchen.

Strenge Strafen führen zu äußerer Anpassung und sind infolge exemplarischen Charakters auf dem Gebiete des sozialen Verhaltens wirksam, sie führen aber kaum zu sittlicher Einsicht, sondern eher zur Verbitterung und zur Zerstörung jeglichen Selbstwertgefühls bei dem Betroffenen.

Das Sichversteifen des Fundamentalismus auf die äußere Form, das Gesetz, und seine vom Sendungsbewußtsein getragenen Versuche, das eigene Islam-Verständnis der Welt aufzuzwingen, werden mit Unbehagen verfolgt. Es ist zu befürchten, daß durch diese Praktiken das ohnehin bestehende Unverständnis der Welt für den Islam noch mehr vertieft wird. Die Muslime, die außerhalb des zentralen theologischen Geschehens leben — etwa jene der Sowjetunion, des Balkans, Westeuropas und Amerikas —, wünschten sich, daß jenes Islam-Verständnis Einzug halten möge, das große Männer wie *Ğemāluddīn el-Afġānī (1838-1897), Muḫammed 'Abduh (1849-1905) und Muḫammed Iqbāl (1876-1839)* gelehrt und gefordert haben.[112]

XVIII. Besondere Disziplinvorschriften

Eßt und trinkt, übertreibt jedoch nicht. Gott liebt jene Menschen nicht, die kein Maß einhalten. (7:31)

Oh, die ihr gläubig seid! Wein, Glückspiel, Götzendienerei und Aberglaube sind ein Greuel, ein Werk des Teufels. So meidet sie, auf daß es euch wohlergehe. (5:92)

Verboten ist euch das Fleisch von eingegangenen Tieren, Blut und Schweinefleisch sowie das Fleisch von Tieren, die unter Anrufung eines anderen als in Gottes Namen geschlachtet wurden. (2:173) Das Verbot betrifft auch das Fleisch von erschlagenen, durch Sturz eingegangenen Tieren oder solchen, die durch reißende Raubtiere umgekommen sind. Das Verbot gilt nicht, wenn das Tier noch Lebenszeichen gibt und dann mit dem Messer geschlachtet wird. Unter das Verbot fällt ebenfalls das Fleisch von heidnischen Altären.

Von nun an sind euch alle guten Dinge erlaubt: die Speise der Juden und Christen, wie eure Speise auch ihnen erlaubt ist, keusche Frauen der Gläubigen und keusche Frauen der Juden und Christen, wenn ihr ihnen ihre Hochzeitsgabe gebt und in gesetzlicher Ehe, nicht aber in Unzucht, lebt, noch heimlich Buhlweiber nehmt. Und wer den Glauben verleugnet, dessen Werk ist ohne Zweifel zunichte geworden, und im Jenseits wird er unter den Verlierenden sein. (5:7)

Das islamische Verbot des Genusses von Rauschgetränken dient dazu, die Widerstandskraft des Einzelnen und der Gemeinschaft gegenüber Krankheiten und Versuchungen zu wahren, und das Verhältnis der Gläubigen zu Gott reinzuhalten. Der Muslim soll jederzeit die Anwesenheit Gottes fühlen. Der Islam verlangt die völlige Hingabe des Menschen an das religiöse Ideal. Der Alkoholismus ist im Verhältnis zu Gott ein Zeichen mangelnden Vertrauens auf die Gnade Gottes. Von einem anderen Gesichtspunkt aus betrachtet, ist der Alkoholismus eine soziale Krankheit, dic ihre Wurzel in den schwierigen Lebensverhältnissen oder in der seelischen Unausgeglichenheit hat. Der Alkohol ist, neben der Prostitution, ein Mittel zur Versklavung des Volkes und Ausbeutung des Menschen durch Menschen. Der Alkohol trübt den Verstand, tötet das Gewissen und stumpft die Gefühle ab. In größeren Mengen genossen, entwürdigt der Alkohol den Menschen und zerstört neben seinen geistigen Gaben auch noch seine materielle Lebensgrundlage. Die angegriffene Gesundheit, Verbrechen, Verkehrsunfälle und belastete Nachkommenschaft haben häufig ihre Ursache im Genuss von berauschenden Getränken. Ein betrunkener Mensch wird selbst leicht Opfer von Verbrechen.

Durch das Verbot des Genusses von Blut, Schweinefleisch und Fleisch von eingegangenen Tieren propagiert der Islam eine Art von Vegetarismus. Ein verminderter Fleischkonsum führt zur Verbesserung der Gesundheit und der körperlichen Verfassung. Das Schweinefleisch ist schwer verdaulich und wirkt sich, besonders in heißen Gegenden, verdauungs- und gesundheitsstörend aus. Das Schwein ist ein Träger von Trichinen und Bandwürmern, die oft schwere Darmerkrankungen verursachen. Es ist ein unreines Tier, das in der Nahrung nicht wählerisch ist und selbst die ekelhaftesten Abfälle frißt. Auch seiner Natur nach unterscheidet sich das Schwein von anderen Tieren. Es kommt nicht selten vor, daß das Mutterschwein seinen Wurf auffrißt. Das Schwein kennt in seinem Geschlechtsleben keine Zucht, wie es bei anderen Tieren der Fall ist. So ist dieses Tier zum Symbol der Unreinheit und Unordnung geworden. Bei den Frühchristen war der Genuß von Schweinefleisch verboten, so wie er es bei den Juden heute noch ist.

Durch Ausschaltung der tierischen Fette, namentlich des Schweineschmalzes, aus der menschlichen Ernährung sind in der Bekämpfung der Arteriosklerose, einer „Geißel der modernen Menschheit“, erstaunlich große Erfolge erzielt worden.[113]

Die Wissenschaft hat herausgefunden, daß alle größeren und kleineren Grippeepidemien in den letzten Jahrzehnten in Gebieten Südostasiens angefangen hatten, in denen die Schweinezucht besonders stark betrieben wird. So sieht man in den Schweinen die gefährlichsten Zwischenträger der Grippe. Der Konsum von Schweinefleisch setzt natürlich die Schweinezucht voraus. Durch die Betreibung dieses Wirtschaftszweiges entsteht aber eine empfindliche Verunstaltung und Verunreinigung der Umgebung. Man kann sich vorstellen, wie diese erst in heißen Gegenden aussieht, wo die Natur ohnehin dem Ungeziefer und der Gärung günstigen Nährboden bietet. Der Islam fördert durch die Verdrängung der Schweinezucht die Reinlichkeit der menschlichen Siedlungen und verschönert das Landschaftsbild. In einer Zeit, wo es regelrechte Bewegungen gibt, den Fleischverbrauch aufzugeben, bedürfen diese Vorschriften kaum einer besonderen Begründung. Mit biologischer Sicherheit folgt bei Verstoß gegen sie Krankheit als Strafe.

Das Schweinefleisch ist, wie der deutsche Arzt und Forscher *Heinrich Reckeweg* herausgefunden hat, das „teuerste Fleisch“, besonders auch wegen der von ihm bewirkten lebensverkürzenden Übergewichtigkeit.

„Volkswirtschaftlich gesehen ist“, schreibt er, „ein strenges Verbot des Schweinefleischgenusses für jedermann nicht nur zu rechtfertigen, sondern im Hinblick auf die angespannte finanzielle Lage im Gesundheitswesen sogar unerläßlich“.[114]

Das Blut ist für den menschlichen Genuß nicht geeignet, weil in ihm, neben Aufbaustoffen, auch Schlacken und Gifte enthalten sind. Mit dem Blutverbot geht auch ein moralischer Ruf einher: „Fern von jeglicher Blutsaugerei!“

Mit dieser Einstellung hängt auch die vom Islam empfohlene Methode der Tierschlachtung zusammen. Diese ist bereits in der jüdischen Tradition verankert. Sie besteht darin, daß dem Tier die Halsschlagadern, der Schlund und die Luftröhre durchtrennt werden, wodurch in spätestens drei Sekunden die Bewußtlosigkeit eintritt.

Um dem zum Schlachten gebrachten Tier jeglichen Schmerz zu ersparen, darf eine Betäubung vorgenommen werden. Diese hat jedoch nicht in ihrer Wirkung so weit zu gehen, daß sie dem Tier die Lebensfähigkeit nimmt. Der Schlachtvorgang soll mit der Anrufung Gottes eingeleitet werden. Durch das völlige Ausbluten wird das Fleisch für den Konsum einwandfrei. Schlachten und Blutentleerung entfallen bei den Fischen.

Die Menschen, die sich bei der Auswahl ihrer Nahrung von medizinischen und ästhetischen Überlegungen leiten lassen und freiwillig Einschränkungen auf sich nehmen, nähern sich in ihrer Verhaltensweise mehr dem Typus des vollkommenen Menschen als die Allesesser. Die Überlegenheit des Selektiv-Ernährten, etwa des Vegetariers, gegenüber dem Allesesser, hat sich im Leben wiederholt bestätigt.

Das Ramaḍān-Fasten wird von manchen Seiten wegen seines angeblich nachteiligen Einflusses auf die Körperkraft und die Leistungsfähigkeit kritisiert, wobei Dramatisierungen nicht selten sind.

Alle Glücksspiele sind ein schweres gesellschaftliches Übel. Der Glücksspieler bringt ebenso sehr seine Familie wie sich selbst und seine Mitspieler an den Rand des Abgrundes. Die Würfelspiele stehen der Unzucht nahe. Das Glücksspiel fördert die Abneigung gegen die Arbeit und tötet das Verantwortungsgefühl ab. Der Gewinner verpraßt gewöhnlich den Gewinn in der Sünde. Der Verlierer endet in Verzweiflung und Verbrechen.

Vom Islam wurde die alte biblische Tradition der Knabenbeschneidung übernommen. Sie ist keine Pflicht, sondern ein empfehlenswerter Brauch. Da sie als ein Element der Verhütung von Krebs von großem medizinischen Wert ist, wird sie in allen islamischen Gemeinschaften praktizert. In der Türkei z. B. organisieren Frauenvereinigungen kostenlose Beschneidungen der aus ärmeren Schichten stammenden Knaben. Es hat sich nämlich gezeigt, daß durch diese Maßnahme der Krebs des Mutterleibes wirkungsvoll bekämpft werden kann.[115]

XIX. Vorschriften zum Schutze der Gesundheit und Reinlichkeit

Ḥadīṯ

Diener Gottes! Sucht Heilung, denn Gott hat keine Krankheit geschaffen, ohne gegen sie ein Heilmittel zu bestimmen. Geht nicht in Ansteckungsgebiete, verlaßt aber auch nicht solche, im Falle eines Aufenthaltes in ihnen! Reinheit ist die Hälfte des Glaubens. Es wird dem Gläubigen nahegelegt, wöchentlich wenigstens einmal zu baden. Baden nach dem Geschlechtsverkehr ist eine Pflicht. Eine lobenswerte Tradition ist es, vor und nach dem Essen die Hände zu waschen, Zähne zu reinigen und den Mund auszuspülen. Der Muslim soll seine Kleidung, sein Haus, sowie alles, wo er sich aufhält, rein und in Ordnung halten.
Nach jeglichem Toilettenbesuch sind die Hände zu waschen. Ein Badezimmer (*ḥammām* oder *ḥammamǧiq*) und ein Bidet oder ähnliche Waschvorrichtungen gehören traditionsgemäß in jedes muslimische Haus.

Muhammed (ʿa. s.) pflegte immer wieder zu sagen: „Die Sauberkeit ist ein unveräußerlicher Teil der Religion" (*En-Neẓāfetu min'el-īmān*). „Frei zu spucken in Richtung Mekka, wäre eine grobe Verletzung des religiösen Anstandes", so lehrte er weiter. Da man auf der Straße so gut wie nie weiß, in welcher Richtung Mekka liegt, muß man jegliches freie Ausspucken meiden. Das Taschentuch gehört in die linke Hosentasche und ist mit der linken Hand zu bedienen, weil die rechte Hand zur Begrüßung und für zwischenmenschliche Kontakte dient. Auch dieses ist eine religiöse Anleitung, ebenso wie die Entfernung eines Hindernisses oder einer Gefahrenquelle auf dem Wege. Der Gläubige ist verpflichtet, zur gesundheitlichen und sozialen Sicherheit der Mitmenschen maximal beizutragen.

Entgegen einer unter einfachen Gläubigen verbreiteten Meinung, ist der Gebrauch von Toilettenpapier zulässig. Auch auf Wasser und Seife darf nicht verzichtet werden.

Ein frommer Muslim pflegt jede wichtigere und gute Arbeit mit den Worten *Bismi'llāhir-raḥmāni'r-raḥīm* zu beginnen. Dieses heißt bekanntlich: *Mit dem Namen Gottes, des gnadenvollen Erbarmers!* Die Gebetsformel *Bismillāh* ist auch das kürzeste Tischgebet zu Anfang der Mahlzeit.

Nach einer erfolgreich abgeschlossenen Tätigkeit sagt man *El-Ḥamdu li'llāh* (etwa: *Mein Dank gilt Gott!*) Dieses ist auch das kürzeste Tischgebet zu Ende der Mahlzeit.

XX. Sünden und Reue

Die religiösen Gebote und Verbote dienen dazu, die Reinheit des Glaubens zu wahren, sowie Leben, Vermögen, Ehre, Frieden und Eintracht unter den Menschen zu sichern. Aus absichtlicher Verletzung von Verboten und Vernachläßigung von religiösen Pflichten entsteht die Sünde. Die Sünde ist ein Übel, das schwere Folgen nach sich zieht, in der dies- und jenseitigen Welt.

Die Folgen der Sünde sind:

1. Strafen, die für einzelne Sünden vorgesehen sind;
2. Sünde verdunkelt und verdirbt das Menschenherz. Der Sünder verliert die Fähigkeit, Gut und Böse zu unterscheiden;
3. im Zustand der Sünde richtet der Mensch Gesundheit, Ehre und Vermögen zugrunde;
4. die Sünde zieht schon auf dieser Welt Gewissensbisse und fühlbare Leiden nach sich;
5. die Sünde bringt dem Menschen Schande und erschwert sein gesellschaftliches Fortkommen;
6. sie entfernt von Gott, und der Mensch hat wegen seines sündigen Lebens kein Glück und keinen Segen.

Wie Krankheit oder Feuer dem Leib schaden, so schadet die Sünde der Seele. Daher soll der Gläubige Heilung von Sünden suchen. Auch hier gilt der Grundsatz: *„Besser verhüten als heilen!“* Der Sünder oder die Sünderin muß vor allem die verwerfliche Tat bereuen und sich fest vornehmen, in Zukunft ein tadelloses Leben zu führen. Besteht die Sünde in Vernachlässigung einer religiösen Pflicht, dann muß diese nachgeholt werden. Wer sich gegen andere Menschen versündigt, muß sich mit ihnen versöhnen und den Schaden ersetzen. Ein anderes Wiedergutmachungsmittel für solche Sünden gibt es nicht.

Alle islamischen Pflichten sind gleich ernst zu nehmen, und es ist zwischen ihnen ein Gleichgewicht zu wahren. Das Verhalten in der Gesellschaft wiegt jedoch schwerer als die Beachtung der rituellen Vorschriften. Muhammed sagte ja: „Ich bin gesandt worden, um die edlen Züge des menschlichen Charakters zu vervollkommen“. Es gibt zahlreiche Sprüche Muhammeds (‘a. s.), aus denen ersichtlich ist, daß die Riten und die religiösen Vorschriften nur Mittel des Islam sind, während ein tadelloses und edles Verhalten sein Ziel ist.

Die bewußte Geringschätzung des Glaubens und vorsätzliche Nichtbeachtung göttlicher Gebote ziehen den Abfall vom Islam nach sich. Solch ein Abtrünniger hört auf, so lange Muslim zu sein, bis er sein Handeln aufrichtig bereut hat. Das Gebet für Reue und Erneuerung des Glaubens lautet: „Allmächtiger Gott! Es reut mich, und ich bitte um Vergebung, weil von mir, bewußt oder unbewußt, jenes häßliche Wort (häßliche Tat) gesetzt wurde. Mein Gott, ich bereue es und komme zu Dir zurück! Ich nehme den wahren Glauben Islam an. Ich glaube nur an Dich und vertraue Dir allein. Ich erkenne alles, was von Dir durch Vermittlung Deiner Gesandten gekommen ist, als unumstößliche Wahrheit an. Ich glaube an Dich als einzigen Gott. Ich glaube, daß Muhammed Dein Gesandter und Knecht ist. Was Du durch ihn verkündet hast, ist meine Religion und meine Hoffnung."

XXI. Der Islam und die moderne Zeit

Neben dem Qur'ān und der Überlieferung hat eine beträchtliche Anzahl von Verhaltensmodellen und Anschauungen erst durch die geistigen Leistungen späterer Generationen oder den Einfluß des Gewohnheitsrechtes islamisierter Völkerschaften im Islam Platz gefunden. *Muḥammed el-Ġazālī,* gest. 1111, hat durch seinen systematisierenden Eingriff und seine Philosophie dem sunnitischen Islam auf Jahrhunderte hinaus eine bestimmte Gestalt gegeben.

Dieses Nachtragswerk war durch zwei Rechtsfindungsmethoden möglich:

1. durch Übereinstimmung hervorragender Gelehrter einer bestimmten Zeit, und
2. durch die Angleichung neuauftauchender Probleme an Präzendenzfälle der Erstzeit.

Die Lehrinhalte dieser Art haben vielfach diesen oder jenen Zug der Geistesstärke ihrer Schöpfer aufgenommen. Manchmal tragen sie das Gepräge ihres Entstehungsmilieus. Die Wahrheitsermittlung litt an der zeitbedingten Beschränktheit der benutzten Forschungsmethoden. Die Problemstellungen waren häufig ganz anders als jene von heute. Um die geistige Einheit der Gemeinschaft nicht zu gefährden, wurden die Lehrmeinungen der alten Autoritäten als bindend angesehen. Sie erhielten mit der Zeit fast die Autorität der heiligen Schriften. Die Gründer der verschiedenen Rechtsschulden gelangten zu einem hohen Ansehen, das an jenes der Propheten heranreichte.

Die Eingriffe durch die Nachwelt führten zu einer Überfremdung des Islam. Griechische Philosophie, Gnosis, Mystik und indoiranische Mythologie fanden in der religiösen Gedankenwelt des einfachen Volkes feste Plätze.

Um der zunehmenden geistigen Zerplitterung einen Riegel vorzuschieben, wurde einige Jahrhunderte nach dem Tode Muhammeds die selbständige Rechtsfindung für unzulässig erklärt, dieses allerdings nur im sunnitischen Islam. Dort fing man an, in allen noch so unwichtigen Angelegenheiten nach den Meinungen und Urmodellen der Altmeister zu suchen. So wurde das Leben in starre Formen gepreßt. Das religiöse Denken richtete sich mehr nach dem Wortlaut der alten, vergilbten Religionsbücher als nach dem Geist der Lehre.

Mag diese Einstellung dereinst durchaus sinnvoll gewesen sein, so trug sie doch im Laufe der späteren Jahrhunderte zur Entwicklung eines Epigonengeistes bei. Dieser führte zur Erstarrung des religiösen und kulturellen Lebens. Es wurde zur Regel, sich an hervorragenden älteren Leitbildern zu orientieren. Das Gefühl für die persönliche Verantwortung verkümmerte. Man wurde denkfaul und suchte immer wieder nach fertigen Vorlagen, um das Leben zu meistern.

Die verschiedenen Schulen verhalten sich zueinander zwar tolerant und respektvoll, dennoch vermitteln sie schon durch ihre bloße Existenz den Eindruck einer inneren Zerrissenheit. Im zeitgenössischen Islam sind neue Strömungen zu beobachten, die sich an die Art der alten Schulen halten und den Anspruch auf die restlose Gefolgschaftstreue erheben. Dieses schadet dem Einheitscharakter der Gemeinschaft.

Den Ausweg aus der verfahrenen Lage, in die die Theologie durch die Unterbindung der selbständigen Rechtsfindung hineingeraten war, zeigten ungewollt die mittelarabischen Qur'ān-Forscher aus dem 18. Jh., die *Wehhābīs.* An sich eine rückständige Bewegung, traten sie für die Reinhaltung des Glaubens ein. Sie erstellten dadurch die Grundlage, auf der Denker und Refomer, wie *Ǧemāluddīn el-Afġānī, Muḥammed 'Abduhū, Rešid Riḍā, Seyyid Aḥmed Ḫān, Muhammed Iqbāl und Muhammed 'Alī* aus dem 19./20. Jh., ihre moderne Auslegung des Islam aufbauen konnten. Die im Vorfeld ihrer Wirksamkeit vorhandene und die Massen der Gläubigen beherrschende Mentalität wird durch eine Anekdote treffend wiedergegeben:

Das Oberhaupt eines Derwischklosters, ein Scheich, watet durch einen Fluß. Hinter ihm her kämpft sich einer seiner Jünger durch das Wasser. Beide wollen das gegenüberliegende Ufer erreichen. Der Scheich leitet jede seiner Bewegungen mit einem *„Yā Allāh!* (Oh Gott!) ein. Der Jünger dagegen ruft bei jedem neuen Schritt: *„Yā šeyḫ!"* (Oh Lehrmeister!). Die Bewältigung des Wasserelementes gelingt zunächst, obwohl der Jünger nicht schwimmen kann. Plötzlich fällt diesem ein, nach dem Beispiel des Scheichs Gott anzurufen. Er spricht also auch das Stoßgebet *„Yā Allāh!"* (Oh Gott!). In diesem Augenblick bemerkt er, daß er in ein tiefes Wasser gerät. Noch einmal ruft er: *„Yā Allāh!"*, doch der Körper versinkt immer mehr im tiefen Wasser. Der von Todesangst erfaßte Jünger schreit nun: „Oh Scheich! Hilf doch!" Der Lehrmeister, der die brenzliche Lage des Schülers erfaßt, dreht sich um und rettet ihn.

Die Methode, durch Übereinstimmung hervorragender Religionsgelehrter, den Standpunkt des Islam zu wichtigen Gegenwartsfragen zu erarbeiten, könnte — einmal wieder zugelassen — den Fortschritt der muslimischen Völker beschleunigen. Muhammed pflegte zu sagen, daß die Gläubigen sich niemals in einer grundfalschen Meinung einigen werden. Mit anderen Worten, die islamische Gemeinschaft, von Überzeugung und Gewissen geleitet, kann Denk- und Verhaltensweisen annehmen, die im Qur'ān und Ḥadīṯ nicht vorgesehen sind, vorausgesetzt, daß sie dem Geist der Religion nicht widersprechen und das Allgemeinwohl fördern. Es steht außer Zweifel, daß die veraltete Auslegung der Glaubensquellen und die

Einflüsse des Gewohnheitsrechtes den Fortschritt hemmen. Sie schaden dem Ansehen des Islam und entfremden ihm ganze Massen säkular erzogener Jugend.

Eine der schlimmsten Folgen der Einsickerung des Gewohnheitsrechtes in den Lebensbereich einiger Muslimgemeinschaften war in früheren Zeiten der Sklavenhandel. Die Sklaverei, eine antike Institution, wurde vom Islam vorgefunden und soweit geduldet, als es sich bei den Sklaven um Kriegsgefangene handelte. Die Wirksamkeit Muhammeds (ʻa. s.) hat auch dieser Form der Knechtschaft einen empfindlichen Schlag versetzt. „Wäre sie bei den alten Völkern nicht so tief verwurzelt gewesen, so wäre sie mit dem Aussterben jener Generation, die diesen Brauch pflegte, zu Ende gegangen. Doch die angeborene Neigung der Menschen, andere auszubeuten, verhalf der schändlichen Einrichtung zu weiterem Bestand".[116] Der Qurʻān ordnet an mehreren Stellen Loskauf und Freilassung von Sklaven an. Hier eine solche Qurʼān-Stelle:

„Und gebt den Sklaven, die das begehren, ihre Freilassungsurkunden, falls ihr an ihnen Gutes wisset. Schenkt ihnen vom Gottesreichtum, den er euch gegeben hat." (24:34)

Die Sklavenbefreiung bewirkt nach der islamischen Lehre die Vergebung der Sünde für Meineid.

Muhammed (ʻa. s.) sprach: „Drei Sorten von Menschen werden mich am Jüngsten Tag als Gegner finden: zu allererst jene, die die Menschen kaufen und verkaufen. Der Verdammnis verfällt jeder, der darauf ausgeht, die Zahl der Sklaven zu vermehren."
Der erste Herrscher eines muslimischen Staates, der den Sklavenhandel zuließ und, vom byzantinischen Beispiel inspiriert, an seinem Hofe Sklaven als Frauenwächter hielt, war der Omayyade Muʻāwiya (gest. 680).

Die Vielweiberei, ein anderes Hindernis für den Fortschritt, ist keine islamische Einrichtung. Sie ist vielmehr eine orientalische Eheform. Ihr Ursprung liegt weit zurück in der arabischen Geschichte. Sie war auch unter Völkern bekannt, die mit der islamischen Welt nichts zu tun hatten. Alle Sympathien des Qur'an sind auf der Seite der Einehe: „Wenn ihr Bedenken habt, wenn ihr fürchtet, euren Frauen gegenüber nicht ganz gerecht sein zu können, heiratet nur eine". (4:4)

„Ein Mann, der mit mehr als einer Frau verheiratet ist, läuft immer Gefahr, zu sündigen. Heiratet daher nur eine Frau. Dieser Rat wird euch helfen, gerecht zu handeln." (Muhammed)

Wie große Religionsgelehrte der ersten Jahrhunderte über die Vielweiberei dachten, zeigt folgender Fall: Der Abbasiden-Kalif *Ǧaʻfer el-Manṣūr* (754-775) verliebte sich nach langjähriger glücklicher Ehe mit seiner ersten Frau in ein junges Mädchen und beschloß, dieses zu heiraten. Als er sein Vorhaben seiner Gattin eröffnete, bestritt ihm diese das Recht dazu.

Ǧa'fer el-Manṣūr ließ den großen Rechtsgelehrten *Ebū Ḥanīfa* zu sich bitten, um seinen Rat und Entscheidung zu holen.

„Wie viele Frauen darf ein Muslim heiraten?", fragte der Kalif.

„Vier", lautete die Antwort des Gelehrten.

„Hast du es gehört?", rief Ǧa'fer el-Manṣūr siegesbewußt seiner Frau zu, die in der Tür zum Nachbarraume stand.

„Ǧa'fer el-Manṣūr darf aber nur eine Frau haben!", fiel ihm der Imām ins Wort.

„Wieso das, Mewlāye[117]"?

„Der Ton deiner Stimme, oh Fürst der Gläubigen, den du deiner Frau gegenüber eingeschlagen hast, ist mir ein ausreichender Beweis dafür, daß du im Sinne des Qur'ān nicht gerecht handeln kannst, wenn du eine zweite Frau heiratest."

Die Vielweiberei wird vom Islam unter bestimmten Voraussetzungen als Ausnahmezustand geduldet. Die jeweiligen Gesetzeshüter können sie jederzeit, wenn dafür gewichtige Gründe vorliegen, aufheben. Die Ehe ist nach der islamischen Lehre ein Vertrag, der mit Zustimmung der beiden Partner geschlossen wird.

Da es dem Wesen der Ehe und den moralischen Grundsätzen keineswegs widerspricht, kann in den Ehevertrag die Kausel aufgenommen werden, nach der sich die Frau das Scheidungsrecht sowie das Einspruchsrecht gegen jede Vielweiberei in ihrer Ehe vorbehält.[118]

In der Urgemeinde z. B. durften sich die Frauen frei und unbeschwert in der Gesellschaft bewegen; heute bietet sich vielfach ein anderes Bild. Besuche von Personen beiderlei Geschlechtes, Spaziergänge und Einkäufe seitens der Frauen, waren zu Muhammeds Zeit absolut üblich. Die Frau besuchte die Moschee und nahm am gesellschaftlichen Leben teil. Muhammed griff in diese sozialen Verhältnisse nur insofern ein, als es die Wahrung des Anstandes erforderte. Bei *Esmā,* der Tochter seines Freundes *Ebū Bekr,* sah er einmal kurze enganliegende Kleidung und bemerkte: „Esmā, die Frauen sollten ihre Reize lieber hüten als zur Schau stellen. Es geziemt sich nicht, außer Gesicht und Händen andere Körperteile zu zeigen."

In der Kalifatszeit gingen die Männer daran, die Rechte der Frauen einzuengen. Als einmal *'Omer* vom Ausspruch des Gesandten Gottes berichtete: „Verbietet den Mägden Gottes nicht die Moscheen", da entgegnete sein Sohn: „Nein, wir verbieten sie ihnen". *'Omer* geriet darüber so in Zorn, daß er ihm einen Schlag versetzte, mit den Worten: „Du hörst, daß ich sage, der hochgebenedeite Gottgesandte hat gesagt ‚Verbietet nicht', und du entgegnest ‚Nein'."

Zu Muhammeds Zeiten bestand sogar der Brauch, daß junge Witwen gemischte Gesellschaften besuchten, um Bekanntschaften zu machen. Manche dieser heiratslustigen Frauen zeigten sich in gewagter Aufmachung und mit Schmuck behängt, so daß sie die Sinne der temperamentvollen Scheichs reizten. Einige von diesen beschwerten sich darüber bei Muhammed. „Ich kann ihnen nicht wegnehmen, was ihnen Gott geschenkt hat", erwiderte er — ohne in das Geschehen einzugreifen.[119]

Die in manchen islamischen Ländern übliche Gesichtsverschleierung der Frauen ist eine alte persische Sitte. Sie hat in den islamischen religiösen Quellen keinerlei Begründung.[120]

Als ein weiteres Beispiel für die Abnutzung und Deformierung der religiösen Gebräuche sei der sogenannte *i'tikāf,* d. h. die „fromme Absonderung", angeführt. Dieses ist ein Brauch, der darin besteht, daß einer oder mehrere Gelehrte sich im letzten Drittel des Monats Ramaḍān zum Zwecke des Studiums und geistiger Übungen in die Einsamkeit zurückziehen. Als Aufenthaltsraum dient ihnen ein Platz in der Moschee. Während dieser Zeit sorgt die zuständige Gemeinde für ihren Lebensunterhalt. Der deutlich erkennbare Zweck dieser Einrichtung ist die Förderung des Glaubens und der religionswissenschaftlichen Forschung. Diese Aufgabe wird heute meistens halbgebildeten Menschen, die kaum lesen und schreiben können, angetragen. Der ursprüngliche Sinn dieser Institution geht unter solchen Umständen freilich verloren.

Die benötigte Erneuerung des religiösen Denkens kann durch einen neuen Zugang zu den Quellen und durch folgende Rechtsfindungsmethoden gefördert werden:

a) selbständiges und unmittelbares Studium des *Qur'ān,* gegebenenfalls unter Anwendung der historisch-semantischen Forschungsmethode. Die Verbindlichkeit der Ergebnisse hängt allerdings vom *iğmā',* dem „Consensus doctorum", ab,
b) schärfere Kritik der Überlieferung, wobei der Textkritik eine besondere Aufmerksamkeit zu schenken ist,
c) Entfernung aller im Laufe der Zeit in die Tradition eingedrungenen fremden Einflüsse,
d) Stärkung der Erkenntnis, daß zeitlich und geschichtlich bedingte Anordnungen des Gesandten Gottes, die die äußere Lebensform betreffen, keinen absoluten Wert besitzen müssen,
e) Betonung der Glaubensgesinnung, des *īmān,* vor der mechanischen Ausführung des Gesetzes.
f) Aufgabe jeglichen geistlosen Ritualismus, und
g) Anpassung überlebter Sitten an die Anforderungen des Lebens, des Verkehrs und der veränderten sozialen Umstände *(istiḥsān).*

Der Islam hat alle Eigenschaften einer weltumfassenden Religion und vermag auch die seelischen Bedürfnisse des modernen Menschen zu befriedigen. „Glaube ist Verstand", erwiderte *Muhammed* auf die Aufforderung, den Begriff der Religion zu definieren. Im *Qur'ān* heißt es: „Nimm nichts an, was sich nicht überprüfen läßt. Gott gab dir das Gehör (damit du hörst), das Augenlicht (damit du siehst), Herz und Verstand (damit du empfindest und überlegst). Für alle diese Organe bist du Gott verantwortlich." (17:36)

Die Grundquelle des Islam regt zum Nachdenken und zur Hebung des Bildungsniveaus an: „In der Erschaffung von Himmel und Erde, im Wechsel von Tag und Nacht, haben Wir viele Zeichen für verständige Menschen gegeben." (3:191)

„Die Nachdenkenden werden zur Erkenntnis gelangen, daß nichts ohne Grund geschaffen wurde." (3:192)

„Du siehst Berge, und es scheint dir, als ruhten sie wie versteinert. Tatsächlich aber ziehen sie wie Wolken dahin." (27:89)

„Und alles im Weltall gleitet." (36:41) „Und die Winde senden Wir zur Befruchtung." (15:23)

„Gott ist wahrlich euer Herr, der den Himmel und die Erde in sechs Zeiten erschuf und dann das Gleichgewicht herstellte." (8:55)

„Bereist die Erde, und betrachtet, wie Gott das Werden und die Entwicklung der Geschöpfe fördert." (29:21)

Sprich: „Sind solche, die wissen denen gleich, die nicht wissen?" (39:9)

Der Islam ist ein Weg der Selbstverwirklichung des Menschen in der Hingabe an Gott und unter der Aufgabe aller anderen Abhängigkeiten.

Langsam weichen unter den muslimischen Volksmassen engstirniger Konservatismus und Rückständigkeit dem unerläßlich gewordenen Weitblick und der Weltoffenheit, wie sie für die ersten fünf Jahrhunderte der islamischen Geschichte charakteristisch waren. Neue Wege der *Qur'ān-Exegese* ermöglichen eine Entmythologisierung und Befreiung von geistlosem Ritualismus. Der Tradition gegenüber ist man immer kritischer. Als oberstes Prinzip der *Qur'ān-Exegese* gilt bei den Modernen die Regel: „Das richtige Verstehen des Qur'ān hängt vom richtigen Weltbild ab." Auch die Literatur nimmt stärkere Verbindung mit der Wirklichkeit auf. Sie verläßt immer mehr die besonders im Osmanischen Reich üblich gewordene gekünstelte Schreibweise. Der neue Geist wird sicherlich mit vielen sozialen Mißbildungen aufräumen.

Als solche seien die Verschleierung der Frau, die gar nicht im Qur'ān angeordnet ist, die Ausschaltung der weiblichen Jugend aus dem öffentlichen Leben und das Zurückgreifen auf Rechtskniffe erwähnt, wodurch manche soziale Vorschrift der Religion zu einer Farce herabsinkt, wie z. B., wenn die vorgeschriebene milde Gabe aus Anlaß des bevorstehenden Fastenbrechens (*ṣadaqa-i fiṭr*) durch gegenseitiges Nehmen und Geben in der Familie bleibt, bzw. anstatt für jedes einzelne Familienmitglied nur für das Familienoberhaupt entrichtet wird.[121]

Die Gleichheit der Menschen ohne Rücksicht auf Rasse und Nation ist dem Islam ein besonderes Anliegen, deshalb die Forderung nach der internationalen Solidarität und Hilfsbereitschaft.

Es wird behauptet, der Islam sei eine Kopie des Judentums und des Christentums. Man vergißt aber, daß auch diese beiden Vorgängerreligionen ihre älteren Vorlagen haben.

Unter Berufung auf Muhammeds Beispiel wird in manchen Staaten ein Zusammengehen der Politik und der Religion angestrebt. Die Politiker verstehen sich dort als Beschützer des Islam. In der Tat aber werden die eigentlichen islamischen Kräfte in den meisten Fällen von den Machtstrukturen ferngehalten. Neben Luxus und Qur'ān-Parolen der Paläste sieht man manchmal bittere Armut. Das Bild ist völlig unislamisch. Während auf einer Seite große Vermögenswerte verschleudert werden, fehlt manchen islamischen Gemeinschaften das Notwendigste zum Leben.

Das Festhalten am Ritualismus und an gewissen erstarrten Verhaltensmodellen scheint in den Augen der Konservativen das einzig gültige Kriterium für menschliche Werte zu sein. Ihr Islam beschränkt sich auf das Befolgen einer alteingefahrenen Lebensschablone. Die konservativen Gelehrten möchten alle Lebensfragen nach den alten Vorlagen lösen. Die Stellungnahmen der Altvorderen sind für sie wichtiger als der Geist der Lehre. Die Kasuistik stellt sich der Entfaltung der freien Schaffenskräfte entgegen. Trotz der scheinbaren Glaubenstreue sind es gerade die Konservativen, die das Persönlichkeitsbild Muhammeds ('a. s.) verzerren, christianisieren und vergöttern.

Der Qur'ān ist die Achse der islamischen Lehre. Er hat ein weit größeres Gewicht als die Worte, die Muhammed als Privatmann gesprochen hat. Die islamische Lehre enthält den Wesenskern aller vorausgegangenen Offenbarungen. Sie ist daher ökumenisch und zukunftsorientiert.

Betrachtet man die neueste Entwicklung der Theologie in der außerislamischen Welt, so hat man manchmal das Gefühl, als sei ihr der Islam vorausgegangen. Allerdings bedient sich diese Theologie in ihrem Bestreben, dem Zeitgeist zu entsprechen, auch allerlei geistiger Sprünge, die die Glaubwürdigkeit der Verkündung gefährden.

Wenn auch die islamische Lehre die Religionsgelehrten der Notwendigkeite enthebt, solche Wagnisse einzugehen, so werden dennoch jene Motive, die das religiöse Leben des Abendlandes heute bewegen, morgen auch für die islamische Welt von höchster Aktualität sein. Die Probleme sind gemeinsam und überschneiden sich in mehr als einem Punkt. Die muslimischen Völker, die vom Geist des hochindustrialisierten Zeitalters noch nicht erfaßt sind und sich in einer Art Dornröschen-Schlaf befinden, müssen den Sinn für die Notwendigkeiten rechtzeitig entfalten.

Für viele Gläubige des Islam, die in dauernder Berührung mit der abendländischen Geisteswelt stehen, gewinnt die Frage, wie weit sie den Glauben und die angestammten Traditionen mit ihren sonstigen Erfahrungen in Einklang bringen können, immer mehr an Gewicht.

Eine sinnvolle Vermittlung der Lehre ist heute dringender denn je. Werden auf die religiöse Botschaft die richtigen Akzente gesetzt, so wird sie den Gläubigen wesentlich helfen, den Herausforderungen der Zeit standzuhalten. Ein verstärkter ethischer und sozialer Einsatz wird dem Islam die zum Teil verlorengegangene Urwüchsigkeit wiedergeben.

Jegliches Aufwarten mit Rezepten und Verhaltensregeln, die einer kulturell überwundenen Zeit entstammen, verzögert die Wiedergeburt und schädigt das Ansehen des Islam.

Der Ausbruch einer politisch motivierten „islamischen Revolution" im Iran zur Jahreswende 1978/79 und die rebellionartige Moscheebesetzung von Mekka zur 15. Jahrhundertwende der *Hiǧra* lösten in aller Welt Schocks aus. Man sah darin, wohl mit Recht, Verboten neuer Wirren, die sich vor allem auf die Weltwirtschaft negativ auswirken könnten. Gleichzeitig wurde man sich des verhängnisvollen Informationensdefizits, das bis dahin über den Islam und seine Lebenskraft geherrscht hat, bewußt. Seither bewegt die Frage nach dem Stellenwert dieser Religion im politischen, wirtschaftlichen und kulturellen Geschehen zusehends die Weltöffentlichkeit.

Was geschieht heute im Weltislam? Erlebt er eine Renaissance oder, wie viele meinen, einen Rückfall ins Mittelalter?

Die islamische Welt besinnt sich auf ihre Ursprünge. Sie ist von einem Prozeß erfaßt worden, der in seiner Entstehungsgeschichte und in seinen Zielsetzungen und Dimensionen etwa mit jenem Prozeß vergleichbar ist, den der Zionismus im Judentum ausgelöst hat. Ja, er ist in seinen politischen Aspekten geradezu eine Antwort darauf.

Der Rückgriff auf die Vergangenheit ist schon immer ein Wesenszug des Islam gewesen. Verstand doch Muhammed seine Botschaft als die wiederhergestellte göttliche Offenbarung. So sehr sich darin eine konservative Grundausrichtung des Islam bekundet, so ist die Tatsache nicht zu leugenen, daß er sich im Gesamtablauf der geschichtlichen Geschehnisse — zumindest in den ersten Jahrhunderten seiner Wirksamkeit — als eine verjüngende Kraft auswirkte. Die Menschheit verdankt ihm viele wertvolle Impulse und ein reiches Kulturerbe.

Was aber ist von der gegenwärtigen Rückbesinnung auf das Alte zu erwarten? Inwieweit können die wiederbelebten Wertvorstellungen, die man als „Reislamisierung" versteht, das Leben des heutigen Menschen bereichern? Die Rezepte der Alten — als Gesamtheit genommen — sind heute zwar nur teilweise anwendbar, doch sie eröffnen Einblicke in vergessene Möglichkeiten und bieten gelegentlich auch Alternativlösungen für konkrete menschliche Situationen. So kann man auf ihren Grundlagen z. B. lernen, wie der Konsumzwang bewältigt und die technischen Sachzwänge ausgeschaltet werden können. Tut man das, so leistet man einen will-

kommenen Beitrag zur Erweiterung der menschlichen Entscheidungsfreiheit.
Der „wiederbelebte“ Islam kann ferner, wie Arnold Toynbee es erwartet hat, helfen, den Alkoholismus, diese Geißel der modernen Menschheit, und die Drogensucht zu unterbinden. Seine Naturverbundenheit verspricht einen erhöhten Naturschutz. Mag die Haltung der islamischen Rigoristen zur Frau theologisch schwer vertretbar sein, so ist dennoch darin eine Antwort auf die zunehmende Vermarktung der Frau in der moderen Gesellschaft zu sehen. Es kann wohl nur von Vorteil sein, wenn die Mutterrolle als die vornehmste Aufgabe der Frau hoch gewürdigt und das Primat der Familie vor allen anderen gesellschaftlichen Strukturen betont wird, wie es die Träger der „islamischen Revolution“ tun.
Die „Reislamisierung“ hat durch die schockierende Geiselnahme von Teheran 1979 einen fragwürdigen Vorstoß auf die Erweiterung der tragenden moralischen Grundsätze versucht. Die Frage wurde aufgeworfen, ob es zulässig ist, die gängigen Konventionen zu sprengen, wenn es um höhere humane Ziele (etwa um die Errettung vor Hungertod oder vor der nationalen Zerstörung) geht.

Die Überbetonung der eigenen Geisteshaltung in der Gesellschaft der aufeinander angewiesenen Nationen wirkt befremdend. Sie scheint aber im Fall der wiedererwachten muslimischen Nationen des Ostens unvermeidlich, weil sie ein wirksames Mittel zur Bekämpfung des Kulturimperialismus ist. Die gebotenen „islamischen“Lösungen sind radikal und herausfordernd. Sie befriedigen die human denkenden Menschen nicht immer, doch sie zeigen die Schwächen der säkularisierten Welt auf. Der türkische Reformator *Mustafa Kemal Atatürk* (1880-1938) hat — vom westlichen Denken inspiriert — in seinem Land die europäische Kleidung eingeführt. Aber deshalb ist die Türkei nicht gerade fortschrittlich geworden. Ein anderes asiatisches Land, Japan, hat es trotz seiner Treue zur angestammten Tradition, viel weiter gebracht.
Der Europäer macht sich über die wieder in Gebrauch getretene traditionelle Straßenkleidung der iranischen Frau lustig. Die Wiedereinführung dieser Kleidung geht auf eine ähnliche Denkweise zurück, wie sie *Atatürk* hatte. Lediglich die Stoßrichtung ist eine umgekehrte.
In beiden Fällen wird der Frage der Kleidung eine übertrieben große Bedeutung beigemessen. Verständlicher ist wohl das iranische Verhalten, weil es eine demonstrative Note enthält und auf seine Weise den falschen Weg der Reformatoren von der Art *Atatürks* aufzeigt.

Die Wiedereinführung der in der Erstzeit des Islam gepflegten Präventivjustiz durch Pakistan im Jahre 1979 erregte viele Gemüter in der zivilisierten Welt. Doch eine solche Justiz wurde vorher in Saudi-Arabien angewendet, ohne daß die Welt davon richtig Notiz nahm. Die Präventivjustiz kommt in der Regel einem rigorosen Kampf gegen das Verbrechertum gleich. Ihre drastischen Strafen, die in barbarischer Manier ausgeführt werden, verletzen das Lebensgefühl des modernen Menschen. Mag das Ergebnis dieses Strafvollzuges, wie man saudi-arabischerseits versichert, zeitweise eine vorbildliche Sicherheit sein, moralisch gerechtfertigt ist er — mindestens unter den heutigen Umständen — nicht. Schon gar nicht kann dieser Strafvollzug in einer Gesellschaft, die an sozialen Mißständen leidet, als moralisch gerechtfertigt erscheinen. Die grausame Art, in der die Rebellen von Mekka 1979 hingerichtet wurden, hat die zivilisierten Menschen, darunter auch unzählige Muslime, in aller Welt zutiefst getroffen. Das Islam-Verständnis dieser Muslime divergiert eben von jenem, das die wahhabitischen Rigoristen mit dieser traurigen Justizart vorexerziert haben.[112]

Es bleibt der Gesellschaft überlassen, ob sie sich für einen vorbehaltlosen Humanismus oder aber für eine vom sakralen Gesetz geprägte Ordnung, die dem Humanismus Grenzen setzt, entscheiden will. Im ersteren Fall hat sie mit dem Verbrechertum als Dauererscheinung, im zweiten Fall mit dauernden Einschränkungen und schmerzlichen Härten zu rechnen.

Die Grundmotive der „Reislamisierung" sind: 1) die Suche nach der verlorengegangenen Identität und 2) die Sehnsucht nach Gerechtigkeit. Die „islamische Revolution" ist daher in erster Linie ein konkretes Vorgehen, um diese Erwartungen zu befriedigen.

Die Gerechtigkeit in göttlicher und menschlicher Sicht steht im Mittelpunkt der islamischen Lehre. Was im Christentum das Gebot der Liebe ist, das ist im Islam eher das Gebot der Gerechtigkeit.

Als Modell einer ideal gerechten Gesellschaft bietet sich die Erstgemeinde mit all ihren gesellschaftlichen und politischen Implikationen an; eine sehr handgreifliche Vision, die sich angesichts der bitteren Erfahrungen der letzten Jahrzehnte den Volksmassen geradezu als die einzige Möglichkeit zur Erfüllung ihrer Sehnsucht nach Gerechtigkeit aufdrängt.

Die restaurativen Eingriffe der „Reislamisierung" vermitteln das Gefühl, daß die innere Selbständigkeit wieder hergestellt worden sei. Sie werden als ein Zeichen der Treue zur eigenen Wesensart gewertet.

Die Rückbesinnung auf die alten Wertvorstellungen — ein wesentlicher Inhalt der fundamentalistisch verstandenen „Reislamisierung" — ist nicht überall in der islamischen Welt zu beobachten. In Ägypten z. B. wird ein harter und unterschwelliger Kulturkampf zwischen liberalen und rigoristischen Kräften des Islam geführt. Ähnliche Vorgänge spielen sich in Indonesien, Tunesien, Indien, Afghanistan, Sudan, Somalia, der Türkei, Bangladesh und selbst in dem sonst in einer Hinsicht rigoristischen Libyen ab.

Die Revitalisierung alter Wertvorstellungen im rechtlichen Bereich bedeutet zu einem erheblichen Teil die Wiederbelebung altmosaischer und altbeduinischer Rechtspraktiken. Unter den Volksmassen — meistens Menschen von geringer Bildung — schafft sie die Illusion des „Gottesstaates". Den herrschenden Schichten ist sie willkommen, weil sie von drükkenden sozialen und kulturellen Problemen ablenkt. Das Bekenntnis zu den alten Lebensmodellen macht darüber hinaus eine ernste Auseinandersetzung mit den Erfordernissen des modernen Zeitalters überfüssig und enthebt die Verantwortlichen zusätzlicher Lasten.

Die Flucht in die Vergangenheit ist seit langem eine regelmäßige Begleiterscheinung der Gedankengänge der traditionalistischen Intelligenz. Als Prinzip angewendet, führt aber diese Flucht in die Ausweglosigkeit. Die Hinwendung zu den Lebensschablonen des 7. Jh's — die Fundamentalisten sehen darin die vorbildliche Gesellschaft — kann nur einen Rückfall in eine kulturell wenig entwickelte Zeit bedeuten.

Befragt, das Wesen des Islam zu charakterisieren, antwortete ein arabischer Geograph des 14. Jh's, der Islam sei ein Dauergespräch des Menschen mit der Wüste. Hält man sich die Lebensbedingungen des arabischen Menschen im Mittelalter vor Augen, so findet man, daß diese Definition den Nagel auf den Kopf trifft. Der Islam ist aber in Wirklichkeit auch ein Gespräch des Gläubigen mit der biblischen Tradition. Diese beiden Komponenten haben ihm seinerzeit eine unglaubliche Dynamik verliehen. Heute verleiht ihm die Auseinandersetzung einiger muslimischer Völker mit Imperialismus und Ausbeutung eine neue Chance. Darin liegt aber auch die Gefahr einer zunehmenden Politisierung des Islam und des Verlustes seines eigentlichen religiösen und ethischen Gehalts. Die Welt ist bereits seit Jahren Zeuge einer verhängnisvollen Manipulierung: Der Islam wird in die Rolle eines politischen und gesetzgeberischen Akteurs hineingedrängt. Die Frömmigkeit wird von der Politik überspielt. Der Scharfrichter überschattet den liebevollen Prediger, der — wie der Qur'ān es ausdrücklich verlangt — mit väterlichem Rat (*mew'iẓa ḥasena*) die Gemeinde lehrt und leitet. Solche Zustände sprechen nicht von einer Renaissance: Sie sind eher der Ausdruck eines Rückfalls.

Die Renaissance setzt, wie *Muḥammed Iqbāl* (gest. 1938) es bereits erkannt hat, das Vorhandensein eines „schöpferischen Drangs" *(quwwet-i taḫlīq)* voraus. Durch diesen Drang vermag die Menschheit bereichert zu werden. Er beinhaltet aber auch die Bereitschaft, *geistige Risiken* einzugehen und einen Gutteil der gewohnten Bequemlichkeit aufzugeben.

Muhammed lehrte, daß ein einfacher, unkomplizierter Glaube Gott am liebsten sei[62]. Ein Kapitel der berühmten Traditionssammlung von *Ismā'īl el-Buḫārī* (gest. 870) ist dem Gedanken gewidmet, daß der Islam eine Lebenshilfe für den Gläubigen bedeuten sollte. Die Fundamentalisten machen aber immer gerade das Gegenteil daraus. Wer weiß schon unter dem Ansturm der Flut fundamentalistischer Darstellungen des Islam, daß z. B. das Ramaḍān-Fasten nur von denjenigen Gläubigen eingehalten werden muß, die es ohne Nachteile ertragen können? Die, die dazu nicht in der Lage sind, haben die Möglichkeit, sich durch ein Almosen oder durch die Verpflichtung, einen Armen zu ernähren, loszukaufen[124].

Muhammed ('a. s.) war ein Tatmensch, der sich weniger nach steifen, doktrinären Formulierungen als nach den Notwendigkeiten des Lebens gerichtet hat. Daher hat ein Notstand — wenn auch nicht de jure, so doch de facto — eine dispensierende Wirkung. Die fünf Tagesgebete, die in der bestehenden Praxis vom Qur'ān weder verordnet noch beschrieben sind, sondern auf der Tradition beruhen, werden durchaus nicht von allen Gläubigen und Gemeinden gleich rigoros verrichtet. Die unabwendbaren Lebensbedürfnisse oder höhere Interessen der Gemeinschaft haben Vorrang. „Kann man etwa annehmen“, fragt mit Recht ein europäischer Beobachter, „daß ein Fabrikarbeiter, wenn er abends in seine Wohnung zurückgekehrt ist, dauernd auf einmal alle vier oder fünf Gebete nachholt, die er während des Tages nicht verrichten konnte? Kann er etwa während der kurzen Augenblicke seiner Erholung die Zeit für mühsame Pflichten aufbringen, die neben einer Entspannung des Geistes auch eine nicht unerhebliche körperliche Anstrengung bedeuten? Nicht wenige versichern, mit Recht, daß das normale Verhalten in der Tat so ist“[125].

Manche Erweckungsprediger bürden, von einem orientalischen Traditionserbe veranlaßt, den Gläubigen manchmal „Pflichten“ auf, die selbst der Praxis der Erstgemeinde zuwiderlaufen. Eine solche „Pflicht“ ist die Trennung der Geschlechter in der Moschee, die in der Erstzeit auch die Funktion der Schule ausübte. Glaubwürdige Traditionen besagen, daß die Frauen zu Muhammeds Zeiten frei und ungehindert in der Moschee beten durften[126]. Die Fundamentalisten verlangen, völlig zu Unrecht, die Errichtung einer Wand oder eines Vorhanges, damit die Frauen von den Männern getrennt werden.

Vor allem die wahhabitische Theologie ist es, die zu einem veralteten und antiwissenschaftlichen Weltbild neigt. So trat einer ihrer führenden Vertreter, *Šeyh 'Abdul'azīz ibn Bāz,* ehem. Rektor der Islamischen Universität in Medina, erst vor kurzem gegen die Ermittlung der Anfangs- und Abschlußzeiten des Ramaḍān und der religiösen Feiertage auf Grund der astronomischen Sichtbarkeit des Mondes auf. Unter Berufung auf die Praxis der Erstgemeinde, verlangte er, daß diese Ermittlung mit bloßem menschlichem Auge vorgenommen werde; andersartige Ermittlungsergebnisse seien kanonisch ungültig. Manche islamische Gemeinschaften, wie jene in der Türkei oder in Jugoslawien, bedienen sich seit Jahrzehnten der wissenschaftlichen Methoden, um ihren religiösen Kalender anzulegen und rechtzeitig genug den Interessenten zur Verfügung zu stellen. Anders wäre ihnen eine Zeitplanung nicht möglich. Die Buchstabenreiter aber unter den Theologen verschulden durch ihren sturen Standpunkt Jahr für Jahr ein Chaos, weil sie eine Vorausplanung verhindern und die Denkweise mancher Gläubiger auf eine primitive Dimension reduzieren. Geradezu tragisch ist es, daß diese Theologen in der von Mekka aus wirkenden *„Islamischen Weltliga"*, deren Ehrgeiz es ist, die Geschicke des Weltislam zu lenken, ihren Rückhalt mit ausgedehnten finanziellen Möglichkeiten gefunden haben.

Die von diesem Gremium vertretenen wahhabitischen Ansichten bringen unter die denkenden Gläubigen beträchtliche Verwirrung und rufen Widerspruch hervor. Im Organ der Liga *„Aḫbār el-ʿālem el-islāmī"* erschien am 24. 12. 1979 eine Rechtsentscheidung (fetwā) des Šeyh ʿAbdulʿazīz ibn Bāz, in der die Ansicht vertreten wird, daß die Sunna, also das Beispiel Muhammeds, eine regelrechte göttliche Offenbarung sei.[127] Neben dem Qur'ān und einer so verstandenen Sunna kennt der wahhabitische Gelehrte nur noch eine Quelle der islamischen Kultus- und Rechtslehre: den *consensus doctorum* oder den *iǧmāʿ*. Die von der absoluten Mehrheit der Muslime anerkannte vierte Quelle, den Analogieschluß oder den *qiyās,* verwirft er als fragwürdig. Da bei der Anwendung dieser Rechtsfindungsmethode eher der Geist des Islam als ein festgeformtes Modell aus der Tradition zum Ausdruck kommt, läuft der Vorstoß des wahhabitischen Exegeten auf die Abwürgung jeglichen freien Gedankens im Lehrverständnis des Islam hinaus.

Die islamische Traditionslehre *(ʿilm ul-ḥadīṯ)* kennt keine Textkritik. Als einziger kritischer Gesichtspunkt trat die Überprüfung der Überliefererketten in Erscheinung. So ist die Tradition zu einem Sammelbecken aller möglichen Einschübe und unberechtigter Einschaltungen geworden. Diesen liegt meist eine politische, synkretistische oder sektiererische Tendenz zugrunde. Dieses haben besonders die Forschungen von Orientalisten in überzeugender Weise gezeigt. Deshalb wird die Orientalistik in fundamentalistischen Kreisen des Islam verteufelt. Man wirft ihr auch vor – dies wohl mit Recht –, häufig mit dem Imperialismus und mit der christlichen Mission zusammengearbeitet zu haben. Wie sehr sich die fundamentalischen Kräfte vor jeglichem freieren Verständnis der Tradition drücken, zeigt auch das Schicksal der *Internationalen Sīret-Konferenz,* eines im Zweijahresrhythmus tagenden Gelehrtengremiums, das sich mit den Fragen der auf Muhammed zurückgehenden Tradition befaßt.[128] Der ersten Sīret-Konferenz, die 1976 in Pakistan stattfand, wohnten mehrere namhafte Orientalisten und liberale muslimische Intellektuelle bei. Die abgehaltenen Referate und Diskussionen waren z. T. von einem hohen akademischen Niveau. Ein ganz anderes Bild bot die dritte Sīret-Konferenz, die zum Hiǧra-Neujahr 1400, d. i. 20. November 1979, in Doha, Qatar, stattfand. Die Nichtmuslime und die liberalen Theologen waren von der Teilnahme ausgeschlossen; die Szene wurde von der wahhabitisch orientierten „Islamischen Weltliga" und ihren Leuten beherrscht. Lediglich der Teilnahme einiger ägyptischer Professoren war die Dynamik einzelner Gespräche und Diskussionen zu verdanken. Im Großen und Ganzen zeigt sich, daß die ursprünglich so großzügig gedachte und sich auf dem freien akademischen Boden bewegende Konferenz zu einem Instrument jener Kreise umfunktioniert worden ist, die die Tradition ungefähr auf dieselbe Stufe stellen wie den Qur'ān.

Die Gebote Muhammeds sind nach der allgemein anerkannten Lehre nicht etwa dadurch verbindlich, daß sie geoffenbart worden sind, sondern weil er in seinem freien Handeln den qur'ānischen Geist wie kein anderer zu verwirklichen wußte und daher ein nachahmenswertes Beispiel bot. Er war im Alltag manchmal gezwungen, gewisse Direktiven oder Verbote zu erteilen. „Da Gott wußte", meint *Mūsā ibn 'Imrān,* „daß er in jedem Fall in seinem Sinne handeln werde, hat Er ihm die Entscheidung im einzelnen freigestellt".[129] „Der Sachverständige", führt der Gelehrte folgerichtig aus, „darf handeln gemäß dem, was ihm in den Sinn kommt, insofern er von Gott vor Irrtum bewahrt ist. Die Maxime seines Handelns ist das Allgemeinwohl *(maṣlaḥa).*"[130]

Was für ein Handeln des sachverständigen Gläubigen gilt, das gilt auch für das Handeln eines islamischen Staates. Beide, der Einzelne wie die Gesellschaft, unterliegen durch ihr Bekenntnis zum Islam dem qur'ānischen Gesetz, soweit es sich wirklich um ein solches handelt und nicht etwa um einen Niederschlag der geschichtlichen Ereignisse. Ein auf islamischen Prinzipien aufgebautes Staatswesen ist eine Art Nomokratie, weil in ihm der Qur'ān, — die göttliche Offenbarung — als Grundgesetz gilt. In der Gestaltung und Führung des Staates ist die Rolle des menschlichen Faktors dennoch vorrangig. Heißt es doch im Qur'ān, daß der Mensch zum Stellvertreter Gottes auf Erden bestellt ist. Der Islam kennt keinen „Gottesstaat" *(civitas Dei),* auch keine Kirche oder einen anderen göttlichen Mittler. Die Regierungsform der ersten vier Kalifen, die den Muslimen als Ideal vorschwebt, war eine Art vereinfachter Demokratie. Vom islamischen Staat als von einer Theokratie zu sprechen, ist daher nicht ganz richtig.

Der islamische Staat aber, wie ihn die Fundamentalisten verstehen, ist in verhängnisvoller Weise mit der in der fortschrittlichen Welt schon längst überholten Schulweisheit und Kasuistik verquickt. Als solcher kann er kaum eine dauernde Alternative zu pluralistischen Staaten unserer Zeit sein. Auf den Islam berufen sich heute verschiedene Staaten, deren Regierungssysteme voneinander erheblich abweichen. Ja, sie bekämpfen sich gegenseitig. Dieses irritiert die Gläubigen. Die rücksichtslose Einbeziehung des Islam in die Politik beraubt diesen seiner inneren Unabhängigkeit. Sie macht ihn vielmehr zum Gefangenen, so daß das Wort des Glaubensverkünders, der Islam sei das oberste Handlungsprinzip des Gläubigen, keine Geltung mehr hat.[131]

Die viel zu menschliche, wenn auch noch so sehr mit der Etikette des Islam versehene Politik und der nach dem Ideal der antiken oder mittelalterlichen Gesellschaft geformte Strafvollzug sind es, die dem Islam heute mehr schaden als alle Missionstätigkeit und die der imperialistischen Liebdienerei verdächtige Orientalistik zusammen.

Fast ein Drittel aller Muslime in der Welt können schon wegen ihrer geopolitischen Lage mit der Theorie, der Islam sei Religion und Staat *(dīn we dewlet)* nichts anfangen. Sie würde sie vielmehr in die Gefahr bringen, von ihren andersgläubigen Volksgenossen als potentielle Feinde angesehen zu werden. Sie verstehen daher den Islam als Religion, was er effektiv auch ist. Darin werden sie von der modernen islamischen Theologie, die die Fesseln der mittelalterlichen Schulweisheit und Kasuistik zusehends abzustreifen versucht, unterstützt.

Die Tugenden sind nicht teilbar. Die Wahrheitsliebe, die Gerechtigkeit, die Güte und alle anderen Tugenden haben einen unwandelbaren Stellenwert, ob sie nun für Muslime oder Nichtmuslime gelten. Es wäre religiös untragbar, wollte ein Muslim z. B. unter seinen Glaubensgenossen immer die Wahrheit sprechen, unter den Christen aber lügen. Die gute Tat setzt nicht das islamische Glaubensbekenntnis des Begünstigten voraus. Als Ibrāhīm von einem Magier um Gastfreundschaft gebeten wurde, sprach er: „Unter der Bedingung das du ein Muslim wirst". Da ging der Magier fort. Gott offenbarte Ibrāhīm: „Seit fünfzig Jahren ernähre Ich ihn trotz seines Unglaubens; willst du ihm nicht einen Bissen geben, ohne Religionsänderung von ihm zu fordern?"

Da ging Ibrāhīm jenem nach, bis er ihn erreichte, und bat um Verzeihung. Als der Magier ihn nach dem Grund seines Verhaltens fragte, erzählte er ihm, was geschehen war, und dieser Magier nahm den rechten Glauben an.

Die fundamentalistischen Gelehrten des Islam sollten besser aus diesem Beispiel lernen. Leider lassen sich manche von ihnen von einer politischen Exklusivität leiten, die den Islam in Mißkredit bringt. Viele von ihnen ereifern sich auch leicht über falsche Probleme. Typisch dafür ist die Politik der „Islamischen Weltliga" in Mekka, deren Kräfte sich im sinnlosen Kampf gegen religiöse Filme *(„Muhammed"* und *„'Omer el-Ḫaṭṭāb)*, in einem billigen Antisemitismus und Antikommunismus oder in der Unterstützung von zweifelhaften politischen Gestalten, wie Idi Amin von Uganda oder Bokassa von Zentralafrika, erschöpfen.

Der Weltislam braucht weltoffene, weitblickende und humane Führer von hohem Bildungsniveau, um der ständig anwesenden Gefahr zu entgehen, ins Mittelalter zurückzufallen oder in ein fragwürdiges ideologisches Fahrwasser zu geraten. Ohne konsequenten Humanismus und Weltoffenheit kann es keine wahre Renaissance des Islam geben.

Der erstrebte Humanismus darf aber nicht von einer solchen Art sein, daß er eine Kultur bejaht, „die ganz und gar auf etwas rein Verneinendem erbaut ist, nämlich auf dem, was man Grund- und Sinnlosigkeit nennen könnte“[132] und was sich allem Geistigen und jeder Weisheit widersetzt. „Ein wahrer Gedanke kann nicht 'neu' sein“, meint *René Guénon,* „denn die Wahrheit ist nicht ein Erzeugnis des menschlichen Geistes; sie besteht unabhängig von uns, und an uns liegt es lediglich, sie zu erkennen“[133]. Das geweihte Wissen ist eher geeignet, die Frage nach dem Sinn des Lebens zufriedenstellend zu beantworten als die experimentierfreudige Philosophie einer Menschheit, die ihren Weg erst suchen muß. Die zunehmende Überlieferungstreue in der islamischen Welt hat also — vernünftig dosiert — zweifellos auch ihre guten Seiten.

XXII. Islam kurzgefaßt

Der Islam ist eine Religion, die Gott wohl sehr nahe sein muß, weil *Er allein* im Mittelpunkt ihrer Lehre steht. In die Praxis umgesetzt, ist der Islam eine Lebensbewältigung in der Hingabe an Gott. Ein so verstandener Glaube muß bewußt vollzogen werden, will er seinen sittlichen Eigenwert haben und zielgerecht sein. Das fraglose Weiterschleppen von Lebensformen, in denen dieser Vollzug in einem bestimmten Zeit- und Raumkontext seinen sozialen Niederschlag gefunden und daher das Etikett „islamisch" erhalten hat, ist kein bewußter Vollzug. Er ist ehe eine mechanische Nachfolge der Vorfahren im Glauben. Eine solche Nachfolge ist aber schon deshalb fragwürdig, weil ihr der Eigenwert fehlt. Das Wort *Islam* stammt aus dem Arabischen und bedeutet *Hingabe* an ein vertrauenswürdiges Ideal. In dem Ausdruck stecken auch die Bedeutungen *Friedenssuche* und die *Friedenssicherung.* Etymologisch hängt er mit dem bekannten Gruß *Selām* (Friede) zusammen.

Gott und Mensch begegnen sich in der Offenbarung, nicht aber in der Person des Offenbarungsvermittlers. Deshalb ist es nicht richtig, in den Bekennern des Islam „Muhammedaner" zu sehen. Sie selbst nennen sich nicht so; im Qur'ān, der Hauptquelle der islamischen Lehre, werden die Gläubigen folgerichtig stets „Muslime" oder „Mu'mins",[134] niemals aber „Muhammedaner", genannt.

Die Offenbarung zieht sich wie ein roter Faden durch die ganze Geschichte des Altertums hindurch. Durch sie hat Gott mit den Menschen gesprochen. *Der authentischen* Gesamtoffenbarung entnimmt der Islam seine Lehre. Alle Offenbarungsträger sind folglich *Muslime,* ja Lehrer des Islam: der Hingabe an Gott.

Die wichtigsten Sammlungen der Offenbarung sind die Tora *(Tewrāt),* der Psalter *(Zebūr),* das Evangelium *(Inǧil)* im Sinne der als Offenbarung hinterlassenen authentischen Worte Jesu und der Qur'ān.

Der Qur'ān wurde sehr früh nach seiner Verkündigung niedergeschrieben. Eigenlich ist er ein mündliches Zeugnis der Selbstmitteilung Gottes an den Menschen. Die Botschaft, die der Qur'ān in seiner Gesamtheit ergibt, wird von ihm selbst als ein Auszug aus dem himmlischen Buch oder einer „wohlaufgehobenen Tafel" vorgestellt. Dieses Buch besteht aber sicher nicht aus menschlichem Material. Der geschriebene und auf den Büchermarkt gebrachte Qur'ān heißt *Muṣḥaf* (Kodex).

Im Zuge der sich häufenden christlich-islamischen Dialoge hat sich in Europa vom Qur'ān eine Vorstellung herausgebildet, die nicht den Tatsachen entspricht. Man behauptet nämlich, der Qur'ān sei im Islam das, was Jesus Christus den Christen bedeute: nämlich ein zu *„Buch* gewordenes

Wort Gottes“ gegenüber dem zum „*Sohn* gewordenen Wort Gottes“. Im Mittelpunkt der islamischen Lehre aber steht nicht der Qur'ān als solcher, sondern die Offenbarung. Diese ist indessen in verschiedenen „Ausgaben“ vorhanden: die letzte bietet sich im Qur'ān an.

Um dem Menschen eine Reihe von Hilfestellungen zu vermitteln, mit denen er das Leben meistern und den Seelenfrieden erlangen kann, hat der Islam folgendes gestiftet:

1) Ununterbrochene Bereitschaft, für Gott Zeugnis abzulegen;
2) Andachtsübungen oder Pflichtgebete — genannt „Stützen des Islam“;
3) Entrichtung einer jährlichen Sozialsteuer im Ausmaß von 2,5 % des Vermögens, falls dieses eine bestimmte Grenze übersteigt. Diese Steuer gilt bedürftigen oder sozial benachteiligten Personen ohne Rücksicht auf ihr Glaubensbekenntnis oder ihre Nationalität.
5) Fasten im Monat Ramadan, und
6) die Pilgerfahrt nach Mekka, wo zwei Monate und zehn Tage später ein internationales Treffen der Gläubigen stattfindet.

Dieser Verpflichtung unterliegen die Männer und Frauen, die gesundheitlich und finanziell in der Lage sind, die lange Fahrt nach Mekka mit mehrtätigem Aufenthalt in der Wüste und all den damit verbundenen Entbehrungen auf sich zu nehmen. In Mekka ist Muhammed geboren, aber das ist nicht der Grund der Mekka-Pilgerfahrt, sondern vielmehr eine alte religiöse Tradition, die auf Abraham (Ibrāhīm-Peygamber) zurückgeht.

Die allgemeine Bekenntnisformel des Islam lautet: *„Ich bezeuge, daß Gott nur einer ist; ich bezeuge, daß Muhammed Sein Knecht und Sein Bote ist“.* Mit dem zweiten Teil dieser Bekenntnisformel grenzt der Gläubige die Reichweite seines Glaubens gegenüber dem Menschen Muhammed ab: er ist eben nur ein Knecht und ein Bote mit Auftrag — nichts mehr! Würde einem Muslim in den Sinn kommen, Muhammed etwa als Mitglied einer heiligen Familie oder als Vermittler zwischen Gott und Mensch anzubeten, so würde er sich damit außerhalb des Islam stellen. Das wäre ein *širk* oder eine Götzendienerei — die schwerste Sünde.

Der Islam nimmt zwischen Judentum und Christentum eine Zwischenstellung ein. Der Qur'ān spricht von der muslimischen Weltgemeinschaft — de *ummet* — als von einer *Gemeinschaft der Mitte.*

Im Lehrbetrieb der islamischen Theologie kommen drei *Denkrichtungen* zum Ausdruck: eine streng *gesetzestreue* und *traditionalistische* (man könnte sagen „mosaische“), eine *spirituelle* und *dynamische* (man könnte sagen „christliche“) und eine *rationale,* auf die Übereinstimmung mit der Wissenschaft und dem Fortschritt bedachte Denkrichtung. Eine vierte Denk- und Gefühlsrichtung wird von den Esoterikern, d. h. den Menschen, die in den Offenbarungstexten jeweils einen verborgenen Sinn entdeckt zu haben glauben, vertreten. Diese bewegen sich häufig am Rande des Irrglaubens. In einer mehr oder weniger anhaltenden inneren Spannung zur

Rechtgläubigkeit der Schriftgelehrten stehen die Ṣūfis — die Mystiker. Diese bauen ihre Weltsicht vielmehr auf dem Neuplatonismus und der indischen Philosophie auf.

Der entscheidende Prüfstein für die Echtheit und die Tiefe des Zeugnisses für Gott ist die sittliche und soziale Tat. Die Bereitschaft zum Zeugnis ist, wie bereits aus den bisherigen Ausführungen hervorgeht, die erstrangige innerislamische Aufgabe. Sie ist keine Mission. Was man heute als „islamische Mission" — die *da'wa* oder *da'wet* — verstanden haben will, ist in Wirklichkeit im qur'ānischen Konzept die Arbeit an der moralischen und religiösen Aufrichtung der eigenen Glaubensgenossen. Übrigens ist das Wort *da'wa* im Qur'ān häufiger im Zusammenhang mit der Wiedergabe von „unheiligen" Inhalten zu finden denn als Aufruf zur positiven religiösen Gesinnung oder gar zu einer Missionierung zugunsten des Islam.

Allen guthandelnden und an Gott glaubenden Menschen billigt die islamische Lehre einen Anteil an der seelischen Rettung und am Wohlgefallen Gottes zu.

Qur'ānische Aussagen über die Rolle des Menschen in der Welt verdichten sich zu einem eindrucksvollen Menschenbild. Hier einige dieser Aussagen:

1) Einen Stellvertreter mache ich auf Erden.
2) Keine Gewalt im Glauben!
3) Die Wahrheit ist von Gott: wer glauben will, der glaube; wer es nicht will, der lasse es dabei bewenden!
4) Wollte Dein Herr, daß alle Menschen, die die Erde bevölkern, glauben, so täten sie es auch. Willst du sie etwa *zwingen,* den Glauben anzunehmen? Es bedarf göttlicher Hilfe, um zu glauben.
5) Rufe zum Wege deines Herrn mit Weisheit und gutem Zureden!
6) Der beste Mensch ist jener, dessen Tun und Treiben zum Wohle der anderen Menschen gereicht.

Die Überlieferung verdeutlicht diese Aussage: 'Alī, der Schwiegersohn Muhammeds und der vierte Kalif, schrieb an Mālik ibn Ḥāriṯ anläßlich dessen Ernennung zum Reichsverweser von Ägypten:

„Möge Dein Herz den Einwohnern Deiner Provinz gegenüber mit Barmherzigkeit und Liebe erfüllt sein! In den Bürgern, die an Gott glauben, sollst Du Brüder und Schwestern gemäß dem Glauben sehen. Jene aber, die nicht glauben, sollst Du als Deinesgleichen gemäß der Schöpfung behandeln!"

XXIII. Das Offenbarungsverständnis

Unter Offenbarung versteht man die Eingebung eines geläuterten und von Gott autorisierten Wissens ins Herz eines Auserwählten zum Zwecke der Weitergabe an die Mitmenschen und der Umsetzung in die Tat. Der arabische Ausdruck für Offenbarung, *waḥy,* bedeutet Eingebung, Intuition, ahnendes Erfassen, Instinkt. Das Wort darf also auch auf die aussermenschliche Lebewelt angewendet werden. In der religiösen Terminologie kann die Offenbarung auf zweierlei Arten verstanden werden: als Vorgang und als Inhalt. Der Offenbarungsvorgang spielt sich entweder stumm oder *verbal* ab. So ergeben sich drei Arten von *waḥy:*

1) Eingebung durch stumme Zeichen oder höchstens durch ein Signal, das sich wie der „Widerhall einer Glocke" anhört,
2) Eingebung durch Vernehmung einer Stimme aus dem Unterbewußtsein (von „hinter dem Vorhang") und
3) Eingebung durch Stimme und Vision.

Im letzten Fall erscheint als Offenbarungsvermittler ein Engel — in der Regel Gabriel.[135]

Im Islam gilt als Offenbarung jene göttliche Botschaft, die als das Vermächtnis der biblischen Lehrmeister, einschließlich Muhammeds, durch die ganze Geschichte geht. Darüber sind sich alle Muslime einig. Übereinstimmung herrscht auch in der Lehre, daß der Qur'ān die authentische und vollständige Offenbarung des letzten Gottgesandten Muhammed ist. Der Offenbarung werden vielfach auch jene Überlieferungen, die mit den Worten „Gott hat gesagt" oder ähnlich beginnen, zugeordnet. Das sind jene außerqur'ānischen Äußerungen Muhammeds, die in irgend einer Beziehung zur biblischen Weisheit stehen. Man nennt sie *ḥadīṯ qudsī* (heilige Überlieferung).

Traditionalistische Rechtsgelehrte dehnen den Begriff Offenbarung auf die ganze Überlieferung (*sunna*) aus. Die Auffassung vertreten z. B. die wahhabitischen Rigoristen. Nach ihnen stehen Muhammeds Beispiel und Worte auf derselben Stufe wie der Qur'ān, weil sie die herabgesandte Offenbarung sind", die Gott genauso gehütet hat wie den Qur'ān.[136]

Dieser extreme Standpunkt wird von den allermeisten Gläubigen freilich nicht geteilt. Nach der Ansicht der Mehrheit ist die *sunna* eindeutig eine Sekundärquelle des Islam. Für die Mehrheit sind Muhammeds Beispiel und seine Privatäußerungen nicht etwa deshalb religiös relevant, weil sie eine Offenbarung widerspiegelten, sondern weil der Religionsverkünder in seinem freien Handeln und Reden den qur'ānischen Geist am idealsten vorzuleben berufen war. In seiner menschlichen Determiniertheit hat aber Muhammed sich zu verschiedenen Problemen seines Alltags äußern und Ratschläge oder Anweisungen erteilen müssen, die nicht immer zum Glaubensgehalt gehören.

Das Allgemeinwohl ist das erklärte Ziel auch der Integristen; sie billigen aber den Gläubigen nicht, wie *Mūsā ibn 'Imrān*,[137] die Freiheit des Handelns zu. Da sie obendrein die gesamte Tradition als „Offenbarung" ansehen, haben die Forderungen, die sie an die Gläubigen stellen, einen enormen Umfang. Für sie ist der Islam jener „Lebensweg", der im 7. Jh. in Mittelarabien seine Hauptkonturen erhalten hat und den es auch heute gilt zu gehen, will man des eigenen Heils gewiß sein. Ein so verstandener Glaube wird in die Nähe eines „göttlich autorisierten Patentrezepts" gebracht, „an das man sich nur zu halten braucht, um alle geschichtliche Not loszuwerden, und dessen Mißachtung sich in der Geschichte umgehend rächt".[138]

Nach dem integristischen Verständnis ist der Islam „Religion und Staat" (*dīn we dewlet*) in einem. Dieses führt dazu, daß die Religiosität von der Politik überspielt wird. Die Eschatologie verliert sich in innerweltlichen Erwartungen. Die stille Frömmigkeit, das mildtätige Wirken und die Liebe im Umgang mit den Menschen räumen dem politischen Fanatismus und Zerwürfnissen, die keine übergreifende moralische Kraft mehr beizulegen vermag, ihren Platz.

Der Qur'ān ruft wiederholt zum Gehorsam gegen Gott und Seinen Gesandten auf. Daraus wird die Verpflichtung abgeleitet, alle Worte des Religionsverkünders, soweit sie authentisch sind, ebenso ernstzunehmen wie den Qur'ān, durch den — nach dem islamischen Glauben — Gott zu den Menschen spricht. Die gewagte Schlußfolgerung überrascht. Zumindest in Bezug auf die profanen Äußerungen des Glaubensverkünders scheint sie nicht zuzutreffen. Bekanntlich hat Muhammed seinen Gefährten gegenüber freimütig seine menschlichen Grenzen bekannt: „Habe ich euch etwas empfohlen, was die Religion betrifft, so handelt danach. Gilt mein Rat aber den Dingen dieser Welt, so handelt nach euerer besseren Einsicht. Ihr seid in den Dingen dieser Welt (vielfach) besser beschlagen als ich".

Die echte Verantwortung des Gläubigen muß im Aufruf Gottes, nicht aber eines Menschen stehen. Als „Stellvertreter Gottes auf Erden", wie der Qur'ān den Menschen im allgemeinen qualifiziert, und als Muslim erst recht „ist er in eine Verantwortung hineingestellt, die das Ganze umfaßt: das Ganze seines Lebenslaufs, wie das seiner Welt, in der er sein Leben hat"[139]. Der Gehorsam, in dessen Rahmen sich eine so weitreichende Verantwortung abspielt, muß einem lebendigen Prinzip gelten, nicht aber einer auf einen geschichtlichen Augenblick bezogenen und von menschlichen Schwächen eingeengten Größe. Durch den Gehorsam Gott gegenüber vollzieht sich automatisch auch ein Gehorsam seinem Gesandten gegenüber.

Das integristische Offenbarungsverständnis läuft darauf hinaus, in der Offenbarung eine für alle Zeiten tragfähige Wissensvermittlung zu sehen. Mögen die Propheten sich zu ihrer Zeit als Lehrer und Erzieher auch bewährt haben, ihre Methodik läßt in den komplizierten Verhältnissen des Industriezeitalters viele Fragen offen. Die Tradition läßt eine Hinterfragung nicht zu. Gegen eine historisch-kritische Qur'ān-Forschung lehnen sich viele Muslime auf, weil sie dahinter eine Infragestellung des göttlichen Ursprungs der Offenbarung sehen. Ihre Abwehrhaltung ist übrigens „entscheidend mitbestimmt durch die Art, in der sie sie kennenlernten. Speziell dort, wo sich europäische Machtausübung in der Gestalt der Kolonialherrschaft äußerte — und dieses war im größten Teil der arabischen Welt der Fall —, erschien die Arbeit der Orientalistik allzu leicht als eines von vielen Mitteln zur Erschütterung des Vertrauens auf die Richtigkeit traditioneller, einheimischer Wertbegriffe und damit zur Festigung der europäischen Vormachtstellung".[140] Die Orientalistik ist die Anbahnerin der kritischen Qur'ān-Forschung.

Nur wenige muslimische Denker sind sich des Aufschwungs der historischen Methodik und der Linguistik im Abendland bewußt. Deshalb sind ihre zum Teil überwältigenden Forschungsergebnisse in der muslimischen Weltöffentlichkeit kaum bekannt. Erst in der jüngsten Zeit mehren sich die Stimmen, die nach einem neuen Verständnis des Qur'ān, der *sunna* und vor allem der *šerīʿa* als der entscheidenden theoretischen Grundlage eines als Lebensweg verstandenen Islam rufen. „In der Gegenwart stößt sich die Wissenschaft allen simplizistischen Behauptungen der Islamisten zum Trotz gerade an deren Formalismus, an der Gleichsetzung des Islam per se mit seiner *sharīʿa,* die wenig an göttlicher Offenbarung, dafür aber umso mehr geschichtliches Erbe enthält — und daher in vielen Aspekten auch von muslimischen Reformern als nicht mehr zeitgemäß verworfen wird".[141] Die in diesem Zitat als Islamisten bezeichneten integralistischen Ausleger des Islam engen durch ihren Formalismus die Masse der muslimischen Bevölkerung ein, die mit diesem Formalismus im allgemeinen „gar nicht so vertraut ist und von ihm oftmals überhaupt erst damit konfrontiert wird wie mit einer neuen Religion — selbstverständlich mit Variationen von Religion zu Religion".[142]

Das integralistische Verständnis der Offenbarung und der Tradition als zwei Instrumenten der Wissensvermittlung, die ein autonomes menschliches Forschen ersetzen können, ist in der Endkonsequenz gegen die Spiritualität gerichtet. Ein auf einem solchen Verständnis aufgebauter Glaube sucht kaum nach einer Sinnhaftigkeit, die einen über sich selbst hinauszutragen vermag. Es werden vielmehr in abtötender Monotonie alte Pfade gegangen. Dieses ist einer der wesentlichsten Gründe des kulturellen und teilweise auch moralischen Tiefstands der islamischen Welt von heute.

Die Verquickung des Islam mit der täglichen Politik bringt es mit sich, daß er in der Kampfarena zwischen politischen Systemen und Kulturen als Schutzschirm benutzt wird. In der geistigen Auseinandersetzung mit der modernen Welt herrscht die Apologetik vor. So ist auch die vorherrschende Reaktion auf die Herausforderung der historischen Kritik die Apologetik. „Leider geben ihre Wortführer", bemerkt in kritischer Weise *Wielandt,* „vor lauter Eifer um die 'Verteidigung des Islam' nicht selten kampflos einen ethischen Wert preis, dessen Verlust sich für die Zukunft der islamischen Religion auf die Dauer viel bedrohlicher auswirken könnte als ein Abgehen vom traditionellen Offenbarungsbegriff: die intellektuelle Aufrichtigkeit".[143]

Nach dem herrschenden theologischen Standpunkt ist der Qur'ān als Abschlußoffenbarung und integrierender Teil der göttlichen Weisheit nicht erschaffen. Nicht immer aber war das der „offizielle Standpunkt" des Islam. Die freidenkerische theologische Schule der Mu'teziliten (8.-10. Jh.) lehrte z. B., daß der Qur'ān nicht von Ewigkeit her „neben Gott bestanden habe, sondern als eine Schöpfung Gottes in Zeit und Raum durch den Mund des Propheten verkündet wurde".[144] Im vorherrschenden heutigen Verständnis ist Muhammed nur ein Sprachrohr Gottes gewesen, der sich ohne jede Einschränkung und unverzerrt durch historische Bedingungen mitteilen konnte. Mehr noch: dieses gilt in gewisser Weise auch für die vier klassischen Interpretationen, „durch die der Qur'ān als ewige Gesetzgebung ausgelegt worden ist".

Das rigoristische Offenbarungsverständnis klammert sich darüber hinaus an das Wort der hl. Schrift. Zur Auslegung dieses Wortes gestattet es nur die Heranziehung der mündlichen Überlieferung. Diese ist aber vielfach widersprüchlich und unecht. In der Tendenzexegese, die einst besonders unter schiitischen Gruppen blühte, hat die unechte Überlieferung eine unheilvolle Rolle gespielt.

Der Qur'ān selbst scheint eher den mu'tezilitischen als den „orthodoxen" Standpunkt zu bestätigen. Danach wäre die *šerī'a* ein System von später sakralisierten Lebensregeln, denen jeweils ein Denkurteil hätte vorausgehen müssen. Die Suche nach dem Sinn ist ein wesentliches Element der qur'ānischen Dialektik. Folglich dürfen jene qur'ānischen Aussagen, die einen historischen Bezug haben, gegebenenfalls als Geschichtszeugnisse oder als ambivalente Bestandteile angesehen werden. Einige neuzeitliche muslimische Denker, wie *Ḥasan Ṣa'b, Ibn Milād und Muḥammed Laḥbābī,* haben richtig erkannt, daß der Qur'ān-Text als solcher nicht die Offenbarung ist, „sondern das, was dem Gläubigen jeweils neu aufgeht, wenn er ihn liest. Dadurch verliert im Glaubensakt das Fürwahrhalten des Verbalsinnes des Koran an Gewicht, und das ethisch-personale Moment tritt stärker hervor: Es geht für die Menschen nicht so sehr darum, all das 'Wissen' *('ilm)* zu bestätigen, das im Koran steht — ein Moment, das der Koran selbst stark betont —, wie vielmehr darum, den Anspruch, den er erhebt, in ihrer jeweiligen Lebenswirklichkeit zu konkretisieren".[145] Diese Erkenntnis weist auf den Weg hin, wie der Offenbarungsinhalt aus der Umklammerung des Buchstabens herausgelöst und in einen befruchtenden Lebensbezug gesetzt werden kann.

XXIV. Der Qur'ān

Der Qur'ān ist die letzte in der Reihe der göttlichen Offenbarungen. Er enthält das Wesentliche der vorausgehenden von Gott inspirierten religiösen Schriften, die den Offenbarungscharakter beanspruchen. Der qur'ānische Text ist vollständig erhalten, ohne irgendwelchen Änderungen unterworfen worden zu sein. Seine Echtheit unterliegt also keinem Zweifel.

Der Qur'ān gibt wiederholt zu verstehen, daß er für alle Völker, Rassen und Zeiten bestimmt ist. Gott als Urheber der heiligen Schriften ist ja Schöpfer aller Menschen. Ein vereinzeltes menschliches oder nationales Schicksal kann im Rahmen der Vorsehung wohl nie so wichtig sein, daß das Rad der Geschichte bei ihm stehen bliebe.

Der Qur'ān ist Gottes Wort, Muhammed geoffenbart — und aufgezeichnet in einem Buch. Seine Verkündigung erfolgte allmählich, oft auf Grund einer unmittelbaren äußeren Veranlassung. Der im Laufe eines Zeitraumes von 23 Jahren aus dem letzten Lebensabschnitt Muhammeds eingegebene qur'ānische Inhalt wurde von „Zetteln, Steinen, Palmstengeln und den Herzen der Menschen" zusammengetragen.

Dem zweiten Kalifen, *'Omer,* fiel es zu, um das Jahr 650 die erste Kodifizierung des Qur'ān vorzunehmen.

Die 114 Suren, wie die einzelnen Kapitel heißen, wurden weder nach dem thematischen noch nach dem chronologischen Prinzip, sondern nach ihrer Länge geordnet. So sind, mit Ausnahme der einleitenden (kleinen) Sure *el-Fātiḥa,* die längsten Kapitel am Anfang und die kürzesten am Schluß des Buches. Die Chronologie der Verkündung der Suren steht geradezu im umgekehrten Verhältnis zu dieser Einteilung: Die kürzesten Suren sind die ältesten, die längsten dagegen die jüngsten. Die Kapitelaufschriften gehören nicht zur Offenbarung. Aller Wahrscheinlichkeit nach waren die Überschriften in der ersten kodifizierten Fassung gar nicht vorhanden. Mit Ausnahme der neunten Sure ist jede andere mit der Anrufungsformel *Besmele:* „Mit dem Namen Gottes, des gnadenvollen Erbarmers" eingeleitet.

Der Qur'ān enthält die Grundprinzipien der islamischen Glaubens-, Sitten- und Rechtslehre. Entstehungs- und behandlungsgemäß eher eine mündliche Botschaft als ein Buch, wird der Qur'ān außerordentlich viel auswendig gelernt und rezitativ vorgetragen. Diese Eigenheit zeigt schon sein Name Qur'ān (zu Deutsch: Nachgesprochenes) an. Der Leser tut daher gut daran, sich dieses vor Augen zu halten, bevor er an die Lektüre dieser Grundurkunde des Islam herangeht. Muhammed, des Lesens und Schreibens kaum kundig, konnte daher die Offenbarung nur mündlich vortragen. Der Inhalt des von ihm Vernommenen ist, einer bildhaften Darstellung des Qur'ān nach, auf einer himmlischen Tafel aufgeschrieben. Diese „Tafel der göttlichen Weisheit“ ist der himmlische Archetypus des Qur'ān, wie im übrigen aller anderen heiligen Bücher. Unter Hinweis darauf wird der Qur'ān als Buch schlechthin, als „Mutter der Bücher“, betrachtet. Dennoch ist an dieser Offenbarung die mündliche Aussage, das gesprochene Wort, entscheidend, deshalb die Einleitung einer großen Zahl von qur'ānischen Aussagen mit dem Wort *„Qul“*, d. h. *„Sprich! Sage!“* Der mündliche Empfang und das Auswendiglernen des Qur'ān gehören zu den religiösen Pflichten der Gläubigen. Jede größere Gemeinschaft muß dafür Sorge tragen, daß eine Anzahl von *ḥuffāẓ* (Einzahl: *ḥāfiẓ*), d. h. von den Leuten, die den ganzen Qur'ān auswendig rezitieren können, herangebildet wird. Die erste islamische Kultur war überwiegend oral (mündlich überliefernd). Ein Sekretär von Muhammed, *Zeyd ibn Ṯābit,* hat aber eine schriftliche Sammlung qur'ānischer Traktate gehabt. Sie ist zur Grundlage der Kodifizierung genommen worden.

Der Qur'ān enthält wohl eine Reihe von Erzählungen, die im wesentlichen auf den alt- und neutestamentlichen Aussagen beruhen. Diese sind aber in einer neuen Fassung vorgebracht worden, so daß sie nach Inhalt und Stil stets durchaus originell wirken und mit dem übrigen qur'ānischen Inhalt organisch verwachsen sind. Sie haben keinen gesetzgebenden Charakter, sind vielmehr dazu bestimmt, als literarisch-pädagogische Hilfen die Menschen religiös zu stimulieren und zum Nachdenken anzuregen. Machmal ist das Ziel dieser Erzählungen, einem literarisch-ästhetischen Bedürfnis nachzukommen. Sonst liegt die Betonung meistens auf ihrer Lehrhaftigkeit. Diese Erzählungen gehen also nicht darauf aus, die Zeit und den Schauplatz der Geschehnisse sowie deren Akteure in allen Einzelheiten genau und geschichtstreu vorzustellen. Sie sind keine Glaubensaussagen, sondern Berichte über Lebensmöglichkeiten, Stimmungsbilder, Appelle und Ermutigungen. Sie rangieren im Lehrgebäude des Islam erst an zweiter oder dritter Stelle. Ihre Scheidung von der Glaubenssphäre (*'aqā'id, i'tiqādāt*) ist sehr scharf. In der Tat werden diese Geschichten vielfach als Legenden empfunden. Im tätigen Glauben haben sie keine unmittelbare Funktion. Als gemeinsamer Bewußtseinsinhalt der Offenbarungsreligionen und als literarischer Stoff sollten sie außer den erwähnten Aufgaben noch eine Grundlage erstellen, auf der ein Gespräch mit den *„Leuten der Bibel“,* nämlich den Juden und Christen, aufgenommen werden konnte.

Der Qur'ān wollte die vorgefundene gesellschaftliche Ordnung nicht radikal ändern. Seine Offenbarung erfolgte daher in einer langsamen, methodischen und pädagogisch sinnvoll aufgebauten Weise, um Erschütterungen großen Stils zu vermeiden. Am Ende wurde eine große Anzahl von Sitten und Einrichtungen, die für gut und nützlich angesehen wurden, vom

Islam übernommen. Andere wurden umgestaltet oder mit einem neuen Geist erfüllt oder aber vollkommen abgelehnt.

Die Sprache des Qur'ān ist, nach dem Urteil der arabischen Stilisten, von bezwingender Ausdruckskraft. Sie ist sprunghaft, symbolreich, barock, rhythmisch. Stellenweise sind die Gedanken nur durch Stichworte angedeutet. Diese Eigenheiten kommen allerdings in den medinensischen Suren weniger stark zum Ausdruck, weil der Behandlungsgegenstand, nämlich die normativen Bestimmungen, einen kühleren und sachlicheren Stil erfordert. Die Besonderheiten des Qur'ān-Stils machen eine Übersetzung äußerst schwierig. Viele meinen, er sei nicht übersetzbar. Im Gottesdienst wird heute jedenfalls nur die Verwendung des Originals für zulässig gehalten.[146] Auf alle Fälle ist es das arabische Original, das auf die Zuhörer einen besonders starken Eindruck macht. Wenn der Qur'ān von einer schönen Tenorstimme mit kunstvollen *Schnörkeln* und Arabesken vorgetragen wird, kann dieses zu einem Kunsterlebnis werden. Die Verquickung verschiedener Themen in einer einzigen Sure, starker Anteil juristischer und überhaupt regulativer Bestimmungen, die erwähnten sprachlichen Besonderheiten, die ungewöhnliche Reihenfolge der Gedanken und die im Qur'ān wiederholt vorkommende Berufung auf den Verstand, was in einem „heiligen Buch" ungewöhnlich wirkt, sind die Momente, die den abendländisch geschulten Leser befremden. Da er den Qur'ān auch meistens in der Annahme liest, er habe vor sich ein von Muhammed geschriebenes Buch, ist es verständlich, wenn es über den Wert dieser Lektüre leicht zu Trugschlüssen kommt. Die zeitaufgeschlossenen muslimischen Theologen stehen gegenwärtig vor der dringenden Notwendigkeit, die Übersetzungsprobleme des Qur'ān neu zu überdenken und dem Bedürfnis des Lesers nach Systematik und Sachlichkeit Rechnung zu tragen. Viele Leser erwarten von der Übersetzung auch einen literarischen Genuß. Die akustische Faszination durch gepflegte und melodische Rezitation des Qur'ān wird infolge der Modernisierung des öffentlichen Lebens immer seltener. Auch greift der Europäisierungs- und Amerikanisierungsprozess trotz zeitweiliger Rückschläge im Osten um sich, und die jungen Generationen gewöhnen sich zusehends an die Denkart des Westens, der — wie *Muhammed Asad* mit Recht bemerkt — noch niemals eine Qur'ān-Übersetzung bekommen hat, die ihm wirklich verständlich ist. Das Arabertum von heute macht kaum ein Fünftel der gesamten islamischen Welt aus.[147]

Der Qur'ān bietet eine Reihe von tiefen und auch für die heutige Zeit nicht unwichtigen Weisheiten und Lehren:

1. Er verkündet die Gleichheit aller Menschen, ohne Rücksicht auf ihre Abstammung, Nationalität oder Rasse. Die Teilung der Menschen in Rassen, Völker und Stämme dient nach ihm der Unterscheidung und eröffnet die Möglichkeit des Wetteiferns in guten Werken. „Der Edelste einer Gesellschaft ist jener, der Gott am ergebensten dient." Dies

ist sein Standpunkt in der Rassen- und Nationalitätenfrage. Dem Muslim sind die Rassen- und Nationalvorurteile fremd.

2. Der Qur'ān verlangt von allen gottgläubigen Menschen, sich zueinander wie Brüder zu verhalten. Der aufrechte Muslim fühlt sich seinen Glaubensgenossen seelisch verbunden.
3. Der Qur'ān erhebt keine Geschichtsbegebenheiten zu Glaubensartikeln. Die Erzählungen des Qur'ān verfolgen hauptsächlich erzieherische, erbauliche und ästhetisch-literarische Zwecke. Ihr Inhalt ist in Bezug auf den Glaubensgehalt nahezu ohne Bedeutung.
4. Manche Stellungnahme des Qur'ān, z. B. die Verurteilung der Bilderverehrung im Gottesdienst, des Ablaßhandels, der Sündenerlösung, des Zölibats, der übertriebenen Askese und der Mittlerstellung des Priesters zwischen Gott und den Gläubigen, wurden viele Jahrhunderte nach der Verkündigung des Qur'ān auch von einem Teil der Christen akzeptiert.
5. Durch die Einführung der gesellschaftlichen Pflichten, wie der jährlich zu entrichtenden Sozialsteuer, der *zekāt,* und der Ramaḍāngabe, der *ṣadaqat ul-fiṭr,* ging der Qur'ān seiner Zeit voraus.
6. Der Qur'ān räumt mittellosen Menschen das Recht auf einen Anteil am Vermögen der reichen Muslime ein. Dies wird durch den Vers 19 der Sure 51 ausdrücklich festgestellt.[148] So wird hier eine Vision der Zukunft geboten, die in unserer Zeit nach und nach zur Wirklichkeit wird. Haben doch heute in fortschrittlichen Ländern die einst besitzlosen und vernachlässigten Menschen am verstaatlichten Besitz oder an den Vorteilen der Sozialversicherung Anteil. Mit Recht sagt in diesem Zusammenhang ein Gelehrter: „Der Qur'ān erzieht den Gläubigen zu einem besonderen Sozialistentypus. Er lehrt uns, von unserem Vermögen etwas für die Mitmenschen abzuzweigen und ihnen zu helfen. Wir sollen aber unsere, nicht fremde Bissen, mit den Bedürftigen teilen. Der Qur'ān will, daß Du bei der Durchführung der sozialen Reform von Dir selbst ausgehst. Du sollst das auslösende Beispiel werden. Diese Form des Sozialismus gründet sich auf die qur'ānische Stelle: „Sie fragen, was sie zugunsten der Armen leisten sollen. Sage: Ihren Überschuß!" (2:215)
7. Die Auffassungen des Qur'ān über Ehe und Scheidung entsprechen der Einsicht und dem Lebensgefühl des Menschen unserer Zeit[149].
8. In einer technisch hochentwickelten Welt muß der Mensch, der Maschinen bedient, nüchtern und diszipliniert seine Arbeit verrichten. Eine der Grundvoraussetzungen dafür ist die Vermeidung des Alkohols, auch in kleinsten Mengen. Es hat sich gezeigt, daß jeder Alkoholgenuß bei technischer Arbeit das Leben des Menschen, sein Gut und seine Einrichtungen bedroht. In der Heranbildung eines nüchternen, verantwortlichen Menschen sieht der Islam eine seiner vornehmsten

Aufgaben. So ist der Qur'ān auch in dieser Hinsicht der Zeit vorausgegangen. Er enthält übrigens Aussagen, die an moderne wissenschaftliche Erkenntnisse eindringlich erinnern. Als Beispiel seien folgende Verse angeführt:
„Und alles im Weltall schwimmt in einem Himmel (24:33; 36:41), „Preis Ihm, der die Arten paarweise erschaffen hat" (36:36) und „Desto beredter werden ihre Füße die von ihnen verübten Taten bezeugen (36:65)[150].

9. Der Qur'ān nimmt auch sonst einiges von dem vorweg, was erst in unserer Zeit Sinn und Gestalt gefunden hat. So ist seine Gesellschaftskritik durchaus zeitgemäß:
„Besessen seid ihr von der Gier nach Mehr und Mehr,
immerfort, bis ihr in eure Gräber hinabsteigt.
Oh, einmal werdet ihr es schon wissen!
Oh, einmal werdet ihr es schon wissen!
Oh, wenn ihr es doch mit dem Wissen der Gewißheit wüßtet,
Würdet ihr der Hölle um euch gewahr.
Bald jedoch werdet ihr sie mit dem Auge der Gewißheit gewahren:
Und an jenem Tag wird man euch befragen,
Was ihr mit dem Gnadengeschenk des Lebens getan habt." (Sure 102)

Der Qur'ān als die von Gott eingegebene Botschaft kann zwar immer wieder neu studiert und interpretiert werden; ihn aufzuheben steht aber dem Menschen nicht zu.

Als rechtgläubig gilt die Ansicht, daß der Qur'ān nicht erschaffen ist. In dieser Ansicht waren sich die Altvorderen aber nicht einig. Der Qur'ān hat eine historische Dimension, was dafür spricht, daß er in Zeit und Raum entstanden ist. Die Existenz einer besonderen islamischen Wissenschaft, die den Hintergründen der jeweiligen Offenbarungsinhalte nachgeht *('ilm esbāb en-nuzūl)* bestätigt indirekt, daß der Qur'ān erschaffen ist. Die auf konkrete menschliche Situationen bezogenen qur'ānischen Verse sind vielfach von Gott diktierte Anweisungen, wie sich der Gläubige im Leben helfen soll.

Einige Qur'ān-Teile wurden schon zu Muhammeds Zeiten und unter seiner Aufsicht niedergeschrieben. Er verbot aber das Niederschreiben seiner Alltagssprüche, der Ḥadīṯe. Muhammed gilt als ein Gottesbote, der des Schreibens unkundig war *(ummī)*. Die Sekretäre, die die Offenbarung aufzuschreiben hatten, waren *'Oṯmān, Mu'āwiya, Zeyd ibn Ṯābit* u. a. m. Redaktionell war zu Muhammeds Zeiten der Qur'ān nur surenweise festgelegt worden. Das bedeutet nicht, daß die heutigen Suren mit der ursprünglichen Redaktion identisch sind.[151] Es gab keine fixierte Reihenfolge.

Die Hauptarbeit der Sammler des Qur'ān bestand darin, die Stellen zu finden, zu denen die zusätzlichen — vor allem in den Herzen aufbewahrten

— Verse gehören. „Manchmal scheinen sie am Ende angehängt worden zu sein."

Beim Tode Muhammeds kannten die meisten Muslime viele Suren auswendig. Einige Teile wurden zur privaten Benutzung aufgeschrieben. Der Tod vieler Rezitatoren legte die Dringlichkeit der Einsammlung aller Qur'ān-Fragmente als dringende Notwendigkeit nahe. Ebū Bekr beauftragte hierauf *Zeyd ibn Ṯābit,* eine erste Sammlung zu erstellen. Bei seinem Tod befand sich dieser Kodex in den Händen seiner Tochter Ḥafṣa.

Unter 'Oṯmān (644-654) entbrannte ein Streit über die Versarten des Qur'ān. So ernannte 'Oṯmān eine Kommission, die den offiziellen Text festlegen sollte. In der Kommission waren *Zeyd ibn Ṯābit,* einige Medinenser und drei Mekkaner.

Die vier angefertigten Kopien wurden nach Mekka, Damaskus, Kufa und Basra geschickt. Die Sammler haben anscheinend nicht besonders darauf geachtet, daß bei der Eingliederung der „hängenden Verse" in den Text keine Unterbrechungen im Gedankenfortgang eintreten. Ein solcher Fall ist die Sure 80.

Einzelne Orientalisten haben versucht, die Echtheit einiger Qur'ān-Verse in Frage zu stellen. Einen überzeugenden Beweis sind sie aber schuldig geblieben.[152]

Die Sammler hatten sich zum Grundsatz gemacht, in die 'oṯmānische Qur'ān-Version alles aufzunehmen, was einmal als Teil des Qur'ān geoffenbart worden war — so auch die aufgehobenen *(mensūḫ)* Verse. Zwischen den mekkanischen und den medinensischen Versen ist ein Unterschied in Stil und Diktion deutlich. Erstere sind „großartig, erhaben und voll kühner Bilder, der rhetorische Schwung hat noch ganz poetische Färbung."[153]

XXV. Muhammed

Vorbemerkung

Das Persönlichkeitsbild Muhammeds ist seit Jahrhunderten kontrovers. Der hauptsächste Grund dafür liegt darin, daß er als In-Frage-Steller des Erbes der Vorgängerreligionen hervorgetreten ist. *Ludovico Marracci,* ein katholischer Polemiker des ausgehenden Mittelalters, war sich bereits dessen bewußt, wie sehr das muslimische Bild Muhammeds von jenem, das sich Europa von ihm zurechtgelegt hatte, abweicht:

„Wenn ich das Leben Muhammeds nach dem, was darüber von unseren Schriftstellern berichtet wird, beschreiben wollte, würde ich mich bei den Muslimen lächerlich machen. So sehr unterscheidet sich das, was von ihnen und was von uns erzählt wird, daß man kaum glauben kann, daß beide von ein und demselben Manne handeln."[154]

Muhammeds Bild im Abendland

Vor einigen Jahren ist in Amerika eine Untersuchung durchgeführt worden, durch die ermittelt werden sollte, wer der größte Mensch in der Menschengeschichte wäre. Zwanzig Männer sind in die engere Wahl gezogen worden. Das Endergebnis lautete schließlich: *Muhammed. 'Īsā* ('a. s.), oder *Christus* ist unerwarteterweise erst der dritte Platz eingeräumt worden.[155] Die sensationellen Ergebnisse der amerikanischen Untersuchung sind durch die ganze Weltpresse gegangen, um bald danach wieder in Vergessenheit zu geraten. Das Ergebnis der amerikanischen Untersuchung hat auch die Muslime überrascht, sind sie doch gewöhnt, daß gegen ihren Religionsverkünder seit Jahrhunderten Vorurteile und Verleumdungen geäußert werden. Auch von schlimmsten Beschreibungen wie Betrüger, Epileptiker, Hysteriker, Antichrist u. a. m. ist er nicht verschont geblieben. „Es gibt wohl kaum ein negatives Urteil", meint Annemarie Schimmel, „das der Westen nicht im Laufe von Jahrhunderten über einen Mann gesprochen hat, der eine der erfolgreichsten Religionen der Welt verkündet hat."[156]

Die Orientalistik, eine Wissenschaft, die ursprünglich — wie alle anderen geistigen Disziplinen im Abendland — im Dienste der Theologie stand, hat inzwischen herausgefunden, daß Muhammed nichts davon gewesen sein konnte. Er war ein aufrichtiger Mensch, der von seiner Aufgabe als Gesandter Gottes durch und durch überzeugt war. Der beste Beweis seiner Größe ist, meint z. B. *Richard Hartmann,* daß viele Millionen Menschen in unerschütterlicher Treue zu ihm standen und stehen, darunter auch Männer, die ihn aus der nächsten Nähe gekannt haben und deren moralische

Integrität keinem Zweifel unterliegt, wie *Ebū Bekr* und *'Omer,* die beiden ersten Kalifen.

Die von Alois Sprenger, dem Verfasser des Buches „Leben und die Lehre des Muhammed“ vertretene These, Muhammed sei ein hysterischer Mensch gewesen, hat keinerlei ernste Begründung. Gustav Pfannmüller bemerkt sarkastisch dazu, daß der besondere Wert Muhammeds ja wohl gerade darin bestanden haben muß, was ihn „von anderen Hysterikern unterscheidet und nicht in der vermeintlichen Krankheit, die man ihm zuschreibt".[157]

Das Bild, das die islamische Tradition von Muhammed entwirft, enthält viel Legendäres und Erdichtetes, wobei jene Züge überwiegen, die Muhammed in der medinensischen Umwelt, also als Gemeindeführer und Staatsmann, zeigen. Der rein religiöse Geist, der in Mekka die essentiellen Impulse des Islam ausgelöst hat, ist in diesem Bild verblaßt. In unserer Zeit, in der der Islam vielfach für die Lösung der politischen und kulturellen Probleme der Dritten Welt herhalten muß, wirkt sich dieses in der allgemeinen Profilierung des Islam ungünstig aus.

Der Umstand, daß Muhammed mit dem ganzen Gewicht seiner Persönlichkeit als Gesandter Gottes in die Tagesgeschehnisse seiner medinensischen Umwelt eingreifen mußte, ja daß er dabei von der Autorität des göttlichen Wortes — der Offenbarung — unterstützt wurde, hat dazu geführt, daß manche Muslime von Gott und von Seinem Gesandten als fast von derselben Größe sprechen. Was für ein Irrtum! Nein, die Heilsbotschaft zieht sich durch die ganze Geschichte von Adam bis Muhammed. Sie ist einheitlich und gilt in ihrem Kern ewig. Ihre Überbringer lösten in einer langen Kette einander ab. Sie sind vergangen — wie alles Menschliche. Geblieben ist die Botschaft, als ein unzerstörbares Erbe, zu dem sich Millionen von Menschen bekennen.

Wenn islamischerseits von Muhammed gesprochen wird, dann muß man sich vor Augen halten, daß eine ganz andere theologische Ebene berührt wird als jene, die Gott betrifft. Der Mensch ist nach der islamischen Vorstellung nicht Stifter der Religion; das ist vielmehr nur Gott. An den Menschen dürfen deshalb keine göttlichen Maßstäbe angelegt werden. Der Mensch kann sich auch irren. Nur die unmittelbare Anleitung durch Gott kann vor Irrtum bewahren. Der Qur'ān enthält sogar gelegentliche Verweise, die an Muhammed gerichtet sind. So z. B. der Vers: *„Willst du etwa die Menschen mit Gewalt zum Glauben antreiben? Wer glauben will, der glaube, wer nicht will, der lasse es dabei bewenden“.* Es sind besonders die Christen, die an Muhammed überirdische Maßstäbe anzulegen versuchen. Sie werden dazu von ihren Vorstellungen über 'Īsā (Jesus) verleitet. Auch suchen sie im Qur'ān Elemente, die in ihre theologische Sicht hineinpassen. So glauben sie, in einer qur'ānischen Textstelle, in der von der Bürde der Gottesbotschaft gesprochen wird, einen Hinweis auf die Erbschuld des Menschen entdeckt zu haben. Diese Textstelle lautet: „Gaben wir nicht deiner Brust Aufschließung, haben deine Bürde erleichtert, die deinen Rücken drückte“ (4:1-4). Eine Legende wird dabei zur weiteren Bekräftigung dieser Annahme ins Feld geführt. Danach soll ein Hirte beobachtet haben, wie Muhammed in seinem Knabenalter von zwei Engeln auf die Erde geworfen wurde. Die beiden überirdischen Wesen reißen ihm, so die Legende weiter, die Brust auf und nehmen aus seinem Herzen einen schwarzen Fleck heraus, um sich dann sofort vom Tatort zu entfernen. Dieser schwarze Fleck soll die „Erbschuld” gewesen sein.

Die Jugendjahre

Der letzte Verkünder des Islam wurde am 20. April 571 in der arabischen Stadt Mekka geboren. Sein Vater hieß *'Abdullāh,* seine Mutter *Āmina.* Der Abstammung nach gehörte er dem angesehenen Stamme Qureyš an. Die Familie des Gesandten Gottes hieß Benū Hāšim. Sein Vater starb zwei Monate vor seiner Geburt. Der Tod nahm ihm die Mutter, als er sechs Jahre zählte. Nach dem Heimgang der Mutter nahm sich des Waisenknaben der Großvater 'Abdu'l-Muṭṭalib an. Als nach zwei Jahren auch er gestorben war, kam Muhammed in die Pflegschaft des Onkels Ebū Ṭālib. Beide, der Onkel und der Großvater, umsorgten und liebten ihren Schützling wie ihren eigenen Sohn.

Schon als Kind liebte Muhammed die Wahrheit, die Gerechtigkeit und die Güte. Er mied alles Häßliche und sprach niemals grobe und verletzende Worte. Die Götzendienerei seiner Mitbürger stieß ihn ab. Wegen seiner angenehmen Umgangsformen und Aufrichtigkeit liebte ihn jedermann. Muhammeds mustergültige Treue brachte ihm den Namen *Emīn,* d. h. *„der Verläßliche“,* ein.

Im Hause seines Onkels half der zukünftige Gottesgesandte in Geschäfts- und Hausangelegenheiten. Mit zwölf Jahren fuhr er, den Onkel begleitend, nach Syrien. Ein zweites Mal kam er geschäftlich in das nördlich gelegene Nachbarland, als er 25 Jahre alt war.[158] Damals war seine Auftraggeberin eine reiche Kaufmannswitwe, *Ḫadīǧa.* Bald danach gewann er die Zuneigung der um 15 Jahre älteren Frau und heiratete sie.

Der Verbindung mit Ḫadīǧa entstammten sechs Kinder. Mit Ausnahme der Tochter Fāṭima, die später 'Alī, den berühmten jugendlichen Helden des Islam und den 4. Kalifen (602-661) heiratete, starben alle Kinder noch zu Lebzeiten des Vaters.

Bis zu seinem vierzigsten Lebensjahr lebte Muhammed zurückgezogen. Obwohl er ein tüchtiger Kaufmann war, mied er große Gesellschaften. Sein einziger Gefährte war zu dieser Zeit Ebū Bekr, ein angesehener Geschäftsmann von Mekka.

Der Auftrag

Als Muhammed das vierzigste Lebensjahr erreichte, ging eine tiefgreifende seelische Veränderung in ihm vor. Er zog sich völlig in die Einsamkeit zurück und verbrachte ganze Tage in einer Gebirgshöhle in der Nähe von Mekka, der Ḥirā'. Dort widmete er sich dem Gebet und geistigen Übungen. In diesem Zustand erblickte er eine Tages den Erzengel Ǧebrā'īl und hörte die Worte: „Sprich (mir) nach im Namen deines Herrn, der die Schöpfung vollbrachte. Der den Menschen aus einem Lebenstropfen schuf!" Dieses waren die ersten Worte der letzten Offenbarung, des Qur'ān.

Rainer Maria Rilke (18751926) hat diesen wichtigen Einschnitt in Muhammeds Leben in einem schönen Sonett beschrieben:

Da aber als in sein Versteck der Hohe
sofort Erkennbare: der Engel trat,
aufrecht, der lautere und lichterlohe:
da tat er allen Anspruch ab und bat

bleiben zu dürfen der von seinen Reisen
innen verwirrte Kaufmann, der er war;
er hatte nie gelesen — und nun gar
ein solches Wort, zu viel für einen Weisen.

Der Engel aber, herrisch, wies und wies
ihm, was geschrieben stand auf seinem Blatte,
und gab nicht nach und wollte wieder: Lies.

Da las er: so, daß sich der Engel bog.
Und war schon einer, der gelesen hatte
und konnte und gehorchte und vollzog.

Nach diesem Erlebnis, das ihn sehr erschütterte, begann Muhammed — der inneren Berufung folgend — zum Glauben an Gott, den Schöpfer und Herrn aller Welten, aufzurufen. Gott habe, lehrte er, nicht gezeugt noch wurde er gezeugt, noch gleiche Er dem Erschaffenen. „Zu ihm werden wir dereinst alle zurückkehren." Es sei daher angebracht, die edelsten Gefühle, Gedanken und Handlungen Ihm zu widmen, der ewig und untrüglich ist.

Muhammed, predigte den Islam volle 23 Jahre: zehn Jahre in *Mekka* und dreizehn Jahre in *Yeṯrib,* dem späteren *Medīna.*

Die Verkündigung des Islam verlief nicht ohne Reibungen und Kampf. Sehr bald setzten Verfolgungen ein. Gegen Muhammed und seine Gefährten wurde ein Boykott eingeleitet. Dann begannen Drohungen und tätliche Angriffe. Um dieser Bedrängnis auszuweichen und einem Erlahmen der

Glaubensbewegung zu entgehen, verließ der Hochgebenedeite, von Ebū Bekr begleitet, am 20. September 622 Mekka und suchte in dem nördlich gelegenen Yeṯrib ein neues Betätigungsfeld. Die Übersiedlung hatte also taktische Gründe. Schon vorher hatte sich eine Gruppe von Muhammeds Gefährten in der erwähnten Stadt angesiedelt. Die in Yeṯrib herrschenden Stämme waren zum Islam übergetreten und hatten sich verpflichtet, Muhammed ('a. s.), wenn nötig, mit der Waffe zu verteidigen.

Einige andere Muslime fanden in Abessinien Schutz. Mit der Übersiedlung von Mekka nach *Yeṯrib* — der *Hiğra* — beginnt der schnelle Aufstieg des Islam in der Welt.[159] Dieses Datum ist daher der Ausgangspunkt der islamischen Zeitrechnung.

An den Vorbereitungen zur Hiğra hatte sich in maßgeblicher Weise auch der jungendliche 'Alī, der spätere Schwiegersohn Muhammeds, beteiligt. Durch ein geschicktes Ablenkungsmanöver täuschte er die nachdrängenden Feinde, die nach dem Leben des Peygambers trachteten.

Der Lebensstil

Der Lebensstil des Verkünders des Islam reflektiert in einer gedrängten Verbindung verschiedene Lebensarten vorausgegangener Gottesboten:

Bis zu seinem 25. Lebensjahr lebte er als Junggeselle. Zu dieser Zeit wiederholte sich an seinem Beispiel in einem gewissen Sinne die Lebenspraxis des 'Īsā-Peygambers.

Von seinem 25. bis 50. Lebensjahr — damals war er mit Ḫadīğa verheiratet — bot er das Beispiel einer idealen monogamen Ehe. Muhammed vertraute mit ungetrübter Anhänglichkeit und Liebe seiner Frau, der er auch in späteren Lebensjahren ein treues Andenken bewahrte. Diese monogame Ehe war es auch, die Muhammed eine Nachkommenschaft bescherte, die den Vater überlebte.

In Medina fand sich Muhammed in einer vom jüdischen Weltverständnis beeinflußten Umwelt. Dort wurde ihm durch die geschichtlichen Umstände neben der Aufgabe eines religiösen Lehrmeisters noch die Rolle eines politischen Führers zugespielt. Solche Fälle von Verbindung zwischen Religion, genauer zwischen Prophetentum und Politik, gab es bereits in der ältesten biblischen Geschichte. Dāwūd und Suleymān waren Gottesboten, aber auch Israels Könige.

Die Welt hat das Judentum als eine stark diesseitig orientierte Religion kennengelernt. Diesen Zug einer innerweltlichen Ausrichtung verrät z. T. auch der Islam der medinensischen Epoche.

In dieser Zeit hat Muhammed — das Oberhaupt eines Staates geworden — eine Anzahl von neuen Ehen geschlossen. Ḫadīğa war zu dieser Zeit tot. Diese Ehen und die lebhaften Schilderungen des Paradieses im Qur'ān brachten ihm den Vorwurf der Sinnlichkeit und eines „schlechten Lebenswandels“ ein.

Allerdings wurde ein derartiger Vorwurf von keinem seiner Zeitgenossen erhoben, die daran nichts Anstößiges finden konnten. In der Tat waren alle Gattinnen Muhammeds, abgesehen von *'Ā'iša* und *Ǧuweyriyya,* Witwen gesetzten Alters. Sie wurden von ihm entweder aus einer moralischen Verpflichtung den gefallenen Gefährten gegenüber, also in sozialer Absicht, oder aber um einer politischen Notwendigkeit willen geheiratet. Freilich spielte dabei auch die persönliche Zuneigung — die Liebe — eine Rolle.

Von den verheirateten Witwen war lediglich Ṣafiyya, eine Jüdin aus Ḫayber, jung. Nach dem Empfang der Offenbarung über die Einschränkung der bis dahin herrschenden unbegrenzten Polygynie um 630 stellte Muhammed seinen Frauen frei, sich scheiden zu lassen. Jede von ihnen lehnte das aber ab.

Die Heiratspolitik gehörte im Mittelalter zum Instrumentarium der Staatspolitik. Die Herrscher waren ihre Exponenten, aber auch ihre Akteure. In der medinensischen Periode seiner Wirksamkeit stand Muhammed an der Spitze eines Staates. Durch seine Ehen konnten widerspenstige Beduinenstämme zum Teil im Zaum gehalten und für den Islam endgültig gewonnen werden.

Im Qur'ān finden wir eine Textstelle, die dem Gottesboten in Bezug auf das Eherecht ein Privileg einräumt. Die Stelle heißt:
„O Peygamber! Wir haben dir deine Gattinnen, denen du ihre Morgengaben gegeben hast, zur Ehe erlaubt, ... ebenso eine fromme Frau, wenn sie, falls der Peygamber sie heiraten will, diesem ihr Herz (wörtlich: *Ihre Seele) schenkt. Dieses (letztere) gilt in Sonderheit für dich, im Gegensatz zu den anderen Gläubigen.“ (33 : 50)*

Was aber hier im Gegensatz zu der Masse der übrigen Gläubigen Muhammed an Begünstigung geboten wird, ist — wie *Th. v. Juynboll* und noch einige abendländische Gelehrte festgestellt haben —, daß er heiraten darf, ohne ein *Mehr,* d. h. ein Sicherungsdepot oder eine Morgengabe zu zahlen. In seinem Falle stand es eben fest, daß er eine unbedachte Scheidung nicht vornehmen und die geschiedene Frau nicht ohne angemessenen finanziellen Rückhalt zurücklassen werde. In seinem Leben hat es auch tatsächlich keine Scheidungen gegeben.

Die zitierte qur'ānische Stelle haben viele Komentatoren demgegenüber so verstanden, als ob Muhammed aufgrund der Offenbarung vom herrschenden Gesetz ausgenommen sei.

Orientalisten haben das dann so ausgelegt, als ob er sich selbst auf diese Weise mit besonderen Vorrechten ausgestattet hätte.

In der Einstellung Muhammeds zu Frau und Sexualität bekundet sich eine für den Islam bezeichnende natürliche Ungezwungenheit. Darin ist auch eine Antwort an jene Denkweise enthalten, die in Frau und Sexualität etwas von Grund auf Sündhaftes sieht. Der Islam teilt eine solche Ansicht nicht. Von einer Sinnlichkeit des Gesandten Gottes kann keine Rede sein. Eine Religion, die die unzüchtigen Handlungen, den Alkoholgenuß, das übermäßige Essen und Trinken und alle anderen übertriebenen Genüsse streng verbietet und ein fünfmaliges Beten am Tage, ein einmonatiges Fasten und soziale Pflichten auferlegt, ist eher asketisch als sinnlich. Eine solche Religion wurde aber von Muhammed vorgelebt. Er war das gestreueste Spiegelbild ihrer Gestaltungskraft.

Ein Mann, der in allem bescheiden war, dessen tägliche Nahrung aus etwas Brot, ein paar Datteln und ein oder zwei Bechern Milch bestand, der seine Angelegenheit selbst erledigte, jeden Tag mit der Arbeit für das Allgemeinwohl verbrachte und sich mutig Gefahren aussetzte, um seine Berufung zu verwirklichen, kann nicht anders als aus einem festen moralischen Halt heraus gehandelt haben. Muhammed hatte es im Leben nicht leicht und war meistens nur mit dem Notwendigem an materiellen Gütern eingedeckt. Ohne eine vorbildliche Lebensführung hätte er nicht die Herzen von Zehntausenden, ja Millionen Menschen gewinnen können. Ein unwiderlegbares Zeugnis für den Einfluß seiner Persönlichkeit ist die Treue, mit der seine ersten Anhänger, durchwegs ernste und rechtschaffende Männer, ihm ergeben waren.

Das Leben und Wirken des Gesandten Gottes ist wie ein offenes Buch. Dank einer glaubwürdigen Überlieferung und schriftlichen Aufzeichnungen liegen sogar über die kleinsten Einzelheiten seiner Lebensgeschichte Berichte vor.[160]

Muhammed ('a. s.) war immer sauber und ordentlich gekleidet, schämte sich aber nicht, im Haushalt mitzuhelfen, den Herd anzufachen, sein Zimmer zu reinigen oder Anzug und Schuhe selbst zu bürsten. Niemals verließ er sein Haus, ohne sich vorher frisiert und den Anzug in Ordnung gebracht zu haben. Bei sich trug er stets einen Kamm, ein wohlriechendes fasriges Holz, das ihm als Zahnbürste diente, und einen kleinen Spiegel. Zu seinen Freunden pflegte er zu sagen: „Gott liebt es, und den Menschen ist es angenehm, wenn man in die Gesellschaft anständig angezogen und sauber kommt." Durch seine moralischen Vorzüge und seine körperliche Erscheinung überragte Muhammed seine Zeitgenossen. Der Fremde, der ihm zum ersten Mal gegenübertrat, empfand zunächst eine überwältigende Ehrfurcht. Je länger die Unterhaltung dauerte, desto lockerer und freundschaftlicher wurde die Stimmung, während die Zuneigung zu ihm wuchs.

Er sprach wenig, ließ aber andere reden, ohne sie zu unterbrechen. Auch einen feinen und geistreichen Scherz hatte er gern. In schwierigen Situationen wußte er gewöhnlich einen Ausweg. Trotzdem pflegte er sich aber in wichtigen Gemeindeangelegenheiten mit seinen Gefährten zu beraten.

Veränderung der Gesellschaft

Bei einer Verlegung des *„Schwarzen Steines“* wurde er, noch ein Jüngling, durch angesehene Bürger von Mekka geholt, um den Streit darüber zu schlichten, wer den Stein auf den neuen Platz zu legen habe. Muhammed holte eine Decke, legte den Stein selbst darauf und wies die Anwesenden an, den Stein gemeinsam, mit Hilfe der Decke, an den vorgesehenen Platz zu bringen. Alle waren mit dieser Lösung zufrieden.

Einmal bemerkte der Hochgebenedeite, wie sich einige Beduinen vorbereiteten, mit einem Glüheisen einem Esel Brandmale auf dem Kopf anzubringen. Sie wollten sich dadurch vor etwaigem Diebstahl des Tieres schützen. Muhammed belehrte sie, daß der Kopf der empfindlichste Teil jedes lebenden Geschöpfes ist. Wenn unbedingt die Operation durchgeführt werden müsse, sagte er, so sollten die Brandmale am hinteren Teil des Tieres angebracht werden. Seit jener Zeit ist es allgemein üblich geworden, das Last- und Schlachtvieh an der Lende zu kennzeichnen.

Die Tierliebe des Gesandten Gottes geht auch aus seinem scharfen Kampf gegen die zu seiner Zeit in Arabien herrschende grausame Sitte hervor, lebenden Kamelen Blut abzuzapfen, um daraus Blutwurst herzustellen. Abgesehen davon hat der Islam den Genuß von jedem Blut verboten.

Von der humanen Tat einer Dirne, die einem Hund, der in der Wüste verdursten sollte, das Leben rettete, ergriffen, sprach er spontan, die Frau verdiente — trotz ihres schlechten Rufes — das Paradies.

Den vorislamischen Arabern galt die Geburt eines Mädchen als ein Vorzeichen der Abneigung der Götter. In niedrigen Volksschichten herrschte der barbarische Brauch, das neugeborenen weibliche Kind, wenn es nicht in die Sklaverei verkauft oder gegen ein Haustier getauscht werden konnte, bei lebendigem Leibe im Sand zu vergraben. Auch diese menschliche Entartung verdrängte der Islam für alle Zeiten. Wie groß die Liebe des Gesandten Gottes zu den Kindern, gleich ob Mädchen oder Knaben, war, zeigt folgendes Ereignis:

Qays, Häuptling des Stammes Benū Temīm, traf eines Tages Muhammed, als er vor seinem Hause saß und auf dem Schoß ein kleines Mädchen hielt. „Was hast du da für ein Schäflein, das du so zufrieden liebkost?“, fragte Qays. „Mein Töchterchen“, antwortetet Muhammed. „Gott“, tat überrascht Qays, „ich habe so viele weibliche Kinder gehabt und habe sie nach der Geburt im Wüstensand vergraben, ohne sie auch nur anzusehen.“ „Du Unglücklicher“, rief Muhammed, „dein Herz muß jedes menschliche Gefühl vermissen. Du kennst nicht die zärtlichsten Regungen, die Gott dem Menschen geschenkt hat.“[161]

Eine fromme Frau in vorgerücktem Alter fragte einmal Muhammed, ob sie mit einem Platz im Paradies rechnen dürfte. Darauf antwortete

Muhammed: „Alte Frauen haben im Paradies nichts verloren." Die betagte Frau fing an zu weinen, doch Muhammed tröstete sie: „Aber Mutterl, ins Paradies kommt man jung und munter wie der frische Morgentau."

Muhammed verlor in keiner noch so schwierigen Lage die Selbstbeherrschung und Besonnenheit. Dazu gaben ihm sein Glaube und sein Gottvertrauen die nötige Kraft.

Unerschütterlich auf dem ihm von Gott vorgegebenen Pfad

Wie sehr Muhammed von seiner Sendung überzeugt war, zeigt folgendes Ereignis: Alle Anstrengungen der Götzendiener von Mekka, die Ausbreitung des Islam zu verhindern, blieben erfolglos. Die Zahl der neuen Muslime wuchs von Tag zu Tag. In dieser Lage boten die mächtigsten Bürger von Mekka Muhammed die politische Führung an. Die einzige Bedingung, die sie daran knüpften, war die Verkündigung des Islam zu unterlassen. Sein Onkel *Ebū Ṭālib* riet ihm, das Angebot anzunehmen. In seinem Innersten fast zu Tränen getroffen, antwortete der Hochgebenedeite: „Bei Gott, wenn man mir in die rechte Hand die Sonne und in die linke Hand den Mond gäbe, träte ich von meiner Sendung nicht ab. Mein Leben gebe ich für den Islam." Der Verkünder des Islam hielt nicht viel von Wundern. Für sein stärkstes Adut, sein „Wunder" *(mu'ǧiza)*[162] hielt er den Qur'ān.

Als sein im kindlichen Alter verstorbener Sohn Ibrāhīm zu Grabe getragen wurde, stellte sich, wie durch ein Wunder, eine Sonnenfinsternis ein. Sofort begann das Volk zu reden, der Himmel trauere dem Sprößling des Gesandten Gottes nach. Als diese Deutungen Muhammed zu Ohren kamen, stellte er sich ihnen entschieden entgegen und lehnte sie als nichtislamisch ab.

Muhammed war weder ein Asket noch ein Fatalist. Mit beiden Füßen im Leben stehend, lehrte er auch nicht, daß man das Unrecht ohne weiteres über sich ergehen lassen sollte. Er setzte sich vielmehr — ein nachahmenswertes Beispiel liefernd — heldenhaft für die Gerechtigkeit, Wahrheit und die Ehre ein und verteidigte sie, wenn es notwendig war, sogar mit Waffen in der Hand. Er verlor jedoch niemals das Maß und war stets friedfertig. Seine ganze Mission bezweckte als letztes Ziel die Errichtung des allgemeinen Weltfriedens: mit Menschen, mit Natur, mit Gott.

Zwanzig Jahre nach dem Tode des Hochgebenedeiten, der am 8. Juni 632 zu Gott zurückberufen wurde, stand schon die ganze antike Welt im Zeichen eines raschen Siegeszuges des Islam. Muslimgemeinschaften bevölkerten bereits ein ausgedehntes Gebiet, das sich im Westen bis zum Atlantischen Ozean, im Osten bis zur Chinesischen Mauer erstreckte und Völker verschiedener Sprachen und Rassen beherbergte.

Seine Verkündigung begann der Hochgebenedeite im vierzigsten Lebensjahr, also als er auf dem Höhepunkt der geistigen Reife und Mannbarkeit stand. Hierin liegt vielleicht ein Symbol des Islam, der ein Glaubensbekenntnis für die gereifte Menschheit ist. Der Muslim sieht kraft seines Glaubens in Muhammed ('a. s.) ein Leitbild. Der wichtigste Quellenbeleg, auf den sich diese Forderung gründet, ist die Qur'ān-Stelle *33: 21: We leqad kāne lekum fī Resūli'llāhi uswetun ḥasene* („An dem Gesandten Allahs habt ihr ein schönes Beispiel").

Die Gesamtheit der Taten, Worte, Verhaltensweisen und der stillschweigenden Billigungen des Gesandten Gottes ist die zweite Quelle des Islam — die *sunna* oder *sunnet.*

Ein Gottesgesandter ist ebenso ein Knecht *('abd)* Allahs wie alle andere Menschen. Er hat den anderen Menschen nur eines voraus, daß er den idealen Gottesweg genau kennt und diesen in mustergültiger Weise auch befolgt. Insofern ist er ein Leitbild der Gläubigen. Er steht aber nicht im Mittelpunkt der Lehre. Die zentrale Bedeutung kommt lediglich Gott und seinem Wort zu.

So ist der Qur'ān als letzte Offenbarung für die Muslime die wichtigste religiöse Richtschnur. Muhammed ('a. s.) ist nur ein Muster ihrer Erfüllung. Folglich ist sein Verhalten nachahmenswert.

Die Nachfolge Muhammeds

Die Nachfolge Muhammeds muß ihr Schwergewicht auf der religiösen Ebene haben. Ihr Sinn liegt in der Aufnahme des islamischen Geistes und nicht etwa in einer mechanischen Nachahmung. Muhammed ('a. s.) pflegte sich in weltlichen Dingen mit seinen Gefährten zu beraten, um auf Grund einer sachkundigen Information seine Entscheidung zu treffen. Er bestätigte ausdrücklich seine Nichtzuständigkeit für gewisse Fragen des Alltags: *Entum a'lemu minnī fī umūri dunyākum* („Ihr seid in den Sachen dieser Welt besser bewandert als ich").

Hieraus folgt, daß es zur Bewältigung einer religiös unentschiedenen Situation nicht unbedingt einer Vorlage aus der Zeit der Urgemeinde bedarf. Der Muslim hat die Freiheit des Handelns. Er soll allerdings all den edlen Eigenschaften des Glaubensboten nacheifern und seinen rein religiösen Anweisungen Gehör schenken. Das vom arabischen Brauchtum des 7. Jahrhunderts geprägte allgemeine Lebensmodell kann nicht zu unserer Lebensschablone gemacht werden. Die verantwortungsvolle Freiheit des Menschen, nach der er überhaupt ethisch und religiös beurteilt werden kann, und die freie Entfaltung der Schaffenskräfte sind die Voraussetzungen eines bewußten islamischen Lebens. Wo sie fehlen, ist eine fruchtbare Nachfolge Muhammeds nicht möglich. Nur unter Ausnutzung seiner verantwortungsvollen Freiheit und durch Mobilisierung all seiner Kräfte vermochte Muhammed jenes mitreißende Beispiel zu statuieren, dem seine

Anhänger aus ihrer religiösen Überzeugung heraus und aus Liebe zu ihm nachzueifern versuchten. Die alltäglichen Details, aus denen der Lebensweg des damaligen Arabers, so auch Muhammeds, bestand, sind sicherlich von keinerlei religiöser Bedeutung.

Wie der dem Lebenswerk des Lehrmeisters innewohnende Geist aufzunehmen ist, zeigt folgendes Beispiel:

Muhammed gebrauchte zur Zahnpflege einen wohlriechenden fasrigen Holzstengel, den sogenannten siwāk oder miswāk. Seine Gefährten folgten diesem Beispiel. So wurde auf religiösem Wege eine Zahn- und Mundpflege angeregt. Diese wird heute freilich aus hygienischen Gründen allgemein betrieben. Der fromme Muslim mag sich dabei vom Beispiel Muhammeds anleiten lassen, doch wird er heute seine Zahnpflege wohl mit einer hygienischen Plastikbürste, desodorierender Zahnpasta und Mundwasser betreiben, anstatt sich des miswāk allein zu bedienen. Sonst kann er dem kulturellen Fortschritt nicht gerecht werden, noch seine Gesundheit wirkungsvoll genug schützen.

Manche Elemente der Tradition müssen aufgegeben werden, weil sie nicht in unseren Lebensstil hineinpassen.[102]

Die islamische religiöse Erziehung, auch jene, die in einem säkularisierten Umfeld angestrebt und vollzogen wird, kann auf Muhammed (‘a. s.) als Leitbild nicht verzichten. Allerdings sind hier vor allem die religiösen und ethischen Dimensionen seines Lebensbeispiels geeignet, eine sinnvolle Nachfolge zu finden. Denn Muhammed war vorrangig und entscheidend ein Resūlullāh, d. h. ein Gottesbote mit dem Lehrauftrag der Frömmigkeit und der Warnung vor den Versuchungen dieser Welt. Er hat sich gewiß nicht als „König von dieser Welt“ verstanden. Zwei Ereignisse im Zusammenhang mit seinem Tode beweisen das ganz eindeutig:

Schwer krank lag er im Hause seiner Frau ‘Ā’iša. Kurz vor seinem Ableben neigte sich die junge Frau liebevoll über sein Bett und wünschte dem Kranken baldige Genesung. Darauf sprach Muhammed:

„Nein! Sondern ich bitte vielmehr Gott um die höchste glückselige Gesellschaft, begleitet von Ǧebrā’īl, Mīkā’īl und Isrāfīl.“ Das waren seine letzten Worte. Mit der höchsten glückseligen Gesellschaft meinte er die Schar der anderen Gottesboten, Märtyrer, Gerechten und Frommen.

Der Unterschied zwischen der Denkrichtung eines frommen, der transzendenten Welt zugewandten Lehrmeisters und eines politischen Führers tritt klar zutage, wenn die Reaktionen der beiden auf den bevorstehenden Tod miteinander verglichen werden. *„A horse! A horse! My kingdom for a horse“* (Pferd! Pferd! Mein Königreich für ein Pferd.), hat zum Beispiel gegenüber dem erwähnten Wunsch Muhammeds ein König gesprochen, als sich ihm der Tod näherte. Das war Richard III (1482-85) von England in der Schlacht bei Bosworth.

Nach dem Tode Muhammeds versammelt sich vor 'Ā'iša's Haus eine Menschenmenge, die an das Ableben ihres Lehrers nicht recht glauben will. Erregung ermächtigt sich der Masse. Da tritt Ebū Bekr, 'Ā'iša's Vater und Muhammeds engster Freund (der spätere erste Kalif), vor das Haus und erklärte lapidar:
„Wer an Muhammed geglaubt hat — Muhammed ist tot! Wer an Gott glaubt — Gott lebt!"

Wieder ist Religiöses — Gott — und nicht Weltliches im Mittelpunkt. Den Tod von irdischen Herrschern begleiten andere Töne — wie etwa jener: „Der König ist tot; hoch lebe der König!"

Gottes Gesandter oder Peygamber — nicht aber Prophet

Die Empfänger und Verkünder der Offenbarung heißen arabisch *enbiyā'* (Einzahl: nebī, nebiyy). Diese Bezeichnung wird nach christlichem Brauch mit dem griechischen Wort *Prophet* (Propheten) übersetzt. Manche muslimische Schriftsteller, die in abendländischen Sprachen schreiben, wenden sie auch auf Muhammed an. Ein Teilaspekt des Prophetentums sind die Vorhersagen des Zukünftigen. Dieser fehlte im Falle Muhammeds so gut wie überhaupt.

Was im Qur'ān an Zukunftsaussagen enthalten ist, sind Elemente einer Zukunftsvision, die sich aus dem Glauben ergibt. Muhammed betrat nicht die Geschichtsbühne, um Prophezeiungen zu machen, sondern um eine viel wichtigere Mission zu erfüllen. Er wurde mit einer göttlichen Botschaft zu den Menschen geschickt. Die Bezeichnung *Prophet* ist weder seinem Auftrag noch seiner historischen Größe angemessen. *Osman Nuri Hadžić,* gest. 1937, ein Gelehrter aus Mostar, hat gegen Anwendung dieser Bezeichnung (im Bosnischen: *prorok*) auf Muhammed jahrzehntelang Kampf geführt.

Die glaubensbewußten Muslime empfinden eine solche Qualifizierung ihres Glaubensverkünders als inadäquat, ja als beleidigend. Sie sehen in Muhammed den Resūlu llāh (Gottesgesandten mit eigener, später in Buchform fixierter, Botschaft) oder den letzten *Nebiyy* bzw. (pers.) Peygamber.

XXVI. Gerechtigkeit

Der Islam ist, religionsgeschichtlich betrachtet, zwar ein neues Glaubenssystem; er lehnt sich aber weitgehend an alte Glaubens- und Denkmodelle an. Seine Ethik stimmt im wesentlichen mit den von der Bibel erstellten sittlichen Grundsätzen überein. Wenn sich der moderne Mensch über gewisse, vom politisierten Islam der Dritten Welt wiederbelebte Rechtspraktiken entrüstet, so gilt diese Entrüstung in der Regel einem geistigen Erbe, das einst von allen drei großen monotheistischen Religionen verwaltet wurde. Dieses Erbe hat inzwischen in der säkularisierten Gesellschaft wesentliche Umdeutungen und Abstriche erfahren. Zu einem großen Teil gilt es folglich als überwunden. Die erwähnten Praktiken sind ein sichtbarer Ausdruck der Unterwerfung unter das Diktat einer einbahnig verstandenen Geschichte. Dieser eher emotionale oder traditionalistisch-dogmatische als kritisch durchdachte Rückwendung zur Vergangenheit wirkt auch auf viele Muslime befremdend.

Das Glaubensverständnis im Islam ist nicht weniger facettenreich als jenes im Judentum und im Christentum. Von der Verschiedenheit der hier vernehmbaren Quellenauslegungen und Denkrichtungen zeugt die Existenz von mehreren Rechts- und Glaubensschulen des Islam. Für die Entstehung dieser theologischen und rechtlichen Spaltungen ist vielfach ein rein menschliches Handlungsmotiv entscheidend gewesen: nämlich, jenes, das *Alfred Adler* als *Machtstreben* erkannt und wissenschaftlich durchleuchtet hat. Machtpolitische Erwartungen haben eine nicht geringe Anzahl von theologischen und rechtlichen Ansichten, besonders jene unter den Sekten, ausgelöst und geprägt.

Die Gerechtigkeit ist in der Tat ein Zentralanliegen der islamischen Ethik. In der moralischen Wertskala rangieren dennoch die Gnade, die Vergebung und die Liebe höher als sie. In der Theologie einer inzwischen vom orthodoxen theologischen Lehrbetrieb mit politischen Mitteln verdrängten freidenkerischen Interpretationsschule, nämlich der mu'tezilitischen, ist der Glaube an Gottes Gerechtigkeit einer der fünf grundlegenden Glaubensartikel. Die Gerechtigkeit ist nach der Lehre der Mu'teziliten ein Wesenszug Gottes.

Der sozialen Gerechtigkeit kommt in der islamischen Ethik eine annähernd ähnliche Rolle zu wie der Liebe im Christentum. Im Unterschied zur Liebe ist die Gerechtigkeit kalkulierbar, vorausschaubar und durchführbar. Insofern bildet sie eine erfaßbare gesellschaftliche und moralische Größe.

Diese Größe bedingt weitgehend das gegenseitige Vertrauen und stärkt die kommunale und internationale Solidarität. Die Gerechtigkeit bedeutet nicht einfach, jedem das Seine zu geben. Sie ist etwas mehr; sie deckt sich mit dem Zustand moralischer Vollkommenheit und ist daher nicht leicht erreichbar. Dennoch ist der glaubende Mensch, vor allem aber der Richter, kraft der Religion aufgerufen, gerecht zu handeln.

Im orthodoxen Islam ist die Gottesfurcht ein wichtiges Motiv des sittlichen Handelns; im mystischen Islam ist das hingegen die Gottesliebe. Daß die Tradition so sehr auf der Gottesfurcht besteht, hat seinen guten Grund darin, daß nach dem Qur'ān Gott ein strenger Richter ist. Mit der Gottesfurcht wächst auch die Verpflichtung zur Gerechtigkeit.

Da Gott Seinen Geschöpfen nichts schuldig ist, gibt es in der islamischen Tradition auch Vorstellungen, die Ihn als einen launischen Tyrannen erscheinen lassen. Dieses widerspricht jedoch seinen grundlegenden Attributen *raḥmān* (aus Gnade Spendender) und *raḥīm* (aus Gnade Verzeihender), wie Er wiederholt im Qur'ān beschrieben wird. Freilich kann Gott nicht verklagt werden, tue Er, was Er wolle. Im orthodox-theologischen Sinne versteht man unter der Gerechtigkeit den tadellosen Vollzug aller von der šerī'a, dem aus dem Qur'ān und der Sunna (der Tradition) abgeleiteten Lebenskodex, geforderten Pflichten. Die Gerechtigkeit der Gottsucher sprengt die Grenzen dieser buchstabenorientierten Frömmigkeit. Sie findet sich erst in der völligen Selbstaufgabe des Individuums in Gott bestätigt. Die Gerechtigkeit der Gottsucher hält jedes sozial unverzichtbare Verhalten für berechtigt, wenn auch nicht von Rechts wegen geboten, wie das etwa der katholische Moraltheologe *O. v. Nell-Breuning* formulieren würde.[164]

Die Gerechtigkeit ist ein übergreifender sittlicher Wert, der alle menschlichen Handlungen und gesellschaftlichen Strukturen durchdringen sollte. Es mag in diesem Zusamenhang von Interesse sein, wenn erwähnt wird, daß die so sehr kritisierte Polygynie, wie sie ein qur'ānischer Vers als Ausnahme zuläßt, ausdrücklich an die Gerechtigkeit als Vorbedingung gebunden ist. „Fürchtet ihr, daß ihr nicht gerecht sein könntet, dann heiratet nur eine!" (von den verwaisten Mädchen oder verwitweten Frauen), heißt es darin.

Gerechtigkeit als Tugend kann verschiedene Erscheinungsformen haben:

a) Erfüllung des Rechtsanspruchs — des *ḥaqq* — des Anderen,
b) Umverteilung des Vermögens zugunsten der sozial Benachteiligten — im Islam vor allem durch die Abführung der jährlich zu entrichtenden Sozialsteuer in der Höhe von 2,5 Prozent des Vermögenswertzuwachses —, ferner durch die nie endende Mildtätigkeit und schließlich durch die Errichtung von frommen Stiftungen zu sozialen und kulturellen Zwecken, und
c) Einsatz für eine bessere Gesellschaft und für die Charakterbildung des Menschen. Diesen Titel führt etwa der Einsatz für den Frieden und

die Bekämpfung der eigenen niederen Triebe. Wie dieses im gesellschaftlichen Rahmen zu erfolgen hat, wird in einer Tradition näher erläutert: „Stemme dich gegen das Böse mit Tat auf. Kannst du das nicht, dann verurteile das Böse durch ein mutiges Wort. Kannst du das auch nicht, dann verdamme es wenigstens im Herzen!"

Wie alle anderen Religionen, so verurteilt auch der Islam alle Verstöße gegen die soziale Gerechtigkeit. Deshalb die heftige Ablehnung des Wucherzinses und des Mißbrauchs von Naturgütern wie der Verarbeitung der Früchte zu Alkohol, es sei denn zu medizinischen Zwecken.

Das Allgemeinwohl *(al-maṣlaḥa)* erfordert eine stete Förderung; diese wird als Beitrag zur sozialen Gerechtigkeit sittlich hoch bewertet.

Aus der Erstzeit des Islam gibt es kommunistisch anmutende Lehr- und Interpretationssätze, wenn auch der Islam eindeutig das Privateigentum billigt. Ein profilierter Lehrmeister dieser Denkrichtung war Ebū Ḏerr al-Ġifārī, ein Mann aus dem engsten Mitarbeiterkreis von Muhammed. Schon damals, in dem nach dem traditionellen muslimischen Geschichtsverständnis „goldenen Zeitalter" *('aṣr us-se'ādet),* hatte Ebū Ḏerr soziale Mißstände aufgespürt. Er prangerte sie scharf an.

Der Islam hat eine Reihe von Maßnahmen vorgesehen, die auf die soziale Gerechtigkeit hinsteuern. Dennoch hat es im Laufe der Geschichte, auch bei guten Muslimen, fast immer ein Defizit an Gerechtigkeit gegeben. Es ist z. B. erst der Vorgeneration vorbehalten geblieben, mit der Sklaverei — einem Geschwür der orientalischen Gesellschaft — fertigzuwerden. Wenn wir im Qur'ān jene Passagen lesen, in denen von Sklaven und Sklaverei — einer uralten menschlichen Einrichtung — die Rede ist, haben wir das Gefühl, daß für die ersten Muslime die Sklaverei als eine soziale Ordnungsform durchaus salonfähig gewesen sein muß. Erst im 19. Jh. hat sich unter den Muslimen eine Art *consesus doctorum* herausgebildet, daß dieser Schandfleck entfernt werden müßte. Leider gibt es im gewohnten muslimischen Rechtsdenken Elemente, die noch immer in gewissem Sinne der sozialen Ungerechtigkeit Vorschub leisten. Drei davon seien hier erwähnt: Die Menschenwürde der Frau wird — trotz aller übergroßen Achtung für die Mutter — nicht ausreichend genug geachtet. Unter Berufung auf eine qur'ānische Textstelle, noch mehr aber unter Ausnutzung der alten orientalischen Tradition, beanspruchen die Männer in der islamischen Welt praktisch für sich eine bevorzugte Stellung gegenüber den Frauen. Der Qur'ān spricht aus einem ganz bestimmten sozialen Kontext heraus von der Rolle der Geschlechter. In diesem hat er dem Mann einen relativ wichtigen Anteil an der Gestaltung des sozialen Lebens bescheinigt. *(Qur'ān 4:34).* Aber diese qur'ānische Stelle ist nicht mit einer Anweisung, wie es immer sein muß, identisch.

Nicht der Qur'ān und auch nicht Muhammed haben die Ökumene in zwei Blöcke aufgeteilt: in das *Haus des Islam* und das *Haus des Krieges.*

Das ist eine rechtspolitische Konstruktion der Nachwelt. Dahinter verbirgt sich die antike Vorstellung von der zivilisierten Welt auf der einen und der barbarischen Welt auf der anderen Seite.[104]

In der Tat wird heute etwa der demokratische Westen in keiner Weise als ein Erdteil empfunden, in dem der Islam und die Muslime verfolgt und bekriegt werden. Schon gar nicht kann man vom Westen als von einem Gebiet der Barbaren, wie die gegnerische Welt des Islam ursprünglich hieß, sprechen. Das dritte Element eines fehlgehenden Denkens, das hier erwähnt gehört, ist die Einstellung des traditionellen Islam zu den Andersgläubigen: Man kann heute nicht eine gesonderte Behandlung der *ehl-al-kitāb* rechtfertigen. Täglich erflehen die Muslime von Gott die Sicherheit der Stadt, in der sie leben *(el-beled el-emīn);* sie geben dadurch einem grundlegenden Anliegen des politischen Denkens Ausdruck. Wir leben in einer Zeit, in der vielleicht die geringste Sicherheit des Lebens, der Menschenwürde, des Vermögens und des freien Gedankens in den Ländern anzutreffen ist, in denen der Islam herrscht. Damit soll gesagt werden, daß die weitgehend säkularisierten *ahl-al-kitāb,* die Juden und Christen, für den islamischen Staat heute kein Sicherheitsrisiko darstellen können. Dementsprechend wäre es völlig zeitwidrig, sie z. B. in einem muslimischen Staat von Militärdienst und Staatsgeschäften fernzuhalten, wie es früher üblich war. Damit entfällt auch die Entrichtung der *ǧizya,* der Schutzgebühr, eine Institution, die man heute unmöglich ernstlich vertreten kann, ohne sich der Verletzung der Menschenrechte schuldig zu machen.

Wer ist übrigens von den weitgehend säkularisierten Juden und Christen heute noch daran interessiert, wieder — wie einmal im Mittelalter — den Rabbinern und Priestern auf Gedeih und Verderb ausgeliefert zu werden, was manchen engstirnigen muslimischen Traditionalisten als Wunschtraum vorschwebt? Die Christen und Juden unserer Tage im Sinne der Vorstellung einer anderen geistigen Macht rechristianisieren und judaisieren zu wollen, hieße eine schreiende Ungerechtigkeit — ein *ẓulm* — begehen zu wollen.

Das Rad der Geschichte läßt sich nicht zurückdrehen — es sei denn mit Gewalt und für kurze Zeit. Die drei angeführten Momente allein reichen aus, um die Theologen zu veranlassen, die traditionellen Ansichten über die Gerechtigkeit einer neuen Wertung zu unterziehen.

Schlußwort

Im Geschichtsbewußtsein des Durchschnittsmuslims herrscht bekanntlich die Vorstellung, daß die Erstzeit des Islam ein Zeitalter der Glückseligkeit – *'asr us-se'ādet* – ist. Die religiösen, moralischen und sozialen Zustände, die damals in der muslimischen Weltgemeinschaft geherrscht haben, gelten als ideal. Der seit mehr als hundert Jahren kreuz und quer durch die islamische Welt erschallende Ruf der Erweckungsprediger nach der Rückkehr zu den Quellen und zum Lebensbeispiel Muhammeds und seiner Gefährten findet nicht zuletzt deshalb bei den Massen der Gläubigen einen guten Anklang.

Die Vorstellung von der Erstzeit des Islam als von einem unwiederholbaren und verpflichtenden Höhepunkt der islamischen Geschichte hat wohl in einigen Aussprüchen des Religionsverkünders ihren Ursprung. So hat er einer Gruppe von zehn seiner eifrigsten Gefährten die Aufnahme im Paradies als gesicherte Hoffnung zugesprochen. Daraus schließt man, daß es nur damals so geläuterte und glückselige Menschen geben konnte, daß Muhammed ('a. s.) sich veranlaßt sah, sie mit dem Paradiese zu erfreuen. Auch sprach Muhammed, daß eine Zeit zu kommen droht, die unter einem tiefen Sittenverfall leiden wird. Die Bürgerkriege nach Muhammeds Tod ließen bei den Muslimen den Eindruck entstehen, daß immer schlechtere Zeiten einander ablösen würden – Zeiten, die keinen Vergleich mit der „Epoche der Glückseligkeit" zuließen. Seither glaubt man in der islamischen Welt, daß alles, was die Zukunft in moralischer Hinsicht bringt, nicht gut sein wird.

Hinter der überspitzten Idealisierung der Erstzeit verbirgt sich die Vorstellung, daß das Erscheinen des Islam einen Bruch in der Geschichte bedeute. Diese Vorstellung ähnelt jener, die im Christentum mit der Person Jesu Christi verbunden ist. Dabei wird vergessen, daß der Islam sich als eine Botschaft versteht, die schon zu Beginn der Geschichte an die Menschheit ergangen war. Gewiß hatte das Zeitalter Muhammeds eine besondere geschichtliche Bedeutung. Für das Gefühl der Gläubigen ist es einmalig und unwiederholbar.

Aber auch zu jener Zeit gab es kleine und große menschliche Schwächen. Davon zeugt schon der Qur'ān. So finden wir in ihm Textstellen wie: „Oh ihr Gläubigen: Warum redet ihr, was ihr nicht tut?" (61:2 – ein Vorwurf übrigens der heute noch ebenso sehr gilt wie damals) und eine andere Stelle, die an die Adresse jenes Muslims gerichtet ist, der sich nach der Art der Mönche von der Welt abwendet: „Und vergiß nicht deinen Anteil an dieser Welt!"

Kritisches Unbehagen spricht noch mehr aus verschiedenen Ḥadīṯen — Sprüchen von Muhammed — und Äußerungen seiner ersten vier Nachfolger. Hier zwei davon:

„Das Hassenswerteste aller erlaubten Dinge ist die Verstoßung der Ehefrau".

'Omer, einer der engsten Mitarbeiter Muhammeds und der zweite Kalif, sprach über den „schwarzen Stein" in der Ka'ba, dem Heiligtum von Mekka:

„Bei Gott, du schwarzer Stein, hätte ich nicht gesehen, daß dich Muhammed verehrungsvoll berührt, hätte ich dich nicht eines Blickes würdig gefunden".

In diesen und ähnlichen Äußerungen verbirgt sich eine Kritik sozialer und rechtlicher Erscheinungsformen der Erstzeit sowie eine allgemeine Verurteilung allen Ritualismus, der an die altarabische Zeit erinnert.

Für die Nichtmuslime ist alles, was Muhammed gesprochen oder vorgetragen hat, gleich ob Qur'ān oder Ḥadīṯ (die Tradition), ein Menschenwort. Nicht so für den Muslim. Für diesen wäre eine derartige Denk- und Redeweise eine schwere Entgleisung. Ist doch in seinen Augen der Qur'ān eine wörtliche göttliche Botschaft. Nun aber gibt es islamische Theologen, ja ganze Schulen, die den Qur'ān und den Ḥadīṯ auf die gleiche Wertstufe stellen. Das sind die strengen Traditionalisten (*aṣḥāb ul-ḥadīṯ*), aber auch die Fundamentalisten. Sie fordern eine strikte Befolgung des Lebensbeispiels Muhammeds und somit auch ein Handeln nach den Schablonen der arabischen Gesellschaft im 7. Jahrhundert. In der ganzen Spannweite der damaligen arabischen Überlieferung gibt es freilich auch Elemente, die sich mit unserem heutigen Lebensgefühl schwerlich in Einklang bringen lassen. Manches davon ist primitiv, in seinen Auswirkungen schädlich, ja vielfach die Würde des Menschen verletzend. Von solcher Art ist z. B. die afrikanisch-orientalische Sitte der Mädchenbeschneidung. Zum Erstaunen der gebildeten Muslime in aller Welt wird sie heute von einigen quasi muslimischen Presseorganen in Arabien für den Islam reklamiert. Mit einem solchen Verständnis der Tradition läßt sich im wissenschaftlichen Zeitalter nicht leben. Eine so verstandene Überlieferung ist etwa für einen europäischen Muslim bedrückend und unannehmbar. Derartige Traditionen verstoßen im übrigen gegen den Geist des Islam.

In der islamischen Rechtswissenschaft gilt die Maxime, daß mit den veränderten „Zeiten" sich auch die Denk- und Verhaltensmodelle *(el-aḥkām)* ändern. Wenn nun die fundamentalistischen Vereinfacher die Ergebnisse der langen Entwicklung des islamischen Rechts als untauglich abtun und eine unreflektierte Rückkehr zu den Denk- und Lebensmodellen des 7. Jahrhunderts fordern, so verunsichern sie die Gläubigen. Sie verschütten damit ferner auch einen bereits zur Hälfte bewältigen Weg in die bessere Zukunft, den die theologischen Denker wie et-Tahtāwī, Muḥammed 'Abduh, 'Alī 'Abdurrāziq,Qāsim Emīn und viele andere mit ihrer Interpretation des Islam bereitet haben. Der Rechtsentwicklung im Osmanischen Reich, dem führenden muslimischen Staat im 19. Jh., sind harte Auseinandersetzungen geistiger und politischer Natur vorausgegangen. Die Erwekkungsprediger unserer Zeit wirken praktisch darauf hin, daß diese Auseinandersetzungen von neuem ausbrechen. Durch ihre Rückwärtsgewandtheit bringen sie obendrein den Islam in den Verruf einer rückständigen Religion.

Die *šerī'a* bekundet kein spezifisches Interesse an Straf- und Sühnefragen. Sie hebt sich vielmehr auf diesem Gebiet nicht selten selbst auf. Das ist zum Teil durch ihren Charakter als Zeugenrecht erklärlich. Die Ansprüche, die an die Zeugen — ihre Zahl und ihre Eigenschaften — gestellt werden, sind zuweilen unerfüllbar. So etwa im Ermittlungsverfahren wegen eines Ehebruchs. Die *šerī'a* legt sich selbst weitere Einschränkungen dadurch auf, daß sie der jeweiligen Obrigkeit das Recht einräumt, den Zuständigkeitsbereich der Qādīs — der Scheriatsrichter — im staatlichen Interesse einzuschränken. Dadurch sind in verschiedenen muslimischen Staaten Appellationsgerichte entstanden. Diese treten außerhalb des Wirkungsbereichs der Qādīs in Erscheinung. Sie machen Berufungen gegen erstinstanzliche Urteile möglich, obwohl dies in der traditionellen šerī'a nicht vorgesehen ist. Auf derselben Rechtsgrundlage beruht die Ausklammerung des Strafrechts aus der Qādī-Justiz in vielen muslimischen Staaten. Den radikalsten Weg hat bekanntlich die Republik Türkei beschritten. Der neue türkische Staat hat ja das ganze Rechtswesen an sich genommen und damit eine Art Trennung von Staat und Religion vollzogen.

Ergänzungen der Ausführungsbestimmungen zur *šerī'a* bildeten im Osmanischen Reich die von Sultanen erlassenen *qānūnnāme's*. Gerade auf dem Gebiet des Strafrechts bildeten sie einen Ersatz für die traditionellen Strafbestimmungen und führten schließlich zur weltlichen Gesetzgebung. Dennoch wurden die *qānūnnāme's* als fest auf der *šerī'a* beruhend angesehen.

Bei der Handhabung des Rechtes in der Zeit der rechtgeleiteten Kalifen fehlte das Bewußtsein von einem ausgesprochen islamischen Recht. Viel davon war die altarabische Rechts- oder Gewohnheitspraxis. „Die Vorschriften des Qur'ān", bemerkt dazu Joseph Schacht, „wurden natürlich beachtet und auch sonst erfolgte die Rechtsprechung im Geiste des Propheten. Da das Rechtsleben aber noch großenteils religiös indifferent war, konnte das geltende Recht im weitem Umfange beibehalten bzw. in den neueroberten Provinzen fremdes Recht unbedenklich rezipiert werden".[165]

Die später eingesetzte Kanonisierung des Rechts wurde nicht zuletzt durch den Konflikt ausgelöst, der nach der Machtübernahme durch die Omayyaden entstanden war. Erst damals wurde das gesamte Rechtsleben einer durchgreifenden religiös-ethischen Beurteilung unterworfen.

Die Wiederbelebung der Vernunftkultur und des Vernunftoptimismus, die durch die Wirksamkeit der vorhin genannten ägyptischen Theologen eingeleitet worden ist, scheint durch das Auftreten eines politisierten Islam der Dritten Welt gestoppt worden zu sein. Hiermit ist die Gefahr eines noch tieferen Niedergangs heraufbeschworen worden. Mit der Politik wird in zunehmendem Maße auch die Religion als solche krisenanfällig. Die Hochstilisierung des Islam zu einem Politikum hat viele Schwachstellen aufgedeckt, in die er von seinen Gegnern schmerzlich getroffen werden kann. Die sogenannte „Reislamisierung" droht, wenn nicht bald eine Wiederbesinnung auf die eigentlichen Aufgaben der Religion erfolgt, zu einem Bumerang zu werden. Die Festlegung der Grenzen zwischen Religion und Politik, zwischen Glauben und Zivilisation, ist daher eine vordringliche Aufgabe.

In der Mitte der islamischen Lehre steht Gott. Der Qur'ān wird als eine von Ihm inspirierte verbale Botschaft verstanden. Er ist die erste und unüberbietbare Quelle der Lehre.

Nun wird heute in einer bestimmten Propagandaliteratur ein Islam vorgeführt, bei dem die *sunna* — d. h. die Tradition — die Offenbarung des Qur'ān überlagert und diesen sogar in einigen Fällen abschafft. Die *sunna* — wie sie von den puritanischen Traditionalisten verstanden wird — ist nicht allein ein von *Muhammed gestifteter Brauch,* was sie sein sollte, sondern all das, was in der arabischen Umgebung des Gottesgesandten an Brauchtum vorhanden war. Alles, was er davon nicht ausdrücklich abgeschafft hat, gilt als *sunna.* Denn das Ausbleiben seiner ausdrücklichen Verurteilung einer bereits vorhandenen Sitte wird als ihre stillschweigende Billigung verstanden. Die Muslime sind sich der Reichweite dieses *sunna*-Verständnisses wenig bewußt. Es ist daher hoch an der Zeit, daß hier ein Umdenkungsprozeß mit erforderlichen kritischen Folgerungen einsetzt. Das Fehlen eines klaren Bewußtseins von Stellenwert und Rangordnung der kanonisierten vier Religionsquellen, d.s. Qur'ān, Hadīt, Consensus und Analogieschluß, erschwert das Zurechtfinden der islamischen Weltgemeinschaft in der modernen Welt.

In seinem Umformungswerk war dem Muhammed ('a. s.) selbstverständlich die größte Stütze der Qur'ān. Kein Wunder, daß unter diesen Umständen besonders die gesetzgeberischen Postulierungen des Qur'ān auf die typisch arabische Situation zugeschnitten sind. Der Qur'ān verweist auch mit gutem Recht auf den Umstand, daß er in klarer arabischer Sprache verfaßt ist. Der Sinn ist klar: er mußte vor allem von den Arabern jener Zeit, in der Muhammad ('a. s.) gelebt hat, verstanden und aufgenommen werden. In einem adäquat „nationalen“ Rahmen entwickelte sich auch das jüdische Recht. Im reformierten Judentum hat man diese Erkenntnis zur Basis der Emanzipation gemacht. Diese hat im 19. Jh. den Juden den großen Sprung in die Weltzivilisation ermöglicht und ihre heutige intellektuelle Bedeutung in der Welt begründet. „Das jüdische Recht ist“, meinen die Reformer, „jüdisch nur in spezifisch nationaler, nicht aber in religiöser Beziehung. Genauso wie das preußische Landrecht nicht christlich religiös, sondern preußisch ist. Der dem jüdischen Recht in seiner Totalität zuerkannte göttliche Ursprung, der den jüdischen Staat zu einem Gottesstaat gemacht hat, ändert daran nichts; denn mit dem Untergang dieser Theokratie hörte der Jude auf, dessen Bürger zu sein. Er entnimmt als eine Lebensform für die Existenz innerhalb der nichtjüdische Gemeinwesen lediglich das allgemeine religiöse Gebot des Gehorsams und der Unterwerfung unter die Landesgesetze“. Mit dem islamischen Gesetz in seinem Bezug zu den muslimischen Minderheiten — und nicht nur zu diesen — verhält es sich anders.

Das Abendland ist eine pluralistische Welt. Das heißt, jeder kann in ihr nach „seiner Fasson selig sein“. Die Freiheit wird großgeschrieben, niemand wird in eine Zwangsjacke gesteckt. Es gibt so gut wie keinen sozialen Druck. Die abendländische Kultur ist nicht mit einem bestimmten „Lebensweg“ identisch, wie manche Muslime ihre Religion verstehen. Die Offenheit für Probleme ist allseits vorhanden. Tatsächlich sind hier dem Menschen entschieden breitere Möglichkeiten gegeben, seine Rolle als *Stellvertreter Gottes auf Erden* zu spielen, als in der islamischen Welt. Das ist jene Rolle, die der Qur'ān, das heilige Buch der Muslime, dem Menschen zugedacht hat.

Die religiösen Prioritäten sind in der Offenbarung, nicht aber im menschlichen Verhalten begründet. In concreto heißt das, daß es niemandem zusteht, die *sunna* (Tradition) über den Qur'ān zu stellen.

Es steht absolut im Einklang mit dem islamischen Geschichtsverständnis, eine stärkere Betonung der universalistischen Dimension des Islam anzustreben. Sieht doch der Islam im Judentum und Christentum seine älteren Erscheinungsformen. Ein so dimensioniertes Religionsverständnis müßte dazu führen, daß die zeit- und situationsbedingten Aussagen, Empfehlungen und Anordnungen der Erstquellen relativiert und dem modernen Menschen zugänglicher gemacht werden.

Es drängt sich hier die Frage auf, ob — theologisch gesehen — die Zugehörigkeit des Gläubigen zu einer anderen als der orientalisch-islamischen Kultur mit dem Glauben vereinbar ist. Kann bei einer solchen Zugehörigkeit die religiöse Identität des Muslims gewahrt bleiben?

Die islamische Identität wurzelt im Bekenntnis zu Gott als Herrscher des Daseins und zu seiner Offenbarung als Richtschnur des religiösen und ethischen Verhaltens.

Gott und Mensch sind im Qur'ān wie im Evangelium, bemerkt richtig der österreichische Islamkenner Josef Hans, „das letzte Ziel, nicht aber die Zivilisation als solche, gleichgültig wie ihr Inhalt und ihre Formen sein mögen".

Das, was wir heute als „islamische Zivilisation" kennen, hat es zu Muhammeds Zeiten höchstens in blassen Ansätzen gegeben. Zivilisation und Kultur sind Produkte einer langen Entwicklung. Es ist denkbar, daß ein neuer Anfang des Lebens nach den islamischen Grundsätzen auch eine neue „islamische Kultur", je nach den gegebenen Verhältnissen und dem Reifegrad der Menschen, hervorbringen könnte. Der lebende Islam ist eine von Traditionen verschiedener Art mitgeprägte Gedanken- und Gefühlswelt. Ihr grundlegender Inhalt ist dem Qur'ān, der an Muhammed ergangenen Offenbarung, entnommen worden. Sie bildet die zentrale Orientierungsgrundlage der Weltgemeinschaft des Islam. Der Qur'ān ist aber, sagt Muhammed Arkoun, ein offener Text, „den keine Interpretation definitiv und orthodox genug zu erfassen vermag".

Jene Denkrichtung, die die Qur'ān-Aussagen im sturen Gesetz, in der Werkheiligkeit und in der Politik gipfeln läßt, drängt den Gläubigen eine Antwort auf, die unter den denkenden Menschen ein Unbehagen auslöst. Sie trägt zur Entfremdung der Muslime bei.

Das islamische Religionskonzept widerspricht der Auffassung, daß das Gesetz der Sinn und die eigentliche Substanz des Islams sei. Der Islam ist ja die Annahme jener einen und einzigen göttlichen Botschaft, die durch die ganze Geschichte gegangen ist und die, was das Gesetz anbelangt, verschiedene Varianten gehabt hat. Er ist in seinem Wesen universal. Diesen Charakterzug verleiht ihm schon das Bekenntnis zu einem einzigen Gott, dem Herrscher über Raum und Zeit. Der übergreifende, auf den Menschen bezogene Wert der islamischen Lehre war zu allen Zeiten das allgemeine, im Leben des Menschen sich verwirklichende Ethos. Muhammed ('a. s.) hat dies für sich selbst — wie bereits angeführt — mit dem Spruch gesagt: „Ich bin entsandt worden, um die edlen Seiten der menschlichen Natur zur vollen Entfaltung zu bringen".

XXVIII. Anmerkungen

1. ‘A. s. — Abkürzung für *‘Aleyhi’s-selām* (Friede sei mit ihm!) oder — bei Nennung von mehreren Gottesgesandten — *‘Aleyhimu’s-selām* (Friede sei mit ihnen!)
2. Diese Definition stammt von Muhammed (‘a. s.)
3. Siehe: *Ibn Sina, Risāla fi’l-‘išq* in der Edition von Marion Soreth in *Oriens* 17/1964, S. 124.
4. Ein in der islamischen Mystik vorkommender Vergleich.
5. Zitat aus der Hadīṯ-Literatur; in religiös geschulten Kreisen allgemein geläufig.
6. *Raḥmān* = der aus Gnade Schenkende.
7. Siehe das Kapitel über den Qur’ān
8. Siehe: Hellmut Ritter in Oriens 6/1953, S. 184.
9. Übers. von Friedrich Rückert. Siehe: Annemarie Schimmel, Denn Dein ist das Reich. Freiburg (usw.) 1977, S. 91/92.
10. Vgl. meinen Aufsatz „Jesus in der modernen islamischen Theologie“, in: Glauben an einen Gott, Freiburg, Br. 1976. Hier abgedruckt auf S. 111-116.
11. *Muhammed Zafrulah Khan:* Islam für den heutigen Menschen. (Zürich, Frankfurt 1984), S. 171.
12. Siehe: *Hellmut Ritter,* Das Meer der Seele. Leiden 1978, S. 64.
13. *Šurūt* (arab.) Mehrzahl von *šart* = Bedingung. *Erkān ul-islām* = Pfeiler oder Stützen des Islam.
14. W. Montgomery Watt u. Alfond T. Welch: Der Islam. Stuttgart (usw.) 1980, S. 158.
15. Hellmut Ritter: Das Meer der Seele, Leiden 1978, S. 65.
16. Zitiert nach: Josef Hammer-Purgstall, Bericht über den zu Kairo im Jahre 1835 erschienenen türkischen Kommentar des Mesnewī Dschelāladdīn Rūmī’s. Wien 1851, S. 12/13.
17. Die Ka‘ba ist ein aus grauem Gestein errichteter, viereckiger Bau in der Mitte der großen Moschee in Mekka, in dem der „Schwarze Stein“, ein Meteorit, eingebaut ist. Nach der Überlieferung von Ibrāhīm-Peygamber gegründet, war die Ka‘ba schon vor dem Auftreten Muhammeds ein Heiligtum.
18. Es gibt einfältige Gläubige, die aus Respekt vor dem Papier, auf dem die heiligen Schriften geschrieben sind, den Gebrauch von Toilettenpapier meiden und sich auf das Wasser (oder Steine) beschränken. Dieses hat mit dem Islam nichts zu tun. Die Verwendung eines eigens zu Toilettzwecken hergestellten Papiers ist religiös unbedenklich und aus hygienischen Gründen empfehlenswert. Allerdings sollte nach Möglichkeit in jedem muslimischen Haus auch die Bidet-Benutzung gesichert sein.
19. *Arabisch: Allāhu ekber. Ešhedu en lā ilāhe illa‘llāh. Ešhedu enne Muḥammeden resūlu ‘llāh. Ḥayye ‘ale’ṣ-ṣalāḥ. Allāhu ekber. Lā ilāhe illa‘llāh.*
20. Aus el-Ġazālī’s *Kitāb al-weǧīz* (Kairo 1317). Zitiert nach: G. L. Grunebaum, Der Islam im Mittelalter. (Zürich, Stuttgart 1963), S. 150.
21. Im arab. Text *ṣirāṭ,* was auch die mythologische Brücke über das höllische Feuer bedeuten kann.
22. Es werden in der Regel kurze Suren oder nur einige Verse aus einer längeren Sure rezitiert.
23. Bei dieser Gebetshandlung wird der *Tesbīḥ,* eine Art Rosenkranz, verwendet.
24. In Bosnien sagt man lediglich: *Bayram mubārek olsun.* Die Antwort darauf ist: *Allāh razı olsun* (Gott möge zustimmen!)
25. Der Glaube allein bürgt für die rechte Leitung im religiösen Sinne. Es muß daher mit Entschiedenheit etwa die Ansicht abgelehnt werden, daß die muslimische Frau „nur unter Beachtung des Verschleierungsgebotes“ mit fremden Männern Kontakt aufnehmen darf. So schreibt nämlich auf S. 167 seines Buches „Weltanschauung und Leben im Islam„ (Freiburg usw. 1971) der Pakistaner *Abu’-A‘lā Mawdūdī.* Auch einige andere Ansichten dieses 1979 verstorbenen Gelehrten sind strittig.

26. Laut *Ibn Sa'd* (Kitāb at-Ṭabaqāt al-kabīr, Edition Houtsma, III, 1, S. 202) und *Ya'qūbī* (Ta'rīḫ II, S. 159) ist das Ramaḍān-Fasten erst unter 'Omer (634-644) für jeden Muslim verpflichtend geworden.
27. Heinrich Wallnöfer, Fasten heißt nicht hungern, und tut vielen von uns gut, „Expreß" (Wien) vom 6. Dezember 1958.
28. Vgl. Heribert Busse: Tradition und Akkulturation im islamischen Modernismus. In: Saeculum 26. 1975, 2, S. 158.
29. Vgl. die zweite Übersetzungsweise im Kapitel „Gebetstexte".
30. Das genaue Zitat auf der nächsten Seite.
31. Dieselbe Verpflichtung gilt natürlich auch der jüdischen Gattin gegenüber, soweit es ihren Glauben betrifft.

31a. Den hier vorkommenden Ausdruck *wa'ḍribūhunne* übersetze ich mit *„Und prägt sie bzw. ihren Charakter!"* Diese Bedeutung wohnt dem Verbum *ḍaraba-yaḍribu* inne.Die naheliegende Übersetzung ist aber: „Und züchtigt sie!" Leitet man daraus dieses Verständnis ab, dann darf man nicht aus den Augen verlieren, daß dieser Qur'ān-Vers gesellschaftliche Wirklichkeit wiedergibt. Das Züchtigen gehört ja seit eh und je in einem autoritären und patriarchalische Ordnungssystem zu den üblichen Methoden der „Erziehung". Der Qur'ān zieht hier zwei bis dahin weitgehend unbekannte, dafür aber ihm näher liegende und humane Methoden in Betracht. Die Graduierung der Prioritäten bekundet den Charakter der neuen Ordnung. Muhammed – das oberste Beispiel der gesitteten islamischen Praxis – hat sich in seinem Familienleben niemals der Züctigung bedient. Darauf hinaus geht auch die qur'ānische Absicht. (Siehe hierzu meinen Aufsatz: „Die muslimische Frau in Europa", in: Der Gerade Weg, Wien 1979, Mai; im Auszug wiedergegeben von *Monika Tworuschka, in: Allah ist groß, Gütersloh 1983, S. 87/88.)*

32. *Trotz dieses und ähnlicher Sprüche Muhammeds ist die Familienplanung durch Empfängnisverhütung erlaubt.*

32a. *Sure 2 : 282*

33. *Siehe: Husein Djozo, Islam u vremenu, Sarajevo 1976, S. 211. Li'ān ist eine Art öffentliche Gewissensbefragung, um einen Straf- oder klagbaren Sachverhalt aus dem intimeren Lebensbereich zu ergründen.*

34. *Bericht über eine internationale Tagung „Religion und Emanzipation" in Berlin (Evangel. Akademie) v. 18. bis 20.11.1977.*

35. *Das Verbum, von dem der Begriff taqwā (oft mit Frömmigkeit übersetzt) herstammt, lautet waqā, yaqī.* Seine Bedeutung ist: behüten, inachtnehmen, bewahren, vorbeugen. Die Sitte, daß die Frauen das Haupt in der Öffentlichkeit bedecken, war übrigens den meisten alten Völkern des Orients eigen. Siehe: Klaus E. Müller, Kulturhistorische Studien zur Genese pseudo-islamischer Sektengebilde in Vorderasien. Wiesbaden 1967. S. 242.

36. Sure 7 : 26.
37. Indische Spruchweisheit. Leipzig u. Weimar 1975. S. 207.
38. Ebenda, S. 209.
39. 49 : 13
40. Osman Nuri Hadžić: Muhammed a.s. i Kur'an. Sarajevo 1968. S. 146.
41. Vgl. Djozo, a.a.O., S. 212. Daß es in islamischen Ländern effektiv viele Königinnen und Fürstinnen gegeben hat, wird sehr instruktiv in der Studie „Islam devletlerinde kadın hükümdarlar" (etwa: Frauen am Herrscherthrone in islamischen Staaten) von Bahriye Üçok, Ankara 1965, gezeigt.
42. *Carl Nathanael Pischon:* Der Einfluß des Islam auf das häusliche, soziale und politische Leben seiner Bekenner. Leipzig 1881, S. 14. Dieses Buch enthält sonst viele sachliche Fehler. Seine Urteile in Bezug auf die Zukunft des Islam haben sich inzwischen durchweg als falsch erwiesen.

43. Sigrid Hunke: Allahs Sonne über dem Abendland. Stuttgart 1976. S. 272. (Das Bild der Professorin, die vor gemischter Zuhörerschaft in der Moschee einen Vortrag hält.)
44. Muhammad Asad, Islam und Politik. Genf 1963. S. 7. (Islamisches Zentrum Genf. 9.)
45. Gustav Pfannmüller, Handbuch der Islam-Literatur. Berlin, Leipzig 1923, S. 74.
46. Ebenda, S. 69.
47. Siehe: Glaube und Wissen. Wien — Freiburg — Basel (1980) S. 39.
48. C.H. Ratschow: Ethik der Religionen. 1980, S. 502.
49. Vgl. Al-Gazzali's Buch vom Gottvertrauen. Das 35. Buch des Iḥyā'"ulūm ad-dīn. Übers. von Hans Wehr. Halle/Saale, 1940, S. 86 - 91.
50. Kuriositätshalber sei erwähnt, daß diese Formel — stark abgekürzt — auch im Westen kursiert, und zwar in dem Zauberspruch *Simsala bim.* Dieser Spruch ist nichts anderes als das arabische *Bismillāh* (Mit dem Namen Gottes !) zweimal gesagt und, freilich, entstellt.
51. Siehe F. Buri, J.M. Lochman, H. Ott: Dogmatik im Dialog, Bd. 2 (Gütersloh 1974). S. 13. — Es sei darauf hingewiesen, daß innerhalb dieses Beitrages die islamische Mystik (Teṣawwuf) und die religiöse Gedankenwelt der breiten Volksschichten nicht berücksichtigt wurden, weil sie nicht zu dem gestellten Thema gehören.
52. Sure 12 : 4. Über die Rolle der Erzählungen im Qur'ān hat Muḥammed Aḥmed Ḫalefullāh eine grundlegende Arbeit verfaßt: El-Fenn el-qiṣaṣī fi'l-Qur'ān il-kerīm. El Qāhire 1950/51. XIV, 386 S.
53. Die im Qur'ān im Zusammenhang mit der Entstehungsgeschichte des Islam gelegentlich vorkommende Bezeichnung „Bund" hat eine ganz andere Bedeutung als der Bund des Alten Testaments.
54. Vgl. A. Merad, Le Christ selon le Coran (Aix-en-Provence 1968) S. 80. Ferner: M[uhammed] Kāmil Ḥuseyn. — M. Kamel Hussein. City of wrong. A Friday in Jerusalem. Transl. from the Arabic with an introd. by Kenneth Cragg. Djambatan [usw.] (1959). XXV, 225 S. Kamphoevener, Elsa Sophia v.: Islamische Christuslegenden. Fromme Legende des Islam. (Illustr. v. Hans Bächer.) Zürich: Die Arche (1963). 53 S. (Die kleinen Bücher der Arche 372/373.)
55. H. Räisänen, Das koranische Jesusbild. Ein Beitrag zur Theologie des Korans (Helsinki 1971) S. 89.
56. Für die ältere Zeit siehe M. Steinschneider, Polemische und apologetische Literatur in arabischer Sprache zwischen Muslimen, Christen und Juden (Leipzig 1877). Über die Kontroversialliteratur siehe den Artikel „Das Verhältnis zu den Ungläubigen in der islamischen Theologie" von Peter Antes in: Glauben an den einen Gott, Freiburg/Br. 1975. S. 117-130.
57. Muḥammed Ebū Zehre, Muḥāḍarāt fi'n-naṣrāniyya (El-Qāhire 1385 / 1965/6) S. 16 f. Ebū Zehre war bis zu seinem Tode Professor an der Universität El-Ezher in Kairo.
58. Muḥammed ibn el-Ḫaṭīb, Hāḏā huwe'l-ḥaqq (Al-Qāhire 1386 / 1966/7) S. 6. Diese Schrift ist als Antwort auf eine Schmähschrift über den Islam, deren Autor ein christlicher Theologe ist, entstanden.
59. Ebd., S. 11. Vgl. auch Riyāḍ ed-Durūbiyye (El Droubie), A Muslim View of Jesus and Christianity (London [um 1973]) S. 4.
60. Ebd., S. 17.
61. 'Abdullāh ibn 'Omer el-Beyḍāwī (gest. 1286), einer der angesehensten Korankommentatoren, war es, der die Lehre von der Wiederkunft Jesu ausbaute. Vgl. Räisänen, a.a.O., S. 22.
62. Husein Djozo in der Rubrik „Pitanja i odgovori" (Fragen und Antworten), in: Glasnik Vrhovnog islamskog starješinstva 37 (Sarajevo 1974) S. 44.
63. Djozo, a.a.O., S. 46.
64. Muhammed Arkoun: Comment lire le Coran? Zitiert nach *Argumenti*, Rijeka, 2/1982, S. 173.

65. Ein solcher Einfluß ist besonders in der Haltung zur Frau festzustellen.
66. Gehalten im Hedwig-Dransfeld-Haus in Bendorf am Rhein am 24.3.1982.
67. Bei Karl Marx hat dieser Gedanke folgende Formulierung gefunden: „Alle Emanzipation ist Zurückführung der menschlichen Welt, der Verhältnisse, auf den Menschen selbst".
68. Vgl.: Peter Antes: Der Islam als politischer Faktor. Hannover 1980. S. 14.
69. *A. Neuwirth* in der Besprechung des Werkes „The Collection of the Qur'an" von John Burton. In: Orientalistische Literaturzeitung 76/1981, 4. Sp. 373/4.
70. Islam u vremenu. Sarajevo 1976. 216 S.
71. *H. Djozo.* a.a.O., S. 28/29.
72. *Iğtihād* ist die individuelle Bemühung um die bestmögliche Lösung eines Rechts- oder Kultproblems. Dieses Bemühen steht hervorragenden Religionsgelehrten zu. Die so gewonnenen Einsichten oder Entscheidungen sind im Wirkungskreis des betreffenden Gelehrten und in seiner Zeitsituation verbindlich.
73. *Djozo,* a.a.O., S. 31.
74. Daselbst, S. 50.
75. Daselbst, S. 39.
76. Ibidem, S. 137/8.
77. Djozo, a.a.O., 141/143.
78. Zitiert nach: Husein Djozo, Misao koegzistencije u islamu (Der Koexistensgedanke im Islam). In: Glasnik Vrhovnog islamskog starješinstva u FNR Jugoslaviji, Sarajevo 12/1961, S. 363/4.
79. *Aḥmed Behā'uddin* in El-Ehrām, Kairo, vom 28. Okt. 1982, S. 16.
80. So in seiner Besprechung einer von *Max Horten* verfaßten Abhandlung über die religiöse Gedankenwelt der gebildeten Muslime in der Orientalistischen Zeitung 23/1920, 5/6, Sp. 124.
81. Kraus, Herbert: Liberalismus und Religion. Gibt es liberale Gläubige? Worin besteht ihre Besonderheit? Manuskript des Verfassers in meinem Besitz.
82. Als Beispiel dieses indo-pakistanischen Einsatzes sei die Wirksamkeit der Association for the Reemergence of Islam in Lahore angeführt. Ihr Hauptanliegen ist die Aufgabe des Hadīth, einer vielfach zweifelhaften Überlieferung.
83. Evoljucija Islama v SSSR. Moskva: The Political Literature Press 1972.
84. Ali Merad: Reformatorske struje u modernom islamu. (Reformbewegungen im modernen Islam). In: Takvim 1400, Sarajevo 1979, S. 151.
85. Kremer: Geschichte der herrschenden Ideen des Islams, Leipzig 1868, S. 38.
86. „Kurier", Wien, vom 27. Mai 1983, S. 4 (Magazin).
87. Said Ramadan: Islamic Law — its scope and equity. 2. ed. O.O. 1970. S. 18/19.
88. J. Fück: Über die Originalität des arabischen Propheten. In: Zeitschrift der Deutschen Morgenländischen Gesellschaft 90/1936, S. 509 - 525.
89. C.H. Becker: Islamstudien. I. Leipzig 1924, 58 ff.
90. Siehe: Bertold Spuler in der Besprechung des Werkes Slave Soldiers and Islam von Daniel Pipes (Der Islam 59/1983, S. 140).
91. Christine Reents, Marie-Luise Ehrhardt: Der Islam als Thema neuerer religiöser Kinder- und Jugendliteratur. Bericht über ein Defizit. Manuskript in meinem Besitz. S. 3.
92. Unter dem Ausdruck ḏikr werden hier endlose verbale Litaneien verstanden, nicht aber ein stilles Eingehen in sich selbst verbunden mit Erinnerung an Gott.
93. Ibrahim Hodžić, a.a.O., S. 12.
94. Abdullah Nişancı, ehemaliger Ministerialrat im türkischen Unterrichtsministerium: Tercüman 8.5.81).
95. Nach den neuesten Forschungen dürfte Ebū Hanīfa in Wirklichkeit nur ein Mitbegründer der nach ihm genannten Schule sein.

96. A. Mez: Die Renaissance des Islāms. Heidelberg 1922.
97. Blue, Lionel. The New Paradigm of Europe. In: European Judaism, London 1974/5, Winter, S. 4.
98. Khalid, D.: Reislamisierung und Entwicklungspolitik. München, Köln, London: Weltforum Verlag, 1982, S. 164.
99. Zitat aus einem Artikel des führenden wahhabitischen Theologen Scheich 'Abdul'azīz ibn Bāz. Vgl. S. 211 in diesem Buch.
100. Siehe den Aufsatz *The Concept of Sharī'a among some Mutakallimun* von Wilfred Cantwell Smith in der Festschrift *Arabic and Islamic Studies in honor of Hamilton A.R. Gibb,* Leiden 1965.
101. La Bible, le Coran et la science. Paris 1976. Dieses Buch hat in der Öffentlichkeit eine geteilte Aufnahme gefunden. Manche seiner Aussagen sind eher kontrovers als wissenschaftlich approbiert.
102. *Tibi, Bassam:* Die Krise des modernen Islam. Eine vorindustrielle Kultur im wissenschaftlich-technischen Zeitalter. München 1981.
Dazu die kritische Besprechung „Auf den Spuren von Allahs Fünfter Kolonne" von Wolfgang Slim Freund in: Frankfurter Hefte 37/1982, 3, S. 72-75.
103. Recherches d'islamologie, Louvain 1977, S. 338.
104. Rotraud Wielandt: Offenbarung und Geschichte im Denken moderner Muslime. Wiesbaden 1971, S. 166.
105. *Muhammad Asad:* Islam und Politik. Genf 1963. S. 7
106. 5:43. Lediglich die Unzucht schließt scheinbar das Mitleid aus. (24:2). Dafür aber ist, entgegen der Ansicht der Rigoristen, eine Bleibe der Unzüchtigen in der Gesellschaft unvermeidlich und zulässig: „Und ein Hurer soll nur eine Hure oder eine Heidin heiraten:" (24:3).
107. Siehe: Islam 46/1970, 1/2. S. 192.
108. H. Ritter in Oriens 11/ 1958, S. 309.
109. Die mit der Ausrufung der Islamischen Republik Iran eingesetzte Entwicklung ist, wie die Ereignisse inzwischen gezeigt haben, in die Sackgasse geraten. Anstatt zum Frieden und zum Aufbau einer neuen islamischen Kultur hat sie zum Krieg und zum Verfall der Kulturwerte geführt. Die Entwicklung wird weitgehend von nationalen und regionalen Zwängen getragen. Der vom Irak 1980 provozierte Golfkrieg zeigt mit erschreckender Deutlichkeit, wie dünn gesät der moralische und religiöse Inhalt in einem als „Religion und Staat" verstandenen Islam ist.
110. Sure 13:12.
111. Hans von Hentig: Die Strafe. Berlin Göttingen-Heidelberg 1954, Bd. 1, S. 426.
112. Der gesteckte Rahmen dieser Arbeit erlaubt uns nicht die Behandlung des islamischen Erbrechtes, das sich sehr gut bewährt hat. „Die Gesetzgebung des Islam ist auch in dieser Hinsicht", meint Mawdūdī, „einmalig und vorbildlich, und andere Nationen greifen nun auch bereits darauf zurück". (Mawdūdī, a. O., S. 165).
113. Siehe: Kurier (Wien) vom 19. 12. 1966
114. Hans-Heinrich Reckeweg: Schweinefleisch und Gesundheit, Baden-Baden 1977, S. 28.
115. Auch hier zeigt sich, wie unhaltbar die These ist, daß der Islam angeblich den Männerinteressen das Wort spricht.
116. Osman Nuri Hadžić: Muhammed (a. 's.) i Kur'an (2. Aufl.), Sarajevo 1968, S. 135.
117. Mewlāye (arab.) = Mein Herr.
118. Vgl. die Ausführungen im Kapitel „Die Frau — Partnerin des Mannes".
119. Die vorangehenden Ausführungen beruhen auf einer Darstellung der Frauenfrage von Ahmed Ağaoğlu (Agaev). Die in türkischer Sprache zunächst unter dem Titel *Islāma göre we islām 'āleminde qadın* und dann unter dem Titel *Islamlıkta kadın* erschienene Abhandlung wurde von Osman Nuri Hadžić, dem Verfasser der oben zitierten und

von der obersten Leitung der Islamischen Gesellschaft in Jugoslavien offiziell vertriebenen Abhandlung über Muhammed und den Qur'ān, auszugsweise übersetzt und verarbeitet.

120. Siehe: Verspreide Geschriften von C. Snouck Hurgronje, a. a. O., S. 295 ff.
121. Zu der Rolle der Rechtskniffe in der *šerī'a* siehe zunächst das *Kitāb el-ḥiyal we'l-maḫāriǵ* von Aḥmed ibn 'Omer el-Ḫassāf in der Edition von Josef Schacht, Hannover 1923. Aus diesem Buch über „Kniffe zur Umgehung der Scheriatsvorschriften und zur Sicherung bei irgendwelchen Verträgen" ist, meint Wilhelm Heffening in der Besprechung des Buches, „mehr zu lernen als aus den zahlreichen Fiqhkompendien".
122. Dieses soll nicht bedeuten, daß die Besetzung der Moschee im Ḥarem-i šerīf nicht ein verabscheuungswürdiger Akt war. Eine derartige politische Demonstrationsart entbehrt aber nicht einer gewissen Logik in einer Gesellschaft, die die Religion und Politik dauernd vermischt.
123. Siehe: Ṣaḥīḥ ul-Buḫārī. Buharijina zbirka hadisa. Knjiga 1. (Sarajevo 1974). S. 60
124. Diese Ansicht wurde in neuerer Zeit u. a. von einem El-Ezher-Gelehrten 'Abdulḥamīd Baḫīt in der Zeitung el-Aḫbār al-ǧadīda (Kairo) im Frühjahr 1955 vertreten.
125. Pierre Rondot: Islam et les Musulmans d'aujourd'hui. Deutsche Übersetzung. Stuttgart: Schwabenverlag (1963). S. 27.
126. Ṣaḥīḥ ul-Buḫārī, a. a. O., S.663-666.
127. Wörtlich heißt es darin: „Die Sunna ist die herabgesandte Offenbarung, die Gott genauso gehütet hat wie Er den Qur'ān gehütet hat."
128. Siehe dazu meinen Aufsatz „Disput über die Zukunft" in: Der gerade Weg (Wien) 1976, 4-6. S. 15/16.
129. Recherches d'islamologie (Louvain) 1977, S. 338.
130. Ebenda, S. 340.
131. Es ist interessant zu beobachten, daß selbst fundamentalistisch orientierte Islam-Staaten keinen einheitlichen Strafvollzug befolgen, obwohl sich alle auf den Qur'ān berufen. So führt z. B. die Islamische Republik Iran keine Mutilationen, Auspeitschungen und Enthauptungen durch. Auch keine anderen mittelalterlichen Strafarten werden — entgegen der saudi-arabischen Praxis — dort praktiziert.
132. René Guénon: Die Krisis der Neuzeit, Olten 1950, S. 85. (Der Verfasser dieses Werkes, ein bekannter französischer Philosoph, hat nach langen Studien und einer erfahrungsreichen Begegnung mit dem Leben den Islam angenommen).
133. Guénon, ebenda, S. 87.
134. Das Wort *el-mu'min* bedeutet: der Gläubige.
135. Vgl. W. Montgomery Watt und Alford T. Weich: Der Islam. Bd. 1. Stuttgart. Berlin, Köln, Mainz 1980, S. 72/73.
136. Vgl. die Seite 211 in diesem Buch.
137. Recherches d'islamologie. Louvain 1977. S. 338.
138. Rotraud Wielandt: Offenbarung und Geschichte im Denken moderner Muslime. Wiesbaden 1971. S. 66.
139. So gesagt in Abwandlung einer in bezug auf das Christentum getroffenen Formulierung von F. Gogarten. Zitiert nach: Heinrich Leipold, Offenbarung und Geschichte als Problem des Verstehens. Gütersloh 1962, S. 151.
140. Wielandt, a. a. O., S. 46.
141. D. Khalid: Reislamisierung und Entwicklungspolitik. München, Köln, London 1982. S. 164.
142. Khalid, a. a. O., S. 164
143. Wielandt, a. a. O., S. 170.
144. Stephan und Nandy Ronart: Lexikon der arabischen Welt. Zürich, München 1972. S. 793.
145. Wielandt, a. a. O., S. 166.

146. Der Namengeber und Mitbegründer der hanefitischen Interpretationsschule des Islam, *Ebū Ḥanīfa,* eine hervorragende religiöse Autorität, hält das Rezitieren des Qur'ān in der eigenen Muttersprache selbst beim Gebet für zulässig. Siehe das kurze Kapitel über Ebū Ḥanīfa im zweiten Teil dieses Buches.

147. Der deutsche Islamwissenschaftler *Tilman Nagel* hat einen recht gelungenen Versuch unternommen, den Inhalt des Qur'ān auf bestimmte Themenbereiche und theologische Aussagen zusammenzuziehen. Das Ergebnis dieser Arbeit ist sein Buch „Der Koran — Einführung, Texte, Erläuterungen", München 1983 (371 S.)

148. Das Wort *Vers* wird hier nicht im Sinne einer Gedichtzeile, sondern im Sinne des kleinsten Abschnittes des Qur'ān-Textes verwendet.

149. Siehe das Kapitel IV. in diesem Buch.

150. Die Kliniken in Chicago nehmen seit fünf Jahrzehnten von allen Neugeborenen Fußabdrücke. Als Mittel zur Identifizierung sei diese Methode unfehlbar. Manche Staaten bedienen sich ihrer in der Kriminologie. Siehe *Bunte Österreich-Illustrierte* vom 8.2.1967, S.7.

151. M. Watt: Der Islam. 1. S. 166

152. M. Watt, a. a. O., S. 184.

153. Th. Nöldeke. Zitiert nach Watt, a. a. O., S. 188.

154. Zitiert nach G. *Pfannmüller,* Handbuch der Islam-Literatur, Berlin Leipzig 1923. S. 170.

155. Die Untersuchung führt als Buch den Titel „The 100" (New York 1978). Ihr Autor, *Michael Hart,* begründet dieses folgendermaßen: „Das Christentum wurde im Unterschied zum Islam nicht von einer einzigen Person gegründet, sondern von zwei Gestalten: Jesus und Paulus".

156. A. Schimmel: Und Muhammed ist sein Prophet. (Düsseldorf, Köln 1981), S. 7.

157. Gustav Pfannmüller, a. a. O., S. 119.

158. In Heften der vom Orientdienst, einer aggressiven evangelischen Missionsstelle in Wiesbaden, herausgegebenen Reihe „Christentum und Islam", wird Muhammed als Kameltreiber hingestellt. In Wirklichkeit war der Glaubensbote aus Mekka von Beruf ein Kaufmann. Einer, der im Besitze von Kamelen ist, darf wohl genauso wenig als Kameltreiber bezeichnet werden wie einer, der Autos besitzt, als Chauffeur.

159. Seit Christian *Snouck Hurgronje* (Verspreide Geschriften, Leipzig-Bonn-Leiden 1923/27, I., S. 295-317) nachgewiesen hat, daß die Hiğra eine Auswanderung oder Lossagung ist, wird dieses Ereignis nicht mehr — wie früher — als „Flucht" angesehen. Eine planmäßig und in Ruhe vollzogene Kampfbewegung, die zum Sieg führt, kann nicht als Flucht qualifiziert werden.

160. Die Stellung Muhammeds im Islam ist religionstypologisch eine ganz andere als die Stellung Christi im Christentum. Der Unterschied wird schon in der Bekenntnisformel skizziert: „Ich bezeuge, daß es keinen Gott außer Allah gibt; ich bezeuge, daß Muhammed sein Diener und sein Gesandter ist." Die Mystiker finden in den mensch lichen Ausgangsstellungen der beiden Religionen, des Christentums und des Islams, eine Parallele: Der des Lesens und Schreibens kaum kundige Muhammed schenkte der Weltliteratur ein Kapitalwerk, den Qur'ān, der als Gottes Wort im Zentrum der islamischen Lehre steht. Das in einem jungfräulichen Schoß zu Fleisch gewordene Gotteswort Jesus Christus steht in der Mitte der christlichen Botschaft. Der Schöpfungsakt, der beim ersten Menschen, Ādem, zur Vollendung geführt hatte, wiederholte sich bei 'Īsā ('a. s.). Die durch Gott vorgenommene erstmalige Unterweisung des Menschen, die Ādem zuteilgeworden war (vgl. Qur'ān 2:31), wiederholte sich bei Muhammed durch die Eingebung des Qur'ān.

161. Diese Erzählung wurde dem Werk *Muhammed i Kur'an von Osman Nuri Hadžić* entnommen. Bei der Abfassung dieses Kapitels habe ich mich überhaupt dieses wertvollen Buches ausgiebig bedient.

162. Das Wort *mu'ǧiza* heißt eigentlich: etwas, was dem Gesprächspartner seine eigene Ohnmacht vergegenwärtigt.
163. So kann z. B. niemandem zugemutet werden, bei der Benutzung eines modernen Pissoirs hockende Stellung einzunehmen. Dieses verlangt aber die alte Tradition, damit der Reinlichkeit Rechnung getragen wird. Was einst eine vernüftige Regel war, ist heute — unter veränderten Lebensumständen — geradezu eine untragbare Zumutung.
164. Gerechtigkeit und Freiheit (Grundzüge der katholischen Soziallehre), 1980.
165. Vgl. Joseph Schacht, Zur soziologischen Betrachtung des islamischen Rechts. In: Der Islam 22/1935, S. 228

XXIX. Erklärung der Fachausdrücke

Abkürzungen

a. = arabisch
p. = persisch
Myst. = Mystik
t. = türkisch

'abd (a.) — Knecht, Diener
'abduh (ū) (a.) — Gottes Diener
'ādil — gerecht; ein Attribut Gottes
'Aleyi's-selām — Friede sei mit ihm! Häufig als Synonym für Muhammed
'ālim ul-ġayb — „Kenner des Unbegreiflichen (des Geheimnisvollen)"; eine Eigenschaft Gottes
Allāh (a.) — Gott als Schöpfer und Erhalter der Welt und als erstes und letztes Prinzip im Weltgeschehen. Im Arabischen heißt **Gott** eben **Allāh;** so auch bei den arabischen Christen.
aṣḥāb ul-ḥadīt — die „verschworenen" Traditionalisten; die muslimischen Theologen und Aktivisten, die die Tradition zur entscheidenden religiösen Orientierungsgrundlage machen
Azrā'īl — der Name des Todesengels
besmele s. **Bismilla**
Bismilla (a.) Kurzbezeichnung für die einleitende Gebetsformel des Qur'an: Bi'smi'llāhi'raḥmānir-raḥīm
Dār ul-ḥarb (t.-p.: **dār-i harb**) — „das Haus des Krieges". Das ist jener Teil der bewohnten Erde, in dem der Islam und seine Bekenner wegen ihres Glaubens verfolgt werden sowie im allgemeinen die Länder, in denen die Religion außerhalb des Gesetzes ist.
dār ul-islām (t.-p.: **dār-i islām)**) — jener Teil der bewohnten Erde, in dem die vom Islam vorgesehene gesellschaftliche, moralische und politische Ordnung herrscht und in dem die Muslime das Sagen haben; die Kulturgemeinschaft des Islam; die Gesamtheit der muslimischen Staaten.
ḍarūret ul-ḥāl (a.) — Zwangslage (Argumentierungsmethode in der Rechtsfindung); p.-t.: **zarūret-i-hāl**
Derwisch (p.-t.: „Bettler") — Mitglied eines mystischen Ordens, der am **ḏikr** (siehe weiter unten!) oder auch an anderen Riten des Ordens — der Initiation, dem rhythmischen Tanz, den musikalischen Vorführungen — teilnimmt.
dīn we dewlet (a.) — „Religion und Staat"; das Schlagwort der islamischen Fundamentalisten (sie nennen sich selbst häufig „Islamisten") als Aus-

druck ihres zweipoligen Islam-Verständnisses, das praktisch zu einer Art islamischen Cäsaropapismus führt.

ḏikr (a.) — Gedenken Gottes durch Rezitieren oder Skandieren von Gebetsformeln oder Gottes Epitheta. Die Séancen mit dieser Form der Meditation sind vor allem im Derwischtum üblich.

dowa (t.-a.), **du'ā'** (a.) — Bittgebet

ebed — endlose Ewigkeit

ehl ul-Kitāb (t.-p.: ehli-i Kitāb) — die Schriftbesitzer, die Leute der Bibel. Darunter werden die Juden und die Christen verstanden, weil sich ihr Glaubensverständnis auf die Hl. Schrift, bezw. die Bibel gründet.

erkān ul-islām — die Stützen (Pfeiler) des Islam

Eš'ariyya (a.) — die von 'Alī el-Eš'arī (gestl. 873 oder 874) gegründete Richtung der Glaubenslehre im sunnitischen Islam, die die starre Rechtgläubigkeit der Frühgeschichte und den Rationalismus der Mu'teziliten miteinander aussöhnte. Diese Schule ist die Begründerin der spekulativen Theologie des Islam, die unter dem Namen **'ilm ul-kelām** ihren Platz in der Geistesgeschichte eingenommen hat.

faqīh, Mehrzahlform: **fuqahā'** — Lehrmeister des Rechts und des Kultus

fiqh, el- — die islamische Kultus- und Rechtslehre

Fundamentalismus islamischer Prägung — Buchstabengläubigkeit, die sich gegen eine modern strukturierte Traditionskritik auflehnt und an der Überlieferung der Erstgemeinde strikt festhält, im übrigen aber die Übernahme der modernen Technologie befürwortet.

Ğabarīten — theologische Vertreter der Lehre von der Unfreiheit des menschlichen Willens

ğāhiliyya, el- — „die Epoche der Unwissenheit", die vorislamische Zeit von Arabien

ğayb, el- (a.) — das Unbegreifliche; das Geheimnis

Ğebrāīl oder **Ğibrīl** — Erzengel Gabriel („der heilige Geist"), Träger göttlicher Offenbarungen zu den Menschen

ğehennem (a.) — die Hölle

ğennet (a.) — das Paradies

ğihād (a.) — „Anstrengung", „Aufbieten aller Kräfte". Im theologischen Sinne: Kampf um die Existenz der Glaubensgemeinschaft oder auch um die moralishe Integrität der eigenen Persönlichkeit

ḥadīṯ (a.) — Bericht über Muhammeds Taten, Äußerungen und stillschweigende Billigungen. In der Gesamtheit dieser Berichte reflektiert sich die **sunna** (siehe weiter unten!)

ḥadīt qudsī (a.) — Muhammeds Spruch, in dem ein gedanklicher Inhalt „göttlicher Herkunft" (oft eine biblische Sentenz) vermittelt wird

ḫalīfa (a.) — Stellvertreter; Statthalter;Kalif (als Stellvertreter Muhammeds in seiner staatsmännischen Funktion in Medina)

'ibādet (a.) — Gottesdienst; nach Seyyid Ahmad Khan „die Entfaltung aller verborgenen Kräfte des Menschen durch die Herstellung einer Verbindung mit Gott"

Iblīs (a.) — Name eines Teufels

i'ğāz (a.) — die sprachliche „Wunderwirkung des Qur'ān" (siehe: **mu'ğiza)**

Iğmā' (a.) — Consensus doctorum, „Consensus patrum„

iğtihād (a.) — freie Rechtsbildung durch berufene Religionsgelehrte

iḫtiyār (a.) — Option für die Ansicht einer anderen Rechtsschule als jener, der man angehört; eine Begründungsmethode der islamischen Rechtsfindung

'ilm esbāb en-nuzūl (a.) — Wissenschaft über die historischen Hintergründe, die zu dieser oder jener Offenbarung oder einzelnen Qur'ān-Versen geführt haben

imām (a.) — Vorbeter; Vorsteher der Gemeinde: geistlicher Führer der Schiiten; Titel der Kalifen und der Stifter der vier islamischen Rechtsschulen, jemenitischer König; religiöse Autorität

īmān, der Glaube

Inğīl, el-, Mehrzahlform: **el-Enāğīl** (a.) — das Evangelium im Sinne der authentischen Verkündung des historischen Jesus

irāda el-ğuz'iyya, el- — der durch Naturgrenzen eingeengte freie Wille des Menschen (Lehre des Ebū Manṣūr el-Mturīdī, gest. 944).

'Īsā — qur'ānischer Name für Jesus (Die Etymologie des Namens ist umstritten.)

islām (a.) — Hingabe (an Gott); Befreiung von der Unruhe des Herzens durch die Hingabe; Friedenssuche; Rettung; die von Muhammed (gest. 632) verkündete Offenbarungsreligion. Im weiteren Sinne die Religion aller biblischen Gottesboten

isnād, el- (a.) — die Überliefererkette, durch die ein **ḥadīṯ** für die Nachwelterhalten geblieben ist

isrā' (a.) – nächtliche Traumreise Muhammeds zum Tempelplatz **(el-Mesğid el-aqṣā)** in Jerusalem. Politisch motivierte Erklärungen geben als Ziel dieser Reise eine Stadt in Jemen an.

Isrāfil (a.) — der Engel, der am Tage der Auferstehung die Toten mit der Posaune erweckt

istiṣlāḥ (a.) — Argumentierungsmethode der islamischen Rechtssprechung, die das allgemeine Wohl (**maṣlaḥa**) in den Mittelpunkt der Betrachtung stellt

i'tiqādāt (a.), Pl. zu **i'tiqād** — religiöse Überzeugungen; grundlegender Glaubensgehalt

kāfir — undankbar, ungläubig, andersgläubig; **el-kāfir** — der Ungläubige. Das pejorative Wort **Giaur** stammt von pers. **Gabr** (gawr, gaur) und bedeutet ursprünglich: Zoroastrier.

kāfirūn, kuffār — Plural von **kāfir:** Ungläubige, Andersgläubige
kāhin — Seher, Wahrsager, Sprecher vom Kommenden: ein Begriff aus der altjüdischen Vorstellungswelt — auch im vorislamischen Arabien geläufig. Das Wort lebt in verschiedenen Familiennamen (Kahana, Kohn, Cahen usw.) fort.
Lā ilāha illa'llāh (a.) — der erste Teil der islamischen Glaubensformel: Es gibt keinen Gott außer Allah.
Mālikiyya (a.) — die von Mālik ibn Enes (gest. 795) gegründete traditionalistische Rechtsschule, davon die Bezeichnung **Mālikiten** für ihre Anhänger
Mehdī, el- (a.) — „der von Gott Geleitete"; der in der Endzeit erwartete Erlöser, der die Gerechtigkeit und den Frieden auf Erden wiederherstellen soll. Der Qur'ān spricht nirgends von einem **Mehdī** in diesem Sinne.
Mikā'īl oder **Miḫā'īl** — Erzengel Michael, der für das biologische Wohl der Lebewesen sorgt
mi'rāğ (a.) — Muhammeds visionäre Himmelfahrt oder — nach 'Ā'iša — Traum bei dem er neben wunderbaren Traumerlebnissen u. a. noch entscheidende Eingebungen zur Gestaltung des Gebetes erhalten hat.
Munker — einer der beiden Befragungsengel, die nach der islamischen Mythologie die Verstorbenen in ihren Gräbern über die zu Lebzeiten gemachten Taten befragen.
mu'ğiza (a.) — eine den Widersacher in Erstaunen versetzende prophetische Großtat, die jenem gleichzeitig die eigene Ohnmacht vergegenwärtigt; biblisches Wunder
mušrikūn (a.) — Polytheisten; alle, die außer dem einen Gott noch etwas anderes anbeten
Mu'tezila (a.) — theologische Schule des Islam, die auch in der Religion der Vernunft Vorrang einräumt. Sie lehrt Gottes absolute Einheit und Gerechtigkeit und verwirft jeglichen Anthropomorphismus im Gottesbegriff. Nach ihr ist der Qur'ān erschaffen. Diese Schule, die im 9. Jh. herrschende Positionen besaß, ist inzwischen theologisch überwunden. Manche muslimischen Reformer verstehen sich aber als **Neumu'teziliten.**
Nekīr — der zweite der beiden Befragungsengel (siehe: **Munker**)
peygamber (p.) — der Gottgesandte
qānūnnāme (sumer,-babylon.-griechisch-lat.-p.) — gesetzliche Erlässe der osmanischen Sultane
Qismet (a.), **Kısmet** (t.) — Anteil am Schicksal, Vorausbestimmung, Los; Mittelpunkt des orientalischen Fatalismus; hat keine Verankerung im Qur'ān
qiyāma, el-, qiyāmet (a.) — die Auferstehung. **Kıyamet koptu,** türkische Redensart) — Der Tumult ist losgegangen.

Qur'ān, el-Qur'ān, Koran (a.) — „Vortrag"; die Gesamtheit der von Muhammed empfangenen und weitergegebenen Offenbarungen. Muhammed sprach den Qur'ān aus dem Stegreif; demnach ist er kein Buch im eigentlichen Sinne. Außer dem Wortlaut der islamischen „Heilsbotschaft", enthält der Q. eigene Versionen biblischer Erzählungen, Zeitdokumente aus der Entstehungsgeschichte des Islam, Berichte über die letzten Dinge, Mahnungen, Anleitungen und Gebetstexte

Raḥīm, er- — der aus Mitleid Verzeihende; ein Synonym und Attribut Gottes

Raḥmān, er- — der aus Gnade Gebende, nämlich Gott

Ramaḍān (t.-p.: Ramazan) — der 9. Monat im muslimischen Mondjahr; in diesem Monat wird das religiöse Pflichtfasten eingehalten

Resūlullāh — Gottesgesandter; auch Synonym für Muhammed

Schia (šīat 'Alī) (a.) — Partei ('Alīs). Im Unterschied zu den **Ehl us-sunna we'l-ğemā'a** (den Sunniten) diejenigen Muslime, die sich auf den Standpunkt stellen, daß der Anspruch auf die Führung der islamischen Weltgemeinschaft den Nachkommen Muhammeds, nicht aber frei gewählten Kalifen, zukomme. Im Laufe der Geschichte bildeten sich zwischen den beiden Gruppen weitere Scheidungsmerkmale, darunter auch solche theologischer Natur

Scholastik — die auf die antike Philosophie gestützte Dogmatik und Rechtswissenschaft; dogmatische Schulweisheit

šefā'at (a.) — Fürsprache, Fürbitte (des Gottesgesandten)

sěhādet, šehāda — die Bezeugung des Glaubens in Wort oder in Tat. Die letztere Bezeugungsart ist wichtiger; deshalb heißt der Glaubensmärtyrer **šehīd** („der Blutzeuge").

selām — Friedensgruß. **Es-selāmu 'aleykum** oder **Selāmun 'aleykum** — Friede sei mit Ihnen (mit Euch)!

šerī'a (šerī'at) (a.) — islamisches Religionsgesetz; Scheriatsrecht

sunna, sunnet (a.), **sünnet** (a.-t.) — die Gesamtheit der von Muhammed nicht im direkten göttlichen Auftrag gesprochenen Worte und Empfehlungen, einschließlich seiner Taten und stillschweigenden Billigungen; Muhammeds maßgebliches Vorbild.

sūre (a.) — Kapitel des Qur'ān

šurūṭ, Mehrzahlform von **šarṭ** — Bedingung, Voraussetzung. **Šurūṭ ul-islām** — die unabdingbaren Voraussetzungen der Zugehörigkeit zum Islam

tāḥrīf (a.) — willkürliche Abänderung (eines Textes), Fälschung

tefsīr, Mehrzahl: **tefāsīr** — Qur'an-Kommentar; zum Unterscheiden von **te'wil** — Ausdeutung, Entnahme von Inhalten, die der äußere Wortlaut der Offenbarung nicht vermittelt

tewekkul, et- (a.) — Gottvertrauen

Tewrāt, et- (a.) — Thora (Tora); die fünf Bücher Mosis

ummet, umma (a.), **ümmet** (a.-t.) — die islamische Völkergemeinschaft

'urf (a.) — Brauch, Sitte; Regelung gewisser vom geschriebenen Gesetz außerachtgelassener Fälle der Rechtspraxis aufgrund des örtlichen Gewohnheitsrechts

uswa ḥasana (a.) — schönes persönliches Beispiel; Leitbild

waqf, pl. ewqāf (a.) — fromme Stiftung, eine sehr verbreitete Form des Wohlfahrtswesens im Islam

Weda (altindisch: **veda** „Wissen), **der** — die älteste aus mehreren Schichten bestehende religiöse Literatur der arischen Inder

Yūnus — Jona (Prophet)

Zwölfer-Schia — die imamitische Gruppe der Schia, die die Würde des **Imāms** „in meist gerader Abstammung vom Vater auf den Sohn von **'Alī** bis auf den 11. Abkömmling, **Ḥasan el-'Askerī,** fortsetzt" (Brockhaus). Der verschwundene Sohn Ḥasan el-'Askerīs, der 12. **Imām Muhammed,** soll nach dem schiitischen Glauben, am Ende der Zeit als **Mehdī,** „der verheißene Messias", wiederkommen.

XXX. Literatur*

'Afīfī, 'Abdullāh: El-mer'a el-'arabiyya fi ǧāhiliyyetihā we islāmihā. [Illustr.] (Ṭab'a 2.) Ǧuz' 1-3 Beyrūt: Dār er-Rā'id el-'arabī (1982). 136, 240, 172 S. [Die arabische Frau in der vorislamischen Zeit und nach der Islamisierung.]

Antes, Peter: Der Islam als politischer Faktor. – Hannover: Niedersächsische Landeszentrale für politische Bildung 1980. 73 S.

Becker, C[arl] H[einrich]: Islamstudien. Vom Werden und Wesen der islamischen Welt. (Nachdruck d. Ausg. 1924). 1.2.-Hildesheim: Olms Buchhandlung 1967. X, 534; XI, 550 S.

Busse, Heribert: Tradition und Akkulturation im islamischen Modernismus (19./20. Jahrhundert). In: Saeculum, München 26. 1975, 2. S. 157-165.

Dergenheim, Émile: Mohammed in Selbstzeugnissen und Bilddokumenten. [Illustr.] (Durchgesehene u. ergänzte Aufl.) – (Reinbek bei Hamburg) : Rowohlt (1980). 190 S.

Djozo, Husein: Islam u vremenu. – Sarajevo 1976. 216 S. [Islam in der Zeit.]

Ebū Zehre, Muḥammed: Muḥaḍarāt fi'n-naṣrāniyya. – El-Qāhire: Dār al-kitāb el-'arabī 1381/1961. 192 S. [Voelesungen über das Christentum.]

Ethik der Religionen. Ein Handbuch. Primitive, Hinduismus, Buddhismus, Islam. Hrsg. von Carl Heinz Ratschow. – Stuttgart, Basel, Köln, Mainz : Kohlhammer (1980). 511 S.

Fazlur Rahman: Islām. Çevirenler Mehmet Dağ, Mehmet Aydın. – Istanbul : (Selçuk Yayınları) 1981. XI, 335 S.

Falzur Rahman: Islam and Modernity. Transformation of an intellectual tradition. – Chicago, London : The University of Chicago Press (1982). 172 S. (Publications of the Center for Middle Eastern Studies. 15.)

Fueck, Johann: Über die Orginalität des arabischen Propheten. In: Zeitschrift der Deutschen Morgenländischen Gesellschaft 90/1936. S. 509-525.

Ġazālī, Muḥammed el-. – Al-Ġazzālī's Buch vom Gottvertrauen. Das 35. Buch des Iḥyā' 'ulūm ad-dīn. Übers. und mit Einleitung u. Anmerkungen versehen von Hans Wehr. – Halle/S. : Niemeyer 1940. XXVI, 117 S. (Islamische Ethik. 4.)

Glaube und Wissen. Symposion des Röm. Sekretariats für den Dialog vom 24.-26. April 1978 in München. Hrsg. von Hans Huber u. Oskar Schatz. [Viktor E. Frankl...] – Wien, Freiburg/Br., Basel : Herder (1980). 272 S.

Glauben an einen Gott. Menschliche Gotteserfahrung im Christentum und im Islam. Hrsg. von Abdoldjavad Falaturi u. Walter Strolz. Mit Beiträgen von Hamid Algar [u. a.] – Freiburg/Br., Basel, Wien : Herder 1075. 246 S. (Veröffentlichungen der Stiftung Oratio Dominica.)

Hentig, Hans von: Die Strafe. 1. – Berlin, Göttingen, Heidelberg : Springer 1954. V, 429 S. 1. Frühformen und kulturgeschichtliche Zusammenhänge.

Hodžić, Ibrahim: Zvjezdano nebo i zvjezdani moral [Sternenhimmel und Sternenmoral]. In: Takvim, Sarajevo 1982.

Der Islam in der Gegenwart. Hrsg. von Werner Ende und Udo Steinbach unter redaktioneller Mitarbeit von Michael Ursinius. [Illustr.] – München: Beck (1984). 774 S.

Kamphoevener, Elsa Sophia von: Islamische Christus-Legenden. Fromme Legende des Islams. (Illustr. von Hans Bächer.) – Zürich : Die Arche (1963). 53 S. (Die kleinen Bücher der Arche. 372/3.)

Khalid, D[evlet]: Reislamisierung und Entwicklungspolitik. Unter Mitarbeit von Fuad Kandil [u. a.] – München, Köln, London : Weltforum Verl. 1982. VII, 263 S. (Forschungsberichte des Bundesministeriums für wirtschaftliche Zusammenarbeit. 30.)

Kremer, Alfred von: Geschichte der herrschenden Ideen des Islams. Der Gottesbegriff, die Prophetie und Staatsidee. (Unveränderter photomechan. Nachdruck der 1. Aufl. 1868.) – Hildesheim : Olms Verlagsbuchhandlung 1961. XXI, 471 S.

Lech, Klaus: Geschichte des islamischen Kultus. Rechtshistorische u. ḥadīṯ-kritische Untersuchungen zur Entwicklung u. Systematik der 'Ibādāt.l,l. — Wiesbaden : Harrassowitz 1979. 1. Das Ramaḍān-Fasten. 1. 1979. XVIII, 352 S.

Leipold, Heinrich: Offenbarung und Geschichte als Problem des Verstehens. — (Gütersloh) : Mohn (1962). 167 S. Zugleich Diss., Marburg.

Lings, Martin: Muhammad. His life based on the earliest sources. — New York : Inner Traditions International Ltd. (1983). VIII, 359 S.

Mawdudí, Abu'l-'Ala': Weltanschauung und Leben im Islam. Übers. von Fatima Heeren-Sakra. — Leicester : Islamic Foundation 1978. 180 S.

Merād, 'Alī: Reformatorske struje u modernom islamu. [Reformationsströmungen im modernen Islam]. In: Takvim 1400: Sarajevo 1979. S. 151 ff.

Mueller, Klaus E[rich]: Kulturhistorische Studien zur Genese pseudo-islamischer Sektengebilde in Vorderasien. — München 1967. XI, 414 S. München, phil. Diss. 1967. Im Handel: Wiesbaden : Steiner 1967. (Studien zur Kulturkunde. 22.)

Nagel, Tillman: Der Koran. Einführung, Texte, Erläuterungen. — München : Beck (1983). 371 S.

Nell-Breuning, Oswald von: Gerechtigkeit und Freiheit. Grundzüge der katholischen Soziallehre. — Wien, München, Zürich : Europaverl. 1980. 362 S. (Soziale Brennpunkte. 8.)

Nīsābūrī, 'Alī ibn Aḥmed el-Wāḥidi en-: Esbāb un-nuzūl. (468 h.) (Ṭab'a l.) — Beyrūt: Dār ul-kutub el-'ilmiyye (1982). 266 s. [Veranlassungen der Offenbrung.]

Pfannmueller, Gustav: Handbuch der Islam-Literatur. — Berlin, Leipzig : de Gruyter 1923. VIII, 436 S.

Räisänen, Heikki: Das koranische Jesusbild. Ein Beitrag zur Theologie des Korans. — Helsinki 1971.)

Reckeweg, Hans-Heinrich: Schweinefleisch und Gesundheit. Allgemeinverständlicher Vortrag. — Baden-Baden : Aurelia-Verl. 1977. 48 S.

Ritter, Helmut: Das Meer der Seele, Mensch, Welt und Gott in den Geschichten des Farīduddīn 'Attār. Nachdruck mit Zusätzen u. Verbesserungen der Erstausg. 1955). — Leiden : Brill 1978. VIII. 780 S.

Rodenwaldt, Ernst: Der Islam. Eine Einführung in die Glaubenswelt islamischer Völker. Für den Gebrauch innerhalb der Wehrmacht. — [Berlin] : Müller u. Sohn 1941. 64 S. mit Abb. (Tornisterschrift des Oberkommandos der Wehrmacht. Abt. Inland. 52.)

Schimmel, Annemarie: Denn Dein ist das Reich. Gebete aus dem Islam. Mit einem Vorwort von Sergio Kardinal Pignedoli. — Freiburg, Basel, Wien : Herder (1977). 125 S. (Veröffentlichungen d. Stiftung Oratio Dominica.)

Schimmel Annemarie: Und Muhammed ist Sein Prophet. — Düsseldorf, Köln : Diederichs Verl. (1981). 280 S.

Wallnoefer, Heinrich: Fasten heißt nicht hungern und tut vielen von uns gut. In: Expreß (Wien) vom 6. Dezember 1958.

Watt, W. Montgomery und Alford T. Welch: Der Islam. (Von den Verfassern autor. Übers. aus dem amerikan. Original-Ms. von Sylvia Höfer.) 1. — Stuttgart, Berlin, Köln, Mainz : Kohlhammer (1980). 1. Mohammed und die Frühzeit. Islamisches Recht. Religiöses Leben. 1980. 368 S., S. 369-371 Kt., Lagepläne. (Die Religionen der Menschheit).

Wielandt, Rotraud: Offenbarung und Geschichte im Denken moderner Muslime. — Wiesbaden 1971. 179 S. Tübingen, phil. Diss. 1970 (Akademie der Wissenschaften u. der Literatur. Veröffentlichungen der Orientalischen Kommission. 25.)

---

* Dieses Verzeichnis enthält nur die wichtigeren Werke, die sich auf das Thema dieses Buches beziehen und vom Verfasser benutzt worden sind. Die weniger systematisch ausgewerteten und doch im Buch zitierten Werke sind in den entsprechenden Fußnoten titel- und seitenmäßig ausgewiesen.

Personen-, Sach- und Ortsregister

Aachen 156
'Abduh[ū], Muḥammed 109, 192, 200
'Abdul'aziz ibn Bāz, Šeyḫ 210/1
'Abdulǧebbār el-Hamaḏānī 173
'Abdullāh, Vater von Muhammed 231
'Abdulmuṭṭalib 231
'Abdurrāziq, 'Alī 247
Abendgebet 50
Abraham, Patriarch s. *Ibrāhīm*
Absicht, Absichten, Motivation 37, 41, 75
Adam s. *Ādem*
Ādem 69, 92
Adler, Alfred 241
Ägypten 170
Afġānī, Ǧemāluddīn el- 109, 192, 200
'ahdnāme 186
Ahmad, Gulam 145
Ahmediyya 32
'Ā'iša 240
'Alī, der 4. Kalif 59, 83, 138, 217
'alim ul-ġayb 29
Algerien 148
'Alī, Muhammed 200
Alkoholverbot 26, 193, 235
Allāh s. *Gott*
Allgemeinwohl s. *maṣlaḥa*
Almosen 101, 132
Amānullāh, König von Afghanistan 97
Amerikanisierungsprozeß 225
Āmina, die Mutter von *Muhammed* 231
Andersartigkeit 13
Anerkennung (des Islam im Sinne des Gesetzes) 121
Ankündigung des Gebetes 49
Anthropozentrismus 135,151
'aqā'id 112,224
Araber 114
Arabien 171
Arbeit 78, 82/83
Arbeitsethik 130
Arkoun, Mahammed 122
Armen, die 132
Armensteuer s. Sozialsteuer
Asad, Muḥammad s. *Es'ad, Muḥammed*
aṣḥāb ul-ḥadīṯ 246
Asirov, Nugman 150
'aṣr us-se'ādet 245
Atatürk, Mustafa Kemal 149, 207
'Aṭiyya, Ǧemāluddīn 131
'Aṭṭār, Ferīduddīn 138
Auswanderung (Muhammeds von Mekka nach Medina) s. *Hiǧra*
Averroes s. *Ibn Rušd*
Avicenna s. *Ibn Sīnā*
'Aẓm, Ṣādiq el- 147
Baden, Duschen 41
Bahā'ismus 97
Baḫīt, 'Abdulḥamīd 132
Balkan 161
Barmherzigkeit 78, 185
Barutçu, Ecmel 121
Becker, Carl Heinrich 135, 158
Behörden 81/82
Bekenntnisformel 38, 40
Bekleidung 43, 98
Berlin 156
Beschneidung 195
besmele 75, 104, 223
Beten 70
Bibel 128, 162
bid'a 55, 124
Bildungsideal 138
Bismilla s. *Besmele*
Böses, das Böse 21, 77, 80/81, 83
Boisard, Marcel A. 110
Brandt, Hans-Jürgen 13
Brohi, Khuda Bakhsh 104
Brüder, Brüderlichkeit 162
Buber, Martin 175
Bucaille, Maurice 179
Buḫārī, Muḥammed ibn Ismā'īl el- 209
Buchinger, Otto 65
Buddha, Budddhismus 157
Bund 101
Buße 77
Calvin 20
Christen 109, 157, 159, 224
Christentum 101-110, 135, 205
Christianisierungserscheinungen 119/120
Christus s. *'Īsā*
Consensus doctorum s. *iǧmā'*
Damaskus 228
da'wa 217
Deǧǧāl 32
De Hahn, Eberhard 117
Dekadenz 152
Dekalog 161
Demut 70, 153
Denkrichtungen 140-156
Deutschland 12, 13, 153, 160
Dewālibī, Ma'rūf ed- 90, 179
Dialog, Dialogruf 109
Diaspora 163
Diebe, Diebstahl 130
ḏimmī 186

Disziplinvorschriften 193-195
Djozo, Husein 111, 115
Doha, Qatar 211
dowa s. *du'ā'*
Dreifaltigkeit 106
Dschihād s. *ğihād*
du'a' 39
Duldsamkeit 13
Ḏu'nnūn 21
Ebū Bekr, der 1. Kalif 228, 230, 240
Ebū Ḏerr el Gifārī 82
Ebū Ḥanīfa 169-171, 192, 202
Ebū Hureyre 109
Ebū Ṭālib 231
Ebū Zehre, Muḥammed 34, 114
Ebū Yūsuf 169
eḏān 43/44
Ehe 105, 201
Ehebruch 191
Ehefrau 88
Eheleben 88
Ehelosigkeit 105
Ehemann 88
Eigenschaften Gottes 21, 36
Emīn 231
Engel 24/25
Entfremdung 124
Enthaltsamkeit, Entsagung 129
Ermahnung 80
Erziehung 138/9, 162/3, 166/7
Es'ad, Muḥammed 184, 225
esbāb un-nuzūl 191,227
Eschatologie 12
Esmā 202
Ethik 27, 109, 168 s. auch: *Arbeitsethik*
Evangelium s. *Inğīl*
Eyyūb-Peygamber 88
ezan s. *eḏān*
Ezher, el- 131, 147
Familie 88-90
Fasten, Fastenkur, Fastenmonat 65/66, 195
Fatalismus, Fatalist 102
Fātiḥa, el- 22, 223
Fāṭima 231
Feindesliebe 107
Festgebete 56/57
fetwā 165
fiqh, el, Fiqh-Gelehrte 118, 137, 178
Formalismus 131
Fortschritt 130, 181-183
Frau, Frauen 83, 90-98, 118
Freiheit(en) 123
Freitagsgebet 52
Frieden 77, 83-85
Frömmigkeit 70, 72, 82, 134, 153, 184
Fück, Johann 103, 158
Fürbitte 73
Fundamentalismus,
  Fundamentalisten 129, 188
fuqahā' 150/151, 184/5
Ğabarīten 35,36
Ğa'fer el-Manṣūr 201/2
Ğamā'at-i Islāmī 155
Ğāmī, 'Abdurraḥmān 107
Gastarbeiter 137
Ġazālī, Muḥammed el- 89, 104, 105, 109,
  113, 131, 199
Gebete 40-47, 52-55
Gebete, freie 57-60
Gebetsruf 49, s. auch: *eḏān*
Gebetstexte 47-49, 51
Gebetszeiten 43
Gehorsam 167, 182, 219
Geisteskultur 141
Gemeinwohl s. *maṣlaḥa*
Gerechtigkeit 23, 36, 37, 208, 241-244
Gericht, das Jüngste s. *Tag, der Letzte*
Geschichte, Geschichtsverständnis 126
Gesetz 22, 71, 104, 139
Gesetzesreligion 138
Gesinnung 139
Gesundheit, Gesundheitswesen 196
Getto-Geist 121
Gewissen 21
ğihād 17/18, 73/74, 78
ğinn 24/25
ğizya 186
Glaubensbekenntnis 17-20, 42
Glaubensverständnis 123-125
Glaubenszwang 73
Gnade 35, 106, 108
Gökalp, Ziya 109
Görüş Teşkilâtı, Millî 155
Götzen, Götzendienst 21, 172, 216
Goldziher, Ignaz 101
Gott 19-23, 250
Gottesdienst s. *'ibādet*
Gottesfurcht 23
Gottesgesandten 28-30
Gottesnähe 23/24
Gräf, Erwin 189
Grundgesetz 12
Gruß, Grußformel 19
Guéon, René 214
Gutes, Güte 21, 23, 66, 78, 80

Habgier 78
Ḫadīğa 231, 233
Ḥadīṯ 40, 133
Hadžić, Osman Nuri 28
Ḫalefullāh 111
Hamburg 156
Hammer-Purgstall, Josef von 209
Handlungsfreiheit 21
Ḥanefiten 153/4, 161/2
Hannover 131
Hans, Josef 250
Harmonie 23
Hartmann, Richard 229
Ḥasan el-Baṣrī 87
Ḥātim el-Aṣamm 46
„Haus des Islam" 137
„Haus des Krieges" 95, 137
Heeren, Fatima 155
Heilslehre 20
Heimat 81/82
Heisenberg, Werner 108
Hermans, V.G.M. 117
Herzensgüte 181
Hidschra s. *Hiğra*
Hiğra 164, 222/3, 233
Himmelreich 114
Ḥirā 27, 232
Hoffnung 35, 46, 78
Humanisierung, Humanismus, Humanität 17, 69, 138, 190, 205
'ibādet 21/22, 102, 189
Ibn el-Ḫaṭīb, Muḥammed 115
Ibn en-Nedīm 112
Ibn Ḫaldūn 29
Ibn Ḥazm el-Andalusi 93, 138, 184
Ibn Mīlād 183
Ibn Qayyim el-Ğewziyye 151
Ibn Rušd 178
Ibn Sīnā, Ḥusayn 20
Ibn Teymiyye 151, 192
Ibrāhīm, Muhammeds Sohn 113
Ibrāhīm-Peygamber 69, 172, 181, 213, 216
Identität 4, 14, 122, 126, 135, 164, 168, 182, 208, 249
Iğmā' 203
iğtihād 136
'Ilm ul-kelām 22, 133
imām, Imāme 119
īmān 69, 185, 203
Industrie-Zeitalter 128-132
Inğīl 160, 215
Iqbāl, Muḥammed 109, 192, 200, 209
'Īsā 29, 32, 105, 111-116, 158/9, 181, 229/230, 233
islām 17/18, 35, 101/1, 157, 181/2, 199, 209, 215-217
Islam-Gesetz 12
Islam-Verständnis 164, 167
Islamisierung 108
İsrā'īliyyāt 120, 178
istiḥsān 203
i'tikāf 203
Jenseits 182
Jesus s. 'Īsā
Juden, Judentum 30, 80, 101/2, 114, 159, 161, 178, 205, 224
Juynboll, Th. v. 234
Ka'b, der Rabbiner 109
kāhin 28
Kairo 97
Kant, Immanuel 20
Kasuistik 190, 212
Katsh, Abraham 103
kelime-i šehādet 38
Kelīmullāh s. Mūsā
Khalid, Devlet 155, 175, 180
Khan, Aḥmed Sir 200
Khan, Inamullah 180
Khan, Muhammed Zafrullah 32
Kind, Kinder 77, 83, 191
Kirche, Kirchen 84
Konservatismus 119
Kopftuch 118
Koran s. *Qur'ān*
„Koranschulen" 121, 162, 164, 167
Korkut, Haris 111, 116
Kraus, Herbert 144
Kremer, Alfred von 151
Krieg 73, 83-85
Krollmann, Hans 11
Kufa 228
Kult 131
Kultpflichten s. *'ibādet*
Kultur 130, 163, 180, 250
Kulturgeschichte 178
Kulturzentren 154
Laḥbābī, Muḥammed 183
Lārī, Muğtabā 128
Leben 21
Lebenskampf 83-85
Legitimität 177
Leibnitz 158
Leid, Leiden 22, 60
Liebe 20, 23, 38, 78, 81, 107
Libyen 208
Lochmann, J.M. 111

Loyson, Charles genannt *Pater Hyacinthe* 159
Luther, Martin 158
Machtstreben 241
Maechler, Wilfried 117
Mālik ibn Ḥāriṯ 138
Manama 153
Marracci, Ludovico 229
Marshall, Gordon P. 124
maṣlaḥa 187, 212
Medina 69, 105, 174, 232
Meditationen 27, 44
Medizin 27
Meğelle 186
Mehdī 115
Mekka 68, 69, 105, 131, 172, 174, 196, 206, 208, 216, 230/1
Makka-Pilgerfahrt 68, 69
melek s. Engel
Mensch 35, 108, 110, 128, 250
Menschenbild 138
Menschenwürde 129
Menschlichkeit 84-87, 104
Mentalität 108
Merād, 'Alī 112, 150
Meryem 114/115
Mesīḥ, el- 114
Mez, Adam 171
Minderheitssituation 12
Mi'rāğ 181-183
Mittagsgebet 50
Modernisierung 199-214
„Mohammedaner“, „Muhammedaner“ 157/8
Moral, Morallehre 69, 122, 250
Morgengebet 50
Moschee, Moscheen 154
Moses s. Mūsā
Mostar 28, 240
Mu'āwiya 201, 227
mubeššir 28
Muezzin 43
mu'ğize 113
Muḥammed, der Religionsverkünder 229-242
muḥkemāt, el- 26
mu'min 71
Munker 32
Murği'ten 171
Mūsā 40, 181
Mūsā ibn 'Imrān 212, 219
Muṣḥaf 42
Muslim 17, 164
Muslimbruderschaft 146
mutešābihāt, el- 26, 153
Mu'tezile 36, 178
Mystik, Mystiker 38, 153, 217
Nachfolge (Muhammeds) 238-240
Nachmittagsgebet 50
Nachtgebet 50
nebiyy 29, 240
neḏīr 28
Nekīr 32
Nell-Breuning, O. von 242
Norm 161/2
Notlage 167
nunuwwet 28
Nūḥ
Nursī, Bedī'uzzemān Sa'īd 146
Österreich 12, 121, 182
Offenbarung 25-28, 106, 123, 135, 218-223
Offenbarungsanlässe s. *esbāb un-nuzūl*
Okzidentalistik 159
Omayyaden 36
'Omer, der 2. Kalif 89, 109, 129, 188, 202, 213, 223, 230
Opfer, Opferfest 81, 172-174
Optimismus 166/7
Organisationen 140-156
Orientalisten, Orientalistik 159
'Oṯmān, der 3. Kalif 227
Palästina 114
Pedro Pascual, San 157
Perles, F. 141
peygamber 29
Pilgerfahrt 68/69
Pflicht, Pflichtenlehre 37-74, 210
Pflichten, soziale s. auch Sozialsteuer 67/68
Pflichtgebete 40-50, 70
Politik, Politisierung 248, 250
Postel, Guillaume 157
Präexistenz (der hl. Bücher) 27
Prophet 28, 103, 240
Prophetengeschichten 111/112
Psalter 215
Qayrewānī, Ibn Ebī Zeyd el- 20
Qur'an, der 26-28, 204, 223-228, 235, 248
Qur'an-Exegese 204
Qur'an-Verständnis 119, 134
Qurṭubī, Muḥammed el- 189
Rābi'a el-'Adawiyya 59, 69
Räisänen, Heikki 113
Rahner, Karl P. 171
Ramón Martin 157
Ratschow, Carl Heinz 104

Recht, das islamische s. auch: *šerī'a* 184-192
Rechtsgelehrte s. *fuqahā'*
Rechtsschulen, Rechtswissenschaft 177
Reckeweg, Heinrich 194
Reich, Osmanisches 108, 113
Reinlichkeit 40, 196
„Reislamisierung" 109, 179, 206/7, 248
Reland, Hadrian 158
Religionsunterricht 121, 124, 168
Religionszwang 108
Religiosität 54, 71, 176
resūl 28
Resūlullāh 28, 38
Reue 197/8
re'y 171
Richard III 239
Riḍā, Rešīd 109, 200
Rilke, Rainer Maria 232
Riten, Ritualismus 12, 119, 131, 161, 166, 203
Rodinson, Maxime 135
Rom 11
Ross, Alexander 158
Rückwärtsgewandtheit 133
Rūmī, Ǧelāluddīn 39, 53, 138
Ṣa'b, Ḥasan 183
Ṣabier 80
Säkularisierung 123, 133-139
Sanftmut 78
Šaraḫsī, Muḥammed eš- 108
Sarajevo 29, 150
Schacht, Joseph 247
Schächten 195
Schariati, Ali 125
Scheich ül-islâm 154, 163
Schicksal 130
Schiiten s. Zwölfer-Schia
Schiller, Friedrich 107
Schimmel, Annemarie 229
Schleiermacher, Friedrich 20
Schönheit 23
Schriften, hl. 25-28
Schulunterricht 162
Schutzbefohlene s. *ḏimmī*
Schweinefleisch, -fett, -zucht 194
Seelenrettung 165
Seelenstärke 166
šehāda 38, 135
Selām 19, 46
Selāmet Partisi 155
Šeltūt, Maḥmūd 116
Sekretariat, Islamisches 148
Selām 44, 215
Selbstbeherrschung, Selbstdisziplin 129
Selbstverständnis 134
Selbstwertgefühl 130
Selimović, Meša 149
šerī'a 118/119, 153, 179, 189, 220, 247
Sexualität 128, 234
Šeybānī, Muḥammed eš- 169, 189
Šiblī, Ebū Bekr 38
Sinai 39
Sinnfrage 36, 220
Sīret-Konferenz 211
Sklave, Sklavenhaltergesellschaft 36, 190, 201
Solidarität 75, 127, 136, 162
Sozialabgabe 78
Sozialsteuer 66/67, 69
Sparsamkeit 78
Speisevorschriften 119, 193
Spengler, Oswald 101
Spiritualität 177
Staat 81/82, 131, 137, 162, 213
Stigmatisierung 12
Strafen, Straffähigkeit, Strafvollzug 185, 208, 247
Studenten 137, 148
Sühne 247
Süleymancilar 146
Sünden, Sündenvergebung, Sündenerlösung, Sünderin, Ursünde 20, 73, 83, 197/8, 216
ṣūfī s. Mystiker
Sunna (sunna, sunnet, sünnet) 22, 70, 134, 174, 248/9
šurūṭ ul-islām 37
Symbolik 181
Synagogen 84
Ṭabarī, Muḥammed eṭ- 93, 112
Tag, der Letzte 31-34
Ṭahṭāwī, Rifā'a Rāfi' aṭ 247
tefsīr 27
Tendenzen 140-156
terāwīḥ 56
Tewfīq el-Ḥakīm 189
Tewrāt s. *Tora*
Theologie, Theologen 20, 22, 174, 185, 205
Theopantismus 160
Thora s. *Tora*
Tibi, Bassam 180
Tier, Tiere, Tierschutz 78
Tod 35
Tötung 185
Toleranz 79, 108-110, 114

Toleranz, interreligiöse 79-81
Tora, die 73, 109, 160, 215-217
Totengebet 55/56
Toynbee, Arnold 162, 207
Tradition 133, 152/3, 164, 175-180, 220
Türkei 182, 195
Tugend, Tugenden 71, 80/81
Tunahan Süleymān Efendi 155
Tunesien 170
Übereinstimmung der Gelehrten s. *iğmā'*
Überfremdung 199
'ulemā' 104, 146
Unio mystica 38
Unrecht 82
Untreue 84
Unverständnis 110
uṣūl ul-fiqh 189
Verantwortungsbewußtsein 23
Vergebung 77
Verhalten, Verhaltensregeln 17, 75-90
Vernunft 138
Verschleierung 96, 204
Vielweiberei 95, 234
Verzeihen, Verzeihung 85
Volksfrömmigkeit 71
Volksislam 139
Vollzug (der religiösen Pflichten) 17
Vorherbestimmung 34-37
Vorurteile 13
Waage 32
Wahib, Ahmad 144
Wahrheit, Wahrheitsermittlung 78/79
Waisen, Waisengut 76
Wallnöfer, Heinrich
Wanzura, Werner P. 117
Wargla 179
Waschen vor dem Gebet (abdest) 41,42
Weisheit 129
Weltbild 128
Weltliga, Islamische 148
Weltmoscheenrat 120,148
Werblowsky, Zwi 103
Werenfels, Peter 108
Westen 117-127
Wielandt, Rotraud 221
Wien 11
Willensfreiheit 34
Wissen 110, 129, 133, 137, 142, 152, 159
183, 221
Wissenschaft 82/83, 175-180
Wohltaten 109
Wucher 67
Yoga-Übungen 70
Yūnus Emre 32
Zeit, Zeitalter 130
zekāt s. Sozialsteuer
Zentralasien 161
Zeugnis 37-40, 133-152
Zeyd ibn Ṯābit 224, 227/8
Zinsen, Zinswirtschaft 67
Zivilisation 250
Zwang, Zwangsanwendung 70, 186
Zwölfer-Schia 12